La orden

La orden

Una historia global
del poder de los masones

JOHN DICKIE

Traducción de
Efrén del Valle Peñamil

Papel certificado por el Forest Stewardship Council®

Título original: *The Craft. How the Freemasons Made the Modern World*

Primera edición: abril de 2022

© 2020, John Dickie
© 2022, Penguin Random House Grupo Editorial, S.A.U.
Travessera de Gràcia, 47-49. 08021 Barcelona
© 2022, Efrén del Valle Peñamil, por la traducción

Penguin Random House Grupo Editorial apoya la protección del *copyright*.
El *copyright* estimula la creatividad, defiende la diversidad en el ámbito de las ideas y el conocimiento, promueve la libre expresión y favorece una cultura viva. Gracias por comprar una edición autorizada de este libro y por respetar las leyes del *copyright* al no reproducir, escanear ni distribuir ninguna parte de esta obra por ningún medio sin permiso. Al hacerlo está respaldando a los autores y permitiendo que PRHGE continúe publicando libros para todos los lectores.
Diríjase a CEDRO (Centro Español de Derechos Reprográficos, http://www.cedro.org) si necesita fotocopiar o escanear algún fragmento de esta obra.

Printed in Spain – Impreso en España

ISBN: 978-84-18619-25-0
Depósito legal: B-3.189-2022

Compuesto en Pleca Digital, S. L. U.
Impreso en Black Print CPI Ibérica
Sant Andreu de la Barca (Barcelona)

C 6 1 9 2 5 0

Para Iris, Charlotte y Elliot

Índice

1. Lisboa. Los secretos de John Coustos 11
2. En ningún lugar. La extraña muerte de Hiram Abif.... 25
3. Edimburgo. El arte de la memoria 37
4. Londres. En el cartel de The Goose and Gridiron 55
5. París. Guerra contra Cristo y su secta; guerra contra los reyes y todos sus tronos 89
6. Nápoles. Una enfermedad delirante 125
7. Washington. Una logia para las virtudes 153
8. Charleston. Los africanos fueron los creadores de esta misteriosa y bella orden 183
9. Roma-París. El diablo en el siglo XIX 217
10. Allahabad. Logias madre del imperio 239
11. Hamburgo. *De profundis*........................ 275
12. Roma. Asando al pollo andrajoso.................. 281
13. Múnich. La estrategia de la cervecería 293
14. Salamanca. Hienas y concubinas 311
15. Nueva York. Un siglo de oro estadounidense toca a su fin................................... 331
16. Arezzo. El hombre que quería ser titiritero 355
17. Legados..................................... 387

Bibliografía con breves notas y citas 415
Agradecimientos................................. 469
Créditos de las ilustraciones 471
Permisos de los textos 475
Índice alfabético 477

1

Lisboa. Los secretos de John Coustos

El 14 de marzo de 1743, al salir de una cafetería de Lisboa, John Coustos, un joyero londinense de cuarenta años, fue apresado, esposado e introducido en un carruaje. Poco después se encontraba en uno de los edificios más temidos de Europa. Alzándose imponente en el extremo norte de la plaza del Rossio, el palacio de los Estaus albergaba el cuartel general del Santo Oficio de la Inquisición portuguesa.

Al igual que cientos de brujas, herejes y judíos que habían sido llevados allí antes que él, a Coustos le afeitaron la cabeza y le quitaron toda la ropa, a excepción de unos calzones de lino. Confinado en una mazmorra, fue sometido a un régimen meticuloso. Se imponían un aislamiento y un silencio estrictos; a otro prisionero que padecía una tos persistente lo dejaron inconsciente a garrotazos. No estaba permitida la comunicación con amigos y familiares. Tampoco las posesiones o los libros, ni siquiera una Biblia. Nada que pudiera interrumpir la voz de la conciencia divina. Nada que impidiera al prisionero imaginar de manera gráfica los horrores que le deparaba el *auto-da-fé* de la Inquisición. Ese gran espectáculo de justicia religiosa era una procesión que culminaba con oraciones, conjuros y la ejecución pública por medio de uno de estos dos métodos: la misericordia del estrangulamiento para quienes aceptaran la fe católica en el último momento y el indecible tormento de las llamas para los obstinados.

Coustos relata que, al principio, los inquisidores lo interrogaron empleando un tono espiritualmente solícito. No obstante, él sabía que sus respuestas eran fútiles. A la postre, lo sacaron de la celda y lo llevaron ante el presidente del Santo Oficio, que le leyó los cargos como quien habla con una pared:

Que ha infringido las órdenes del papa por pertenecer a la secta de los francmasones, siendo esa secta un horrendo compendio de sacrilegio, sodomía y muchos otros delitos abominables, de los cuales, el inviolable secretismo y la exclusión de las mujeres son indicadores sumamente claros, circunstancia que constituye el mayor delito de todo el reino. Y el susodicho Coustos se ha negado a confesar a los inquisidores la verdadera tendencia y naturaleza de las reuniones de los francmasones, amén de persistir en lo contrario, afirmando que la masonería es buena. En vista de ello, el supervisor de la Inquisición exige que dicho prisionero sea juzgado con el máximo rigor. Y, a tal fin, desea que el tribunal ejerza toda su autoridad y que incluso proceda a someterlo a torturas.

Coustos fue conducido a una sala cuadrada sin ventanas situada en una torre. La puerta estaba revestida de una tela acolchada para amortiguar los gritos que provenían del interior. La única fuente de luz eran dos velas sobre una mesa a la que estaba sentado el secretario del tribunal esperando a documentar su confesión. Desde las sombras lo observaban un médico y un cirujano.

Cuatro hombres fornidos lo sujetaron a un potro horizontal rodeándole el cuello con una argolla de hierro. En los pies le colocaron unas anillas atadas a unas cuerdas y tiraron de las extremidades todo lo que pudieron. Luego pasaron ocho vueltas de cuerda, dos en cada brazo y dos en cada pierna, por la estructura y se la dieron al torturador. Coustos notó cómo se tensaban las cuerdas hasta que empezaron a hundírsele en la piel. Debajo de él, la sangre salpicaba el suelo. Le dijeron que, si moría en aquel tormento, la única culpable sería su obstinación. Entre sus propios gritos oía al inquisidor formular las preguntas que ya le habían hecho muchas veces. «¿Qué es la francmasonería? ¿Cuáles son sus principios? ¿Qué acontece en las reuniones de la logia?». Al final se desmayó y lo llevaron de vuelta a las mazmorras.

Seis semanas después, los inquisidores lo intentaron de nuevo con otro método: el temido *strappado*. De pie en esta ocasión, a Coustos le estiraron poco a poco los brazos hacia atrás, con las palmas de las manos hacia fuera hasta que los dorsos de estas se unieron. Luego, tiraron lentamente de los brazos hacia arriba hasta que le dislocaron los hombros y le salía sangre por la boca. Mientras él suplicaba paciencia a los cielos, los inquisidores persistían en sus preguntas.

«¿La masonería es una religión? ¿Por qué no admitís a mujeres? ¿Es porque sois sodomitas?».

Cuando los médicos le hubieron recolocado los huesos, y tras dos meses de convalecencia, la tortura comenzó de nuevo. Esta vez le rodearon el torso con una cadena que le ataron a las muñecas. Unas poleas tensaban cada vez más la cadena, que le retorció las entrañas y le dislocó las muñecas y los hombros. «¿Por qué tanto secretismo en la francmasonería? ¿Qué tenéis que ocultar?».

Coustos nos cuenta que pasó un total de dieciséis meses en las mazmorras del palacio de los Estaus y que soportó nueve episodios de tortura hasta que llegó el momento de hacerlo desfilar por las calles en el *auto-da-fé* del 21 de junio de 1744. Pero tuvo suerte. Mientras que ocho de sus compañeros fueron quemados vivos en el clímax de la procesión, a él lo condenaron a cuatro años a galeras. La relativa libertad que brindaba esa condena le permitió contactar con unos amigos, que movilizaron al Gobierno británico para que mediara en su liberación.

Cuando llegó a Londres el 15 de diciembre de 1744, se dispuso

a escribir su historia; pero apenas había comenzado cuando estalló la rebelión jacobita de 1745. El «Gentil Príncipe Carlos» Estuardo alzó su estandarte en las Tierras Altas de Escocia con el propósito de hacer valer su derecho católico al trono, que antaño había pertenecido a su abuelo. El ejército jacobita llegó hasta Derby, en el corazón de Inglaterra, y sembró el pánico en la capital. Aunque finalmente fue aplastada, la insurrección revivió el apetito ciudadano por los libros que documentaban las barbaridades de la Iglesia de Roma. *Sufferings of John Coustos for Free-Masonry*, que incluye grabados de todas las torturas que padeció su autor, fue publicado en el momento justo. Coustos se convirtió en una celebridad. El libro fue traducido a numerosos idiomas y siguió reeditándose hasta bien entrado el siglo XIX. Coustos era un mártir de la masonería y su «inviolable secreto».

Pero las cosas no fueron exactamente como él decía.

Más de dos siglos después, gracias a la transcripción de su interrogatorio, conservada en los archivos de Lisboa, trascendió que sí había desvelado los misterios de la francmasonería que había jurado proteger con su vida. Muy razonablemente, ante la posibilidad de la cámara de torturas y el *auto-da-fé*, lo contó todo. De hecho, los inquisidores apenas habían abierto la boca cuando empezó a responder a todas sus preguntas.

No es que esa confesión le evitara ser torturado. Los inquisidores portugueses rara vez necesitaban una excusa para sacar los instrumentos para hacer sufrir. Ataron a Coustos al potro en dos ocasiones, algo más de quince minutos cada vez, solo para cerciorarse. Pero nunca fue sometido al *strappado* o a la tortura de la cadena alrededor del torso.

Otro asunto que Coustos obvió a sus lectores es que, si los inquisidores de Lisboa hubieran investigado lo suficiente, habrían encontrado fuentes impresas que les habrían contado lo que querían saber; por ejemplo, el panfleto *Masonry Dissected*, de Sam Prichard, publicado en 1730. Los estudios que revelan las prácticas de la francmasonería son casi tan antiguos como la propia hermandad. Los secretos masónicos nunca han sido muy secretos.

Evidentemente, la tentación de hacerse pasar por un héroe fue demasiado para Coustos. Así pues, una vez que estuvo en libertad, pergeñó su historia para perpetuar un mito seductor: la idea de que los masones son depositarios de una verdad trascendental o peligrosa a la que solo unos pocos elegidos tienen acceso y que están obligados a salvaguardar a toda costa.

El «inviolable secreto» de la masonería es esquivo y poderoso. Es el motor de la fascinación y la desconfianza que siempre han rodeado a los francmasones. Inspira lealtad y atrae problemas. El secretismo es un juego, y tanto Coustos como los inquisidores se vieron atrapados en él. Sin embargo, como creo que sabía John Coustos, los secretos no son tan importantes para la francmasonería como las historias sobre el secretismo. El secretismo es la clave de la trayectoria masónica, en el sentido de que, si podemos comprenderlo, seremos capaces de abrir una nutrida reserva de historias sobre cómo se gestó el mundo en el que vivimos.

Lo que Coustos confesó, en realidad, eran los extraños rituales que conforman la esencia de la vida masónica y la filosofía integrada en ellos. Para comprender a los francmasones, tenemos que entender esos rituales y esa filosofía, que son oficialmente secretos. Basándome en la confesión de Coustos, en el capítulo 2 de este libro proporcionaré rápidamente a los lectores todos los secretos sobre rituales que necesitan conocer. Sin embargo, la historia masónica es mucho más que eso. Tal y como demuestra la historia de Coustos, antes de conocer los misterios esenciales es importante saber qué podemos esperar de la historia masónica y del secretismo que desempeña un papel tan importante en ella.

Cuando John Coustos se encontró con la Inquisición portuguesa, la historia de la hermandad ya estaba en pleno desarrollo. En la época de Coustos, la mitología de los francmasones situaba sus orígenes en los constructores del templo del rey Salomón. Ahora, gracias a numerosos trabajos detectivescos de índole académica, el comienzo de su historia documental ha sido ubicado casi ciento cincuenta años antes de Coustos. El capítulo 3 describirá su génesis.

En algunos aspectos importantes, la masonería también era una novedad cuando Coustos fue arrestado. En medio de abundantes intrigas en el Londres de 1717, la masonería adoptó una nueva forma organizativa y un nuevo reglamento. Poco después, cosechó un éxito arrollador y se propagó por todo el mundo con asombrosa rapidez. Es una de las exportaciones culturales más fructíferas de Gran Bretaña, comparable en ese sentido a deportes como el tenis, el fútbol y el golf. Desde Londres, el propio John Coustos ayudó a extenderla a Francia y a Portugal. En el capítulo 4, el relato volverá a la época de Coustos para describir los orígenes londinenses de lo que, durante el resto del libro, se convertirá en una historia global.

La esencia de la francmasonería no ha cambiado desde los tiempos de Coustos: es una hermandad de hombres, y solo hombres, ligados por juramento a un método de mejora personal. Dicho método se centra en unos rituales, llevados a cabo a puerta cerrada, en los que los símbolos representan cualidades morales. Los símbolos más importantes se derivan del trabajo de los albañiles. De ahí el nombre de «masones» (del inglés *masons*, que a su vez se deriva del francés *maçons*, que significa albañil); y de ahí la escuadra, el compás, el mandil y los guantes que todos asociamos a la masonería.

Si ese fuera el principio y el final de la masonería, su historia resultaría tediosa. El secretismo es el catalizador que la convierte en algo memorable y cautivador. Para empezar, el secretismo suscita una fascinación que ha atraído a muchos millones de hombres a la masonería. Cuando fue interrogado en 1743, Coustos explicó que el secretismo en parte solo era un señuelo para atraer a nuevos adeptos: «Puesto que el secretismo despertaba la curiosidad de forma natural, animó a muchas personas a entrar en esta sociedad». Entre estas estaban las más importantes. Todos los francmasones se sienten orgullosos de la galería de figuras sobresalientes que han sido sus hermanos. Coustos se declaraba «sumamente honrado de pertenecer a una sociedad que contaba entre sus miembros con reyes cristianos, príncipes y hombres de la máxima calidad». Parte de la atracción de ser francmasón es el caché que conlleva pertenecer a un grupo tan exclusivo. El secretismo garantiza esa exclusividad: la posesión de los secretos masónicos, sean cuales fueren, es lo que distingue a un hermano de un profano (un no masón).

Desde los días de Coustos, la lista de masones famosos no ha hecho más que aumentar. A la masonería le gusta señalar a los fundadores de naciones que figuran entre sus filas: Giuseppe Garibaldi, Simón Bolívar, Motilal Nehru y George Washington, que fue iniciado seis años antes de la publicación de *The Sufferings of John Coustos*. Cinco reyes de Inglaterra y, Washington incluido, al menos catorce presidentes de Estados Unidos han sido masones. La francmasonería puede jactarse de contar con una larga lista de escritores, como Robert Burns, el poeta nacional de Escocia; Pierre Choderlos de Laclos, el autor de *Las amistades peligrosas* (1782); Arthur Conan Doyle, el creador de Sherlock Holmes, y Johann Wolfgang von Goethe, la imponente figura de las letras alemanas. Numerosos compositores, entre ellos Wolfgang Amadeus Mozart, Joseph Haydn y Jean Sibelius, han pertenecido a la hermandad. En la lista hay deportistas, como el golfista Arnold Palmer, el gigante caribeño del críquet Clive Lloyd, el boxeador Sugar Ray Robinson y el jugador de baloncesto Shaquille O'Neal. También hay mucha gente del mundo del espectáculo, desde Harry Houdini y Peter Sellers hasta Nat King Cole y Oliver Hardy. Los empresarios masones incluyen a titanes como Henry Ford, famoso por sus automóviles; William Lever, el pionero de los detergentes, y el magnate de la minería Cecil Rhodes. Los francmasones han destacado en los ámbitos más diversos: Davy Crockett y Oscar Wilde; Walt Disney y Winston Churchill; Buzz Aldrin y «Buffalo Bill» Cody; Paul Revere y Roy Rogers; Duke Ellington y el duque de Wellington.

Actualmente hay cuatrocientos mil masones en Gran Bretaña, un millón cien mil en Estados Unidos y unos seis millones en todo el planeta. En el pasado, sus cifras eran muy superiores.

Esos nombres y esas cifras son un testimonio del poder magnético del secretismo y de la vasta y duradera influencia de la francmasonería. Muchos masones famosos poblarán las páginas de este libro. Sus historias y el estilo individual con el que cada uno ha vivido su masonería son fascinantes. Pero aún lo es más el relato global de la propia francmasonería, una manera de unir a varones en una hermandad que a lo largo de cientos de años de historia se ha extendido por todo el mundo gracias a la fuerza de su mística.

Allá donde se instalara la masonería, su influencia impregnaba la sociedad. Un simple ejemplo: las actividades que se desarrollan en privado, tras las puertas de las logias, han ayudado a difundir los valores que asociamos a la vida pública moderna. Durante mucho tiempo, los francmasones han aspirado a vivir según un código de tolerancia religiosa y racial, democracia, cosmopolitismo e igualdad ante la ley.

Sin embargo, la historia que contaré en este libro va mucho más allá de los valores de la Ilustración a los que acabo de aludir. La luz siempre va acompañada de mucha oscuridad. Nuestra modernidad, que los masones han ayudado a construir, incluye cosas como el imperialismo, la guerra global, la creación y destrucción de estados y naciones, la dictadura y el fanatismo religioso.

Lo cual me lleva a dedicar unas palabras a los inquisidores que torturaron a Coustos. Entender cómo eran percibidos los francmasones y su secretismo por sus enemigos nos ayuda a dilucidar qué los convirtió en objeto de interés para gran parte del mundo del siglo XVIII, qué los distingue incluso a día de hoy y por qué merece la pena contar su historia.

En 1738, el papa Clemente XII, más conocido por mandar construir la Fontana di Trevi, promulgó la bula *In eminenti apostolatus specula* para prohibir la masonería, excomulgó a todos sus miembros y encargó a la Inquisición que investigara su funcionamiento interno. John Coustos no fue la única víctima de esa investigación.

El papa y sus inquisidores tenían buenos y apremiantes motivos para sus sospechas. La francmasonería obviamente era religiosa, pero en un sentido siniestro. Pronto trascendió que la masonería tenía su propio nombre para la deidad: el Gran Arquitecto del Universo. Sus miembros rezaban, hacían juramentos religiosos y ejecutaban ritos. Sin embargo, aseguraban que la francmasonería no era una religión. La hermandad, decían, no intentaba arbitrar entre las distintas visiones de lo divino; no seguía una línea teológica en particular. De hecho, tal y como aseguró Coustos a los inquisidores portugueses, «en [nuestra] fraternidad no está permitido hablar de asuntos religiosos». Esa prohibición fue impuesta para impedir disputas entre hermanos y para evitar atraer problemas. Sin embargo, no es de extrañar que la libertad de conciencia que defendía la masonería rezumara la sulfurosa pestilencia de la herejía para una Iglesia dedicada a custodiar su monopolio sobre la verdad.

Los orígenes británicos de la francmasonería también la hacían sospechosa. Al provenir de un país tan extraño, con su todopoderoso Parlamento, sus elecciones y sus periódicos, los masones debían de parecer una amenaza alienígena. Tal vez eran espías.

O incluso una red global de elementos subversivos. Además del origen británico de la francmasonería, su internacionalismo también la convertía en un fenómeno turbio. Los masones eran ciudadanos de ninguna parte y súbditos de nadie.

La francmasonería atraía asimismo a un abanico de miembros peculiarmente diversos: artesanos, mercaderes, abogados, actores, judíos y hasta algún que otro africano. Una mezcolanza social. Tampoco era la típica sucesión de parásitos que dependían del auspicio de un señor poderoso. Aunque había muchos nobles involucrados, no siempre parecían estar al mando. De hecho, no estaba nada claro que hubiera alguien al mando. Para quienes creían que las jerarquías sociales venían dictadas por Dios omnipotente, aquello resultaba preocupante.

Por supuesto, los masones siempre negaban sentir interés por la política; pero ningún conspirador con un poco de sentido común diría otra cosa. En una época en la que la monarquía absolutista era la norma, pocos países contaban con algo parecido a una vida política abierta como hoy la conocemos. Con independencia del motivo, reunir a un grupo de hombres constituía una posible amenaza para el orden establecido. A los enemigos de la francmasonería poco les importaba que, igual que la religión y por las mismas razones, la política estuviera prohibida como tema de conversación en la logia.

Así pues, para la Iglesia católica, la masonería era manifiestamente peligrosa. El comportamiento furtivo de la hermandad exacerbaba esos recelos. John Coustos aseguró que su hermandad no tenía un plan clandestino y que, por el contrario, «la caridad y el amor fraternal» eran «los cimientos y el alma» de aquella sociedad. Los masones siguen diciendo cosas muy parecidas hoy. La respuesta que ofrecieron los inquisidores lisboetas a Coustos parece igual de actual: «Si esta sociedad de los francmasones fuera tan virtuosa, no habría razón para que guardara tan celosamente sus secretos». Hoy los masones tienen que contenerse al oír que su hermandad es una sociedad secreta. «No somos una sociedad secreta —protestan—. Somos una sociedad con secretos». Esa es una réplica nada concluyente. Una vez que afirmas tener secretos, la sinceridad y transparencia calculadas no tranquilizarán a los demás; todo aquel que sea mínimamente desconfiado dará por hecho que sigues ocultando algo vital. Por tanto, no es de extrañar que el Vaticano no haya renunciado nunca a su animadversión original hacia la masonería y que siga convencido de que las logias son guaridas perniciosas de ateísmo.

A menudo, los enemigos de la hermandad han compartido un estilo particular de pensamiento: la teoría de la conspiración, cuya invención debemos al miedo a la francmasonería. Desde principios del siglo XIX, las conspiraciones masónicas no han pasado nunca de moda y van desde lo inquietantemente plausible hasta lo excéntrico. Los masones envenenaron a Mozart. Jack el Destripador era masón y sus compañeros de hermandad borraron su rastro. Los masones fueron los artífices de la Revolución francesa, la unificación de Italia, la caída del Imperio otomano y la Revolución rusa. Internet está repleto de páginas dedicadas a los Illuminati, una rama de la masonería cuyos miembros, entre ellos Bono, Bill Gates y Jay Z, han firmado un pacto oculto que los vincula con un plan perverso para dominar el mundo.

Algunos de esos mitos son inofensivos, son muy similares a las historias de fantasmas que se cuentan los adolescentes para asustarse unos a otros. Otros son muy peligrosos. Mussolini, Hitler y Franco sospechaban que los masones eran conspiradores y asesinaron a miles de ellos. Los comunistas siempre han visto a la masonería como una camarilla burguesa y maliciosa, y aún está prohibida en la República Popular China. El mundo musulmán también atesora una sólida tradición de paranoia antimasónica.

El juramento de silencio que hacen los francmasones durante su iniciación es todo cuanto se necesita para dar rienda suelta a la imaginación conspirativa. El secretismo de la masonería es como un pozo, y los hombres que lo construyeron saben lo profundo que es. El resto solo podemos asomarnos por encima del muro que lo rodea y hacernos preguntas. Mientras contemplamos el agua, especulando qué podría acechar debajo, la superficie negra refleja nuestras ansiedades. Esa es la principal razón por la que la masonería ha generado malentendidos, desconfianzas y hostilidades a cada paso que da. Ninguna historia de la francmasonería está completa a menos que incluya también a sus enemigos.

Los masones son los herederos de una tradición venerable. Si preguntamos a alguno, nos contará algo sobre la historia de la fraternidad. Muchos consideran que la investigación histórica es un elemento crucial para comprender los misterios de la masonería.

Sin embargo, hasta hace poco, los masones insistían en tratar su historia como algo confidencial, como un asunto particular de los masones. A los profanos se les negaba el acceso a los archivos y las bibliotecas de las grandes logias. Sin embargo, hace una generación, los hermanos más sabios se dieron cuenta de que la historia masónica tenía demasiada relevancia como para que fuera propiedad exclusiva de los iniciados. Puesto que la francmasonería ha intervenido en la gestación de nuestro mundo, su historia nos pertenece a todos. En la actualidad, los historiadores profesionales que no son masones frecuentan los archivos de las grandes logias. Su trabajo, que complementa y cuestiona la actividad de los mejores historiadores masónicos, ha esbozado un apasionante y creciente campo de investigación. Uno de los propósitos de este libro es acercar parte de esas investigaciones a un público mucho más numeroso.

El orgullo que sienten los masones por su propia historia suele dar lugar a muchos estudios que, en realidad, son crónicas identitarias. Su objetivo no es tanto descubrir la verdad como fomentar el compañerismo de la masonería. *Sufferings of John Coustos for Free-Masonry* es un modelo para muchos relatos masónicos en el sentido de que plasma una imagen polarizada que enfrenta la tradición de tolerancia, sabiduría y amor fraternal con las fuerzas agresivas y obtusas de la antimasonería.

La francmasonería debe basarse supuestamente (y a menudo así es) en actividades relacionadas con la filantropía, la fraternidad, la ética y la espiritualidad. Conforme a una norma masónica, a los hermanos se les niega el ingreso si con él pretenden mejorar sus perspectivas profesionales u obtener cualquier otra ventaja personal. Esas normas tienen su peso. Es demasiado cínico considerarlas una simple tapadera para asuntos sórdidos. Cualquier historiador que no sea capaz de ver el poder de las fuerzas más nobles de la masonería está contando una historia muy parcial.

Por su parte, los masones son demasiado reservados con un asunto que ha tenido una innegable relevancia en su historia: la creación de redes de contactos. En las circunstancias adecuadas, las logias pueden ser un lugar espléndido para hacer contactos, ya sea por buenas o malas razones. En este particular, podemos esgrimir un argumento en defensa de los masones. En Gran Bretaña, por ejemplo, las redes masculinas suelen unir a personas de orígenes y formación similares: la escuela privada apropiada o el grupo adecuado de compañeros de pub. Al igual que esos otros círculos, la masonería suele excluir a las mujeres. Sin embargo, la masonería es diferente en el sentido de que puede abarcar a todas las clases sociales, o al menos ser una muestra más representativa de ellas. Los masones afirmarán que el motivo por el que llevan guantes en sus ceremonias es que ningún hermano pueda notar la diferencia entre las manos de un duque y las de un basurero. Dicho esto, las logias se han convertido a veces en nidos de nepotismo e incluso de misteriosos complots. No todas las teorías de la conspiración y las sospechas sobre el juego sucio masónico son sandeces. Además, la idea masónica —un patrón para la fraternidad masculina forjado por mitos, rituales y secretismo— demostró ser contagiosa desde el principio e imposible de controlar para los masones: ha sido adoptada y adaptada, usada y abusada, de innumerables maneras. Tanto la mafia siciliana como el Ku Klux Klan comparten aspectos importantes del ADN de la masonería.

Una de las razones que me llevaron a escribir este libro fue intentar reflejar muchas más texturas de la experiencia humana de las que se incluyen en las crónicas identitarias de la masonería o en la obsesión de los cínicos con el compadreo masónico. En lugar de allanar esas texturas observando el extenso paisaje de la historia de la masonería desde lo alto, he optado por sumergirme en épocas y lugares de todo el mundo que poseen una especial relevancia. El principio que sigo es que la francmasonería nunca ha sido capaz de recluirse de la sociedad. Al igual que la masonería se forjó en las peculiares circunstancias de la Gran Bretaña de los siglos XVII y XVIII —a la vez que seguía siendo reconocible—, se ha adaptado a las circunstancias con las que se iba encontrando. Lo que me interesa es la interacción entre la francmasonería y la sociedad. La francmasonería ha ayudado a crear a los hombres modernos en todo su idealismo y exclusividad. En cuanto a las mujeres, tendré otras cosas que decir sobre ellas más adelante (lo mismo sucede con la gente a la que los inquisidores calificaban de «sodomitas»).

Nuestra curiosidad persiste. «¿Qué ocurre en las reuniones de las logias? ¿Qué tienen que esconder?». En lo tocante a la francmasonería, la mayoría de nosotros tenemos algo en común con los inquisidores de Lisboa. Exceptuando su obsesión con la sodomía, sus preguntas siguen siendo las nuestras. Ahora, internet ha logrado que los secretos de los masones lo sean menos que nunca. No obstante, parece que los no masones no aprendemos. Siempre hay otro documental televisivo que promete un acceso sin precedentes al sanctasanctórum. El género de las revelaciones masónicas parece inagotable.

El secretismo de la masonería es más rico que cualquier cosa que pueda sacar a la luz un informe sensacionalista. Es más complicado, más sutil y, en mi opinión, mucho más divertido de investigar. Tiene muchas facetas y está tan entreverado de mitos y equívocos que estos han acabado convirtiéndose en parte de su tejido. Sin embargo, en su esencia, tal y como confesaba John Coustos, radica una secreta teatralidad que nace a las puertas de un templo, fuera del tiempo y del espacio...

2

En ningún lugar. La extraña muerte de Hiram Abif

Un hombre con mandil y una espada en la mano te pide que le entregues el dinero, las llaves y el teléfono, toda la metalistería que ancla tu persona al mundo exterior. Te venda los ojos. Notas que te recogen la manga derecha y la pernera izquierda de los pantalones hasta la rodilla. Te sacan el brazo de la manga izquierda de la camisa y te dejan el pecho al descubierto. Te meten por la cabeza una cuerda con un nudo corredizo.
Das un paso al frente. Tu vida como masón acaba de empezar.

Lo que sigue es un boceto de lo que experimenta un aspirante a masón cuando se ha preparado de este modo para cruzar por primera vez el umbral de una logia. Las ceremonias que describo aquí se asemejan mucho a lo que vivió John Coustos en la Rainbow Coffee House de Fleet Street. Sucesivos ritos marcan la iniciación de un hombre y su paso de un estatus a otro dentro de la masonería. Esas señales de estatus se conocen como «grados». Los secretos son cruciales para la teatralidad de los rituales de los grados masónicos.

Los inquisidores de Lisboa calificaban los rituales de «ridículos». A lo largo de los siglos, numerosos escritores satíricos han coincidido con ellos. Por tanto, aunque sería muy fácil mofarse del ritual masónico, no resultaría en modo alguno original. Cuanto más he aprendido sobre la francmasonería, más incómodo me han hecho sentir ciertas burlas, porque, al impedir ver lo mucho que se parecen a nosotros, reprimen nuestro deseo de conocer las historias de los masones.

Cuando nos reímos de los rituales de otros, olvidamos hasta qué punto está invisiblemente ritualizada nuestra vida: hábitos como aplaudir para mostrar reconocimiento, estrecharnos la mano cuando nos conocemos o decir «salud» cuando alzamos una copa. Por materialistas que seamos, por informatizados que estemos y por más que creamos en la selección natural y el Big Bang, nunca desaparecerá la necesidad de la influencia estructuradora del ritual. Nacimientos, matrimonios y muertes: nadie se siente adecuadamente engendrado, emparejado o despedido sin algún tipo de ritual.

Un masón comprende mejor que cualquiera de nosotros la magia de un rito bien ejecutado. Los ritos de iniciación nos dicen, de manera más insinuante que cualquier otra experiencia, que nos hemos convertido en alguien nuevo. Los rituales unen a la gente porque son una experiencia compartida en un marco de referencia común. Sin embargo, las ceremonias también suelen hacernos desconfiar de quienes ritualizan de maneras distintas. Aunque no soy religioso en absoluto, me crie en la cultura del anglicanismo. Por tanto, la gente como yo de entrada considera estrambóticos el *hach* musulmán (el peregrinaje a La Meca), el Brit Milá judío (el rito de la circuncisión) o un sacrificio védico hindú. Quienes desconozcan el ritual masónico y la terminología que utiliza, lo considerarán cuando menos opaco. Son necesarias pequeñas dosis de paciencia y empatía. Por suerte, aunque los francmasones deben pasar mucho tiempo memorizando todos los discursos y movimientos de lo que ellos denominan sus «trabajos», nosotros solo necesitamos conocerlos someramente para disfrutar de la historia masónica.

Una vez que el candidato entra en la logia con los ojos vendados, le piden que se arrodille para decir una oración. Después, debe rodear tres veces la sala antes de ser presentado a las máximas autoridades, que certifican que cuenta al menos veintiún años y que tiene «buena reputación» y ha «nacido libre».

Por indicación del maestro de la logia, el candidato hace una serie de promesas, sobre todo que cree en algún dios y que su deseo de convertirse en masón no obedece a «razones mercenarias u otros motivos indignos».

Luego echa a andar. El candidato da tres pasos al frente, cada uno más largo que el anterior, buscando el empeine con el talón para describir un ángulo recto, de modo que los pies formen una escuadra. Inmediatamente después, el candidato debe formar otra escuadra con las piernas, arrodillándose ante un altar con la rodilla izquierda descubierta y colocando el pie derecho hacia delante. Luego le piden que ponga una mano sobre la Biblia, el Corán o cualquier «libro de la Ley Sagrada» que elija. En ese momento, jura no plasmar jamás por escrito los secretos masónicos que está a punto de conocer. Los castigos por desvelar los secretos de los masones son escalofriantes: «So pena mínima [...] de que me degüellen, me arranquen la lengua de cuajo y entierren mi cuerpo en la arena del mar a poca profundidad, a una distancia de un cable de la costa, donde la marea fluctúa dos veces en veinticuatro horas». Una vez que ha pronunciado esas palabras y ha sellado su juramento besando el libro de la Ley Sagrada, se ha convertido en un masón «neófito». Entonces le quitan la venda de los ojos y le dicen que en la francmasonería existen tres grandes «luces emblemáticas». La primera está abierta sobre el altar, delante de él, y es común a todas las grandes religiones del mundo: el libro de la Ley Sagrada, que es una guía de fe. La segunda y la tercera son los símbolos de la masonería, exhibidos en edificios, mandiles e insignias de todo el mundo: la escuadra, que representa la rectitud, y el compás, una imagen de autocontrol.

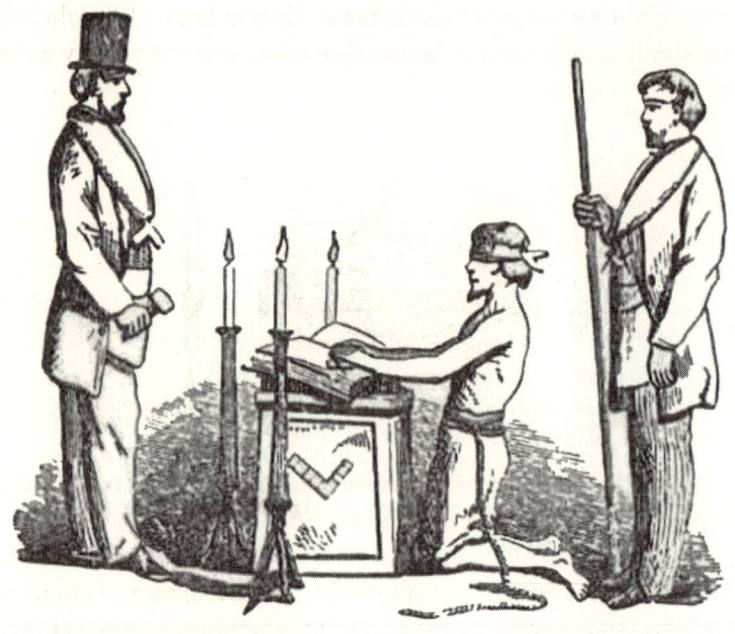

En ese momento, ayudan al iniciado a ponerse en pie y lo invitan a situarse a la derecha del maestro, momento en el cual puede devolver la mirada, solemnemente bondadosa, a los hermanos sentados alrededor de la sala. También puede contemplar el interior rectangular de la logia, con su famoso suelo de baldosas blancas y negras. En la época de Coustos, el patrón de tablero de ajedrez se dibujaba normalmente con tiza, tal como explicó a los inquisidores.

El mobiliario de la logia despierta la curiosidad del iniciado. Por ejemplo, dos columnas independientes con esferas encima, las cuales llegan casi a la altura del hombro. Alrededor del altar sobre el que descansa el libro de la Ley Sagrada hay tres velas apoyadas en columnas en miniatura. Cada columna tiene un diseño distinto. Una está coronada por el elaborado follaje del orden arquitectónico corintio. Las otras dos son una columna jónica y otra dórica. Obviamente, todo esto encierra un simbolismo masónico. Sin embargo, en esta fase del proceso, el maestro se limita a explicar lo que significan las velas (las «luces menores», tal como se conocen en la jerga masónica), que representan las tres guías que acompañarán al iniciado en su vida masónica: el sol, la luna y el maestro de la logia. En palabras de Coustos, esto obedece «a que el sol da luz al día y la luna a la noche, y de ese modo debe gobernar y dirigir el maestro a sus oficiales y aprendices».

El maestro continúa con la lección. La francmasonería tiene varios grados, del cual este, conocido como «aprendiz», es solo el primero. Así pues, el hermano recién iniciado deberá someterse a más rituales. Por ahora, se le permite conocer el signo, el toque y la palabra, como los llaman los masones.

El signo, un recordatorio de los castigos a los que se enfrenta quien desvele misterios masónicos, consiste (según confesó Coustos) en «llevarse la mano derecha a la garganta como si fueras a degollarte».

El toque es conocido para el resto de nosotros como el apretón de manos masónico. Su objetivo, en palabras de Coustos, es que un masón «sea reconocido en cualquier lugar del mundo por los otros hermanos y que pueda protegerse de quienes no lo son». El maestro enseña el apretón de manos colocando el pulgar en el primer nudillo del dedo índice del iniciado.

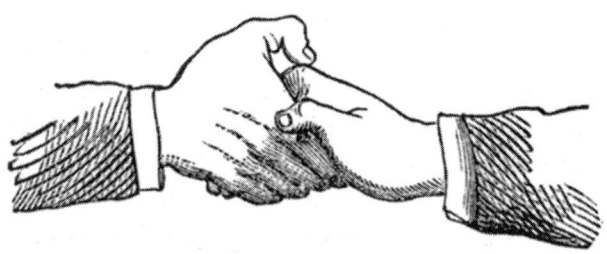

Finalmente, la palabra es BOAZ, esto es, el nombre de una de las dos columnas situadas a la entrada del templo de Salomón, tal como describe el libro de los Reyes. La francmasonería extrae muchos de sus símbolos del templo de Salomón y sus constructores. Esta palabra es tan secreta que los masones solo pueden decírsela unos a otros y jamás pronunciarla entera. Por supuesto, Coustos se lo contó todo a sus captores. BOAZ también tiene un significado simbólico: representa la fuerza.

Después, el nuevo masón debe ser presentado a los oficiales de la logia, intercambiando en todo momento con ellos el signo, el toque y la palabra. Esto permite que le entreguen el mandil masónico de piel de carnero.

Una vez que ha prometido contribuir al bienestar de los masones en apuros y sus familias, sería comprensible que el iniciado pensara que el proceso está a punto de terminar. Sin embargo, todavía debe conocer las herramientas simbólicas adecuadas para el grado de aprendiz: se trata de una regla de unos sesenta centímetros, un mazo y un cincel, y al masón le recuerdan metafóricamente la importancia de aprovechar bien el tiempo, trabajar duro y perseverar. Asimismo debe conocer otros símbolos y nombres abstractos. Muchos guardan relación con la verdad, el honor y la virtud, así como la prudencia, la templanza, la fortaleza, la benevolencia y la caridad. A ello hay que añadir la fidelidad, la obediencia y, por supuesto, el secretismo. Al iniciado le anuncian más normas, como la obligación de no «subvertir la paz y el buen orden de la sociedad».

Finalmente llega un extenso rito que marca el cierre de la reunión de la logia, con más signos, oraciones, aplausos (conocidos como «baterías»), pronunciamientos solemnes y movimientos dignos. En ese momento, después de al menos una hora de ceremonias, los hermanos asisten a una comida festiva.

Mientras el recién iniciado come y bebe hasta saciarse, es posible que se pregunte a qué venía tanto alboroto. Las solemnes tareas y las terribles advertencias debían otorgarle supuestamente un lugar en un grupo de hermanos elegidos para custodiar secretos trascendentales. Se ha unido al grupo, pero ¿dónde están los secretos? Lo único que ha descubierto son secretos sobre secretos. Conoce el signo, el apretón de manos, la contraseña y demás, pero lo único que se desprende de todo ello es la idea de que debe intentar ser un miembro decente.

El iniciado piensa que tal vez deberá esperar a que lleguen los siguientes grados de iluminación. Sin embargo, cuando eso ocurre al cabo de un tiempo, los ritos de iniciación que conmemoran su entrada en el segundo y tercer grado de la francmasonería —conocidos como «grado de compañero» y «grado de maestro»— son más de lo mismo, pero con algunas variaciones.

En la ceremonia del segundo grado (o grado de compañero), preparan al candidato dejándole la rodilla y el pecho derechos al descubierto, a la inversa que en el primer grado. El segundo apretón de manos masónico consiste en presionar con el pulgar el nudillo del dedo corazón en lugar del nudillo del dedo índice. Los mensajes morales son igual de simples que en el primer grado, aunque un poco distintos: al candidato le dicen que, además de ser un compañero decente, debe intentar conocer el mundo. El iniciado hace el juramento so pena de que le abran el pecho, le arranquen el corazón y este sea devorado por los buitres. La palabra es JACHIN, el nombre de la otra columna del templo de Salomón.

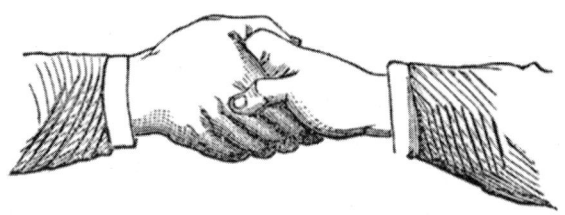

Al candidato al tercer grado (maestro masón) lo preparan quitándole por completo la camisa y dejándole ambas rodillas al descubierto. El apretón de manos consiste en separar los dedos entre el corazón y el anular como si fuera el doctor Spock. El castigo por romper el juramento conlleva que el hermano sea cortado en dos y que sus intestinos sean quemados; después, las cenizas serán esparcidas sobre la faz de la tierra. La palabra es MAHABONE. Su significado resulta incierto, pero hay quienes aseguran que significa «la puerta de la logia está abierta» en un idioma no especificado.

La ceremonia del grado de maestro es la más importante de las tres, el clímax del proceso para convertirse en francmasón. Es mucho más extensa que las dos anteriores y su temática es la muerte. Sin embargo, parece bastante divertida. Los hermanos representan una

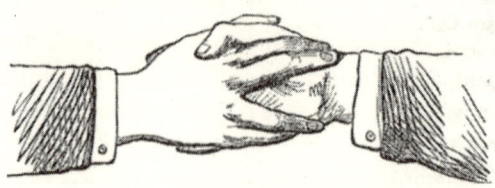

pequeña obra teatral sobre el asesinato de Hiram Abif, el arquitecto del templo de Salomón. Según cuenta la historia, al negarse a desvelar los secretos de un maestro artesano, Hiram fue asesinado a golpes en la cabeza. El candidato interpreta al arquitecto: le gritan, lo zarandean ligeramente y, después, lo «entierran» en una bolsa de lona para cadáveres, que es llevada en procesión por la logia. Al final, Hiram Abif resucita gracias a la magia del apretón de manos del maestro masón y un abrazo masónico especial que da la vida.

Un candidato al grado de maestro masón recibe una paliza ritual en un intento por obligarlo a divulgar secretos masónicos.

El secretismo está triplemente encerrado en los grados que marcan el acceso de un hombre a una logia masónica: la existencia de los rituales es secreta; durante dichos rituales, se hacen varios aterradores juramentos de secretismo, y los propios secretos se esconden detrás de símbolos. La ceremonia del grado de maestro culmina cuando sale a la luz el secreto más profundo y terrible. Y el secreto último de la francmasonería es... que la muerte es algo muy serio y pone las cosas en perspectiva.

Y eso es todo en realidad. A pesar de los estratos y pliegues de misterio, la promesa de la francmasonería de revelar verdades ocultas es, de hecho, un envoltorio para unas cuantas verdades crueles. La masonería, tal y como explica el ritual del segundo grado, es nada más y nada menos que un «sistema peculiar de moralidad envuelto en alegorías e ilustrado con símbolos».

Con independencia de lo que hayamos oído sobre masones de trigésimo tercer grado o similares, en la masonería no existen grados más altos que el de maestro, el tercer grado. Sin embargo, con el tiempo, algunos hermanos entusiastas han desarrollado un gran número de «grados paralelos», de los cuales el rito escocés, con sus treinta grados más, es el de mayor complejidad (en las islas británicas se conoce como «rosacruz»). Por ahora, debemos recordar que esos grados paralelos son tan solo variaciones que se escinden de los tres grados principales que acabo de describir. Cuando le pregunté a un masón por qué se había embarcado con tanto entusiasmo en la consecución de numerosos grados paralelos, se limitó a responder que «es adictivo». Ninguno entraña grandes novedades: todos se basan en la misma mezcla de alegoría, reglas morales comunes y corrientes y un sentido ceremonial de la unidad. Pero existe un enorme margen para un uso imaginativo de símbolos y espléndidos disfraces.

Igual que no deberíamos despreciar lo cautivadoras que son las ceremonias de la francmasonería, tampoco deberíamos ver como algo trivial la moralidad y la filosofía que los masones expresan en sus rituales. Los significados que se ocultan detrás del simbolismo pueden parecer singularmente convencionales: sé buena persona, intenta estar bien informado y demuestra tolerancia religiosa. Sin embargo, en comparación con las ideas peligrosamente disparatadas que venden muchas religiones ortodoxas —quemar brujas, matar a infieles, estigmatizar a los pecadores—, los preceptos que deben obedecer los masones son reconfortantes.

Los masones insistirán en que su hermandad no es una religión. Otros podrían responder que, si hay ceremonias y símbolos como en una religión y ahondan en el mismo territorio moral y espiritual que una religión, decir que no es una organización religiosa es hilar muy fino. Quizá baste con describir la masonería como una especie de religión de segundo orden: otorga libertad de conciencia, lo cual permite al individuo tomar sus propias decisiones sobre los misterios teológicos, a la vez que ofrece un contexto para vivir juntos en una paz espiritualmente constructiva. Sería fácil reírse de ello, pero es más difícil desautorizarlo. Muchos masones también hacen numerosas obras de beneficencia.

Cuando John Coustos confesó todo esto, los inquisidores portugueses reiteraron en varias ocasiones que lo consideraban una persona «creíble». Al menos hasta que le preguntaron cuál era el propósito de los rituales. Esto es lo que anotaron:

> [Coustos] dijo que el único fin [de los rituales] es mantener el secretismo que deben respetar todos los miembros.
>
> Pregunta: Si, como él dice, el único motivo para dichas normas y otras ceremonias es fomentar el secretismo, ¿cuál es el propósito último de ese secretismo en vista de los estrictos e inusuales castigos que imponen? [...]
>
> [Coustos] dijo que el propósito último de esos procedimientos era el secretismo.

El objetivo del secretismo masónico es el secretismo; en realidad, no pretende ocultar nada. Dicho de otro modo, el elaborado culto al secretismo de la francmasonería es una ficción ritual. Todos los castigos truculentos que implica la ruptura de un juramento son puro teatro y nunca se llevan a cabo. Como cabría esperar, para los inquisidores, esa parte de la confesión de Coustos fue «breve, esquiva y engañosa». Ese es el motivo por el que lo torturaron: porque la verdad acerca de la masonería resulta absolutamente decepcionante.

Aunque Coustos no era el héroe que afirmaba ser, hay que reconocerle por siempre que no se inventara nada para satisfacer las expectativas de los inquisidores. Le habría sido fácil idear algún abominable sacrilegio para que los torturadores no creyeran que habían estado perdiendo el tiempo. Cuando Tommaso Crudeli, un masón italiano, fue arrestado por la Inquisición de Florencia más o menos por la misma época, la acusación contra él se basaba en las afirmaciones de otro miembro, según el cual los reclutas eran masturbados por un hermano de mayor rango y luego eran obligados a firmar un espeluznante juramento con su propio semen: supuestamente, se comprometían a cometer cualquier delito, con la única salvedad de la sodomía. Por tanto, Coustos en cierto modo sí fue un mártir: del anticlímax. Pero, desde entonces, otros masones como él, y enemigos de la masonería como los inquisidores, se han rendido al impulso de ver mucho más en el secretismo masónico de lo que realmente hay. Esa es la ironía que impregna muchas de las historias que siguen. Aunque, en sentido estricto, el secretismo masónico es poca cosa, sí han sido muchas las interpretaciones que de él han hecho los hermanos y sus enemigos a lo largo de la historia y en todo el mundo.

3

Edimburgo. El arte de la memoria

G DE...

Los símbolos más importantes que utilizan los masones en sus rituales —los mandiles y las columnas, las escuadras y las palas— se derivan del trabajo de los mamposteros. Los francmasones creen que, además de tener un significado moral, esos objetos también cuentan una historia sobre el origen de la masonería en la vida de los artesanos medievales. La historia narrada en innumerables guías sobre la masonería es que la hermandad nació de los gremios de mamposteros de la Edad Media. El sustantivo *craft*, utilizado en inglés como sinónimo de masonería, significa «oficio». A los francmasones les gusta la idea de que son descendientes directos de los mamposteros medievales. Eso los vincula con los constructores de grandes catedrales como las de Salisbury, Lincoln y York Minster, una idílica visión de sus orígenes.

Sin embargo, llegado el momento de intentar demostrar cómo los gremios se convirtieron en logias masónicas, los historiadores especializados se han enfrentado a numerosas dificultades, ya que los mamposteros medievales eran especialmente ineptos a la hora de crear gremios. En la Inglaterra de los siglos XIV y XV, casi todos los oficios respetables de las ciudades tenían un gremio propio: los carniceros, los panaderos y los fabricantes de candelabros. Cualquier oficio curioso de antaño contaba con un gremio arraigado: zapateros y herreros, toneleros y peleteros... Todos los oficios excepto los mamposteros.

El motivo era que no había trabajo suficiente. La mayoría de los edificios de la Inglaterra medieval no estaban hechos de piedra, sino de una mezcla innoble de ramitas, paja, arcilla y estiércol. No había tanta demanda para los servicios de los mamposteros como, por ejemplo, para los de los carpinteros y los techadores. A consecuencia de ello, en casi ningún sitio había mamposteros suficientes para jugar una partida de dados decente y menos aún para formar un gremio. Cuando los mamposteros estaban organizados, normalmente se unían a otros hombres del oficio de la construcción, en particular los carpinteros.

Los mamposteros llevaban una vida errante, moviéndose de un lado a otro, y se congregaban en los infrecuentes lugares y momentos en los que se requería la construcción de un puente o de una casa de piedra. En muchos casos, existía una delgada línea entre un mampostero y un peón corriente. Cuando había grandes proyectos —un castillo, una abadía o una catedral— se reclutaba a una gran cantidad de mamposteros llegados desde muy lejos. Con mucha frecuencia, el reclutamiento era obligatorio. Eran liderados por un capataz, contratado por el rey o por el obispo. Esos mamposteros de élite también eran itinerantes, pero individualmente muy poderosos. Por tanto, a menudo era imposible que un gremio convencional los representara a ellos y a la masa obrera.

Un hecho incontestable es que, de los muchos artesanos de la Inglaterra medieval, los mamposteros eran los menos proclives a que su sindicato sobreviviera al paso de los siglos y se convirtiera en una fraternidad como los francmasones. Durante generaciones, los historiadores de la masonería no han logrado demostrar un vínculo entre lo que ellos denominan «mamposteros obreros» —hombres con cinceles y plomadas, con músculos y callos— y los «masones especulativos» de la actualidad, hombres cuyas herramientas entrañan un significado filosófico en lugar de un uso práctico.

Si los gremios de la Edad Media no son el eslabón entre la mampostería obrera y la masonería especulativa, ¿qué lo es? Solo podemos acercarnos un poco a una respuesta cuando no observamos la realidad de la vida laboral de los mamposteros medievales, sino su cultura e historias, cuyos elementos fueron integrados más adelante en la francmasonería.

La vida colectiva de todos los oficios medievales era rica en reglamentos, rituales y mitos. Había ritos de iniciación que superar. Había juramentos solemnes y aterradores para proteger secretos profesionales y reforzar la solidaridad. Había leyes y contraseñas que memorizar, algunas de ellas concebidas para ahuyentar a los impostores que pudieran presentarse a las puertas de la ciudad en busca de trabajo. Había días festivos y de guardar. Y también había fábulas: los artesanos que fabricaban calzado de lujo creían que, después del martirio, los huesos de su patrón, san Hugo, se convirtieron en herramientas de zapatero.

Mamposteros de toda Gran Bretaña compensaban la debilidad de su gremio con una serie de reglamentos, símbolos y mitos muy complejos. Conocidos como «antiguos deberes», este acervo popular de los mamposteros era memorizado y transmitido oralmente. Dado que la memoria humana es falible, el contenido de los antiguos deberes variaba enormemente a medida que se añadían y eliminaban detalles, que luego eran distorsionados y olvidados. De vez en cuando, se anotaba una versión de los antiguos deberes. El primer texto escrito que ha sobrevivido a ese caótico proceso es en verso, lo cual hacía que sus ochocientas veintiséis líneas fueran bastante más fáciles de memorizar. Entre los masones de todo el mundo es conocido como *Poema regius*. Sus orígenes y fecha son inciertos, aunque probablemente nació en Shropshire hacia 1430.

Las normas que enumeran los antiguos deberes sirven de referencia para los artesanos medievales. Van desde consejos genéricos sobre buenos modales (no decir palabras malsonantes en la iglesia, no sonarse la nariz con la servilleta) hasta reglas destinadas específicamente a gobernar la vida laboral de los mamposteros. Así, un capataz debe pagar justamente a sus hombres y salvaguardar la calidad del trabajo. Sin embargo, lo verdaderamente llamativo de los antiguos deberes de los mamposteros y lo que nos sitúa en la senda de lo que acabaría convirtiéndose en la francmasonería es la mitología, una historia de cómo la mampostería nació en los albores de los tiempos y fue transmitida por grandes trabajadores a lo largo de los siglos.

Los *dramatis personae* de la historia se extraen de una amplia variedad de fuentes: pensadores griegos de la Antigüedad se codean con algunas de las largas barbas del Génesis y el libro de los Reyes. Ciertas figuras son muy importantes, ya que más adelante serían incorporadas a las leyendas de la masonería. Una de ellas es Hermes Trismegisto, un hombre culto que, tras el diluvio de Noé, redescubrió las reglas geométricas de la mampostería, que antecesores suyos habían tenido a bien tallar en dos columnas de piedra. Euclides, el matemático griego, es el siguiente gran mampostero de ese linaje, pues enseñó a los antiguos egipcios todo lo que sabían sobre el oficio: de ahí las pirámides. Luego está Salomón, que contrató a cuarenta mil mamposteros para construir su templo, ese gran compendio de habilidad y aprendizaje en materia de albañilería. Su jefe de obras provenía de Tiro, y en versiones posteriores de la historia recibiría el nombre de Hiram Abif, el mismo Hiram Abif que acabó teniendo un papel protagonista en el ritual del tercer grado masónico.

La mitología de los mamposteros es grandilocuente: un grupo heterogéneo de artesanos estaba otorgándose un linaje tan ancestral y poderoso como el de cualquier dinastía monárquica. También tenían pretensiones intelectuales muy elevadas. Los antiguos deberes asocian el oficio de los mamposteros a la ciencia de la geometría: por eso Euclides, el matemático de la Grecia antigua, conocido como el «padre de la geometría», era importante. Los mamposteros consideraban que la mampostería y la geometría eran lo mismo, y esta última era algo muy serio. Junto con la gramática, la lógica, la retórica, la aritmética, la música y la astronomía, la geometría constituiría el programa troncal de las universidades medievales. De hecho, los antiguos deberes argumentaban que la geometría-mampostería era el campo de conocimiento humano más prestigioso. Los francmasones siguen reverenciando la geometría como una metáfora del orden fundamental del universo. En inglés, la G mayúscula que a menudo acompaña a la escuadra y el compás como insignia masónica significa Geometría y Dios [*God*].

Teniendo en cuenta todo esto, aún estamos muy alejados de establecer una verdadera conexión histórica entre los antiguos deberes y la masonería (esto es a lo máximo que llegaron los historiadores de la masonería al intentar vincular a los mamposteros ingleses del medievo con los francmasones actuales).

Tras varios siglos de desconcierto (del cual, como veremos, los masones del siglo XVIII son los máximos responsables), no afloró una crónica convincente sobre los orígenes de la masonería hasta hace unos años. El gran avance llegó con un estudio académico publicado en 1988. Lo que entendemos ahora es que los orígenes de la francmasonería no son medievales, sino que datan de una época en la que el mundo medieval estaba desgarrándose para dar paso a la modernidad. Asimismo, la creación de la masonería no tuvo lugar en la Inglaterra medieval de gremios y catedrales góticas, sino en la corte renacentista de Edimburgo, la capital de Escocia.

El Salomón de Escocia

La Reforma dividió Europa en dos. Hasta 1517, la Iglesia católica había sido el único camino que conducía a Dios y el único garante de la autoridad de los reyes. Roma ocupaba el centro de la cristiandad. En todo el continente, las grandes catedrales góticas, con su imponente permanencia, proclamaban un orden de los asuntos humanos inspirado en los cielos.

Entonces llegaron el ataque de Lutero y el nacimiento del protestantismo. El cristianismo quedó irreparablemente fisurado. Algunos monarcas rompieron con Roma y dio comienzo una época de guerras religiosas. El hambre de nuevas ideas y el papel impreso que las divulgaba inundaron todo el continente. En media Europa, aspectos de la fe hasta el momento incuestionables, como la doctrina del purgatorio y la veneración de reliquias e iconos, eran considerados obra del anticristo.

En Escocia, la Reforma llegó tarde y con fuerza. A partir de 1560, los edificios religiosos sintieron todo el impacto del nuevo fervor. Los protestantes escoceses eran conocidos por la furia con la que destruían estatuas, vitrales y ornamentos de piedra que idolatraban al diablo. La catedral de San Andrés, el edificio eclesiástico más grande del país y exquisito resultado de un siglo y medio de ferviente trabajo, fue destrozada y abandonada. En Edimburgo, una multitud saqueó y destruyó la abadía de Holyrood, el panteón de los reyes. Los fieles de la nueva Iglesia protestante creían que a Dios le gustaba que sus lugares de culto fueran descarnadamente austeros; un simple rectángulo con paredes de piedra bastaría. Por ello, los mamposteros escoceses tenían más motivos que la mayoría para sentirse consternados por la Reforma. No había catedrales, monasterios o iglesias elaboradas que construir y mantener. La pérdida de un cliente como la Iglesia fue un desastre.

Para empeorar las cosas, el desmoronamiento de la autoridad de la corona puso freno a importantes proyectos monárquicos de construcción. El rey Jacobo VI de Escocia era, en todos los sentidos, hijo de la Reforma, y tuvo una infancia tumultuosa incluso para los criterios de la época. Su madre era María I de Escocia, una mujer católica que se vio obligada a exiliarse cuando contrajo matrimonio con el hombre que probablemente orquestó el atentado con pólvora que acabó con la vida del padre de Jacobo. Después llegaron seis años de guerra civil, y Jacobo, que tenía trece meses, fue secuestrado y coronado a toda prisa en una parroquia de Stirling. El niño rey fue criado como protestante por unos intimidantes tutores que le decían que su madre era una bruja. Entre tanto, varias facciones codiciosas de la corte entablaron una batalla. Con sus contiendas y ataques, los nobles escoceses se comportaban como bandidos de sangre azul.

Jacobo solo tenía diecinueve años cuando, en 1585, se deshizo del último de sus cogobernadores aristocráticos y tomó las riendas del Gobierno. Con temple e inteligencia, a lo largo de década y media amansó a los extremistas religiosos y practicó cierta tolerancia. Se ganó el apoyo de la nobleza y, de ese modo, la violencia aristocrática amainó. Con gran sabiduría, solo presentó una queja formal cuando Isabel I de Inglaterra ordenó que su madre fuera decapitada en 1587. Cada año que pasaba era más probable que Jacobo sucediera a Isabel I, que no había tenido hijos, y uniera las coronas de Escocia e Inglaterra.

Aparte de sus triunfos políticos, Jacobo también era un intelectual: poeta, teólogo y autor de obras sobre la teoría y la práctica del reinado. *Daemonologie*, un libro sobre brujería que escribió en 1597, se convertiría en la principal inspiración de Shakespeare para las brujas de *Macbeth* (1606). Jacobo, el rey erudito, revivió a la corte escocesa y la abrió a la influencia del Renacimiento europeo. Los nobles viajaban a Francia e Italia y regresaban interesados en todo el abanico de modas intelectuales internacionales, desde teoría poética, medicina y tecnología militar hasta alquimia, astrología y magia.

Jacobo creó, con aristócratas e intelectuales, una Administración que solo le mostraba fidelidad a él. Uno de esos nuevos hombres era William Schaw, un pequeñoburgués muy viajado y culto. Schaw fue nombrado Maister o' Wark (maestro de obras), y en él recayó la responsabilidad de la construcción, restauración y mantenimiento de todos los edificios del rey de Escocia. También se ocupaba de organizar las ceremonias reales.

Al igual que otros intelectuales del norte de Europa, Schaw se sentía fascinado por el hecho de que el Renacimiento estuviera recu-

Presuntas brujas llevadas ante el rey Jacobo VI de Escocia (1566-1625).
De *Daemonologie*, un estudio del propio Jacobo.

perando ejemplos clásicos en busca de inspiración. Para él, el texto fundamental era *De architectura*, escrito en el siglo I a. C. por Vitruvio, un ingeniero militar y constructor que trabajó a las órdenes de Julio César. Vitruvio aseguraba que los hombres que proyectaban edificios debían ser intelectuales y no meros constructores. Bajo su influencia, el prestigio de los antiguos maestros de la construcción disminuyó y nació un nuevo héroe en el paisaje cultural de la Europa renacentista: el arquitecto. William Schaw sería el primer hombre que recibía tal apelativo en Escocia.

En febrero de 1594, la corte se alegró al recibir la noticia de que había nacido un heredero en el castillo de Stirling. El rey Jacobo estaba decidido a convertir el bautizo del bebé en una muestra de refinamiento y devoción. Con tal propósito, ordenó la rápida construcción de una nueva capilla en el castillo. Schaw fue el responsable del proyecto y llegaron importantes mamposteros de todo el país para trabajar en él. Con sus ventanas arqueadas de estilo florentino, la capilla real de Stirling es el primer edificio renacentista de su clase en Gran Bretaña. Al igual que la capilla Sixtina del Vaticano, construida en la década de 1470, las dimensiones y el diseño de la capilla real se inspiraron en el templo de Salomón, descrito en el libro de los Reyes. Un emisario inglés de la corte escocesa la llamaba «el gran templo de Salomón». Como encarnación de la sabiduría regia en el Antiguo Testamento, el rey Salomón era un álter ego halagador para un monarca erudito como Jacobo, y los poetas de la corte escocesa no dudaban en establecer paralelismos. En varias procesiones reales también se comparó a Jacobo VI con Salomón.

Cuatro años después, Schaw acudió al palacio de Holyrood, en Edimburgo, para entablar unas negociaciones secretas en nombre de su Salomón. Al otro lado de la mesa había un grupo de maestros mamposteros, algunos de los cuales habían participado en la construcción de la capilla real de Stirling. Aquella reunión introduciría algunas de las ideas más fascinantes que circulaban por la cultura renacentista de la corte de Jacobo VI en la tradición medieval de los mamposteros personificada por los antiguos deberes. El resultado sería la francmasonería.

Al igual que en Inglaterra, los mamposteros escoceses carecían de fuerza organizativa: sus gremios también incluían a carpinteros. Ellos se habían visto aún más menoscabados por la Reforma. Sin embargo, una vez que el rey Jacobo VI estuvo al mando, aumentaron los proyectos de prestigio. El clima era el adecuado para un renacer de la fortuna de los mamposteros. Años antes de la reunión con Schaw, los mamposteros habían empezado a crear grupos locales independientes sin que los gremios tuvieran conocimiento de ello. A esos grupos los denominaban «logias», por las casuchas provisionales que se levantaban en las zonas de obras. Por primera vez, «logia» ya no era el nombre de una casucha y empezaba a convertirse en el de una organización.

La reunión con el Maister o' Wark en 1598 tenía un ambicioso programa. Schaw veía las incipientes organizaciones de mamposteros como una oportunidad para aportar a la realeza una importante categoría de seguidores. Quería erigirse en patrón nacional, en «supervisor general» de los mamposteros. En ese proceso, las logias serían parte de una estructura nacional permanente en la que se celebrarían reuniones y se conservarían archivos impresos. Era un sistema que existiría en paralelo con los gremios locales, pero que, a diferencia de estos, sería exclusivo para mamposteros y estaría directamente vinculado con el rey.

Las logias de Schaw eran secretas, alejadas de la mirada de los gremios y las autoridades locales. Aunque las reuniones quedaban reflejadas por escrito en las actas, debían permanecer ocultas a personas ajenas y, aun así, solo se documentaban los aspectos prácticos del oficio de la construcción. Sin embargo, las logias de Schaw eran mucho más que simples elementos prácticos. Según un documento de una logia escocesa del siglo XVII, había «secretos que no deben ser escritos jamás». Pero podemos identificar algunas pistas de esos secretos no escritos, y la primera de ellas figura en el acuerdo al que llegaron Schaw y los mamposteros.

Como figura habitual de la vida cortesana, Schaw sabía lo importantes que eran los halagos, así que alimentó el orgullo colectivo de los mamposteros convocando una reunión el 27 de diciembre, el día de San Juan Evangelista, una fecha que los mamposteros, por razones desconocidas, consideraban la fiesta de su profesión (el día de San Juan Evangelista sigue siendo sagrado para los francmasones, al igual que el día de San Juan Bautista en junio). Schaw también citaba profusamente los antiguos deberes en el acuerdo que redactó. Su promesa a los mamposteros era que el nuevo sistema de logias finalmente les permitiría poner en práctica esas preciadas reglas. Schaw también les aseguró que un rey que se describía a sí mismo como el Salomón de Escocia tendría en cuenta sin duda sus necesidades.

Era un discurso convincente; pero Schaw fue más allá, inspirándose en la cultura del Renacimiento para buscar aspectos que cautivaran a los mamposteros. Estipuló que todos los mamposteros y aprendices debían ser sometidos a una «prueba del arte y la ciencia de la memoria». Era la medida más innovadora de Schaw. Obviamente, ser mampostero conllevaba memorizar muchas cosas, en particular los antiguos deberes. Schaw dijo a los mamposteros allí congregados que no solo estaban recordando, sino practicando el arte y la ciencia de la memoria.

Es necesario desviarse un poco hacia la periferia del pensamiento renacentista para comprender el alcance de las adulaciones de Schaw. El arte de la memoria era uno de los préstamos favoritos que tomó del pasado clásico la cultura europea. El ancestral orador romano Cicerón fue el exponente más famoso de ese arte, y lo utilizó en cada uno de los discursos que pronunció. Sabemos que el rey Jacobo VI recibió clases de uno de sus poetas de la corte. El truco es imaginarse a uno mismo recorriendo una ruta establecida en un gran edificio. Cada habitación representa un párrafo de tu discurso. Cada elemento de la habitación (como una columna, un altar o un patrón de baldosas en el suelo) representa un argumento que deseas exponer. Los practicantes avezados en el arte de la memoria podían recordar hasta la última palabra de un largo discurso.

Durante el Renacimiento, algunos filósofos asociaban el arte de la memoria a la búsqueda de conocimiento. La idea era que el mismísimo Dios practicaba el arte de la memoria y codificaba los grandes secretos del universo en el mundo que había creado.

La pequeña élite culta que practicaba el arte de la memoria eran los físicos teóricos de su época. Las posibilidades que planteaban eran estimulantes, pero potencialmente peligrosas. ¿La humanidad sería capaz de hacerse cargo de la enormidad de lo que podían desvelar en cualquier momento? ¿Y si la verdad redescubierta contradecía a la Biblia? Debido a ello, algunos intelectuales renacentistas llevaban a cabo sus estudios en escuelas selectas y sociedades secretas. Protegían sus hallazgos de miradas profanas utilizando aún más códigos y símbolos. En su búsqueda de conocimientos ocultos, los hombres pertenecientes a esos grupos se sintieron muy atraídos por una serie de escritos atribuidos al sabio ancestral y casi mítico Hermes Trismegisto. De hecho, gracias a él, a menudo se los conocía como herméticos. El enigmático Alexander Dicsone, el hermético más importante de Gran Bretaña, era una presencia habitual en la corte escocesa en la década de 1590 y, con frecuencia, Jacobo VI lo utilizaba como emisario y propagandista.

En la práctica, Schaw estaba diciéndoles a los mamposteros escoceses que ellos también eran herméticos. Aun sin saberlo, se hallaban al frente de la empresa filosófica más elevada de la humanidad. Tal y como recomendaba Vitruvio en *De architectura*, además de constructores eran intelectuales. En el hermetismo resonaban con fuerza muchos elementos de la sabiduría tradicional y popular que ya figuraban en los antiguos deberes de los mamposteros. Geometría. Saber arcano transmitido desde tiempos inmemoriales. Hermes Trismegisto: el mismo sabio que, según los antiguos deberes, había encontrado los conocimientos masónicos grabados en una columna después del diluvio universal. Sociedades secretas dedicadas a la búsqueda de la verdad oculta. Grandes edificios como depositarios de conocimientos sagrados. El arte de la memoria. Y, por supuesto, símbolos, símbolos por todas partes. La energía liberada por esa confluencia de la cultura oral de los mamposteros medievales y la rama erudita y hermética de la cultura de la corte renacentista era electrizante. Las posibilidades que brindaba eran interminables. Una de las consecuencias fue que la logia de los mamposteros pronto pasó de ser una simple organización a convertirse en un lugar tan imaginario como real y, allí, los mamposteros podían practicar juntos el arte de la memoria. Las verdades inmortalizadas en el trazado y el mobiliario de la logia —columnas, suelo ornamentado, etcétera— ayudaron a transformar la ejecución de los rituales de los artesanos en algo trascendental y casi mágico. Las logias masónicas de la actualidad son teatros en los que se representa el arte de la memoria.

Bajo la influencia de Schaw, las logias estaban llenas de mamposteros obreros, pero también eran especulativos, en el sentido de que participaban en rituales con un propósito filosófico, por emplear los términos de los historiadores de la masonería.

Las negociaciones con los mamposteros nunca llegaron a buen puerto. Schaw redactó unos estatutos para las logias, pero falleció en 1602. Su idea para el nuevo cargo de supervisor general murió con él. A partir de entonces, el cambio político dio al traste con cualquier acuerdo estable entre los mamposteros y el centro de poder de Edimburgo. En 1603 falleció Isabel I, y Jacobo VI de Escocia se convirtió en Jacobo I de Inglaterra, tras lo cual ambas coronas quedaron unidas.

No obstante, la red de logias territoriales de Schaw sobrevivió y se propagó. En 1710 había alrededor de una treintena por toda Escocia. Es más, un 80 por ciento de las logias escocesas que conocemos de la época de Schaw siguen existiendo en la actualidad. Las logias masónicas de Kilwinning, Edimburgo o Stirling son las más antiguas del mundo y funcionan desde hace más de cuatro siglos. Los masones escoceses se sienten muy orgullosos de esa pervivencia.

Volviendo la vista atrás, podemos observar que, por medio de Schaw, la cultura de la corte renacentista de la época de Jacobo VI provocó una reacción en cadena en las logias de los mamposteros. En décadas posteriores, el prestigio que les otorgaba Schaw empezó a atraer poco a poco a la nobleza.

El dinero era un motivo importante para ese aumento en el número de miembros. Si las nuevas incorporaciones eran de nobles en lugar de ser de trabajadores manuales, sus generosas aportaciones al banquete comunitario o al fondo para funerales de la logia serían más que bienvenidas. También podían contribuir con alguna que otra comisión por trabajos de construcción.

Las violentas tensiones religiosas y políticas ocasionadas por la Reforma también añadieron atractivo a las logias. Los mamposteros de Escocia estaban unidos por su profesión, no por su fe. Había protestantes y católicos entre ellos. La Reforma les había enseñado a anteponer su carrera profesional a su credo. Schaw se veía a sí mismo como un católico que había aprendido la discreción y la deferencia necesarias para sobrevivir y prosperar en una corte protestante. La logia era un refugio, algo que sigue siendo hoy. Si la masonería ha ayudado a gestar el mundo actual, en parte es porque ofrece un refugio del tumulto exterior.

La reunión de William Schaw con los mamposteros en 1598 había creado un sistema de logias, cada una de ellas situada en un territorio en particular. En ellas, los miembros llevaban a cabo rituales secretos inspirados en el arte de la memoria y cultivaban una mezcla de tradición artesana medieval y ciertos elementos de la erudición renacentista. Practicaban la ayuda mutua, la hermandad y una forma de piedad aconfesional. Sin embargo, los miembros de esas logias no eran francmasones tal y como los conocemos hoy: en primer lugar, porque no se habrían reconocido en esa etiqueta, que era casi desconocida en Escocia; en segundo lugar, porque su organización no era centralizada; y, en tercer lugar, porque las logias aún estaban muy vinculadas con las necesidades de los mamposteros.

La transformación de las logias de Schaw, construidas según el modelo escocés, en la masonería moderna empezó cuando se propagaron hacia Inglaterra, donde se dieron a conocer como la Aceptación.

Masones libres y aceptados

A menudo, los masones se refieren a sí mismos de manera más formal como «masones libres y aceptados». Pocos conocen el origen del «aceptados» que contiene dicho título. Sin embargo, de los dos adjetivos, es este último el que resulta más útil para estudiar las fases inglesas del incipiente desarrollo de la masonería.

Originalmente, *freemason* («francmasón») hacía referencia a un mampostero que trabajaba la «piedra franca», una arenisca de grano fino o caliza. Los *freemasons* eran los artesanos que daban forma a la piedra, en contraposición a los instaladores menos cualificados, que se limitaban a colocar ladrillos en una pared. Con el tiempo, *freemason* haría referencia a cualquier artesano superior que trabajara la piedra. La gente siguió utilizando la palabra en ese sentido incluso después del nacimiento de la masonería tal como la conocemos hoy, un deslizamiento terminológico que genera grandes dificultades a los historiadores.

En Inglaterra, hasta que los documentos históricos empiezan a mencionar a los «masones aceptados», o a una organización secreta conocida como la Aceptación, no podemos identificar a los predecesores inmediatos de la hermandad actual debido a las marcadas similitudes entre sus rituales y los que practicaban las logias de Schaw y los masones modernos. A medida que se propagó la Aceptación, se filtraron más indicios sobre los «secretos que nunca deben ser escritos». Fueron los masones aceptados de Inglaterra los que, con el tiempo, harían suyo el nombre de *freemasons*.

Los terribles sucesos acaecidos durante el reinado de Carlos I, el hijo de Jacobo, fueron cruciales para la expansión de las logias de Schaw en Inglaterra. Las guerras civiles estallaron en Escocia en 1638 por una disputa en torno a un libro de oraciones y no acabaron hasta 1651. Las islas británicas estaban sumidas en un auténtico infierno. Se calcula que murieron ochocientas mil personas de un total de siete millones y medio de habitantes. En Irlanda falleció alrededor de un 40 por ciento de la población. Todo ello hizo que la versión masónica sobre la búsqueda hermética de iluminación a través de los símbolos fuera un refugio espiritual aún mayor.

Elias Ashmole, originario de Staffordshire, en las Tierras Medias occidentales, se convirtió en masón aceptado en octubre de 1646, y una entrada de diario relata su iniciación en la que es una de las primeras referencias a esa ceremonia en Inglaterra. Tanto el lugar de la iniciación como lo que Ashmole estaba haciendo en aquel momento son importantes: fue iniciado en Warrington, Lancashire, cerca de donde se hospedaba con sus suegros para recuperarse del calvario de servir en las derrotadas fuerzas monárquicas. Durante casi toda la guerra civil, Lancashire estuvo ocupado por un contingente escocés. Se cree que ese ejército fue uno de los canales más importantes para la difusión de las creencias y prácticas de las logias escocesas (los archivos de la logia de Schaw en Edimburgo indican que, en mayo de 1641, los masones que combatían con el ejército escocés en el norte de Inglaterra iniciaron a otros oficiales de la guerra civil).

El rango militar de Ashmole lo convertía en un candidato particularmente adecuado: era oficial de artillería. Conociendo a Vitruvio como lo conocían, los miembros de la logia probablemente recordaban que el reverenciado autor de *De architectura* también había sido un especialista en armamento pesado en las legiones de Julio César y que construyó y manejó toda clase de artilugios para el lanzamiento de proyectiles. Los artilleros, con sus conocimientos sobre trayectorias y otros aspectos de la gran ciencia de la geometría, eran casi mamposteros honorarios.

Ashmole se convirtió en un hombre de intereses dispares y (para nosotros) muy peculiares. Era un anticuario que estudiaba, catalogaba y coleccionaba desde monedas antiguas hasta raros especímenes zoológicos. En la actualidad es más conocido por los objetos que sirvieron de base para el Museo Ashmolean de Oxford. Mostraba una ferviente dedicación al estudio de la heráldica, y sus conocimientos de astrología eran valorados por el rey Carlos II. Investigaba los emblemas mágicos y la alquimia, y creía estar dotado de poderes intelectuales que nacían de los movimientos del planeta Mercurio.

Esas eran precisamente las actividades esotéricas que atraían a las clases altas a las logias. Un ejemplo era el interés de Ashmole por el rosacrucismo, que formaba parte de la moda de las sociedades secretas y de la sabiduría oculta. A mediados de la década de 1610, la cultura europea se sintió cautivada por las noticias llegadas desde Alemania sobre el descubrimiento de una hermandad misteriosa, sagrada y centenaria. Conocida como orden de la Rosa-Cruz u orden Rosacruz, debía ese nombre a su fundador, un místico y médico llamado

Elias Ashmole (1617-1692)

Christian Rosenkreuz que había aprendido grandes secretos durante sus viajes a Oriente. Los textos rosacruces exponían una nueva mezcla de hermetismo y cristianismo, y proclamaban la llegada inminente de una nueva era espiritual.

Por desgracia, al igual que su fundador, la orden Rosacruz no existía: era una alegoría, y es posible que incluso no fuera más que un fraude. Pero esto no impedía a la gente querer ingresar en ella o sentirse estimulada por sus ideas. Es posible que algunos nobles atraídos por las logias de Escocia e Inglaterra creyeran que estaban uniéndose a la orden Rosacruz o a algo parecido. Y puede que, incluso de no ser así, el mito rosacruz los ayudara a añadir más capas de simbolismo a la masonería. Por ejemplo, se cree que el ritual de la muerte y resurrección de Hiram Abif nace de la necromancia rosacruz.

Ashmole siguió siendo miembro de la Aceptación durante toda su vida. En 1682 asistió a una reunión de masones aceptados en Londres. Su diario nos dice: «Yo era el miembro más veterano de todos (había sido admitido hacía treinta y cinco años)». Y añadía: «Comimos todos en la Halfe Moone Taverne de Cheapeside, una cena noble costeada por los masones recién aceptados».

La crónica más detallada del funcionamiento de la Aceptación, que guarda grandes similitudes con los rituales de la francmasonería, proviene de Staffordshire, el condado natal de Ashmole. En 1686, Robert Plot, profesor de Química de la Universidad de Oxford, publicó un relato sobre el condado que dedica varias páginas a los masones aceptados. El profesor Plot no era miembro. Sin embargo, además de catedrático de Oxford, era el conservador del Museo Ashmolean, creado recientemente en la universidad, así que resulta verosímil que Ashmole fuera su fuente.

Plot desconfiaba en gran medida del secretismo de la hermandad y llegó a la conclusión de que era proclive a cometer «fechorías». No obstante, había oído suficiente acerca de ellos para aportar pruebas relevantes. Los masones aceptados eran iniciados «en una reunión (o *Lodg*, como la denominan en algunos lugares) que debe incluir a un mínimo de cinco o seis veteranos de la orden, a quienes los candidatos ofrecen guantes...». El ritual de iniciación, explicaba, «consiste eminentemente en la comunicación de ciertos signos secretos mediante los cuales se conocen unos a otros en toda la nación». Existían dos vías para unirse a la Aceptación: podías ser mampostero o podías ser un no mampostero de prestigio que era «adoptado» o «aceptado»; de ahí el nombre Aceptación.

Aparte de la guerra civil, otros cambios sociales estaban realzando el atractivo de las logias en toda Gran Bretaña. El Renacimiento había empezado en Italia en el siglo XV como un deseo de redescubrir el aprendizaje clásico. A mediados del siglo XVII, los hombres de la Antigüedad ya habían sido sobrepasados. ¿Acaso podía Aristóteles difundir sus hallazgos en libros impresos? ¿Descubrieron los fenicios las Américas? ¿Las legiones de César podían desplegar cañones? Varias novedades útiles, desde microscopios hasta relojes de bolsillo, cartuchos para mosquetes y bombas de aire, no solo superaban cualquier cosa que pudiera ofrecer el mundo clásico, sino que exaltaban las habilidades y conocimientos de las profesiones técnicas. Una nueva afición por la tecnología estaba reduciendo la distancia entre la vida de la mente y una intervención activa en el mundo. Ya no parecía de mal gusto que un noble con inclinaciones intelectuales pudiera tener algo que aprender de un artesano. La idea de que Dios todopoderoso fuera considerado el Gran Arquitecto del Universo ya no era una analogía degradante.

A medida que más nobles iban siendo admitidos en las logias de Schaw y en la Aceptación hacia finales del siglo xvii y principios del xviii, afloraba más información sobre sus rituales y creencias. Las propias logias conservaban más archivos y hasta anotaban los «secretos que nunca deben ser escritos» para ofrecer guías útiles a los caballeros que se incorporaban. Tanto las logias de Schaw como los masones aceptados contaban con la misma amalgama de juramentos, signos secretos y mitos, que guardan toda clase de similitudes con la ritualización masónica descrita por John Coustos a la Inquisición de Lisboa en 1743 y que se llevan a cabo en la actualidad en las logias masónicas. Para ser iniciado había que hacer un juramento de secretismo so pena de «ser enterrado bajo la línea de la marea en un lugar que nadie conozca». Había signos que aprender, incluido un gesto que representaba un degüello, y un apretón de manos: «Un signo secreto entregado de mano en mano». Los masones absorbían una historia mítica sobre los orígenes de la organización en el templo de Salomón y aprendían las palabras en clave BOAZ y JACHIN (los nombres de las dos columnas situadas a la entrada del templo).

Hasta el momento, la francmasonería había evolucionado lentamente. Hacia el año 1700, un siglo después del catalizador encuentro de William Schaw con los maestros masones escoceses, estaba extendida, pero no centralizada, y seguía vinculada con la vida laboral de los mamposteros. Fuera de Escocia había concentraciones importantes de masonería aceptada en regiones como Staffordshire y Cheshire, y en ciudades como York y Londres.

Sería necesario algo más que el paso del tiempo para que se concretara la aparición de la masonería. En primer lugar, requeriría la catástrofe regenerativa que dio comienzo el 2 de septiembre de 1666 con una chispa en la panadería de Thomas Farriner en Pudding Lane, Londres. Un gran incendio consumiría la ciudad en cinco días. La reconstrucción se prolongaría cincuenta años y requeriría las habilidades de los mejores trabajadores de la piedra de Inglaterra.

4

Londres. En el cartel de The Goose and Gridiron

La colocación de la última piedra

El 26 de octubre de 1708, un pequeño grupo de hombres llegó a los tablones más altos del andamio que rodeaba la cúpula de la catedral de San Pablo, recientemente envuelta en el mejor plomo de Derbyshire. Cuando recobraron el aliento, les sobraron razones para disfrutar de las vistas.

Más allá de las torres idénticas del lado oeste de la catedral, el castillo de Windsor se elevaba imponente en el paisaje. Al norte, los hombres podían atisbar las colinas boscosas de Hampstead y Highgate. Mirando hacia el este, hasta el mar, podían seguir el serpenteante Támesis, con sus aguas atestadas de barcos y barcazas que traían riqueza desde Boston, Barbados y Bengala. Aunque, desde aquella altura, las calles colindantes se hallaban sumidas en el silencio, el característico olor a hollín seguía inundándoles las fosas nasales. De hecho, una vez que terminaba el campo y empezaban los edificios —en Piccadilly al oeste y en White Chapel al este—, gran parte de las vistas quedaban enmascaradas por el humo del carbón. Aun así, entre las columnas de humo se elevaban los chapiteles de las iglesias y las torres. Los hombres las conocían como si fueran los rostros de sus hijos. Saint Bride, en Fleet Street, con sus esbeltas pagodas. El campanario cilíndrico de San Miguel, en Crooked Lane, con sus contrafuertes elegantemente curvados y arqueados. La inconfundible San Benito, en Paul's Wharf, con su torre de ladrillo rojo con ángulos de piedra y coronada por una refinada cúpula con linterna. Cada iglesia era nueva y única, y un noble testamento de la gloria de Dios, de las habilidades de los hombres congregados en lo alto del andamio y de los años que habían pasado resucitando Londres tras el gran incendio que la consumió en 1666.

Sir Christopher Wren fue el cerebro que dirigió aquella resurrección, el jefe de arquitectos de la catedral y de las cincuenta y una iglesias nuevas que engalanaban la ciudad. Aquel día, Wren se encontraba en San Pablo. A sus setenta y seis años de edad, no había intentado subir, y esperó abajo mientras el grupo liderado por su hijo llevaba a cabo una ceremonia, breve pero solemne, en la que colocaron la última piedra en la linterna que dominaba la cúpula de la catedral.

La catedral de San Pablo y la iglesia de Wren vistas desde el sur en la época en que nació la masonería moderna.

Poner la última piedra les transmitió una justificada sensación de clausura. No se trataba solo de que sir Christopher Wren se hubiera convertido en el primer arquitecto de la historia que supervisaba el proceso de construcción de una catedral de principio a fin. Varias familias, incluida la de Wren, fueron esenciales en la historia de la nueva San Pablo. Cuando pusieron la primera piedra en junio de 1675, Christopher, el hijo de Wren, solo tenía cuatro meses. Treinta y tres años después, el bebé se había convertido en la mano derecha de su padre y tuvo el honor de dirigir la ceremonia de colocación de la última piedra. En la de la primera piedra, en 1675, también estuvo presente Thomas Strong, el maestro mampostero en el que más confiaba Wren. Tras la muerte de Strong, lo sustituyó rápidamente Edward, su hermano pequeño, que ahora estaba participando en la ceremonia de clausura. Al lado de Edward Strong se encontraba su hijo, también llamado Edward, que era un amigo íntimo de Christopher Wren júnior. Edward Strong hijo había construido la gran linterna que ahora estaban terminando.

Sin embargo, lo que unía a los hombres en el andamio de la cúpula aquel día era algo más que la familia, la amistad y una generación de esfuerzo en común. Unas memorias de la familia Wren plasmaban el momento para la posteridad y dejaban claro que el pequeño grupo que ofició la ceremonia estaba integrado por hermanos masones: «La última piedra, la más alta de la linterna, fue colocada por las manos del hijo del jefe de arquitectos, Christopher Wren, delegado por su padre, en presencia del excelente artesano, el señor Strong, su hijo y otros masones libres y aceptados, dedicados eminentemente a la ejecución de la obra». Masones libres y aceptados. Los Strong eran miembros de la Aceptación. Cuando Edward Strong padre murió en 1724, un semanario lo describía como «uno de los más antiguos mamposteros y FRANCMASONES de Inglaterra». Al año siguiente, Edward, el hijo de Strong, figuraba como miembro de una logia masónica que se reunía en Greenwich.

Los dos Christopher Wren, padre e hijo, también eran masones aceptados. Sir Christopher ingresó «como hermano» de la Aceptación el 18 de mayo de 1691 en «una gran convención de la Fraternidad de Masones Aceptados celebrada en San Pablo». Cuando Wren falleció, la prensa lo describía en varios homenajes como francmasón, lo cual —teniendo en cuenta que el gran hombre no era mampostero— solo puede significar que era miembro de la Aceptación. Christopher Wren hijo, sin duda, lo era: sería maestro de su logia masónica en 1729.

Conocemos a otros masones aceptados que participaron en la reconstrucción de Londres. Thomas Wise (1618-1685) era un maestro mampostero que consiguió contratos para algunos de los trabajos iniciales en la catedral de San Pablo. Se sabe que presidió una reunión de la Aceptación en 1682. John Thompson (?-1700) era un masón aceptado y contratista de varias iglesias de Wren en Londres, entre ellas San Vedasto (Gastón), Santa María del Arco y Todos los Santos, en Lombard Street.

Como arquitectos, los Wren sentían una clara afinidad con los maestros constructores que formaban la columna vertebral de la Aceptación. Aparte de los Wren, se admitió a otras figuras destacadas de la vida pública sin vínculos con el sector de la construcción. En 1708, el año de la ceremonia de colocación de la última piedra en San Pablo, un cronista de la vida londinense definía la Aceptación como una «fraternidad de numerosos nobles y aristócratas».

La Aceptación de Londres había empezado como parte de la Compañía de Mamposteros: existen escasas referencias a ella en los archivos de la compañía, que se remontan a 1630. La Compañía de Mamposteros de Londres era uno de los pocos gremios dedicados a esa profesión. Se fundó a mediados del siglo XIV y le fue concedido el derecho a llevar uniforme en 1481. Sin embargo, a diferencia de otros gremios profesionales, era un club exclusivo para la élite del negocio de la construcción y solo permitía la entrada de sus artesanos favoritos. La pertenencia a la Aceptación de Londres era solo por invitación. Además, el ingreso era caro: las cuotas duplicaban las ya cuantiosas sumas por unirse a la Compañía de Londres de la cual surgió. La Aceptación ha sido descrita por uno de los historiadores más importantes de la primera masonería como «una célula exclusiva dentro de la Compañía de Londres». Hacia finales del siglo XVII, se convirtió en un organismo independiente.

Por tanto, los masones aceptados de Londres eran una élite dentro de la élite, y los Strong pertenecían a esa categoría. Edward sénior heredó de su padre, que era mampostero, varias canteras en dos condados. Además de sus ingresos derivados de las canteras familiares, los Strong percibieron unos honorarios considerables por firmar grandes contratos para construir partes de la catedral de San Pablo y las iglesias de Wren, y organizaron numerosos equipos de mamposteros necesarios para el trabajo. Además, se ocuparon de muchos otros proyectos de prestigio, incluido el Real Hospital Naval de Greenwich y el palacio de Blenheim, en Oxfordshire, donde se alojaba la familia Churchill. Los Strong tenían los bolsillos llenos; puesto que el Gobierno no era muy dado a pagar puntualmente a sus contratistas, a menudo tenían que adelantar grandes sumas para cubrir salarios y materiales. En un momento dado, incluso prestaron dinero al Gobierno para que las obras de San Pablo pudieran avanzar. Edward Strong padre también se dedicaba a la especulación inmobiliaria y, tras su muerte, su hijo heredó varias casas de campo. En resumen, los Strong no se parecen en nada a los humildes artesanos medievales de la leyenda masónica. Ellos y otros miembros de la Aceptación se hicieron muy ricos con el dinero público destinado a la reconstrucción de la capital de Inglaterra después del Gran Incendio.

La ceremonia de colocación de la última piedra en San Pablo marcó el principio del fin de la reconstrucción de Londres, y también de los fondos. Gran parte del dinero provenía de un impuesto al carbón, que era el mismo combustible que no dejaba contemplar la vista desde la cúpula de la catedral. El último de los tres gravámenes estatales al carbón expiró en septiembre de 1716, y el presupuesto para la reconstrucción se agotó a principios del año siguiente. La resurrección de Londres había concluido.

La Aceptación de la capital inglesa era selecta y de gran prestigio, desde luego, pero relativamente desconocida. El final de la reconstrucción de la ciudad precipitó acontecimientos que la convertirían en la sociedad secreta más famosa del mundo.

Además de ser un genio, sir Christopher Wren era, a decir de todos, un hombre muy bondadoso. Con un temperamento tranquilo, era fiel a sus amigos, un devoto de su trabajo y absolutamente ajeno a la corrupción, algo que, en la Inglaterra del siglo XVIII, lo convertía casi en un santo. Podríamos describirlo como la personificación de los ideales de la francmasonería. Sin embargo, tenía ya muchos años, su tarea había terminado y se había convertido en un objetivo político tentador. En abril de 1718 fue destituido de su puesto como arquitecto real, que sobre todo conservaba en calidad honorífica como reconocimiento al trabajo de toda una vida, y fue sustituido por un adlátere político que, por venganza, procedió a acusarlo de mala gestión.

El problema de Wren no era solo la cancelación del impuesto al carbón; lo más grave era que se hallaba en el lado equivocado de la gran escisión política de la época. En el siglo XVII y principios del XVIII, la historia británica giraba en torno a cuestiones vinculadas con la religión y a la relación entre el Parlamento y la monarquía, como dejó clara la revolución Gloriosa de 1688 y 1689. Jacobo II, de la dinastía de los Estuardo, tuvo un heredero católico varón con su mujer, también católica. Por otro lado, soñaba con emular el absolutismo de la Europa católica, en la que Dios investía al rey de una incuestionable autoridad. Así pues, en la Gloriosa, quienes consideraban que el catolicismo y el absolutismo eran aberrantes sustituyeron a Jacobo por María, su hija protestante, y su marido Guillermo, neerlandés y también protestante. Los reyes y reinas que gobernaron a partir de entonces lo hacían con la condición de que necesitaban el consentimiento de los lores y de los comunes para aprobar leyes. Sin embargo, incluso después de la Gloriosa persistieron los mismos problemas religiosos y políticos, que adoptaron la forma de una batalla entre *tories* y *whigs*.

Los *tories* eran partidarios del poder monárquico y de la Iglesia anglicana. En ocasiones, su formación política se mezclaba con la defensa del catolicismo y los jacobitas, que era el proyecto para devolver el trono a un varón católico descendiente de Jacobo II, depuesto en la Gloriosa. Las décadas posteriores a la revolución estuvieron puntuadas por una serie de revueltas jacobitas.

Por el contrario, los *whigs* eran partidarios de un monarca que gobernara sometido a la aprobación del Parlamento y de cierta tolerancia religiosa en un Estado anglicano presidido por un monarca protestante.

En 1714, el enfrentamiento entre los dos partidos alcanzó un punto crítico cuando la reina Ana murió sin dejar heredero. Ana era miembro de la dinastía de los Estuardo, anglicana conservadora en materia religiosa y *tory* en sus simpatías políticas. El único sucesor protestante plausible era Jorge, el príncipe elector de Hanóver, en Alemania, que era luterano y *whig*. Cuando el príncipe elector ocupó el trono como Jorge I, fundando así la dinastía Hanóver, los *whigs* se embarcaron en una flagrante toma de poder. Expulsaron a los *tories* de todos los puestos de influencia en el funcionariado, el mundo profesional, las fuerzas armadas, las universidades y la Iglesia. Sir Christopher Wren fue atacado por ser un renombrado *tory*: la lealtad de su familia a la dinastía de los Estuardo se remontaba al servicio de su padre para Carlos I antes de las guerras civiles. El hombre de confianza que ocupó su puesto era *whig*. Los cargos presentados contra Wren fueron desestimados un año después y su sustituto fue apartado por incompetencia y corrupción. Sin embargo, la indefensión del gran arquitecto era clara.

Ese cambio drástico en el equilibrio de poder entre *tories* y *whigs*, sumado al final de la reconstrucción de Londres, erradicó las redes de clientelismo *tory* que habían ayudado a los contratistas de la Aceptación londinense a enriquecerse tanto durante el último medio siglo. Había llegado el momento de que los *whigs* tomaran las riendas y transformaran la Aceptación en una red clientelar propia.

El doctor Desaguliers

La cervecería The Goose and Gridiron se encontraba en St. Paul's Churchyard, una calle que discurre por la parte sur de la gran catedral y cuyas tabernas y librerías habían sido un centro de la vida cultural londinense desde mucho antes del gran incendio. The Goose and Gridiron tenía una relevancia concreta para los masones libres y aceptados. No existen pruebas documentales irrefutables, pero parece probable que fuera el lugar en el que sir Christopher Wren fue «aceptado» en 1691.

El 24 de junio de 1717, día de San Juan Bautista, varios hombres pertenecientes a cuatro logias masónicas distintas se dieron cita en The Goose and Gridiron. Cada una de las logias llevaba el nombre de la taberna en la que se reunía: The Crown, en Parker's Lane, cerca de Drury Lane; The Apple Tree, en Charles Street, Covent Garden; The Rummer and Grapes, en Channel Row, Westminster, y la propia The Goose and Gridiron.

El principal objetivo de la reunión era elegir a un librero poco reseñable llamado Anthony Sayer para un nuevo puesto en la masonería: el de gran maestro. Las consecuencias de la reunión serían inmensas. Allí nació una Gran Logia que se arrogó autoridad para decidir y aplicar las normas de toda la hermandad. La francmasonería moderna fecha sus inicios ese día de 1717; en 2017, hermanos de todo el mundo celebraron el tricentenario.

La célebre reunión en The Goose and Gridiron supuso un punto de inflexión en la historia de la masonería. Esa es la razón por la que resulta tan desconcertante que sepamos tan poco sobre ella. No quedan vestigios materiales: The Goose and Gridiron y los otros tres pubs en los que se congregaban las logias fundadoras fueron demolidos hace ya mucho. Y, lo que aún es más curioso: los masones, que en general documentan minuciosamente sus actividades, no cuentan con archivos contemporáneos de la reunión. Como veremos, hay razones para sospechar que se trataba de una cortina de humo. Los años transcurridos entre 1717 y 1723 fueron los más importantes en toda la historia de la francmasonería y, sin embargo, también resultaron ser los más enigmáticos. Merecen ser puestos bajo el microscopio histórico.

El nacimiento de lo que se convertiría en la Gran Logia se produjo justo cuando se agotaron los fondos para reconstruir la ciudad de Londres y cuando se estableció el nuevo régimen *whig*. Los hombres que crearon la Gran Logia eran ambiciosos y contaban con una magnífica red de contactos; además, todos eran *whigs*. Podemos aprender mucho de un retrato del más importante de ellos, el verdadero artífice de la reunión en The Goose and Gridiron: el doctor John Theophilus Desaguliers.

El doctor Desaguliers fue una figura crucial en la creación de la historia, el ritual y los valores de la masonería en aspectos que aún perduran hoy. Aparte de ser uno de los principales fundadores de la Gran Logia, introdujo las charlas educativas en las reuniones y ayudó a crear las actividades benéficas. En sus viajes, también contribuyó a difundir la masonería por Europa.

Como muchos de los primeros masones, incluido John Coustos, Desaguliers pertenecía a una familia de refugiados franceses protestantes, y su padre era hugonote. Al igual que muchos hugonotes y, de hecho, como muchos inmigrantes, Desaguliers era ambicioso y trabajador y ansiaba adaptarse. A pesar de la dureza de su entorno, fue a la Universidad de Oxford y se embarcó en una carrera eclesiástica. Sin embargo, en el caso de Desaguliers, famoso por sus tediosos sermones, la religión era al parecer un medio para lograr un fin.

Sus verdaderos intereses radicaban en su floreciente carrera como científico, conferenciante y *showman*. Como estudiante de Oxford, se había sentido hechizado por sir Isaac Newton y se propuso demostrar sus teorías con sorprendentes experimentos. En la Inglaterra de la Ilustración, y sobre todo en Londres, había un público dispuesto a pagar generosamente por tales entretenimientos. Gracias a Newton, y sin desembolsar la cuota habitual exigida a los miembros, el doctor Desaguliers fue invitado a unirse a la Royal Society de Londres, donde se mezclaban plebeyos y aristócratas en la búsqueda común de conocimientos científicos y del prestigio que la acompañaba. Desaguliers incluso recibía pagos por dirigir experimentos. Acabaría convirtiéndose en el principal demostrador de Newton y en el orador más importante de un ámbito muy competitivo. En 1717, el año de la reunión en The Goose and Gridiron, el «ingenioso señor Desaguliers» fue invitado a demostrar sus experimentos ante el rey Jorge. Sería la primera de varias contrataciones por parte de la monarquía, que le supusieron considerables retribuciones económicas. Desaguliers también prestaba sus servicios como asesor de ingeniería y abordó desafíos prácticos como producir cerveza, drenar minas de carbón, organizar espectáculos de fuegos artificiales y reparar las chimeneas humeantes de la Cámara de los Comunes.

El polifacético John Desaguliers no habría conseguido ni la mitad de lo que consiguió sin un talento en particular: su don para hacer amigos influyentes entre los *whigs*. En 1716 fue nombrado capellán de James Brydges, que pronto se convertiría en el primer duque de Chandos, un importante *whig* cuyo mecenazgo sería crucial en su ascenso. La red de contactos de Desaguliers no tardó en extenderse a la comunidad de científicos y sus mecenas aristocráticos. Un indicador de esto último es la lista de padrinos que consiguió para sus hijos en la década de 1720. Aparte de sir Isaac Newton, incluían al marqués de Carnarvon, que era el primogénito del duque de Chandos, y el conde de Macclesfield, un cortesano *whig* increíblemente rico y lord canciller que más tarde sería procesado por aceptar cuantiosos sobornos. Resultaba asombroso que un hijo de refugiados como Desaguliers tuviera tanta influencia en las altas esferas.

Desaguliers vivía de sus contactos y de la autopromoción. La masonería formaba parte de su estrategia personal. En una sociedad en la que el poder y la riqueza aún estaban concentrados sobre todo en las personas con tierras y títulos, quienes desearan mejorar tenían pocas opciones al margen de hacer amigos influyentes. Por tanto, no debemos suponer que el ansia de contactos de Desaguliers hicieran de él y de muchos otros masones personas menos sinceras a la hora de adoptar los valores masónicos. De hecho, se tomaba la masonería con gran seriedad y utilizó su poder en la Gran Logia para acallar las burlas sobre cómo algunas logias llevaban a cabo sus rituales: un manuscrito de la década de 1690 menciona que se asustaba a los candidatos con «mil posturas y muecas ridículas». Después de Desaguliers, las actividades masónicas serían mucho más solemnes.

Tampoco debería extrañarnos que un hombre de ciencia como el doctor Desaguliers se sintiera atraído por una hermandad tan vinculada con creencias precientíficas como era la de los francmasones. Llevó a cabo conocidos experimentos para demostrar el absurdo de algunos mitos como la máquina de movimiento perpetuo, pero vivía en una época en la que los límites entre la ciencia y la superstición no estaban en modo alguno definidos. El propio sir Isaac Newton creía

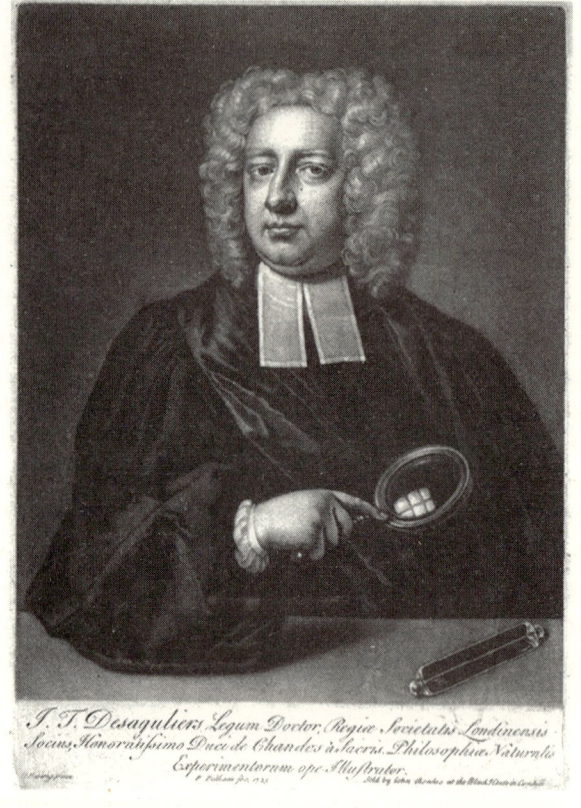

John Theophilus Desaguliers (1683-1744). La inscripción presume
de su contacto con el duque de Chandos.

en la búsqueda alquímica de la piedra filosofal y el elixir de la vida. El gran hombre no era un masón aceptado, pero estudió el proyecto del templo de Salomón en busca de verdades ancestrales.

Para Desaguliers, la masonería encajaba a la perfección con su ambición personal, con su visión política y con sus pasiones intelectuales. No era como los adláteres hambrientos de poder que representaban la peor vertiente del régimen *whig*. Su masonería rezumaba los vapores más enrarecidos de la filosofía *whig* y hasta incluso escribió un poema que aunaba el sistema newtoniano, los símbolos masónicos y la monarquía Hanóver en una única visión de armonía universal. Sin embargo, aun así, la política de Desaguliers fue crucial en la formación de la Gran Logia. Durante la creación de esta última, así como en la posterior y rápida expansión de la masonería, entre bastidores había influyentes redes *whig*, concentradas en dos lugares en particular. La primera se encontraba entre los filósofos naturales de la Royal Society. Todos los secretarios de la Royal Society entre 1714 y 1747 eran francmasones. La segunda red masónica *whig* dominaba la magistratura. Esta era la responsable de la ley y el orden en Londres, además de otras tareas, como la concesión de licencias para las tabernas. Tal y como afirma el historiador responsable del mejor estudio sobre las primeras redes masónicas, «muchos masones de Londres representaban precisamente a los hombres a los que el Gobierno *whig* habría favorecido en la magistratura por ser defensores conformistas y convencionales del *statu quo*». En el Londres *whig*, a cambio de lealtad política, la francmasonería brindaba acceso a un prestigio y una influencia que poco tenían ya que ver con el sector de la construcción. La toma de poder *whig* rompió finalmente el vínculo entre «obreros» y «especulativos», esto es, entre trabajadores de la piedra y masones.

La francmasonería nacida de la trascendental reunión en The Goose and Gridiron en 1717 lleva el sello del poder *whig*; pero la historia posterior de la masonería también se vería condicionada por una crisis que a punto estuvo de derrocar al régimen. La temporada política que permitió a los *whig* subir al poder tras el ascenso de Jorge I fue breve. En 1720, la burbuja de la Compañía del Mar del Sur expuso terriblemente la debilidad del Estado. Sectores enteros de la élite, tanto *whig* como *tory*, se vieron implicados en el fraude y en la corrupción, que provocaron el aumento del precio de las acciones de la Compañía del Mar del Sur, y la mayoría sufrieron enormes pérdidas cuando la burbuja estalló. De repente, proteger a las clases dirigentes de los efectos colaterales era más apremiante que otras prioridades políticas. Sir Robert Walpole propuso un plan para contener los peores efectos del escándalo al frente de una versión más conciliadora del *whiggismo*. Walpole también lideraba un sistema de clientelismo y corrupción a una escala jamás vista. Considerado en la actualidad por casi todos como el primero en ocupar el puesto de primer ministro británico, seguiría en el cargo durante más de dos décadas.

Un indicio de lo cerca que estaba la masonería de esos acontecimientos es que, si bien la fecha de su iniciación es incierta, Walpole se había convertido en masón, como muy tarde, en 1731. Entre los masones libres y aceptados, al igual que en la política británica en general, el pánico llevó a enterrar las hachas después de la burbuja de la Compañía del Mar del Sur. Los *whigs* seguían al mando, pero reprimían su arrogancia. La francmasonería buscaba la paz interna a toda costa y debía unirse firmemente al régimen *whig*. Echando mano de sus contactos, Desaguliers reclutó en 1721 al duque de Montagu, un influyente *whig* y miembro de la Royal Society, como el primer gran maestro francmasón de sangre azul.

A instancias de Desaguliers, el duque de Montagu encargó la redacción de un reglamento masónico para cimentar la autoridad de la Gran Logia *whig*. Dicho reglamento también contendría la primera historia oficial de la francmasonería, concebida para enterrar cualquier aspecto político controvertido sobre el nacimiento de la Gran Logia, incluido lo que en verdad sucedió en The Goose and Gridiron.

Armonía e historia

Con diferencia, el libro más importante en la historia de la masonería es *Las constituciones de los francmasones*. Publicado por primera vez en 1723, reapareció en una edición revisada en 1738 cuando la francmasonería y el destacado lugar que ocupaba en ella la Gran Logia estaban consolidados.

El eje del libro son los «Deberes de un francmasón», el reglamento que convierte a la masonería en lo que es. Las *Constituciones* contienen nuevas leyes sobre las prácticas de las logias que obviamente iban dirigidas a establecer el dominio de la Gran Logia: por ejemplo, quien instaure una logia no autorizada será considerado un «rebelde». También hay principios básicos más tradicionales que los masones a menudo denominan *landmarks*. Ya conocemos muchos de esos principios, que veíamos en la confesión de John Coustos y en los preceptos que aún se explican hoy durante los rituales de iniciación. Los masones deben ser respetuosos con los poderes fácticos y guardar los secretos de la hermandad. Todos los masones son iguales: «Hermanos al mismo nivel». Entre ellos debe reinar la tolerancia religiosa y étnica: «Somos de todas las naciones, lenguas y familias». No deben ser «estúpidos ateos» ni estar divididos por su fe religiosa, ya que todos deben creer en el «Gran Arquitecto del Universo». La religión no puede ser un tema de debate en la logia. A las mujeres no les está permitida la entrada, ni tampoco a los «siervos», y menos aún a los esclavos (esta es una prohibición que causaría muchos problemas a medida que la historia de la masonería evolucionaba). Y, lo que es más importante, y un tanto hipócrita teniendo en cuenta cómo nació la Gran Logia: a los masones les ordenaban oponerse firmemente a cualquier tipo de enfrentamiento entre distintas facciones: «Nos declaramos contrarios a toda política».

Además de principios básicos, las *Constituciones* contienen asimismo una historia de la francmasonería que es tan fantasiosa como los antiguos deberes de los mamposteros medievales, una de sus principales fuentes. La primera página del libro afirma que fue publicado en el *anno domini* de 1723, o el año de la masonería 5723. Los masones estaban tan convencidos de su lugar en el orden eterno que se consideraban guardianes de una sabiduría que se remontaba al principio del mundo en el 4000 a. C. Por tanto, la historia masónica comienza con el primer hombre: Adán debió de tener «escrita en su corazón la masonería», porque enseñó a su hijo Caín, que construyó una ciudad y, por tanto, era mampostero. Noé, descendiente varón directo de Adán, también era mampostero, ya que, si bien el arca estaba hecha de madera y no de piedra, «fue fabricada mediante la geometría y conforme a las reglas de la mampostería». Los israelitas, que aprendieron la mampostería durante su cautividad en Egipto, «eran todo un reino de masones, bien instruidos bajo la guía de su GRAN MAESTRO MOISÉS, que a menudo los reunía en una logia regular y general mientras vagaban por el desierto». Y así sigue despreocupadamente. No hay nada inusual en ese estilo de crónica histórica de principios del siglo XVIII. El truco anacrónico es sencillo: cualquiera que construyese algo a lo largo de la historia, por poco memorable que fuera, tenía que ser francmasón. Por ejemplo, era «razonable creer» que el emperador Augusto era «el gran maestro de la Logia de Roma». Naturalmente, esa tradición masónica inventada hallaba su momento álgido en la construcción del templo de Salomón en Jerusalén, y ha continuado de manera casi interrumpida hasta la actualidad.

La «historia» que exponen las *Constituciones* es poco más que una procesión de masones que rezuman paz y armonía fraternal. Solo algunos pasajes dejan entrever su intención partidista en favor de los *whigs*, en particular aquellos en los que el *tory* sir Christopher Wren es criticado.

La edición original de las *Constituciones*, que data de 1723, sí menciona a Wren en un par de ocasiones. Sin embargo, si consideramos que los primeros francmasones estaban muy orgullosos de la arquitectura neoclásica de Gran Bretaña y de su lugar en la tradición masónica, y teniendo en cuenta que Wren era un arquitecto neoclásico sumamente dominado por la escena arquitectónica británica, esas menciones son intencionadamente breves y reticentes. Las *Constituciones* ni siquiera dedican a Wren el mínimo honor de referirse a él como francmasón. Es obvio que la masonería *whig* no quería declararlo uno de los suyos.

La edición de 1738 es menos esquiva con Wren, pero también más crítica. Es cierto que le otorga el lugar que le corresponde en el panteón de los grandes constructores. También es reconocido como francmasón, como el gran maestro adjunto de la masonería en 1666 y como gran maestro años después (las fechas y los títulos podrían carecer de importancia, ya que las *Constituciones* calificaban a todo el mundo, desde Augusto hasta el rey Carlos I, de gran maestro). Pero, en lo tocante a la fundación de la Gran Logia en 1717, las *Constituciones* de 1738 nos dicen en varias ocasiones que las logias londinenses quisieron tomar la iniciativa en The Goose and Gridiron porque se sentían «abandonadas» por Wren. También afirman que este desistió de las labores de gran maestro desde que, en 1708, su hijo colocó la última piedra en la linterna de la catedral de San Pablo.

En el mundo de paz y armonía masónicas que exponen las *Constituciones*, el abandono es quizá la crítica más grave que puede verterse contra un hermano. No hay concesiones a la edad y fragilidad de Wren, que tenía casi ochenta y cinco años cuando se celebró la reunión en The Goose and Gridiron y falleció el año en que se publicaron por primera vez las *Constituciones*. La Gran Logia estaba bien afianzada cuando apareció la segunda edición, y Wren ya llevaba quince años muerto, pero su afiliación a los *tory* lo convirtió en blanco de las difamaciones.

Las críticas indirectas a Wren no son el único signo de que algo sospechoso estaba ocurriendo entre bastidores. Las *Constituciones* mencionan una destrucción de documentos históricos de gran importancia que tuvo lugar en varios momentos de la historia reciente de la francmasonería. En particular, en 1720, el año de la crisis de la Compañía del Mar del Sur, «en algunas logias privadas, varios manuscritos muy valiosos (porque todavía no tenían nada impreso) referentes a la fraternidad, sus logias, reglamentos, deberes, secretos y usos [...] fueron quemados con excesiva premura por algunos hermanos escrupulosos». En un tono críptico, la única explicación ofrecida para esta drástica limpieza del archivo histórico es el «miedo a hacer descubrimientos» y la necesidad de impedir que los documentos cayeran «en manos extrañas». Sin duda, alguien quería borrar el pasado reciente, y las *Constituciones* no mostraban interés alguno en explicar el motivo.

Esas no fueron las últimas modificaciones. Capítulos enteros de la historia masónica tal y como la he resumido hasta el momento fueron eliminados por las *Constituciones*. La crucial reunión de 1717 en The Goose and Gridiron ni siquiera merece una mención en la edición de 1723. En la de 1738, vemos una breve crónica de la reunión en The Goose and Gridiron y su papel en la creación de la Gran Logia. Pero, al margen de contarnos que se produjo esa reunión y de aportar una lista de las cuatro logias que asistieron, el libro casi no dice nada. A consecuencia de ello, nunca sabremos con exactitud qué sucedió en aquel pub ese día en particular. La única conclusión que podemos extraer es que el doctor John Desaguliers y los otros fundadores de la francmasonería moderna rompieron uno de los grandes tabúes masónicos al crear la Gran Logia: cayeron en la tentación de la política vil, oportunista y partidista.

La Aceptación también es erradicada de la historia masónica en las *Constituciones*. Solo podemos intuir que ello obedeció a que estaba muy contaminada por el conservadurismo *tory*.

Yendo más atrás en el tiempo, Escocia y las logias influenciadas por el Maister o' Wark William Schaw casi desaparecen. Las *Constituciones* nos ofrecen un relato descaradamente anglicanizado que apenas contiene unas referencias anodinas a los venerables «archivos y tradiciones» de las logias escocesas.

La omisión de las logias de Schaw es aún más llamativa si tenemos en cuenta que el hombre que escribió las *Constituciones*, bajo la estrecha supervisión del doctor Desaguliers, fue un erudito llamado James Anderson que difícilmente podía ser una encarnación más adecuada de la masonería escocesa: un ministro pelirrojo e inconformista cuyo padre era un miembro destacado de la logia de Schaw en Aberdeen.

Varios aspectos explican por qué las *Constituciones* eliminaron a Escocia de la historia masónica. El primero son los prejuicios. En una época en la que muchos escoceses como Anderson estaban trasladándose a Londres, la percepción que los ingleses tenían de ellos estaba basada en estereotipos: acento raro, cabello pelirrojo, ignorancia sobre cómo utilizar de forma adecuada una letrina, etcétera. Y algo más importante: Escocia despertaba inquietud debido a su extremismo católico; el inconformismo jacobita, tanto católico como protestante, era fuerte al norte de la frontera. Por último, Escocia era el hogar ancestral de la dinastía de los Estuardo, a la que estaban vinculados *tories* y jacobitas. Escocia significaba controversia, que a su vez era lo único que los masones *whig* agrupados en torno a la Gran Logia querían evitar. Por tanto, el papel crucial que había desempeñado Escocia en la historia primigenia de la francmasonería fue eliminado. Es posible que Schaw enseñara a los masones el arte de la memoria en Edimburgo, pero las *Constituciones* les enseñaron el arte del olvido en Londres. No es de extrañar que, desde entonces, los francmasones hayan tenido tantas dificultades para desentrañar su verdadero linaje.

Sin embargo, en 1722, cuando la esquiva y edulcorada historia de la masonería que contenían *Las constituciones de los francmasones* había sido escrita pero aún estaba por publicar, estalló una controversia que estuvo a punto de ser desastrosa.

Rindiendo cuentas

Dos hombres están situados uno frente al otro en elegantes posturas de tres cuartos. Con corona y peluca y envueltos en terciopelo y armiño, su pedigrí noble es indudable. Enmarcándolos, un suelo de baldosas cuadradas y una columnata clásica sin techo retroceden geométricamente hacia un pasaje abovedado. Flotando entre ambos, y con la leyenda «¡Eureka!» en letras griegas, hay un diagrama que ilustra la 47.ª proposición de Euclides: el cuadrado de la hipotenusa es igual a la suma de los cuadrados de ambos lados. En el cielo, el dios-sol Apolo asciende al apogeo de la sabiduría en su cuadriga. A nuestra izquierda, un hombre que parece un poco mayor que el otro está ofreciendo cortésmente dos cosas: un compás masónico y un pergamino en el que puede leerse la palabra CONSTI-TU-CIONES. A nuestra derecha, con una reverencia casi inapreciable, el segundo hombre indica su respetuosa aceptación. Toda la escena irradia proporción, armonía, dignidad y sagacidad. Es una de las muchas visiones idílicas que de sí misma tiene la francmasonería.

El grabado que acabo de describir fue creado especialmente como frontispicio conmemorativo para *Las constituciones de los francmasones* de 1723. Este es el volumen representado en el centro del grabado por el papiro que contiene la palabra CONSTI-TU-CIONES. A pesar de que está muy idealizada, la imagen representa hechos reales. El noble situado en el centro-izquierda —el que ofrece el compás y el papiro— es John Montagu, segundo duque de Montagu, primer gran maestro aristocrático de la francmasonería y el hombre que encargó la redacción de las *Constituciones* en septiembre de 1721. La obra se publicó en 1723, cuando la Gran Logia estaba presidida por su segundo gran maestro noble, Philip Wharton, el primer duque de Wharton, que es el hombre que acepta el compás y el papiro.

Lo que el grabado quiere que imaginemos es un traspaso tranquilo de autoridad en la Gran Logia y la serena incorporación de las *Constituciones* al tejido de la vida masónica. Por el contrario, lo que exige que olvidemos es el hecho de que el primer duque de Wharton era un libertino, borracho, oportunista político, blasfemo, derrochador y traidor que estuvo a punto de destruir la masonería moderna antes de que diera sus primeros pasos.

Wharton había sido iniciado en la francmasonería en verano de 1721, solo unas semanas después de que Montagu fuera nombrado gran maestro. En aquel momento era un joven de veintidós años, así que es posible que la Gran Logia esperara que fuese lo bastante impresionable como para aprender las tradiciones masónicas. De ser así, esa esperanza no tardó en evaporarse: después de la ceremonia, Wharton rompió el protocolo volviendo a su casa de Pall Mall con su nuevo mandil y sus guantes. Se avecinaban problemas.

Quienquiera que propusiera a Wharton para su iniciación en la francmasonería lo que quizá quería era provocar a la facción *whig* que rodeaba al doctor John Desaguliers y que lideraba la Gran Logia. Wharton era un personaje muy inestable. En 1715, cuando tenía die-

La ilustración del frontispicio de *Las constituciones de los francmasones* (1723) muestra a los dos grandes maestros nobles que fueron cruciales en las intrigas tras la fundación de la masonería moderna.

ciséis años, se había fugado con la hija de un general de división. Tras la muerte de su padre unas semanas después, obtuvo un ducado, lo cual acabó con cualquier rastro de templanza en su conducta. Al año siguiente traicionó las lealtades *whig* de su familia viajando a Francia para visitar a Jacobo Francisco Eduardo Estuardo, el «viejo pretendiente» católico al que los jacobitas querían restituir el trono. No cabía duda de la naturaleza traidora de la reunión: Wharton recibió un título nobiliario de manos del viejo pretendiente. La clase dirigente *whig* se esforzó con paciencia en traerlo de vuelta al redil. Sin embargo, en 1719, fundó el Club Hellfire con el propósito de fomentar la blasfemia y el sacrilegio. A Wharton también le gustaban el juego y el alcohol. Y lo que era aún peor: en aquel momento estaba desesperadamente endeudado con prestamistas jacobitas e invirtió gran parte del dinero en la burbuja de la Compañía del Mar del Sur. Perdió la colosal cifra de ciento veinte mil libras (unos catorce millones actuales) en la crisis de 1720 y atacó por ello al Gobierno *whig* de la

Cámara de los Lores. A finales de 1721, Wharton votó nuevamente en favor del Gobierno, no sin antes embolsarse un cuantioso soborno.

La inestabilidad de Wharton solo era comparable a su ambición. En junio de 1722, solo diez meses después de su iniciación masónica, se hizo con la gran maestría. La víspera del banquete anual en el que el duque de Montagu debía ser ratificado, Wharton convocó una reunión con una facción *tory* de los francmasones y se erigió en gran maestro. En el banquete del día siguiente, celebrado en Stationers' Hall, los *whigs* acordaron hacer una concesión a la desesperada: Wharton fue confirmado como gran maestro y el fiable doctor Desaguliers se convirtió en su segundo al mando. No obstante, se desató un enfrentamiento avivado por el consumo de alcohol. Los *tories* cantaron «When the King Enjoys his Own Again», una marcha jacobita que habría desencadenado una pelea en cualquier taberna del territorio. Los *whigs* respondieron brindando por el rey Jorge y «la actual Administración».

Tras una larga demora causada por pugnas políticas, y mientras se mantenía la frágil tregua en la masonería de la Gran Logia, se aprobó finalmente la publicación de las *Constituciones* en enero de 1723, incluido el frontispicio que muestra una versión dramatizada de la transición entre el anterior gran maestro y el actual. La publicación de las *Constituciones* sería el único logro del reinado del duque de Wharton como gran maestro. La esperanza de poder mantenerlo bajo control se disipó cuando empezó a defender cada vez con más frecuencia a los jacobitas en un momento en el que había soldados acampados en Hyde Park para contener la amenaza de una insurrección. Entonces afloró una aterradora posibilidad: la francmasonería podía ser víctima de una traición.

La oportunidad para destituir a Wharton no llegaría hasta el día de San Juan, en junio de 1723. Desaguliers identificó al conde de Dalkeith, un *whig* políticamente inerte, como un buen sustituto inofensivo. Es posible que, al principio, Wharton siguiera ese plan, pero, cuando se enteró de que el doctor Desaguliers iba a ser reelegido como gran maestro adjunto, exigió un recuento de los votos y salió de allí hecho una furia.

Wharton nunca dejaba de comportarse de manera bochornosa. En 1724 despertó el interés de la prensa al fundar los Gormogons, una efímera sociedad secreta que pretendía ser una parodia de la francmasonería. Al año siguiente, huyendo de su mujer, sus acreedores y sus enemigos políticos, se fue al exilio e intentó ejecutar un plan descabellado para una revuelta jacobita. Luego se convirtió al catolicismo. Sin embargo, su comportamiento indecente y su afición al coñac pronto destruyeron su credibilidad entre los jacobitas de Europa. Alegando traición, el Gobierno *whig* también le retiró sus títulos. Condenado a la pobreza, murió alcoholizado en 1731.

Ahora que se había quitado a Wharton de en medio, la francmasonería moderna pudo sobrevivir a las contracciones del parto. Las *Constituciones* habían borrado casi cualquier rastro de luchas políticas internas y habían esbozado un mensaje de paz y armonía para la posteridad. La masonería crecería con rapidez, pero, para hacerlo, necesitaba combustible líquido.

Este vino, oh masones, os hará libres

Todos los grandes maestros ingleses desde Montagu y Wharton han sido lores, vizcondes, condes, marqueses, duques o príncipes. A la masonería, el nombre de «el arte regio» le vendría que ni pintado. A pesar de los discursos masones sobre la fraternidad, las consecuencias del mecenazgo que recibían desde las más altas esferas de la sociedad parecían convencer. Tan solo un indicador: las reuniones de la Gran Logia se celebraban al principio en salas privadas situadas en la segunda planta de las tabernas; después de que el duque de Montagu se convirtiera en gran maestro, llenaban algunas de las salas más espaciosas de Londres.

Gracias al patrocinio de la nobleza y de la monarquía, cuando hombres de clases sociales muy diferentes cruzaban por primera vez el umbral de una logia, también abrían la puerta a un gran depositario de contactos útiles. Por ejemplo, escritores y artistas encontraban clientes y mecenas. Al pintor angloescocés Jeremiah Davidson le pidieron un retrato de James Murray, segundo duque de Atholl, después de conocerlo en una logia; más adelante llegaría toda una sucesión de encargos similares. Aquel mismo siglo, el poeta escocés Robert Burns conoció a James Cunningham, XIV conde de Glencairn, en una reunión de la logia. Más tarde, el poeta lo describiría como su «primer y más querido mecenas y benefactor». En 1786, los francmasones aportaron fondos para publicar la colección de versos que lanzó la carrera de Burns. La logia de Kilmarnock y varios hermanos adinerados firmaron la compra anticipada de ejemplares. En dicha maniobra intervino un *quid pro quo*: el entusiasmo por la vida masónica expresado en la poesía de Burns fue un éxito publicitario para la hermandad.

Además de las redes de contactos, la caridad era un elemento importante del atractivo masónico. En una época anterior a las prestaciones sociales o los seguros sanitarios, las familias dependían de la bondad de parientes y amigos. Unirse a la francmasonería y abonar sus cuotas equivalía a protegerse frente a tiempos difíciles.

Aunque se esforzaba en presentarse bajo la apariencia ceremonial de la Antigüedad, la masonería era fascinantemente moderna. Esa modernidad destilaba algunas de las peculiaridades de la vida londinense y las embalaba para su exportación. Por eso, aunque el mecenazgo por parte de la nobleza carecía de cualquier atisbo de modernidad, la masonería del siglo XVIII sí le infundió un estilo muy moderno. En noviembre de 1737, en una logia reunida especialmente para la ocasión en Kew, los masones iniciaron al primer afiliado de la familia real: Federico, el príncipe de Gales. Aunque este no ostentaba ningún cargo masónico, el hecho de que el heredero al trono hubiera accedido a someterse a la misma parafernalia de la venda en los ojos, las rodillas desnudas y el mandil confería un enorme prestigio. Ello dejaba entrever que, al menos en el terreno simbólico de la logia, existía cierta igualdad entre la realeza y la plebe, una sumisión compartida a los ideales masónicos.

Cuesta imaginar que esa peculiar forma de hermandad entre los nobles y sus inferiores sociales pudiera inventarse en otro lugar de Europa. Para empezar, Gran Bretaña tenía más movilidad social que muchos otros países: el nuevo dinero del comercio y la vieja riqueza terrateniente empezaban a fusionarse poco a poco. Observadores extranjeros de la Gran Bretaña del siglo XVIII se percataron de lo difícil que era distinguir a las diferentes clases sociales. Mientras que, en Europa, la ropa de una persona anunciaba su estatus y el trabajo que desempeñaba, las clases medias y bajas británicas tendían a emular el estilo de las clases altas. En una logia masónica, los mandiles y el atuendo de gala diferenciaban a los hombres por su posición dentro de la hermandad y no por su riqueza o por su poder fuera de ella. En la psique masónica anida un igualitarismo formal: según las *Constituciones*, los masones eran «todos hermanos al mismo nivel».

La afición de los masones por la ceremonia y la equidad de las normas constitucionales también era un signo de la época. Un popular eslogan político hacía referencia a la «libertad inglesa» (entonces, como ahora, los ingleses son imprecisos en cuanto a la distinción entre Inglaterra y Gran Bretaña). Los francmasones tomaron la ideología constitucional *whig* que adoptaba el nombre de la libertad inglesa y a partir de ella elaboraron un código de hermandad.

El aislamiento de las reuniones de la logia permitía a los francmasones experimentar y desarrollar reglamentos y estilos de conducta que iban más allá de los límites de lo que era factible en el mundo exterior. La masonería es democrática: los miembros son elegidos entre los aspirantes igual que los altos cargos de la logia son elegidos entre los miembros. El poder masónico rota: cada directivo solo ocupa el cargo durante un año o dos. En otras palabras, los primeros masones intentaron que la «libertad inglesa» pasara de ser un eslogan constitucional a convertirse en una utopía práctica.

La libertad de conciencia era esencial para la libertad inglesa. En Inglaterra, el acuerdo político instaurado por los *whigs* también era religioso y convirtió el estilo de tolerancia masón en algo relevante. Por supuesto, esa libertad inglesa siempre fue más un eslogan que una síntesis del verdadero estado de la sociedad. El anglicanismo fue consagrado como religión de Estado. Al menos un 40 por ciento de la población británica no pertenecía a las confesiones que favorecían el acuerdo. Los judíos y las sectas protestantes más extremas como los unitarios quedaron excluidos. Los católicos eran tratados como un enemigo interno. Sin embargo, a pesar de esos límites, en casi toda Gran Bretaña el vínculo entre fe y poder era mucho más laxo que en otros lugares de Europa. Existía una forma de tolerancia centrada en la cohabitación entre el credo anglicano oficial y diversas vertientes del protestantismo inconformista, como los baptistas y los cuáqueros. La lealtad política fue desconectada poco a poco del conformismo religioso.

El pluralismo religioso también gozaba de prestigio filosófico entre algunos intelectuales. Al igual que sucedía con el «deísmo», un término difuso que denotaba la creencia en un Dios creador cuya voluntad benevolente no se manifestaba por medio de una Iglesia concreta, sino de la armonía de la naturaleza.

La francmasonería se hallaba en la posición perfecta para absorber ese nuevo ambiente y llevarlo más allá. Desde la época de William Schaw en el Edimburgo de Jacobo VI, las logias habían sido refugios contra el conflicto sectario. Fieles a esa tradición, los hermanos del siglo XVIII debían ser creyentes, pero podían adorar al Gran Arquitecto del Universo según les dictara su conciencia. El clima en las logias era de aceptación. Había algunos deístas. En el Londres de la década de 1720 ya había judíos que estaban convirtiéndose en francmasones; en 1730, una logia de la ciudad tenía un maestro judío. Curiosamente, en enero de 1730, Thomas Howard, el octavo duque de Norfolk, fue nombrado primer gran maestro católico de la francmasonería.

Sabiendo lo que ahora sabemos sobre el contexto en el cual nació la masonería, podemos ver lo ingenioso que en realidad es su culto al secretismo. Los primeros francmasones querían vestir su hermandad con la devoción y la seriedad que percibían en las principales religiones. Sin embargo, en una época de continuas tensiones religiosas, esa hermandad habría quedado destruida si hubieran ubicado en el centro de su credo cualquier contenido teológico distinto de los principios morales más vagos. Por tanto, fueron bastante inteligentes al desarrollar un dogma de secretismo que era a la vez impresionante y casi vacuo.

Las diferencias de rango y religión en la masonería de los siglos XVI y XVII también se suavizaban regándolas con abundante alcohol. A los francmasones les encantaba tomar una copa. Incluso en una cultura incorregiblemente alcohólica como el Londres de la época, los masones destacaban por las cantidades que ingerían. Ya en 1723, los «ilustres borrachos» de la masonería recibían elogios especiales en la obra cómica *In Praise of Drunkenness*:

Este vino, oh masones, os hará libres.
Baco es el padre de la libertad.

Un grabado de 1736 inmortalizaba a un masón especialmente ebrio. «Night» presenta una escena caótica: un maestro venerable (identificado por el mandil y el medallón cuadrado) es ayudado a recorrer Charing Cross Road por su guardia externo (otro alto cargo de la logia); desde arriba, alguien está vaciándoles encima de la cabeza el contenido de un orinal. A pesar de tratarse de una imagen satírica, contiene algunas verdades importantes sobre la masonería en ciernes.

Al fin y al cabo, el artista que la creó también era masón: el gran William Hogarth. El maestro venerable que ocupa el centro del grabado era Thomas de Veil, un *whig* extremadamente leal que fue elegido para la magistratura en 1729. De Veil presidió muchos casos relacionados con la controvertida ley antialcohol de 1736, también conocida como Gin Act. De ahí la mofa. Con el tiempo, el Gobierno recompensaría su leal servicio con una sinecura y un título de caballero.

«Night», perteneciente a la serie *Four Times of the Day* (1736-1738), de William Hogarth. Podemos ver a un masón ebrio luciendo un mandil y un colgante con la escuadra.

Por tanto, la camaradería masculina regada con alcohol era una parte crucial de la experiencia en la logia: había palmadas en la espalda y abrazos. Hoy suele ocurrir lo mismo. Sin embargo, la masonería nunca ha sido un frenesí alcohólico. Los festines masónicos (o «ágapes», en la jerga de la masonería) tienen sus propias normas y ceremonias. Se espera que un francmasón, tan exaltado en el mundo exterior, se turne para servir a sus hermanos a la mesa. Se entonan canciones masónicas y se proponen brindis masónicos. En el siglo XVIII, la hermandad solía beber consecutivamente un vaso a la salud del rey, de la francmasonería, del maestro, del gran maestro, de los directivos, de los aprendices... La indulgencia estructurada del ágape era una buena manera de fomentar la unión masculina.

Desde luego, no era casual que tantas logias masónicas tomaran al principio su nombre de una posada o taberna como The Goose and Gridiron. Pero la afición a la cerveza no es lo único importante. A comienzos del siglo XVIII, el pub era el epicentro de una revolución en la vida social. Al reunirse allí, los masones estaban participando en una de las corrientes más trepidantes de la modernidad.

A finales del siglo XVII aumentó la cantidad y la calidad de los pubs en Inglaterra, sobre todo en las ciudades. Los cafés, algunos de los cuales eran tabernas renovadas que continuaban sirviendo alcohol, formaban parte de la misma tendencia: en Londres había la asombrosa cifra de dos mil cuando se fundó la Gran Logia. Esos locales, ni privados ni totalmente públicos, respondían a la necesidad popular de interactuar de nuevas maneras. Las ciudades estaban creciendo y su vida social despertaba un interés sin precedentes. La sociedad metropolitana estaba volviéndose más próspera, móvil y diversa. Ya fueras periodista o político, arquitecto o comerciante, artesano o abogado, ibas a la taberna o al café para relacionarte y obtener así diversión y dinero.

Las tabernas generaban formas propias de entretenimiento compartido, que iban desde peleas de gallos y espectáculos de linterna mágica hasta conciertos y charlas científicas. Sin embargo, la tendencia social más importante germinó en los pubs londinenses como una fiebre por los clubes y las sociedades. Los visitantes no podían evitar percatarse de que en la capital había «infinidad de CLUBES o SOCIEDADES para la mejora del aprendizaje y para mantener el buen humor y la alegría».

Con independencia de si te interesaba la historia, la horticultura, el juego, los debates, la medicina o el deporte, Londres tenía un club para ti. La pasión que se vivía en el siglo XVIII por las asociaciones era un blanco fácil para la parodia. *A Compleat and Humorous Account of All the Remarkable Clubs and Societies in the Cities of London and Westminster*, una obra satírica escrita en 1756 por Ned Ward, explicaba las prácticas de asociaciones imaginarias como el Club Sin Nariz (para personas desfiguradas por la sífilis), el Club de Yorkshire (donde los miembros se comportaban como si fueran los cuatro hombres de Yorkshire del *sketch* de Monty Python) y el Club Flatulento, que se reunía cada semana en un pub de Cripplegate «para envenenar el aire colindante con sus desagradables crepitaciones».

Había toda una serie de clubes reales que fueron creados como una broma y otros con nombres extraños cuyos objetivos eran totalmente inciertos: la Sociedad Púrpura, los Potentisignitarianos, los Hermanos del Wacut... Al mismo tiempo, algunos clubes poseían un enorme prestigio. La Royal Society, fundada en 1660 como una «universidad para el fomento del aprendizaje experimental físico-matemático», ayudó a crear el método científico moderno. Algunos clubes políticos concentraban enormes dosis de influencia. Muchas sociedades contaban con ritos de iniciación y algunas aseguraban tener acceso a conocimientos esotéricos. Los francmasones eran, con diferencia, el ejemplo con más éxito.

La masonería evocaba el ambiente de la época. La galaxia de clubes que actuaban sin sufrir el acoso del Gobierno demostraba que Gran Bretaña era una sociedad más abierta que muchas otras del continente. También existía una ruidosa prensa a la que el control oficial no ponía trabas. Las editoriales, los periódicos, los cafés y las tabernas del Londres del siglo XVIII eran laboratorios políticos, como también lo eran sus logias masónicas. La francmasonería no apoyaba por fuerza un programa político en particular, y ni siquiera ofrecía un espacio en el que pudieran airearse diferentes ideologías con libertad. Como ya hemos visto, el debate político no era visto con buenos ojos. Lo que sí ofrecía era formación en los aspectos prácticos de la política. Los rituales y protocolos sumamente formalizados de la masonería brindaban a hombres de orígenes diversos la posibilidad de aprender las múltiples habilidades necesarias para trabajar en las instituciones modernas: ser discreto, pronunciar discursos, interpretar las reglas constitucionales, aconsejar a hermanos más jóvenes y juzgar su carácter. Las competencias requeridas por una sociedad abierta podían aprenderse en el espacio cerrado de una logia masónica. Igual de importante era el hecho de que la muestra relativamente reducida de hombres que frecuentaban las logias se jactara de hablar en nombre de los valores universales. Por ejemplo, solo hace falta pensar en John Coustos. Las transcripciones del interrogatorio al que lo sometió la Inquisición demuestran lo sosegado y elocuente que fue en todo momento. Mi teoría es que esas habilidades discursivas eran fruto de su formación masónica. El libro que dedicó a sus sufrimientos también demostraba lo inteligente que fue al jugar a la política con los valores universales de la masonería.

Los masones sorprendidos

¿Qué tenían los primeros masones en contra de las mujeres?

Su exclusión es la laguna más obvia en el código de inclusión universal de la masonería. Las *Constituciones* de 1723 fueron el primer documento masónico que prohibía explícitamente a las mujeres: «Las personas admitidas como miembros de una LOGIA deben ser hombres buenos y sinceros, nacidos libres, de una edad madura y discreta, ni siervos ni mujeres, ni hombres inmorales ni escandalosos, sino de buena reputación». No se ofrece ninguna explicación. Con un sexismo despreocupado, los primeros masones de la Gran Logia daban por sentado que las *Constituciones* simplemente estaban cimentando el orden ya existente, que estaba reservado a los hombres.

En la actualidad, la postura oficial sobre la cuestión del sexismo en la primera francmasonería es que se trataba de un reflejo de su época. A las mujeres del siglo XVIII les estaba prohibido el acceso a todos los lugares de poder público, las propiedades, la política, el Gobierno, la ley, los negocios y el comercio. Habría sido sorprendente que las hermanas se hubieran unido a los hermanos en la francmasonería.

Por su parte, las mujeres de la Gran Bretaña del siglo XVIII no aporreaban las puertas de las logias en una muestra de entusiasmo por ingresar en ellas. Los hombres que constituían la columna vertebral del liderazgo masónico en Inglaterra eran pequeñoburgueses, profesionales y las clases mercantiles. Sus mujeres tenían otros lugares en los que socializar. Si lo que una dama buscaba era compañía educada y mixta, podía visitar un teatro, un parque público, una sala de reuniones o un balneario. Lo que tenían en común esos escenarios nuevos y típicamente británicos de la vida social femenina era que su gestión estaba concebida para evitar cualquier amenaza al decoro de una dama. Las logias masónicas, por el contrario, parecían hechas para deshonrar a cualquier mujer que osara entrar. El secretismo que rodeaba a los procedimientos de la francmasonería era una incitación a las habladurías. Los banquetes masónicos en los que corría el alcohol le habrían parecido vulgares a cualquier señorita refinada. Las mujeres más elegantes ni se habrían planteado entrar en una logia, igual que tampoco irrumpirían en una pelea de gallos con un animal bajo un brazo y una jarra de cerveza bajo el otro.

Por tanto, los historiadores de la masonería no yerran del todo cuando culpan al siglo XVIII de la ausencia de mujeres en la francmasonería. Sin embargo, tampoco podemos exculparlos del todo, ya que entonces no podríamos explicar por qué muchos hermanos del siglo XVIII se sentían tan incómodos con la exclusión de las mujeres.

Una tendencia importante en la filosofía de la Ilustración ponía a los masones a la defensiva. Según la creencia generalizada, las mujeres ejercían una influencia civilizadora en los hombres. Los varones pertenecientes a grupos segregados como las logias masónicas eran proclives a caer en la tosquedad a menos que las mujeres atemperaran sus instintos bárbaros. En respuesta a ello, los masones lanzaron una endeble diatriba sobre su política de exclusión a las mujeres. En numerosos discursos y panfletos, aducían que reverenciaban al sexo débil. El problema era que todos los hombres, masones incluidos, sentían inclinación por la rivalidad y los celos, y no se podía confiar en que preservaran el espíritu de armonía masónica cuando se encontraban en voluptuosa compañía. En cualquier caso, apostillaban, los hermanos tenían las manos atadas por las tradiciones que veneraban: la exclusión de las mujeres había sido dictada en tiempos medievales y poco podían hacer los masones por cambiarlo. Con frecuencia se esforzaban en tranquilizar a sus esposas, que eran invitadas a cenas y bailes de libre acceso. En ellos, las mujeres debían escuchar discursos sobre lo afortunadas que eran por haberse casado con un francmasón.

La justificación más extendida para la política de género de las logias era que las mujeres eran chismosas y no se podía confiar en que guardaran los secretos de la hermandad. Llevando esa línea de pensamiento un poco más allá, los masones se jactaban de que todas las mujeres sentían una incurable curiosidad por la francmasonería, una visión plasmada en un pícaro grabado creado para el consumo masónico a mediados del siglo XVIII: *The Free-Masons Surpriz'd* (¿1754?).

LONDRES. EN EL CARTEL DE THE GOOSE AND GRIDIRON

Una reunión de la logia se ha visto interrumpida. Los hermanos buscan refugio y hay objetos masónicos desperdigados por la mesa y el suelo. Un hermano incluso dispara un mosquete hacia la causa del alboroto: las piernas de una mujer, desnudas de rodillas para arriba y atravesando el techo. Cuenta la leyenda que la mujer en cuestión, una sirvienta llamada Moll, había subido a la buhardilla situada encima de la sala de la logia para espiar la reunión y descubrir los secretos de los masones. Sin embargo, «por un desafortunado desliz», había atravesado el techo. Por eso, su plan para conocer los entresijos masónicos había provocado que el «secreto» oculto bajo sus faldas quedara expuesto en una habitación llena de hombres. De hecho, liderados por el maestro y sus guardias, todos ellos con su correspondiente atuendo, la mayoría de los masones están mirándole la entrepierna. La historia era a la vez una advertencia para las «muchachitas entrometidas» y un motivo de jocosidad para los hermanos.

La defensa de la política contra las mujeres expuesta en las *Constituciones* de 1723 era manifiestamente endeble. Corrobora el hecho de que, desde el principio, la creación de un entorno exclusivamente masculino era fundamental para la masonería. Incluso en aquella época, los profanos consideraban a los masones personajes extraños por el rigor con el que excluían a las mujeres. Por eso, los escritores satíricos también se mofaban a menudo de la idea de las francmasonas. Una de las primeras sátiras publicadas en Londres fue un artículo fechado en 1724, en el cual se parodiaban las *Constituciones* informando sobre las normas e historia de una inexistente «Hermandad de libres costureras». Las insinuaciones sobre homosexualidad en las logias también estaban muy extendidas.

La alquimia del éxito internacional

Antes de la reunión celebrada en The Goose and Gridiron en 1717 había pocas señales de que la masonería fuera a tener alguna relevancia. A partir de 1717 floreció. En la reunión para elegir al gran maestro en 1721 estaban representadas doce logias de Londres. En 1725, la Gran Logia enumeraba sesenta y una logias «regulares» en la ciudad,

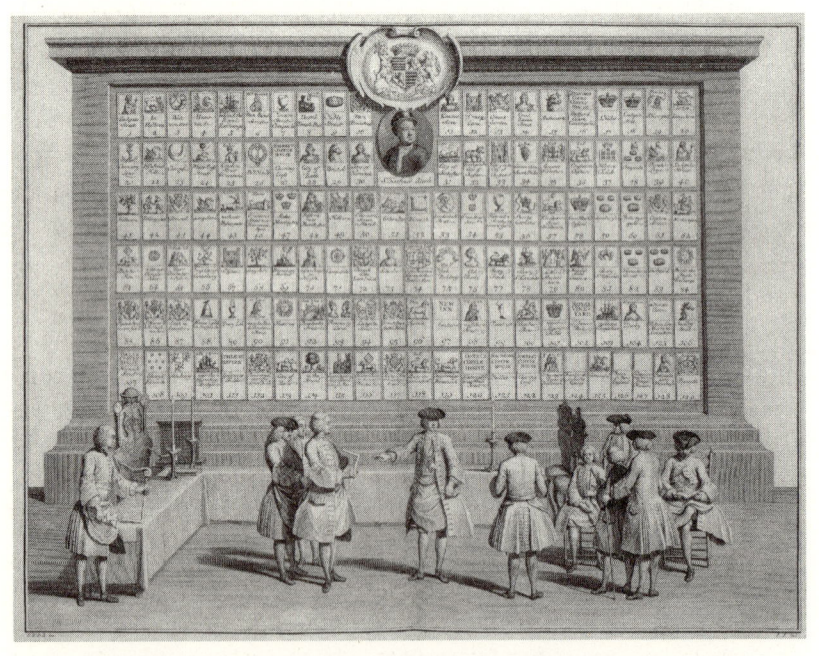

El grabado de Bernard Picart, publicado en 1736, celebra la rápida difusión nacional e internacional de la francmasonería. Cada panel del mural representa a una logia.

es decir, logias que reconocían su autoridad. El sistema caló: Irlanda obtuvo su Gran Logia ese mismo año, y muchas logias de Escocia reconocían la autoridad de una Gran Logia fundada en 1736. En 1738, la Gran Logia de Londres mencionaba ciento seis logias en la capital y otras cuarenta y siete en todo el país, desde Norwich, en Norfolk, hasta Chester, en la frontera de Gales, y desde Plymouth, en el sudoeste, hasta Newcastle-upon-Tyne, en el noreste.

Las constituciones de los francmasones, que logró sanear los inicios de la historia masónica, fue un triunfo. Pronto, el libro fue traducido a todas las principales lenguas europeas, lo cual ayudó a difundir la palabra masónica. En la Filadelfia de 1730, un joven impresor intelectualmente voraz se había unido hacía poco a una logia masónica. Cuatro años después se convirtió en maestro y reeditó las *Constituciones* para su hermandad; fue la primera publicación masónica en las Américas. El nombre del impresor era Benjamin Franklin, y su edición de las *Constituciones* contribuiría a hacer de América del Norte el terreno más fértil para la francmasonería.

En 1738, el año de la segunda edición de las *Constituciones*, la Gran Logia de Londres también podía jactarse de tener sucursales oficialmente reconocidas en Bengala, España, Francia, Rusia, Alemania, Suiza, Portugal, Italia, Sudamérica, el Caribe y África occidental. La primera logia masónica de Estambul fue fundada en la década de 1720, y la primera de Alepo en la década posterior. El cosmopolitismo que adoptó la francmasonería era un estilo de vida para hombres que seguían las rutas del comercio y el imperio hasta casi todos los rincones del planeta.

La francmasonería no podía ser ignorada, sobre todo porque se volvió mucho más ruidosa y visible. Los desfiles no tardaron en convertirse en un elemento básico del calendario masónico. El 28 de abril de 1737, los altos cargos de la Gran Logia y muchos otros hermanos, «todos debidamente ataviados» con sus guantes y sus mandiles, desfilaron «de manera muy solemne» desde la casa del nuevo gran maestro en Pall Mall y cruzaron la ciudad hasta Fishmonger's Hall, cerca del puente de Londres, donde iba a celebrarse la reunión de la Gran Logia. En el desfile iban acompañados de «tres bandas de música, timbales, trompetas y trompas». Ocho meses después, en Charleston, Carolina del Sur, a seis mil quinientos kilómetros de distancia, un desfile masónico muy parecido culminó con festivas salvas de cañón desde los barcos del puerto y «un baile y entretenimiento para las damas».

En muchas de las nuevas casas de la masonería internacional, la afición de la hermandad por las fiestas bulliciosas era esencial para su atractivo. Por ejemplo, en la Viena de la década de 1780, Wolfgang Amadeus Mozart y sus compañeros masones de la Logia Verdadera Armonía celebraban festines regados con alcohol en los que entonaban canciones lascivas y utilizaban paletas ceremoniales para verter grandes porciones en la boca de los comensales. Por lo visto, incluso «papá» Joseph Haydn, que era miembro de la misma logia, también participaba en ellos.

La francmasonería era un hogar de transición en el viaje desde un mundo dominado por las creencias religiosas hasta otro menos beato y más culto y móvil. El entendimiento entre los hermanos convirtió la masonería en una escuela internacional de lo que ahora denominamos «laicismo»: el principio de que la Iglesia debería mantenerse a una saludable distancia del Estado. Muchas logias extranjeras, como las de Lisboa y Florencia, que estaban en el punto de mira de la Inquisición en la década de 1740, incluían a protestantes y católicos. La tolerancia religiosa fue el secreto del éxito de la masonería en América del Norte, donde las colonias británicas debían su origen a las discrepancias religiosas.

Generaciones y generaciones de masones también encontrarían en la hermandad una manera de encajar, de hacer contactos por doquier y de trabar amistades influyentes. Hombres respetables y ambiciosos de clase media han sido fundamentales para el éxito de la francmasonería desde sus inicios. De hecho, si ahora podemos decir que vivimos en un mundo masculino de clase media, buena parte del mérito y de la culpa es de los masones.

Al relatar el destino de la masonería en los siguientes capítulos de este libro y en épocas posteriores de la historia, también estaremos relatando algunos giros de los diversos ideales universales que extrajeron de forma concentrada los francmasones británicos del siglo XVIII de la sociedad que los rodeaba: amor fraternal, laicismo y tolerancia religiosa, cosmopolitismo, igualitarismo, etcétera. Sin embargo, desde el principio, el proyecto masónico se ha visto plagado de contradicciones. Aunque en teoría era igualitaria, en la práctica la masonería ponía barreras económicas: las suscripciones eran caras. Parte del atractivo de ser miembro siempre ha girado en torno a las costosas piezas de colección: insignias, fajas, mandiles y joyas (como joyero, John Coustos sabía que su hermandad era un buen mercado para sus productos). Asimismo, los valores universales de la masonería resultan paradójicos cuando son promovidos por una autoproclamada élite moral que actúa en secreto: es una democracia solo para miembros, una especie de club del cosmopolitismo. Lo más ofensivo de todo es que la hermandad masculina de la francmasonería ha excluido tradicionalmente a las mujeres y ha ayudado a cimentar esa exclusión en todas las otras esferas de la vida con las que entra en contacto. La utopía masónica está abierta a todos, menos cuando no lo está.

Esas contradicciones internas han hecho que la masonería sea sensible en extremo a las presiones sociales, políticas y religiosas de los tres siglos posteriores a la reunión en la cervecería The Goose and Gridiron en 1717. De hecho, la fascinación de la historia masónica radica precisamente en la interacción entre esas fuerzas más grandes y los valores que los masones intentaban crear entre ellos.

Como si se tratara de una demostración alquímica irrepetible llevada a cabo en el bullicio de las tabernas de Londres, la masonería moderna se generó a partir de un inestable compuesto de ingredientes. La sed de vino y cerveza. El entusiasmo por la nueva vida social de los clubes. El hambre por los frutos del ascenso. Una mezcla de esnobismo y camaradería masculina, de ambición y de filantropía. La fascinación por el ritual y el misterio, unida al gusto por el discurso racional y una astuta inclinación por el compromiso político y religioso. La voluntad de borrar la historia en beneficio de la armonía. Modelada entre 1717 y 1723 por las peculiares políticas de la sucesión hanoveriana y el dominio *whig*, la hermandad se convirtió en la portadora de unos valores que trascendían sus orígenes.

De este modo, a partir de unos inverosímiles comienzos, la masonería empezó a llegar a todos los rincones del planeta. Sin embargo, en cuanto cruzó el canal de la Mancha, los problemas empezaron a aflorar.

5

París. Guerra contra Cristo y su secta; guerra contra los reyes y todos sus tronos

Vistas desde Edgware Road

En 1796, Francia había quedado irreconocible.
Se habían destruido altares y cruces que se alzaban en las cunetas. En numerosas iglesias habían robado iconos y estatuas o simplemente habían sido abandonadas a los elementos. Monasterios y conventos se convirtieron en almacenes, establos o barracones. La catedral de Ruan era una fábrica de pólvora. En muchos lugares, todos los sacerdotes y frailes que años antes se mezclaban con la población habían desaparecido. Su lugar lo ocupaban los desolados pobres que se habían quedado sin el cobijo de la caridad eclesiástica. Los domingos eran inquietantemente silenciosos, ya que las campanas de las iglesias habían sido fundidas para pagar el armamento.
Muchos castillos, otrora espléndidos, se habían convertido en armazones ennegrecidos por el fuego. Los únicos hombres que trabajaban los campos eran los jóvenes y los ancianos. El reclutamiento militar había arrastrado a casi todos a los campos de batalla de Europa, y las deserciones habían convertido a otros en bandidos que se abalanzaban sobre los viajeros en las ruinosas carreteras.
En París, los signos de la revuelta eran igual de evidentes. Los inquietantes muros de la prisión de la Bastilla habían desaparecido y un almacén de madera ocupaba su lugar. Gran parte del Bois de Boulogne había sido talado. Barrios acomodados como Saint-Germain quedaron despoblados y sus calles estaban cubiertas de maleza, y en las casas nobles más espaciosas había carteles que las declaraban «propiedad nacional». Se habían arrancado estatuas de mármol y bronce y ahora se encaramaban a sus pedestales unos sustitutos de madera

y yeso. Insignias reales y blasones aristocráticos habían sido despedazados desde la parte superior de arcos y umbrales. En su lugar, muchos edificios presentaban lemas: «El pueblo francés reconoce al Ser Supremo y la inmortalidad del alma»; «Libertad, igualdad y fraternidad o muerte». Pero hasta estos habían sido corregidos o parcialmente borrados. Las calles parecían peligrosas. Todo el mundo hablaba de robos y asesinatos. El miedo y la desconfianza habían impregnado la psique colectiva hasta el punto de que quien no llevara una escarapela tricolor en el sombrero corría el riesgo de ser acosado.

La revolución que había causado aquella devastación no había terminado; de hecho, los ejércitos franceses, enormes y con cada vez más éxito, estaban decididos a exportarla. No obstante, en la Francia de 1796 reinaba una calma relativa, lo cual permitió a Europa convertir la conmoción y el desconcierto en reflexión y buscar una explicación. La Revolución francesa era difícil de dilucidar. Los historiadores han discutido sus causas desde entonces. Sin embargo, un sacerdote ya había encontrado una explicación convincente.

El abad Augustin de Barruel observaba el paisaje arrasado por la revolución desde la tranquilidad de una casa situada en el número 25 de Edgware Road, a las afueras de Londres. Sentado a su mesa, oía el

El abad Augustin de Barruel (1741-1820)

mugido de las vacas que proporcionaban leche a la ciudad. La única imagen que tenemos de él muestra a un hombre menudo y calvo con una nariz larga suspendida entre unos ojos que reflejaban la tristeza de los horrores que había contemplado. Los dos castillos nobles en los que había ejercido de tutor de niños habían sido destruidos por la embestida de los campesinos. En octubre de 1791, su mentor espiritual, el padre Antoine de Nolhac, fue asesinado por los revolucionarios en una cárcel de Aviñón. Once meses antes, por temor a verse atrapado en las masacres, el abad Barruel había huido a Inglaterra y se había volcado en la escritura.

En 1797, Barruel exponía su tesis en las primeras páginas de *Memorias para servir a la historia del jacobinismo*, que se convertiría en un exhaustivo análisis en cinco volúmenes de la gestación de la revolución:

> En la Revolución francesa, todo, incluso los hechos más espantosos, estaba previsto, premeditado, organizado, resuelto y decidido; todo fue causado por la maldad más profunda, pues todo fue preparado y dirigido por hombres que sostenían por sí solos el hilo que unía las intrigas hilvanadas hacía largo tiempo en las sociedades secretas.

La Revolución francesa fue el resultado de una conspiración cruel de los masones.

Barruel tenía una advertencia para quienes estuvieran observando el desarrollo de la conspiración desde fuera. No debían caer en el engaño de creer que el peligro había cesado porque los jacobinos, los revolucionarios más radicales, fueran derrocados en 1794. La conspiración era internacional, no había hecho más que empezar e iría a por sus hijos: «Si triunfa el jacobinismo, será el fin de vuestra religión, de vuestras leyes y de vuestras propiedades, de todas las formas del gobierno y la sociedad civil. Riqueza, campos, casas (hasta la más humilde), niños: nada os pertenecerá ya».

Los numerosos lectores del abad Barruel encontraban su libro apasionante. Edmund Burke, el parlamentario y teórico político de origen británico, era uno de sus seguidores y le escribió: «El maravilloso relato se apoya en documentos y pruebas con regularidad y precisión jurídicas». Incluso el poeta Percy Shelley, cuya visión política era diametralmente opuesta a la de Burke, devoró con entusiasmo *Memorias para servir a la historia del jacobinismo*. Era una época en la que ninguna institución, tradición o monumento parecían capaces de soportar el cataclismo político. De repente, con Barruel todo encajaba. Había una causa, un grupo al que culpar. Su análisis se convirtió en uno de los libros más leídos de la época.

Y así nació la teoría moderna de la conspiración.

Memorias para servir a la historia del jacobinismo es una memez. No nos ayuda en absoluto a comprender las causas de la Revolución francesa. Sin embargo, puede enseñarnos mucho sobre los mecanismos que el pensamiento conspiratorio emplea para que unos acontecimientos complejos parezcan sencillos y para que nos sintamos inteligentes por simplificarlos en exceso.

El error más obvio del argumento de Barruel es que no existía ninguna autoridad que fuera reconocida por el grueso de la masonería francesa, y menos aún que pudiera vincularla con un único plan político. Ahondar en la Francia prerrevolucionaria, como haré en este capítulo, es ver cómo la masonería adopta una ingobernable variedad de formas. La masonería francesa del siglo XVIII estaba poblada por un amplio abanico de personajes, a muchos de los cuales nos encontraremos en más de una ocasión. Los conoceremos tal y como realmente eran antes, durante y después de la revolución. Hacia el final del capítulo reaparecerán, casi irreconocibles, en el papel conspiratorio que Barruel imaginó para ellos. Como veremos, uno de los aspectos extraordinarios de *Memorias para servir a la historia del jacobinismo* es la cantidad de información sobre la historia de la francmasonería que había reunido Barruel antes de exprimirla, retorcerla y adaptarla para que encajara en su visión monomaniaca.

El intrincado caos escocés

Se cree que la primera logia masónica de Francia se fundó en París en 1725 o 1726, es decir, solo un par de años después de la publicación de las *Constituciones* de la masonería inglesa. Más tarde llegaron otras logias. Sus fundadores eran británicos y, al principio, tuvieron dificultades para atraer a miembros franceses, ya que estaban muy divididos entre *whigs* y *tories*. Para mantener la paz, eligieron finalmente a un duque autóctono como gran maestro, y el número de franceses con mandil empezó a aumentar.

La situación geopolítica garantizó que la división entre la masonería británica y su escisión francesa fuera permanente: a partir de 1744, los dos países estuvieron en guerra casi todo lo que quedaba de siglo. El número de logias se incrementó, y entre sus miembros había aún más franceses. A finales de la década de 1780 había unas mil logias y un total de miembros que es imposible calcular con precisión, pero que oscilaría entre cincuenta mil y cien mil. La masonería pasó a formar parte de la vida francesa. El resultado fue, en palabras de un historiador, un «intrincado caos escocés».

Puesto que la teatralidad y el espíritu de unión de los rituales son fundamentales para la masonería, sus practicantes han sentido a menudo la tentación de pulirlos y elaborarlos, así como de inventar otros nuevos. Cuando aparecieron las *Constituciones* en 1723, un masón solo debía superar dos grados para ser miembro de pleno derecho: aprendiz y compañero. Cuando se publicó la segunda edición de las *Constituciones* en 1738, se había añadido un tercer grado, el de maestro masón. Esos tres grados básicos, a veces conocidos como «grados de la masonería azul», siguen vigentes en la actualidad; son los que explicaba en el capítulo 2. Sin embargo, la creatividad de los primeros masones no terminaba ahí. En la década de 1740 hizo aparición un grado complementario, conocido como masón del Arco real, que solo estaba abierto a hombres que hubieran sido maestros de una logia (cabe aclarar que recibir el grado de maestro masón no es lo mismo que asumir el cargo de maestro de una logia. Este último, conocido en algunas tradiciones masónicas como el maestro venerable, es el hombre elegido para liderar la logia). El grado del Arco real pronto llevó a la fundación de una Gran Logia rival, y este cisma en la masonería inglesa se prolongaría más de sesenta años. Ambos bandos se acusaban de herejía masónica.

Disputas como esta son la enfermedad congénita de la francmasonería. Ningún ritual, masónico o de otra índole, provoca demasiada fascinación, a menos que tenga una forma ampliamente aceptada, una tradición que lo consagre y una institución que lo respalde. A quienes participan en un rito de apariencia moderna les cuesta rendirse a sus encantos. Cada vez que se inventa un nuevo grado, surgen preguntas incómodas sobre la autoridad masónica. ¿Quién codificará los sacramentos recién acuñados y distinguirá las versiones legítimas de las espurias? La temperatura emocional suele ser alta, ya que muchos masones creen que su identidad depende del correcto cumplimiento de los procedimientos de la hermandad. Con frecuencia, la enfermedad cruza fronteras nacionales. Los hermanos de alto rango pasan mucho tiempo discerniendo a cuál de las numerosas ramas masónicas de otros países reconocerán oficialmente como compatibles con la suya.

Por más que lo intente, ninguna Gran Logia es capaz de controlar la «marca» masónica. Poco después de su llegada a Francia, dicha marca empezó a descontrolarse.

En diciembre de 1736, un conocido pensador masón y jacobita llamado Andrew Michael Ramsay pronunció un discurso en una asamblea de las logias parisinas que estaba destinado a resonar por todo el mundo de la masonería. Meses después, envió una versión revisada al cardenal Fleury, primer ministro de Luis XV, para intentar convencerlo de que la masonería era compatible con el catolicismo. El discurso de Ramsay fue recibido con suspicacias, y quizá esto fue lo que provocó que el cardenal ordenara redadas policiales en las logias de París. El longevo Ramsay se retiró de la actividad masónica por miedo a irritar aún más al cardenal.

Aunque fracasó estrepitosamente en sus objetivos a corto plazo, el discurso de Ramsay, una vez publicado en 1738, cautivó a la hermandad francesa. Gran parte de él era bastante corriente: un resumen del mito y la filosofía masónicos tal y como los exponían las *Constituciones*. Sin embargo, Ramsay también se desviaba de la crónica de las *Constituciones* en un aspecto de enorme importancia: introdujo a los cruzados. Según él, los caballeros de las cruzadas redescubrieron los secretos del templo de Salomón y la masonería mientras se hallaban en Tierra Santa, y los utilizaron para revivir la idea de la misión cristiana que los había inspirado originalmente a conquistar Jerusalén en nombre de Cristo. Ramsay explicaba que los cruzados masónicos habían prometido reconstruir el templo e imitar a los israelitas «empuñando la pala y el mortero en una mano y la espada y el escudo en la otra».

Al evocar a los cruzados y, con ellos, la cultura de la caballería medieval, Ramsay utilizó una extensa fuente de imaginería y mitos que pronto generaría un complejo de grados masónicos conocido como «rito escocés». ¿Por qué escocés? Aunque Ramsay era originario de Escocia, los motivos no están claros. El nuevo mito de los cruzados que elaboró Ramsay atribuía un papel fundamental a su tierra natal a la hora de preservar y transmitir la tradición masónica. Según afirmaba, cuando los Santos Lugares estaban prácticamente perdidos, un importante caballero llevó los misterios de la masonería a Escocia en 1286 para ponerlos a buen recaudo. Ahí se acaba el vínculo. En realidad, los orígenes del rito escocés son totalmente franceses. Sin embargo, invocar a Escocia tenía la indudable ventaja geopolítica de esquivar a Londres y su Gran Logia. De este modo, el verdadero papel de Escocia en el desarrollo de la masonería, que fue eliminado de la historia por las *Constituciones*, regresó en Francia de manera totalmente mítica.

Ramsay desencadenó una fiebre creativa entre los masones franceses. En 1743, podían ascender mediante tres nuevos grados del rito escocés, cada uno con sus elaborados símbolos, ceremonias y alegorías morales. En 1755 había cinco en la jerarquía de París y siete en Lyon y otros lugares. Ese crecimiento no tardó en ser exponencial y absolutamente confuso: pronto había ritos con docenas de grados. La historia más reputada de la masonería francesa hace referencia a una «selva tropical» de grados que nacieron a partir de la década de 1750. Algunos tenían el sabor de la inspiración caballeresca original del rito escocés, como «caballero de la mesa redonda del rey Arturo», «caballero filósofo electo», «caballero de los argonautas» y «caballero Kadosh». A los hermanos franceses también les gustaba llevar docenas de títulos caledonios exóticos como «escocés de la Academia de Escocia», «escocés de Mesina», «escocés del Jerusalén celestial» y hasta «inglés escocés». Había grados del rito escocés aún más oscuros y con una inspiración esotérica: «maestro teósofo», «maestro de la Tabla Esmeralda», «compañero de Paracelso»...

La masonería llegó a Francia con un equipaje ya repleto de simbolismo. El rito escocés contenía todos los grupos imaginables de signos, códigos, mitologías y rituales: caballería, la Biblia, ocultismo, la orden Rosacruz, alquimia, mitología griega y egipcia, el zodiaco y la cábala (una tradición judía ancestral de interpretación mística). El maniqueísmo, un sistema de creencias fundado por un profeta iraní del siglo III que enseñaba que el universo era disputado por el bien y el mal, el espíritu y la materia, la luz y la oscuridad, era una fuente particularmente eficaz para los ritos teatrales. Cada uno de los grados se combinaba en un sinnúmero de sistemas superpuestos e incompatibles que variaban según la localidad y la facción: el Rito de la Estrella Flamígera, los Teósofos Iluminados o los Arquitectos de África.

Como cabría esperar, el espíritu de armonía fraternal se vio sometido a graves tensiones en la década de 1760. En junio de 1764, dos facciones de una logia de Reims intercambiaron insultos y se enfrentaron a bastonazos en la calle ante la mirada de los desconcertados transeúntes. En febrero de 1767, el Gobierno suspendió la Gran Logia después de que una reunión acabara a puñetazos.

Bajo tan intensas presiones, la Gran Logia perdió el control y las estructuras más altas de la masonería se dividieron. Hasta 1773 no se firmó la paz gracias a la creación de un nuevo organismo de gobierno nacional, el Gran Oriente de Francia, presidido nada más y nada menos que por Felipe, el primo del rey, que más tarde heredaría el título de duque de Orleans. Teóricamente, los grados del rito escocés estaban sometidos a la jurisdicción del Gran Oriente, pero fue necesaria una década y media de negociaciones, a menudo amargas, para imponer unidad en las grandes ramas de la masonería francesa. Los grados seguían proliferando. Se había abierto la caja de Pandora.

¿Qué provocó aquella hiperinflación de grados masónicos? La respuesta es simple: el esnobismo. En Francia, las clases sociales eran más rígidas que en Inglaterra y adoptaban la forma legal de estamentos: el primero era el clero; el segundo, la nobleza, y el tercero, todos los demás. También había distinciones muy arraigadas dentro de cada estamento. La nobleza tenía una abultada representación en las logias, si la comparamos con sus cifras en la sociedad francesa en general. La masonería debía gran parte de su éxito y de su esnobismo a la nobleza, a la cual le gustaba socializar lejos del entorno altamente controlado de la corte de Versalles. Los nobles eran conscientes asimismo de las ventajas de codearse con un grupo más numeroso que el que encontrarían en academias y salones aristocráticos. En ese sentido, la masonería era una manera útil de relajar algunos límites de estatus entre los adinerados y cultivados. Sin embargo, los valores masónicos no podían interpretarse como una licencia para disolver toda la jerarquía. Por tanto, todas las gradaciones de clase social tuvieron que ser reinventadas en el ambiente sobrenatural de la logia. Al crear grados cada vez más altos, con unos procesos de selección cada vez más estrictos y unos atuendos cada vez más caros, el rito escocés confinó a los tenderos y los comerciantes en los niveles más bajos. La caballería ofrecía una justificación. Mientras que, en Gran Bretaña, el vínculo entre los masones y los mamposteros medievales daba a la hermandad un cariz artesanal, la fábula de Ramsay que señalaba los orígenes de la masonería en los guerreros que participaron en las cruzadas y su código caballeresco era tranquilizadoramente aristocrática.

Los prejuicios religiosos y étnicos también influyeron en la multiplicación de los grados del rito escocés. Francia no mostraba el mismo interés político por la tolerancia que Gran Bretaña. El papa de Roma tampoco poseía autoridad para ejecutar su excomunión de 1738 a los masones en el territorio del rey francés. Por ello, muchos de los nuevos grados del rito escocés daban a la masonería un regusto fuertemente católico. Un gran número de masones franceses expresaban formas tradicionales de chovinismo católico. En 1767, la Logia de la Perfecta Sinceridad de Marsella documentaba unas normas muy explícitas: «Todos los profanos [es decir, los no masones] que tengan el infortunio de ser judíos, mahometanos o negros no podrán ser propuestos como candidatos». En muchos lugares, el ideal de tolerancia de la masonería era ignorado sin más.

Las nueve hermanas

Al igual que en Gran Bretaña, muchos masones franceses se unían a la hermandad por amistad, por diversión y por establecer contactos; no querían perder el tiempo contemplando el caleidoscopio de los grados del rito escocés. Un visitante habitual de la Francia de la época, el aventurero y libertino veneciano Giacomo Casanova, recomendaba encarecidamente la masonería a nómadas como él: «En los tiempos que corren, cualquier joven que viaje, que desee conocer mundo, que no quiera sentirse inferior a los demás o excluido de la compañía de sus iguales, debe iniciarse en lo que se conoce como masonería». Casanova cumplió con sus postulados y aprovechó sus contactos masónicos para abrirse paso por toda Europa engatusando y seduciendo.

La masonería también podía prestarse a actividades más elevadas. Algunos de los primeros hermanos franceses se sintieron atraídos por los valores filosóficos de las logias: el cumplimiento fraternal de las reglas constitucionales, la libertad religiosa y la moderna afición por la ciencia, la razón y las verdades ancestrales. Durante aquel mismo siglo, algunas logias pasarían a formar parte de un creciente ámbito intelectual de salones, cafés, clubes y sociedades. Gran Bretaña seguía siendo una sociedad más abierta y móvil, pero Francia empezó a darle alcance a partir de mediados de siglo. La censura se atenuó. Los numerosos volúmenes de la *Encyclopédie*, el gran compendio de conocimiento humano de Denis Diderot y Jean le Rond d'Alembert, empezaron a publicarse en 1751. Dicha obra ofrecía una plataforma y un punto de encuentro para los *philosophes*, que situaron el interés de la Ilustración por la racionalidad y el progreso en el centro de la conciencia ciudadana. Las campañas de Voltaire contra la persecución religiosa en la década de 1760 lo convirtieron en una figura insigne del movimiento ilustrado.

Una famosa logia parisina fue concebida explícitamente como un vehículo para la Ilustración: la logia de las Nueve Hermanas, bautizada así por las musas de la Grecia antigua que inspiraron la literatura, la ciencia y las artes. El fundador de la logia, y su primer maestro, fue el importante astrónomo Jérôme Lalande. Su objetivo era reclutar a la élite intelectual y ofrecer un centro masónico para la vida cultural de la capital.

Fundada en 1776, la logia de las Nueve Hermanas cosechó algunos éxitos, sobre todo a la hora de reclutar famosos. Un miembro destacado era Benjamin Franklin, que se encontraba en París para garantizar el apoyo francés a la lucha estadounidense contra Gran Bretaña y que incluso sucedió a Lalande como maestro de la logia. En 1778, apoyándose con fuerza en el brazo de su amigo Franklin, Voltaire, el intelectual más famoso de la Ilustración, fue iniciado en una ceremonia abreviada debido a sus problemas de salud. Anteriormente, Voltaire no había mostrado ningún entusiasmo por la masonería y, de hecho, veía sus rituales como síntomas de una debilidad humana por las artimañas. Sin embargo, en 1778, aceptó amablemente la afiliación como un tributo a sus admiradores. Falleció siete semanas después sin asistir a ninguna otra reunión.

Había otros masones famosos en la logia de las Nueve Hermanas. El doctor Joseph Guillotin, el reformador de hospitales que más tarde sería sinónimo de una máquina para decapitar, fue uno de los oradores en la iniciación de Voltaire. Los hermanos Montgolfier, Joseph-Michel y Jacques-Étienne, también eran miembros, y causaron sensación en todo el mundo cuando llevaron a cabo las primeras demostraciones de su «máquina aerostática», o globo, en 1783.

Sin embargo, la masonería en su conjunto no impulsó el pensamiento innovador de la Ilustración. De los doscientos setenta y dos hombres que colaboraron en la *Encyclopédie*, solo diecisiete eran masones. Para ser francos, si los *philosophes* hubieran visto la masonería como parte de su misión, cabría esperar un número mucho más elevado. La logia de las Nueve Hermanas tampoco representaba a la masonería francesa en su totalidad. Cuando Lalande fundó la logia, tuvo muchos problemas para obtener autorización del Gran Oriente, cuyos miembros más conservadores se mostraban nerviosos por lo que las autoridades pudieran pensar. Las Nueve Hermanas también era muy elitista y no quería difundir sus debates publicando una revista. Por tanto, la logia de Lalande no era más característica de la Ilustración de lo que lo era de la masonería.

No obstante, en algunas de sus variantes, las logias regulares francesas constituían un medio para que los hombres «vivieran la Ilustración». Eso sí, no era necesario poseer la excelsa mente de un intelectual masón como Montesquieu para descubrir que ciertas ideas ilustradas sobre el cosmopolitismo y la igualdad formal de todos los hombres se habían integrado en las normas básicas de la vida masónica.

Los Elus Cohen del universo

La masonería francesa contaba al menos con tantos místicos como científicos. Muchos hombres tendían a pensar que, más que una valiosa serie de preceptos morales, los secretos transmitidos por la masonería a lo largo del tiempo eran las verdades esotéricas más trascendentales. Nadie encarna mejor el encuentro entre la masonería y el ocultismo que Jean-Baptiste Willermoz. Nacido en 1730, el afable comerciante de seda oriundo de Lyon era conocido por su devoción a las organizaciones benéficas locales, por su irreprochable ética laboral y por el placer que le procuraba el hecho de codearse con las clases altas en la logia. Sin que la buena gente de Lyon lo supiera, Willermoz también absorbió con voracidad los ejemplares más místicos del acervo masónico y mantenía una asidua correspondencia con masones y filósofos esotéricos de lugares tan lejanos como Rusia, Suecia e Italia. Cuando rondaba los treinta y cinco años, ya había sido iniciado en más de sesenta grados y había creado una versión propia y muy secretista de la francmasonería: los Caballeros del Águila Negra aspiraban a encontrar una piedra que traería la felicidad universal y transmutaría el metal común en oro, tanto en formas sólidas como bebibles.

Los viajes anuales de Willermoz para hacer negocios en París le brindaron la posibilidad de acercarse cada vez más a lo que consideraba la esencia de la masonería. Fue allí donde, en 1767, conoció al vidente y visionario cabalístico Martinès de Pasqually, que le abrió la mente a nuevos mundos de sabiduría. Pasqually creía que, originalmente, todos los hombres eran semidioses y que el ritual masónico podía ayudar a unos pocos elegidos a recuperar ese estado perdido. Fundó la orden de los Caballeros Elus Cohen del Universo para conjurar manifestaciones de lo divino utilizando círculos encantados, nombres de ángeles y astrología. La magia era especialmente intensa la medianoche del equinoccio de primavera, cuando, después de una prolongada preparación espiritual, los masones más cualificados de la orden podían tumbarse con los pies descalzos y la cabeza apoyada en los puños cerrados para recibir mensajes de la causa suprema en una forma de trascendencia conocida como «reintegración».

Willermoz se convirtió en seguidor de Pasqually y pronto era líder de la orden de los Elus Cohen en Lyon. Al llegar el equinoccio de primavera, mantenía la fe a pesar de que la reintegración no llegaba. Algunos de sus seguidores, en cambio, empezaron a impacientarse mientras Pasqually buscaba innumerables excusas para no viajar a Lyon a fin de ejecutar correctamente las sesiones espiritistas masónicas. Willermoz se mostró impertérrito cuando Pasqually abandonó Francia en 1772 para aceptar una herencia en el Caribe.

Mientras tanto, Willermoz también estaba absorbiendo las últimas corrientes de pensamiento alemanas, una nueva tendencia del rito escocés que sería muy influyente en todo el mundo masónico. Según trascendió, quienes habían redescubierto la masonería en Tierra Santa y la habían llevado a Escocia no eran unos cruzados cualesquiera: eran los caballeros templarios, una verdadera orden militar y monástica creada en el siglo XII. Adquirieron poder económico durante la campaña para conquistar Tierra Santa, y su riqueza suscitaba miradas de envidia cuando terminaron las cruzadas. En 1307, el papa ordenó la detención de los líderes de la orden, tras acusarlos de delitos abominables contra Dios y la naturaleza, que incluían la sodomía, el asesinato de niños y el culto a un falso dios con cabeza de cabra llamado Baphomet. Jacques de Molay, el líder de los templarios, ardió en la hoguera delante de la catedral parisina de Notre-Dame.

Los caballeros templarios seguían siendo figuras controvertidas siglos después de su disolución. Para los católicos devotos, eran herejes que habían recibido su merecido. Para otros eran mártires de la avaricia y la crueldad de la Iglesia. Sin embargo, tenían rituales de iniciación y sus altos mandos eran conocidos como maestros y grandes maestros. Esas coincidencias bastaban para que Willermoz y muchos otros hermanos los consideraran masones. En 1774, el comerciante masón y un selecto grupo de discípulos crearon una sección basada en los templarios en Lyon. Cuatro años después, Willermoz fusionó a los templarios y los Elus Cohen en el rito escocés de los Caballeros Bienhechores de la Ciudad Santa.

En la década de 1780, la inagotable imaginación de Willermoz se sintió cautivada por otra novedad. Años antes, Franz Mesmer, un médico formado en Viena, había realizado un descubrimiento que hizo época: según él, la misma gravedad que causaba el movimiento de los planetas fluía por los organismos vivos en forma de un líquido que él denominaba «magnetismo animal». En los humanos, el bloqueo del magnetismo animal ocasionaba problemas de salud. Por suerte para los afectados, Mesmer tenía el don de almacenar y dirigir el fluido, y podía inducir ataques o trances reconstituyentes tocando zonas magnéticas del cuerpo de los pacientes. Es decir, los «hipnotizaba». Mesmer llegó a París en 1778 y cosechó numerosos seguidores realizando demostraciones cada vez más espectaculares de sus curas.

Algunos seguidores prominentes del mesmerismo crearon la logia de la Armonía, un organismo seudomasónico dedicado a aprender del gran hombre y proteger sus más trascendentales secretos. Pronto había sucursales por casi todo el país. Willermoz incorporó la célula mesmerista local al rito escocés rectificado de los Caballeros Bienhechores de la Ciudad Santa.

Jean-Baptiste Willermoz continuaría su búsqueda de iluminación espiritual por medio de la masonería hasta que falleció en 1824. Era tan solo el personaje más ecléctico y tercamente entusiasta de los muchos masones místicos de finales del siglo XVIII. La masonería oculta era tan popular que abundaban los charlatanes. El más célebre era Giuseppe Balsamo, más conocido por su nombre falso: conde de Cagliostro. Nacido en 1743 en el seno de una familia pobre de Palermo, Cagliostro viajaba por Europa falsificando documentos y forzando a su mujer a ejercer la prostitución. Cuando, en 1777, tras una temporada en una cárcel de Londres, fue iniciado en la masonería en un pub del Soho, desarrolló una nueva remesa de artimañas. Reanudó sus viajes, esta vez como el «gran cofta» de su propia versión de la masonería, el rito egipcio, cuyos más altos secretos incluían el poder para regenerar el cuerpo de los ancianos.

Es muy fácil ver la masonería ocultista de finales del siglo XVIII con poco más que curiosidad y desconcierto, como si personajes como Pasqually, Willermoz, Mesmer y Cagliostro fueran accidentes disparatados de la historia. Sin embargo, hacerlo es subestimar el pasado. El mesmerismo, por ejemplo, era totalmente plausible para muchos observadores cultos y racionales, ya que el magnetismo animal era solo una de las muchas fuerzas oscuras identificadas en la época. Gracias a Newton y a Franklin, la gente conocía los efectos de la gravedad y la electricidad, pero era mucho más difícil saber qué eran.

Formas reveladoras de la masonería como las que exploró Willermoz también nos dicen mucho sobre el declive de la religión institucional en la Francia de la segunda mitad del siglo XVIII. Las congregaciones se redujeron y se recibía menos dinero por decir misa. En lugar de unirse a fraternidades católicas, los buenos burgueses de Francia ingresaron en masa en logias masónicas, donde hacían más o menos lo mismo, pero fuera del contexto de la Iglesia y su teología jerárquica: socializaban, realizaban labores filantrópicas y buscaban experiencias místicas comunes. Al igual que en Inglaterra, la masonería facilitó la transición a un mundo más laico.

Muchos clérigos pertenecían a la masonería, a pesar de la desaprobación papal. Según un estudio, un extraordinario 35 por ciento de los hermanos de la región de Angers y Mans, situada al sudoeste de París, eran sacerdotes o coadjutores. Como todos los hermanos, los clérigos vivían su masonería de maneras muy variadas. En 1778, trece de los ciento cincuenta miembros de la prestigiosa logia científica de las Nueve Hermanas pertenecían al clero. En 1752, en una logia parisina, Casanova trabó amistad con un *bon viveur* rechoncho procedente de Roma que también era nuncio papal y que se convertiría en cardenal. Juntos disfrutaron de «excelentes cenas en compañía de chicas hermosas».

Todo ello nos lleva a una sencilla conclusión: la masonería francesa reflejaba la diversidad social de su país, o al menos la parte superior y masculina de esta. De hecho, era lo bastante diversa como para dar cobijo a algunos de los masones más enigmáticos y excepcionales de todos los tiempos.

«Ello»

Charles de Beaumont, conocido como el caballero D'Éon, era un magnífico abogado, soldado, diplomático y espía francés. A su llegada a Inglaterra en 1763, D'Éon causó sensación. El caballero era conocido por sus excesivos despilfarros y sus duelos, y tuvo problemas con acreedores londinenses y con una poderosa facción de Versalles. En octubre de 1764, D'Éon se refugió, armado hasta los dientes, en una casa del Soho, y acabó huyendo tras ser hallado culpable de calumnias y convertido en proscrito. Las autoridades francesas no lo exoneraron hasta que D'Éon las chantajeó con documentos secretos comprometedores. Sorprendentemente, esa carrera rocambolesca en la escena diplomática de Londres se prolongó durante otros trece años.

Lo que hacía destacar a D'Éon entre los muchos provocadores de escándalos de Londres era que él —o ella— a menudo se vestía de mujer y generaba dudas deliberadas sobre su sexo. En privado, el caballero confesó a otro espía francés que biológicamente era una mujer. En público, cuando aumentaban las apuestas sobre la cuestión, protestaba indignado que poseía todos los atributos de un hombre, pero luego se negaba a aportar pruebas.

En 1768, en plena fiebre del juego, el caballero fue admitido como masón en la logia La Corona y el Ancla de Strand. Transcurridos unos dieciocho meses, era un alto cargo de dicha logia. Al convertirse en masón, D'Éon aportó suficientes pruebas de masculinidad para acallar las especulaciones durante un tiempo. Supuestamente, su pecho no presentaba las obvias características femeninas cuando quedó al desnudo para la ceremonia.

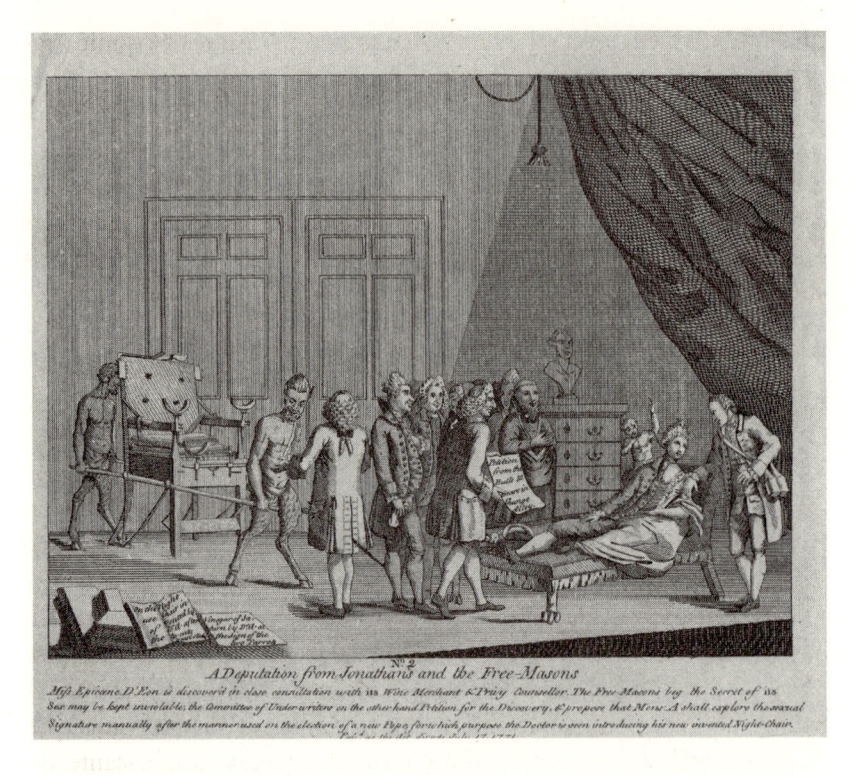

A Deputation from Jonathan's and the Free-Masons

En Londres hubo mofas cuando trascendió la noticia de que D'Éon era masón, y los grabados satíricos sacaron partido de la humillación a la que la hermandad se había visto sometida. Uno de ellos mostraba al caballero (calificado de «eso» en el texto que lo acompaña) recibiendo a dos delegaciones. La primera, integrada por masones avergonzados, ruega a D'Éon que mantenga en secreto su identidad biológica. La segunda, constituida por los corredores de apuestas, quiere que la controversia se resuelva de una vez por todas y propone que D'Éon se someta a la misma comprobación manual de los órganos sexuales externos por la que supuestamente pasa el papa después de ser elegido. Vemos a dos demonios cargando con la silla utilizada en el Vaticano para esa prueba (tiene un agujero en el centro) y a un sacerdote listo para hurgar bajo las faldas de D'Éon.

Como es comprensible, al caballero le gustaba un grabado más halagador. Tanto es así que compró diez copias. En él aparece una figura de género indeterminado que lleva un vestido y accesorios tan masculinos como una espada, un bastón y una insignia masónica. Al fondo vemos retratos de célebres impostores.

Las apuestas sobre el sexo de D'Éon repuntaron de nuevo, hasta que, en 1777, quienes aseguraban que el caballero era una mujer fueron a los tribunales. Salieron victoriosos gracias a las declaraciones de dos testigos: un cirujano que afirmaba haber administrado al cuerpo en cuestión un tratamiento para una enfermedad femenina y un periodista francés que juró haber mantenido relaciones sexuales con el caballero. Las dudas no quedaron disipadas: cabía la posibilidad de que los dos testigos clave en el caso de Londres hubieran recibido sobornos. Poco después del fallo, D'Éon, que tenía cuarenta y nueve años y unos rasgos y una constitución cada vez más recios, declaró finalmente que era una mujer y sería conocido como la «caballera D'Éon». Después hizo planes para regresar a Francia.

La caballera se tomaba en serio la masonería, tal y como pone de manifiesto el hecho de que leía numerosos libros sobre la hermandad y su historia. Sus contactos masónicos también fueron importantes para ella cuando, tras un breve periodo bajo los focos parisinos, fue devuelta a la oscuridad provincial de Borgoña, su lugar de nacimiento. Su primo y varios amigos pertenecían a la hermandad, al igual que la mayoría de los artesanos que contrataba, como su fabricante de pelucas.

Aún es más sorprendente el hecho de que la logia de Tonnerre, su ciudad natal, estuviera dispuesta a aceptarla como miembro. En agosto de 1779, cuando el Gran Oriente de Francia rechazó su ingreso, los masones de Tonnerre protestaron y expusieron las razones compasivas por las que se sentían incapaces de hacer lo mismo: «A pesar de su transformación [en mujer], no solo nos habría parecido que estábamos traicionando nuestros sentimientos patrióticos, sino también nuestros lazos de sangre y amistad, pero más aún nuestro título de hermanos». Puede que la caballera D'Éon fuera mujer, pero seguía siendo un hermano.

¿A qué responde esa muestra de tolerancia por parte de los masones de Tonnerre? Quizá era una deferencia a la caballera, la cual, al fin y al cabo, era una celebridad local y pertenecía a la pequeña nobleza. La lealtad a un pariente y viejo amigo también pudo influir. Asimismo, cabe la posibilidad de que los hermanos consideraran que D'Éon era simplemente un hombre con un vestido. En cualquier caso, había otras razones menos provincianas. En Inglaterra, las masonas no eran más que un producto de la imaginación satírica, una parodia grotesca de la pomposidad exclusivamente masculina de la masonería. En Francia, por el contrario, eran una realidad viva con mandil.

Escoceses sublimes y amazonas inglesas

> Cualquier mujer que aspire a la iniciación ha de ser sana y no estar embarazada ni menstruando. Antes de entrar en la logia será conducida a una habitación oscura en la que solo habrá una luz y una calavera. Allí se reunirá con una dama, que le preguntará si está preparada para someterse a unas pruebas terribles. Se le pedirá que se levante la manga derecha y que se quite el guante derecho y después la liga izquierda, que sustituirá por una cinta azul de casi un metro de longitud. Una vez que se haya vendado los ojos, estará lista para llamar a la puerta de la logia.
>
> *Adopción o masonería femenina*, París, 1775

La masonería femenina no era exclusiva de Francia, pero sí característica de ese país: no había tantas hermanas en ningún otro lugar.

Una vez que la masonería hubo cruzado el canal y afianzado su independencia con respecto a Londres, el mismo caos que había permitido la profusión de grados del rito escocés dejó abierta también la admisión de mujeres. Las primeras *maçonnes* que conocemos aparecieron en la década de 1740. A partir de entonces, su propagación por el país fue desigual. Hasta donde sabemos, centros importantes de actividad masónica como Montpellier, Marsella, Toulouse y Tolón no contaban con una masonería femenina organizada. No obstante, en 1774, las hermanas masónicas estaban tan bien establecidas en lugares como París y Burdeos que al Gran Oriente no le quedó más opción que reconocerlas. Posteriormente, sus cifras aumentaron aún más, al igual que las guías para orientarlas en su propia creación masónica. En su momento cumbre, es posible que hubiera hasta un millar de *maçonnes*.

Al igual que su homóloga masculina, la masonería femenina ubicó la ceremonia en el centro de su vida colectiva. Tanto para las mujeres como para los hombres, los ritos marcaban el nacimiento de un yo mejorado; eran un pasaporte a un país en el que la amistad era soberana.

En todas las localidades francesas en las que se permitía el ingreso de las mujeres en la masonería, se seguía la misma fórmula ritual: la logia de Adopción. Aquellas admitían a mujeres y a hombres, y en sus ritos exploraban temas del Antiguo Testamento. Los primeros historiadores de la masonería femenina, simpatizaran o no con ella, daban por sentado que los ritos de Adopción fueron creados para distraer a las mujeres curiosas, mientras dejaban en paz a los hombres para que siguieran con las prácticas auténticas. Las historiadoras feministas consideraban que los ritos eran misóginos: la historia de la tentación de Eva por parte de Satán, que se utilizaba en muchos rituales de iniciación de la Adopción, es tan ancestral como el machismo.

Sin embargo, ritos recientes han demostrado que las logias de Adopción en realidad poseían un digno pedigrí basado en una tradición regional menor de procedimientos masónicos ingleses que pudieron llevar a Francia los jacobitas. Así pues, si iniciar a mujeres fue una novedad creada en Francia, los mecanismos rituales para hacerlo no lo eran.

Las acusaciones de misoginia contra los rituales de la Adopción también deben ser matizadas, porque dieron un giro a las historias del

Antiguo Testamento. Por ejemplo, en muchas de esas tradiciones, Eva mordía la manzana, pero rechazaba las semillas. Extrayendo el significado de su alegoría ceremonial, ello significaba que Eva aceptaba el conocimiento del bien y del mal, pero rechazaba las fechorías que podían germinar de él. Eva pasó de ser la mujer del Antiguo Testamento cuya curiosidad traía el pecado al mundo a convertirse en alguien que, al igual que Cristo, llevaba el peso del pecado por el bien de todos.

Con el tiempo, algunas *maçonnes* ascendieron a puestos de mayor relevancia, se encargaban de las ceremonias de la Adopción y hasta inventaron grados más elevados para ellas. En el proceso, reflexionaron sobre el posible significado que encerraba la Ilustración para las mujeres. Algunas encontraron suficiente libertad de expresión para impulsar sentimientos de emancipación que destilan un aire muy moderno. Este, por ejemplo, es el discurso pronunciado por una masona de Dijon tras su iniciación: «¡Oh, hermanas mías! ¡Qué dulce es para mí pronunciar ese nombre! [...] Deleitémonos en un honor que vengue a nuestro sexo por los múltiples insultos que hemos soportado durante tanto tiempo». El historiador que más nos ha ayudado a descubrir el mundo de la masonería femenina argumenta: «No cabe duda de que en las logias [de Adopción] había empezado a fraguarse un tipo de feminismo incipiente».

Aun así, las primeras feministas de las logias de Adopción se enfrentaban a serios obstáculos. La principal razón por la que los masones admitían a mujeres era para hacer frente a la acusación de que las logias masculinas eran bacanales homosexuales. Dichas acusaciones eran muy insistentes en Francia, donde creían que la homosexualidad era el infame secreto de la masonería y que los rituales constituían una clara iniciación a la sodomía. El hecho de que los miembros de la subcultura gay parisina utilizaran gestos secretos y palabras en clave para citarse sin que las autoridades tuvieran conocimiento de ello no hizo sino aumentar las sospechas. Los homosexuales incluso empezaron a adoptar terminología masónica; por ejemplo, llamándose «hermanos» entre sí. Las logias de Adopción pretendían proteger a la masonería contra tan mortificante asociación.

Las logias de Adopción seguían estando constitucionalmente subordinadas, eran un mero anexo a una logia masculina «de verdad». Esa subordinación quedó confirmada cuando, en 1774, el Gran

Oriente aprobó los procedimientos de la Adopción, incluyendo la vejatoria cláusula de que las mujeres no podían ser iniciadas mientras tuvieran la menstruación. Las logias de Adopción, como muchos complementos de la masonería creados en otras épocas y lugares, no cuestionaban el principio de que la masonería es una asociación solo para varones.

Un 82 por ciento de las mujeres pertenecientes a logias de Adopción eran aristócratas, y las otras provenían de familias pertenecientes a la élite. Ese hecho, por sí solo, explica casi todo lo que necesitamos saber acerca de la masonería femenina. Desde su nacimiento, esas mujeres se consideraban por encima de las leyes aplicables al resto de la sociedad. A lo largo de varias generaciones, aristócratas franceses de ambos sexos con inclinaciones intelectuales se habían acostumbrado a la cultura del *salon*, un círculo literario o artístico privado que a menudo era presidido por una directora que moderaba el debate. En el *salon* típico se ponía énfasis en una conversación ingeniosa y educada que incluía a hombres y mujeres. Para muchos aristócratas de mediados del siglo XVIII, habría sido raro excluir a las mujeres en un grupo como los masones, que aseguraban fomentar la virtud y las relaciones sociales.

En la masonería en general, las logias de Adopción seguían siendo motivo de controversia. Muchos de los argumentos que se esgrimían en el Reino Unido contra la iniciación de las mujeres seguían vigentes en Francia: no se podía confiar en que las mujeres guardaran secretos ni en que los hombres contuvieran sus impulsos.

La masonería femenina era una continua preocupación para las autoridades masónicas. En 1777, trascendió que algunos hermanos habían utilizado la fórmula de la Adopción para invitar a prostitutas a sus celebraciones.

Puede ser que por esa misma época los intelectuales de la logia de las Nueve Hermanas pidieran a la caballera D'Éon que asistiera a una de sus solemnes ceremonias. Entre sus documentos se encontró la siguiente carta de las Nueve Hermanas: «Adjunto invitación a esta ceremonia, en la que ocupáis un lugar destacado como masona, como escritora y como alguien que ahora es la gloria de su sexo, habiendo ofrecido tanto honor al nuestro en el pasado». La carta es halagadora, pero aun así ambigua. ¿Estaban invitándola como mujer? ¿Como antiguo hombre? ¿Como masón con independencia de su sexo? ¿O la naturaleza más que dudosa de su identidad la convertía en un caso único? La carta añadía: «Solo la señorita D'Éon tiene derecho a cruzar la barrera que excluye al sexo débil de nuestros trabajos». Cabe sospechar que la pobre caballera pudo ser invitada solo por curiosidad. Sin duda, algunos masones la consideraban más una figura divertida que una ofensa a las *Constituciones* masónicas. En algunas logias se entonaba una canción procaz sobre la caballera, adaptada a la letra de «La vara de san Bernabé». Cada verso terminaba con el mismo doble sentido:

> *Los masones tenemos un hermano ferviente*
> *que conoce los secretos como ningún otro.*
> *Si dicen que es una muchacha,*
> *tendremos que verle la vara de san Bernabé.*

Es difícil no pensar en etiquetas modernas que aplicar a D'Éon. Sin embargo, su vida sería muchos menos interesante desde un punto de vista histórico si alguna encajara. No sabemos hasta qué punto su elección de ropa y género era una expresión de su identidad. Voltaire creía firmemente que su metamorfosis era mero oportunismo, una manera drástica, pero efectiva, de ahuyentar a los enemigos y las responsabilidades que había acumulado durante su tumultuosa trayectoria como hombre: «Tiene la barbilla adornada con una barba muy espesa y puntiaguda, así que no me creo que ese tal D'Éon sea una mujer».

Muchos otros intelectuales que la conocieron se mostraban tan confusos como Voltaire en cuanto a la diferencia entre sexo y género. La caballera volvió a instalarse en Londres a mediados de la década de 1780 y dejó un reguero de confusión a su paso. Una noche, James Boswell habló con ella en una fiesta y más adelante comentó: «Me sorprendí al verla como una especie de monstruo metamorfoseado. Parecía un hombre con ropa de mujer». Muchos observadores la consideraban una especie de amazona. El rompecabezas de la caballera D'Éon no hallaría solución. Al menos durante su vida.

Los Illuminati

Buscar «Illuminati» en Google arroja más de cincuenta y cuatro millones de resultados, la mayoría de los cuales versan sobre el plan secreto de una élite que aspira a imponer un nuevo orden mundial mediante el uso estratégico del control mental, el asesinato y los triángulos. Según proclama la cabecera de una de esas páginas, llamada *The Vigilant Citizen*: «Los que dominan el mundo son los símbolos, no las palabras o las leyes». Tras el mundo de apariencias en el que vivimos acechan siniestras maquinaciones. Una vez que somos conscientes de ellas, resulta hilarantemente obvio que Lady Gaga es una marioneta de los Illuminati. ¿Por qué, si no es así, iba a componer un triángulo con las piernas y a taparse un ojo en uno de sus vídeos? El mito de la conspiración de los Illuminati revivió después de que un grupo de músicos de rap lo mencionara en sus letras a mediados de los años noventa. Sin embargo, su notoriedad se originó dos siglos antes, y buena parte de ella se la debemos a que *Memorias para servir a la historia del jacobinismo*, del abad Barruel, convirtió a los Illuminati en los principales villanos del complot masónico que impulsó la Revolución francesa.

Todo eso dista mucho de la verdadera historia de los Illuminati, que nacieron en Alemania, donde la masonería se desarrolló de manera similar a la de Francia. Berlín, la capital prusiana, era el lugar de residencia de una de las figuras internacionales de la masonería: el rey Federico II el Grande de Prusia, amigo de Voltaire. A finales de la década de 1730, cuando se sospechaba que la masonería era una organización subversiva, el entonces príncipe Federico la había adoptado y, tras convertirse en rey, ayudó a que fuera respetable. No obstante, el interés de Federico disminuyó cuando la masonería se puso de moda y cada vez más gente intentó unirse a ella. Al igual que sucedió en Francia con la llegada del rito escocés y el culto a los caballeros templarios, la masonería alemana se sumió en un caos de «rarezas, contradicciones y misterios». Los hermanos protagonizaban episodios de envidia, odio e intrigas contra estructuras de mando masónicas imaginarias y contra galones y medallas que no significaban nada en el mundo exterior. Las logias empezaron a excluir de los grados superiores a quienes no pertenecieran a las clases altas, se dedicaban a la malversación y pasaban más tiempo en sus banquetes que haciendo obras de caridad. Según un observador bien informado, aspirantes a magos y estafadores declarados sumieron a la masonería alemana en «los sinsentidos de Asia y China, las panaceas, el arte de crear oro o diamantes, brebajes para alcanzar la inmortalidad y un largo etcétera».

En la década de 1780, la masonería era un fenómeno muy extendido en Alemania. Sin embargo, al igual que en Francia, también supuso una gran decepción para quienes esperaban que el discurso masónico de hermandad, tolerancia y razón tuviera un impacto positivo en el mundo. La temperatura política estaba aumentando en toda Europa, y algunos empezaban a pensar que las logias habían eludido sus responsabilidades en la lucha de la Ilustración contra las supersticiones y el despotismo. En Alemania, como en Francia, parecía que la mejor época de la masonería había quedado atrás. Un hombre que compartía esa opinión era Adam Weishaupt, un joven profesor universitario de la ciudad bávara de Ingolstadt. En respuesta a ello, creó una sociedad secreta que tuvo una influencia modesta y una vida breve, pero que estaba destinada a ser la variante de la masonería más infame de todos los tiempos.

No hacía mucho que Weishaupt se había convertido a las ideas más radicales de la Ilustración francesa cuando empezó a soñar con una sociedad secreta dedicada a poner fin al despotismo y a la superstición. En 1776, sus planes se materializaron al reclutar a sus alumnos preferidos en lo que pronto vendría en llamarse orden de los Illuminati. Es posible que el nuevo grupo solo contara con cinco miembros, pero aspiraba nada menos que a un reino de libertad, justicia y razón para el mundo. Por desgracia, había contradicciones en el plan de Weishaupt que perjudicarían a los Illuminati durante su corta existencia. Resultaba incongruente que sus objetivos universales solo los conociera una camarilla selecta. Además, el *illuminatus* modélico de Weishaupt debía compaginar una mente crítica independiente con una obediencia ciega a las órdenes de la jerarquía de los Illuminati.

Weishaupt ideó una organización con tres niveles. En el más bajo, los jóvenes aprendices daban sus primeros pasos bajo la atenta mirada de los líderes. En el segundo nivel, conocido como «minerval», los afiliados eran sometidos a un programa de lectura intensivo y variado. Solo los mejores y los más inteligentes serían admitidos en el tercer nivel, el Areópago (bautizado así por un ancestral consejo de ancianos atenienses), donde aprenderían los verdaderos objetivos de los Illuminati y formularían estrategias.

Sin embargo, ese esquema organizativo era poco más que un plan. En sus primeros años, los Illuminati crecieron con gran lentitud. Weishaupt despreciaba la masonería y lo que él definía como sus

Adam Weishaupt (1748-1830), fundador de los conocidos Illuminati.

«absolutas necedades», esto es, sus rituales y símbolos. No obstante, se dio cuenta de que precisamente los Illuminati necesitaban esas necedades si en el futuro querían atraer a miembros de la élite. Después de unirse a una logia de Múnich (la capital de Baviera) basada en los templarios, pergeñó la táctica que finalmente llevaría su sociedad secreta más allá de la región y de unas pocas docenas de miembros: los Illuminati se infiltrarían en logias masónicas y las manipularían para conseguir sus propósitos.

Poco después de que los Illuminati se hicieran con el control de su primera logia masónica en enero de 1780, Adolph Knigge, un periodista del electorado de Hanóver, fue reclutado para la causa. Knigge era demócrata, un escritor prolífico y un masón místico. Sin embargo, se sintió profundamente decepcionado cuando sus ambiciosos planes para crear un nuevo rito dedicado a alcanzar un estado superior del ser fueron rechazados por las autoridades masónicas. Para Knigge, los Illuminati simbolizaban la drástica ruptura que necesitaba; su programa racionalista y emancipador ofrecía una nueva manera de cumplir su sueño de restituir el propósito elevado de la masonería.

Para los Illuminati, la extensa red de contactos masónicos y sociales de Knigge era una vía de acceso al norte de Alemania. Knigge hacía jornadas de dieciséis horas en su oficina de Bockenheim y hasta empeñaba plata para costear los envíos postales. En gran medida gracias a él, los Illuminati, si hacemos un cálculo generoso, tenían en su momento cumbre entre seiscientos y mil miembros.

No obstante, lo importante era la calidad de los miembros, no la cantidad. Ciñéndonos a ese criterio, los logros del movimiento fueron notables. Varios príncipes y duques se unieron a ellos, al igual que gran cantidad de pequeñoburgueses. Casi todos los miembros eran funcionarios del Gobierno, periodistas y académicos. Los empresarios se sentían desanimados por el programa de lecturas sobre la Ilustración, que era tremendamente exigente. El *illuminatus* más famoso no mostraba tal aversión al estudio: Johann Wolfgang von Goethe, el escritor y consejero del gran duque Carlos Augusto de Sajonia-Weimar-Eisenach. Es posible que Goethe se uniera solo para que el Gobierno pudiera controlar a la hermandad.

Los Illuminati crecieron a pesar de hallarse en proceso de cambio. Knigge, que oficialmente solo pertenecía al segundo nivel de la organización, escribió varias cartas desesperadas a Weishaupt en las que le pedía saber más. Se veía obligado a engatusar a sus miembros cuando le exigían que se recompensara su estudio con el acceso a grados y conocimientos superiores. Con pesar, Weishaupt respondió que los Illuminati aún eran un proyecto en ciernes, y en 1781 invitó a Knigge a Baviera para que participara en la elaboración de un programa oficial.

Los debates consiguientes favorecieron los objetivos de Weishaupt. Por medio de las logias masónicas, los Illuminati debían infiltrarse en las más altas esferas de los diversos estados alemanes y rodear a sus gobernantes de asesores que encaminaran el Gobierno en una dirección iluminada. A la postre, cuando las masas tomaran conciencia de su potencial para la autorrealización, profetizó Weishaupt, «los príncipes y las naciones desaparecerán pacíficamente de la faz de la tierra, la humanidad será una familia y el mundo se convertirá en un refugio para personas razonables». Los Illuminati formaban parte de una conspiración no violenta. El problema era que ninguno de los implicados tenía clara la naturaleza exacta de la sociedad que pretendían crear ni los métodos necesarios para hacerlo.

Aquello no duró demasiado. Knigge dimitió a finales de 1783, harto de las incesantes peleas con el autoritario Weishaupt. Algunos miembros conservadores desertaron en la primavera de 1784 e informaron a las autoridades bávaras. Las sociedades secretas fueron prohibidas en junio, y los Illuminati fueron condenados explícitamente por «traidores y hostiles a la religión» el mes de marzo siguiente. Weishaupt huyó a Baviera para no regresar jamás, y su organización desapareció.

Cuando estalló el escándalo, la mayoría de los antiguos *illuminati* se mostraron perplejos. Solo una ínfima minoría habían sido admitidos en el Areópago, el santuario de la hermandad. Para la mayoría, era un club de lectura con pretensiones. Puede que hubiera *illuminati* en puestos influyentes de las cortes de toda Alemania, pero no tuvieron una participación perceptible en la ejecución del programa de Weishaupt, sobre todo porque ignoraban que aquel existiera.

Resulta irónico que un conspirador tan desventurado como Adam Weishaupt diera lugar de manera involuntaria a uno de los mitos más extendidos y que contribuyera a crear la teoría de la conspiración tal y como la conocemos hoy. La historia de los Illuminati alimentó la imaginación de clérigos y académicos conservadores, que desataron el pánico al describir a los seguidores de Weishaupt como sodomitas ateos y asesinos enemigos de la sociedad. Los gobiernos autocráticos recibieron la señal que necesitaban para tomar medidas contra masones y contra las ideas liberales de cualquier índole. El pánico inicial hacia los Illuminati devino en un arraigado terror a las sociedades secretas subversivas. En todas partes, una idea latente desde la década de 1740 salió a relucir de nuevo: los masones guardaban secretos peligrosos. Los temores al secretismo masónico se volvieron mucho más dañinos gracias a los Illuminati. Para los masones que trataban de responder a las acusaciones de que su hermandad era subversiva y conspirativa, ya no tenía sentido señalar a los buenos masones o defender sus principios de lealtad a la autoridad establecida. Solo los ingenuos se tomaban la masonería al pie de la letra, porque era como un diabólico sistema de cajas chinas, un juego de compartimentos, cada uno más secreto y más siniestro que el que lo contenía. Detrás de las logias había logias secretas. Detrás de las logias secretas estaban los Illuminati. Y detrás de los Illuminati había un malévolo cerebro que ejercía un control hipnotizador sobre sus seguidores. El pánico a los Illuminati ayudó a que las ideas conspirativas sobre los masones fueran inmunes a las pruebas que las desdecían. Al mismo tiempo, la división de la masonería ejemplificada por el rito escocés la despojó de una voz unificada para responder con eficacia incluso a las acusaciones más disparatadas. Y esto sucedió justo cuando, en Francia, un terremoto político convertía esas acusaciones en algo aún más extravagante.

El abad Barruel

La Revolución francesa estalló en 1789, cuando un enfrentamiento entre el rey y la nobleza por cuestiones tributarias se convirtió de forma inesperada en la aspiración generalizada y eufórica de forjar una nueva era de libertad. La soberanía debía recaer en la nación y no en la monarquía. El Gobierno tenía que responder ante la opinión pública y no ante una camarilla de aristócratas y obispos. Los derechos triunfarían sobre los privilegios. Nunca antes una sociedad había tratado de reinventarse por completo.

Sin embargo, ante la hostil oposición en casa y en el extranjero, el intento de cumplir los sueños de 1789 trajo turbulencias. La violencia acompañó todas las fases de la revolución. Hubo una venganza popular contra representantes del Antiguo Régimen y resistencia contra la mano dura del nuevo. Los radicales que querían llevar la revolución más allá se toparon con la brutal represión de quienes intentaban impedir que se descontrolara. La nueva Francia entró en guerra con sus enemigos extranjeros y el conflicto llevó la revolución a los extremos. Se declaró una república y el rey Luis XVI fue ejecutado. Cada vez con más frecuencia, los opositores eran tachados de traidores, y en cada esquina parecían acechar espías y conspiradores. El efecto provocado por el derramamiento de sangre a menudo era terrible: balas y metralla contra las multitudes, cabezas cercenadas y clavadas en picas y postes, y cuerpos desmembrados.

Bajo el liderazgo de los jacobinos, Francia entabló una batalla a vida o muerte que pronto se dio a conocer como el Terror de 1793 y 1794. El Gobierno constitucional fue suspendido. La leva masiva desencadenó una rebelión en el oeste del país y fallecieron más de cien mil personas en encarnizados combates. En París, los tildados de «contrarrevolucionarios» eran decapitados por docenas. Sin embargo, aun cuando la situación militar y económica mejoró, las ejecuciones fueron en aumento por los ajustes de cuentas entre los líderes jacobinos.

A medida que se intensificaba el horror, también lo hizo la búsqueda de pureza ideológica de la revolución. Para algunos, el Terror era la puerta de acceso a un terreno de virtud. La revolución ya había declarado la libertad religiosa, había confiscado las propiedades de la Iglesia y había subordinado esta última al Estado. Ahora quería sustituir la religión por un credo totalmente nuevo: el culto del Ser Supremo y la Razón.

Para los enemigos de la revolución, parecía que se había instaurado un culto a la locura. El Terror expuso el auténtico significado de los lemas optimistas de 1789. Y si el Terror definió la revolución, un instrumento definió el Terror: la guillotina. A Joseph-Ignace Guillotin, el médico, masón y miembro de la logia de las Nueve Hermanas, se le ocurrió la idea de la «decapitación mediante un mecanismo»,

El hermano Joseph-Ignace Guillotin (1738-1814) presenta su idea para una máquina de decapitación. De una representación posterior.

si bien no diseñó el modelo que posteriormente se utilizaría. Como muchos otros correligionarios, se inspiró en el pensamiento de la Ilustración en medio del idealismo de los primeros días de la revolución. Durante el Antiguo Régimen, los culpables eran aplastados bajo la rueda o ahorcados, arrastrados y descuartizados. En la nueva era de la Razón, argumentaba el doctor Guillotin, la ejecución debía ser rápida e indolora. El 25 de abril de 1792, un ladrón armado fue el primer hombre que murió bajo la cuchilla.

Al año siguiente, la «cuchilla nacional» segó la vida de miles de víctimas durante el Terror, lo cual suponía una grotesca burla a los ideales en favor de la humanidad del doctor Guillotin. Aunque quizá eran exageradas, las historias y escenas de la plaza de la Revolución en París poblarían los sueños de Europa durante décadas: las multitudes gritando cuando pasaban las carretas con los cadáveres, las hileras de ancianas tejiendo tranquilamente mientras caía la cuchilla y la sangre salpicando los adoquines y formando grandes charcos de los que bebían los perros.

Finalmente, el 10 de agosto de 1794, la figura insigne del Terror, el líder jacobino Maximilien Robespierre, también fue guillotinado. Pronto, los jacobinos serían víctimas de una venganza sangrienta.

Para el abad Barruel, que estaba estudiando los escritos masónicos desde la tranquilidad de su casa en Edgware Road, los orígenes de la conspiración que desató la Revolución francesa eran ancestrales: se remontaban a los albores de la campaña de Satán contra la Iglesia de Cristo en la Babilonia del siglo III. El maniqueísmo, la primera de numerosas herejías diabólicas, enseñaba que, en la gran batalla entre el bien y el mal, había que buscar la iluminación aunando todas las religiones en un credo integrador. Cristo ya no era el camino, la verdad y la vida, sino un ejemplo espiritual de muchos. En otras palabras, el cristianismo se sumergiría en una venenosa sopa sincretista. Siguiendo el ejemplo de sus maestros maniqueos, los masones servirían esa misma sopa a sus hermanos bajo la engañosa etiqueta de la «tolerancia religiosa».

Más tarde, los «monstruosos» e «impíos» templarios, adoradores de Baphomet, el falso dios con cabeza de cabra, se convirtieron en los portadores del complot. Cuando los caballeros templarios sufrieron la represión del papa y el rey de Francia, los supervivientes juraron venganza contra todos los monarcas y máximos pontífices, así como contra todas las manifestaciones del cristianismo. Se refugiaron en Escocia, donde sus misterios y su sed de venganza fueron incorporados a la masonería.

Sin embargo, tal y como explicaba el abad Barruel, esos terribles secretos, que constituían la esencia de la tradición masónica, estaban a muy buen recaudo. El sistema centralizado de juramentos y grados de la masonería cumplía dos propósitos: ocultar los objetivos más siniestros de la hermandad y seducir a nuevos miembros para que ingirieran dosis cada vez más fuertes de la adictiva ideología de la masonería. Los masones ingenuos cada vez se veían más arrastrados a las profundidades del sistema, hasta que perdían la capacidad para resistirse. De las logias normales pasaban a las logias ocultas. De los grados introductorios pasaban, fase a fase, al grado final de caballero Kadosh. Entonces llegaba la funesta revelación final: las consignas masónicas de hermandad y libertad, tan acogedoras e insulsas cuando se conocían por primera vez, en realidad significaban nada menos que una declaración secreta de «guerra contra Cristo y su secta; una guerra contra los reyes y todos sus tronos». Esa era la pérfida misión que cumpliría la Revolución francesa.

Sin embargo, la masonería no fue la única conspiración que alimentó la revolución. Barruel afirmaba que el reino homicida de los jacobinos, el ala más entusiasta de la revuelta, sobrevino cuando la masonería se fusionó con otros dos grandes complots.

El primero era el de los *philosophes*, los pensadores y reformadores que planeaban destruir el cristianismo durante la Ilustración. Hubo tres artífices: Jean d'Alembert, el matemático que editó la *Encyclopédie*, el gran compendio de herejías racionalistas; el rey prusiano Federico II, que acabó con la censura, aplicó la libertad religiosa y se rodeó de intelectuales ateos, y, el más siniestro de todos, el prolífico infiel Voltaire. Al predicar la racionalidad y la tolerancia, esos hombres inculcaban el ateísmo y la inmoralidad. Los *philosophes* se sentían atraídos por las logias masónicas y fusionaron su conspiración contra el cristianismo con el plan masónico para subvertir la monarquía. El último *philosophe* que ingresó en la masonería fue el más influyente de todos. Según reconocía el abad Barruel, Voltaire fue monárquico casi toda su vida. Sin embargo, en secreto, se volvió más fanático con el paso de los años y, en 1778, hizo los juramentos masónicos en la logia de las Nueve Hermanas.

Ahora, lo único necesario para que la Revolución francesa estallara en el mundo era que apareciese la tercera y más mortífera rama de la conspiración. Era una siniestra cruzada contra toda religión, Gobierno, propiedad y ley, contra todo orden social: los Illuminati. Solo parecían haber sufrido represiones en la Alemania de la década de 1780. En realidad, se habían metastatizado al enviar a Francia una delegación, disfrazada de devotos de la teoría de Mesmer sobre el magnetismo animal. Una vez que estuvieron en París, reclutaron a los masones y *philosophes* de mayor rango y convirtieron a toda la organización masónica a su programa de anarquía y disolución general. Así nacieron los jacobinos y se selló el destino de Francia.

Barruel contaba con información privilegiada, decía, porque él también se unió a los masones. Sabedor de que la masonería había desconfiado en todo momento de él, se excusó cuando los juramentos que le pedían resultaron demasiado comprometedores. Conocía las intenciones ocultas de los principales conspiradores por fuentes que no podía desvelar por motivos de seguridad. Lamentablemente, había perdido las cartas más incriminatorias que había citado.

Para nosotros, estas pruebas son tan manifiestamente endebles como la teoría que respaldan. Sin embargo, solo unos meses después de que se publicara la obra de Barruel, sus afirmaciones se vieron confirmadas cuando John Robison, un importante físico y matemático de la Universidad de Edimburgo, publicó un libro que denunciaba las ambiciosas maniobras subversivas de los masones y los Illuminati. Barruel y Robison habían trabajado por separado, y las sorprendentes similitudes entre sus conclusiones aportaban credibilidad a sus argumentos. Estados Unidos vivió una época de pánico hacia los Illuminati en 1798. Incluso Gran Bretaña se vio asediada por el miedo a las hermandades clandestinas. En 1799, el Parlamento aprobó la ley de sociedades ilegales, que prohibía las asociaciones que obligaran a sus miembros a hacer un juramento. Los masones tuvieron que presionar mucho para no ser ilegalizados.

No merece la pena abordar con detalle los errores que contiene *Memorias para servir a la historia del jacobinismo*. Muchos hombres a los que Barruel consideraba masones no lo eran. Los vínculos de la masonería con los maniqueos y los templarios, que Barruel interpretaba como una realidad incriminatoria, eran en realidad mitos creados por los propios masones del rito escocés. A lo sumo, lo que estaría dispuesto a reconocer cualquier historiador de la Revolución francesa sobre el análisis de Barruel es que la igualdad formal de los procedimientos de las logias fue una de las principales influencias para la aparición de los clubes políticos, incluidos los jacobinos, que tan importantes fueron para los acontecimientos de la década de 1790. Dicho esto, no hay manera más tajante de demostrar la febril estupidez que supone cualquier explicación sobre la Revolución francesa entendida como una conspiración masónica que abordar lo que, a partir de 1789, les sucedió a muchos hermanos.

Igualdad ciudadana

La masonería entró en rápido declive cuando empezaron a soplar los vientos de la revolución. Algunos hermanos se vieron arrastrados por la tempestad política y otros huyeron al exilio. En 1793, el régimen jacobino veía la masonería con gran desconfianza. Como siempre, su secretismo parecía una amenaza para el Estado, y sus líderes aristocráticos eran, por esa misma razón, contrarrevolucionarios reales o potenciales. Pronto, el Gran Oriente, construido tan meticulosamente dos décadas antes, dejaría de funcionar.

Había muchos jacobinos que no eran masones —de los cuales, Robespierre sería el ejemplo más destacado—, y muchos masones importantes que no se convirtieron en jacobinos. De hecho, el hermano aristocrático Auguste-Jean-François Chaillon de Jonville, que en la práctica era el líder de la Gran Logia de París en la década de 1760, no solo huyó de la revuelta viajando a costas extranjeras —al igual que Burruel—, sino que escribió un libro en el que denunciaba todo el proyecto revolucionario.

El masón más importante de la época era Felipe, el duque de Orleans. Tras ser gran maestro del Gran Oriente durante más de veinte años, Felipe se entregó con entusiasmo a la revolución, hasta el punto de hacerse jacobino y rebautizarse como «ciudadano Felipe Igualdad». En enero de 1793 incluso votó en la Convención Nacional a favor de que su primo, el rey Luis XVI, fuera enviado a la guillotina.

Todo ello era combustible para Barruel, que nos cuenta que el duque fue moldeado por el mismísimo ángel exterminador para liderar el sanguinario proyecto de la masonería. Sin embargo, como siempre, Barruel omite los hechos que no cuadran con su teoría de la conspiración. En primer lugar, Felipe era más una figura insigne que un masón entusiasta, y no se molestó en asistir a una reunión del Gran Oriente hasta cuatro años después de su nombramiento. En segundo lugar, recibió presiones para que votara a favor de la pena de muerte contra Luis XVI. En tercer lugar, repudió sus conexiones masónicas poco después de la ejecución del rey y dijo que, en comparación con la verdadera igualdad que había traído la revolución, la masonería era un simple «fantasma». Y, en cuarto lugar, el pobre «ciudadano Igualdad» fue guillotinado por los jacobinos en noviembre de 1793. Por tanto, la gran conspiración masónica no le benefició en demasía.

Muchos otros masones de Barruel sufrieron la ira de la revolución. El politólogo Nicolas de Condorcet ocupa un lugar destacado en su lista de conspiradores, pero escribió su obra más famosa a escondidas después de ser calificado de traidor por Robespierre y sus amigos. Apresado al cabo de nueve meses, Condorcet murió en la cárcel mientras aguardaba su ejecución.

El marqués de Lafayette, un masón francés que fue héroe de la revolución de Estados Unidos, adoptó pronto los ideales de 1789. De hecho, fue uno de los principales autores de la Declaración de los Derechos del Hombre y del Ciudadano, la carta fundacional de los valores de la Revolución francesa. Sin embargo, en agosto de 1792, esas credenciales no le evitaron la orden de arresto que lo obligó a escapar del país.

El doctor Joseph-Ignace Guillotin estuvo a punto de morir en la máquina de ejecuciones que llevaba su nombre. Fue encarcelado por los jacobinos, pero salió en libertad tras la muerte de Robespierre. Desilusionado con la política, consagró el resto de su vida a la medicina y a intentar que rebautizaran la guillotina.

En Lyon, el místico Jean-Baptiste Willermoz sobrevivió a la revolución, aunque en 1793, en el momento crítico del conflicto, tuvo que esconderse y se llevó el archivo de documentos ocultistas con él.

A los masones aristocráticos les fue mal. Por tanto, las masonas, en su mayoría pertenecientes a la nobleza, sufrieron de forma desmesurada. La mujer y la hermana de «Felipe Igualdad», las cuales habían

Una interpretación satírica británica de la decapitación de Felipe Igualdad, antes conocido como Luis Felipe II, duque de Orleans y gran maestro del Gran Oriente de Francia (1747-1793).

sido iniciadas en logias de Adopción, fueron encarceladas durante el Terror y no pudieron huir a España hasta la muerte de Robespierre. Una *maçonne* de renombre conoció un final especialmente horrible. Marie-Thérèse-Louise de Savoie-Carignan, princesa de Lamballe, ostentaba el importante cargo de jefa de la casa de la reina María Antonieta. Fue iniciada en una logia de Adopción en 1777 y elegida gran maestra de la logia madre escocesa en 1781. La princesa estaba tan decidida a vivir según el código masónico de amistad que permaneció cerca de María Antonieta incluso cuando esta se convirtió en una figura odiada tras el estallido de la revolución. Pagaría un alto precio por su lealtad. El historiador que más profundamente ha estudiado la actividad masónica de la princesa describe lo que le sucedió en septiembre de 1792: «Fue encarcelada y ejecutada sumariamente después de un breve juicio amañado. Su cuerpo sin cabeza y gravemente mutilado fue arrastrado por las calles y abandonado frente a la ventana de la celda de María Antonieta para aterrorizar a la reina. La cabeza fue paseada por las calles».

Luego estaba el caso único de la caballera D'Éon, que pasó sus últimos años en Inglaterra a salvo de la agitación. Sin embargo, la caída de la monarquía puso fin a la pensión que constituía su único sustento. Ahí comenzó un lento descenso a la ignominia: se vio obligada a conseguir dinero haciendo demostraciones de su habilidad con la espada y más adelante tuvo que vender sus posesiones. Murió en la miseria en 1810. Un examen *post mortem* confirmó que era biológicamente un varón. Por supuesto, esos datos anatómicos no ayudan a resolver el enigma, pero para la masonería bastaron para olvidar el bochorno que había provocado el caso D'Éon y pergeñar una historia falsa, aunque no se ajustara a la realidad. En 1903, el historiador irlandés de la masonería W. J. Chetwode Crawley reflexionaba: «Si nos permitimos conjeturar que la mente de la caballera D'Éon en parte cedió a la presión y el estrés de los desastrosos años en los que su sexo fue motivo de habladurías y que sufría la alucinación de que, en realidad, era una mujer, todo quedaría explicado». Para Chetwode Crawley, D'Éon estaba loca y, por tanto, merecía compasión fraternal.

A pesar de sus numerosos errores, *Memorias para servir a la historia del jacobinismo* del abad Barruel garantizó que el mito de la conspiración masónica fuera el gran legado de su historia en la época de la Revolución francesa. Irónicamente, mientras el humo y la retórica de la revolución se propagaban a otras partes de Europa, muchos conspiradores empezaron a ver a la masonería como un patrón para organizar sus planes. En ningún lugar se hizo tan real el mito de la conspiración como en Italia.

6

Nápoles. Una enfermedad delirante

La masonería en el imperio de Napoleón

No sabemos si Napoleón Bonaparte fue masón. Si fue iniciado, sucedió en 1798 o 1799, cuando todavía era el general Bonaparte. En aquel momento, la masonería estaba reviviendo tras el final del Terror jacobino, aunque bajo la atenta mirada de la policía, y su futuro seguía siendo incierto. En noviembre de 1799, Napoleón se hizo con el poder después de un golpe de Estado, y en 1804 se proclamaría emperador. Se enfrentaba a una decisión que muchos gobernantes anteriores habían tenido que tomar: ¿debía tolerar a los masones o prohibirlos? No hizo ninguna de las dos cosas, sino que optó por integrarlos en el régimen. Las logias francesas que antaño habían estudiado los misterios del rito escocés con un espíritu de libertad rayano en el caos se convirtieron en instrumentos del Gobierno autoritario.

El imperio era autoritario, desde luego, pero Napoleón no era conservador: en todos los lugares que conquistaba, aspiraba a construir una maquinaria de Estado como la que estaba creando en Francia. Su objetivo primordial era mantener a los grandes ejércitos necesarios para sus continuas campañas. El nuevo modelo de Administración introdujo novedades de toda índole, desde códigos legales y fuerzas policiales hasta el sistema métrico y los números en las viviendas. Era centralizada, estandarizada y gestionada por profesionales en lugar de adláteres de la aristocracia. En Francia, como en los territorios que subyugó, se desarrolló una clase de administradores y altos mandos militares que dirigían el Estado. Eran hombres que se sentían orgullosos de la idea de que ellos, al igual que el emperador, le debían su cargo a su talento y no a un accidente de nacimiento.

Los burócratas y los soldados de Napoleón necesitaban hacer contactos, y la masonería satisfacía esa necesidad. En 1803, a pesar de haber sido hermano solo dos años, Joachim Murat, el cuñado de Napoleón, fue elegido primer gran vigilante del Gran Oriente de Francia. En 1804, el año que Napoleón se coronó emperador, su hermano mayor, José Bonaparte, fue nombrado gran maestro del Gran Oriente, y figuras de Estado importantes como Joseph Fouché, el temible ministro de Policía, fueron ascendidas a grandes oficiales. Incluso la emperatriz Josefina ingresó en la fraternidad. De hecho, sus credenciales masónicas eran mejores que las de cualquier otro miembro del clan Bonaparte: había sido iniciada en una logia de Adopción de Estrasburgo en 1792. En 1805 volvió a esa ciudad como emperatriz para formar su corte. Más tarde visitó su logia madre, donde fue iniciada una de sus damas. Fue un acto público, según atestiguaba una crónica: «Puede que no existiera nunca una logia de Adopción tan brillante; toda la ciudad participaba en esas solemnidades masónicas». En su nueva forma domesticada, la masonería francesa prosperó y creció, sobre todo en las logias militares, que eran perfectas para generar camaradería. En 1802 solo había catorce logias en Francia. En 1806 había seiscientas veinticuatro. En una época en la que la revolución había destruido las redes de mecenazgo centradas en los aristócratas, la masonería brindaba oportunidades a quienes desearan hacer contactos útiles. Como parte de ese proceso, las logias se convirtieron también en templos en los que podía celebrarse el culto al emperador y en minas de información para la policía.

Napoleón renovó el arte de gobernar de maneras que influyeron en las sociedades europeas mucho después de que el emperador desapareciera de la escena. Incluso el idioma de sus enemigos británicos notó la influencia de sus reformas; los franceses aportaron al inglés una nueva connotación a una vieja palabra que significaba «camino» o «rumbo»: *career*. Los masones se hicieron un hueco entre los militares y civiles vocacionales en los estados del siglo XIX.

Las siguientes páginas cuentan la historia de lo que sucedió cuando el sistema imperial de Napoleón, incluida su versión sumisa de la francmasonería, fue impuesto al reino de Nápoles. El resultado fue cualquier cosa menos sumiso. La masonería se vio arrojada a un torbellino de policías, espías y agentes dobles; de patriotas, conspiradores y revolucionarios; de fanáticos, bandidos y gánsteres. Después de la Revolución francesa aparecieron hermandades políticas seudomasónicas en muchos de los centros conflictivos de Europa. Algunos ejemplos son la Sociedad de los Irlandeses Unidos, la Filiki Eteria griega y los decembristas rusos. Sin embargo, el entusiasmo por las sociedades secretas no se afianzó tanto en ningún lugar como en el sur de Italia. Según comentaba un funcionario desesperado, era «una enfermedad delirante que ha consumido por completo a la gente».

El gran maestro Joachim Murat

El sur de Italia se vio profundamente transformado por la Revolución francesa. A finales de 1798, el rey Fernando, de la dinastía borbónica, huyó de Nápoles, la capital, ante el avance francés. A principios del año siguiente se fundó una república, apoyada por un ejército galo, pero liderada por intelectuales napolitanos enamorados de la libertad, la igualdad y la fraternidad. En unos meses, cuando las fuerzas francesas se retiraron, la república fue derrocada en medio de escenas de una violencia terrible que dejaron un legado de resentimiento. El rey Fernando volvió a ocupar el trono.

En 1806, Fernando volvió a huir del poder militar francés y se refugió en Sicilia, la zona de su reino protegida por la Marina Real británica. El sur de Italia pasó a formar parte del Imperio napoleónico y estaba gobernado por dos reyes franceses, que eran los mismos hombres que habían liderado la incorporación de la masonería iniciada por el emperador francés. Al principio, José, su hermano mayor, fue enviado a ponerse la corona. Dos años después, cuando este se fue para reinar en España, le llegó el turno a Joachim Murat, cuñado de Napoleón y su comandante de caballería más audaz.

Con una sonrisa de suficiencia, el atractivo Joachim entró por primera vez en Nápoles el 6 de septiembre de 1808. Cumpliendo los deseos de Napoleón, no se vistió de rey, sino con una ostentosa versión de su uniforme de caballería. Los napolitanos no tardaron en descodificar el mensaje de su atuendo: su nuevo gobernante era una presencia militar imponente. Haciendo uso del sable si era necesario, el sur de Italia debía mantener su función principal, esto es, aportar dinero, reclutas y material a la maquinaria de guerra del emperador.

Los atuendos de Murat serían un rasgo distintivo de su reinado y denotaban un dinamismo que creía que la población admiraría. En 1811, en la cúspide de su poder, encargó un retrato que, una vez contemplado, resulta inolvidable. Ni el espectáculo del monte Vesubio escupiendo humo en el horizonte ni la postura histérica del caballo encabritado de Murat logran apartar nuestra mirada de su ropa. En el lugar que debería ocupar una silla de montar hay una piel de tigre. El rey lleva botas rojas puntiagudas y pantalones amarillo pálido con una doble franja escarlata a los lados. El pecho está adornado con una colección de medallas y galones casi a prueba de balas. El chacó de seda mantiene el equilibrio encima de sus abundantes rizos oscuros a pesar del balanceo de las borlas plateadas a un lado y las extravagantes plumas blancas que adornan la parte delantera.

La creación de una imagen pública no era la única herramienta del Gobierno de Murat. Al igual que en Francia, la masonería sería un pilar del régimen bonapartista. Antes de la Revolución francesa, la masonería había sido más o menos tolerada por los gobiernos italianos. Después de que la revolución propagara el miedo a la subversión por toda Europa, la masonería fue prohibida y obligada a actuar en la sombra. En la Italia napoleónica, en cambio, era casi oficial. Al asumir el trono del sur de Italia en 1806, José Bonaparte fue elegido como gran maestro del Gran Oriente napolitano, un nuevo organismo supervisor y supremo vinculado con otros similares en el norte de Italia, donde los franceses habían ejercido el control durante más tiempo. En 1808, Joachim Murat culminó la tarea de introducir la masonería en la monarquía napoleónica ocupando los altos cargos masónicos de José e instalando a mandatarios del Gobierno a la cabeza de las logias del sur de Italia. Muchos de los cargos de mayor importancia de Murat eran grandes maestros.

Sin embargo, en la masonería napoleónica de Nápoles no era oro todo lo que relucía. Durante el primer invierno que Murat pasó en la región, escribió al emperador para avisarle de que las logias masónicas estaban siendo utilizadas como «oficinas de enlace» para conspiradores. Las sociedades secretas masónicas o semimasónicas opuestas al Gobierno napoleónico en Italia no eran nuevas. A finales de la década de 1790, aparecieron hermandades antifrancesas, como la Lega Nera y los Raggi, en el norte ocupado. A partir de 1800 nacieron otras sociedades secretas: los Adelfi (del término griego antiguo para «hermanos»); los Guelfi (un préstamo del nombre de una alianza política medieval); la Spilla Nera, y los Decisi. A muchos masones les molestaba la injerencia del Estado francés en sus amados rituales. Algunas personas dolidas por la ocupación extranjera de su tierra encontraron un lugar donde reunirse y protestar en la privacidad de las logias, o tomaron el referente masónico y lo utilizaron para crear hermandades con inclinaciones políticas. Sin embargo, había algo mucho más extraordinario. La invasión francesa había sometido y humillado a los pueblos de la península itálica. Al mismo tiempo, los había unificado bajo una única fuente de autoridad y había trasladado las ideas revolucionarias francesas a su cultura. A consecuencia de ello, por primera vez en la historia era concebible una Italia políticamente unificada. Los agentes de Murat pertenecientes a la hermandad habían detectado indicios de que estaba naciendo una identidad nacional italiana. Los masones fueron de los primeros a los que se les aceleró el pulso ante esta posibilidad. Tal como escribió Murat a Napoleón: «Os lo volveré a decir, señor: su único sueño es la unificación de toda Italia».

Bajo el liderazgo de Murat, el mundo de la masonería acusó desde el principio la presión de varios poderes políticos enfrentados. Con el tiempo, el campo de fuerzas resultaría aún más complejo, ya que Murat empezaba a molestarse por la injerencia de Napoleón en su territorio y a buscar una mayor autonomía.

El 24 de junio de 1811, día de San Juan, presidió una gran comida masónica para mil quinientos hermanos de todo el territorio. Con toda la intención, el banquete se celebró en medio de la magnificencia barroca del monasterio de los Santos Apóstoles, recientemente despojado de sus monjes teatinos cuando Murat suprimió numerosas órdenes religiosas. Por desgracia, no quedó documentado el extravagante atuendo masónico que debió de lucir para la ocasión.

Entre los masones que aquel día rematarón la comida con café, helado y *rosolio* había italianos que ostentaban cargos importantes en la Administración y el ejército napoleónicos y que eran un electorado político crucial para Murat. Naturalmente, los autóctonos que trabajaban para su Gobierno se hallaban en una posición ambigua, pues habían recibido su poder de un invasor extranjero. Sin embargo, muchos eran reformadores a los que les gustaba que el régimen llevara las ideas de la Ilustración hasta el último rincón del sur de Italia, aboliera los privilegios feudales de la nobleza y el clero, expropiara las tierras de la Iglesia e introdujera nuevo talento en la Administración. El dominio francés ofreció a muchos masones un papel en la modernización de su patria que estaba en concordancia con los ideales racionales que habían impulsado en sus logias. Incluso había quienes esperaban que el Estado moderno de Murat allanara el terreno para una Italia democrática y unida. Algunos administradores italianos de Murat habían pertenecido a sociedades secretas antifrancesas del norte antes de ocupar puestos de Gobierno en el sur tras la conquista napoleónica. Esos radicales seguirían a Murat si quería romper lazos con París y convertirse en una figura representativa de la independencia del reino.

La envergadura de los problemas que acechaban en las logias masónicas del sur de Italia no saldría a la luz hasta el aciago año de 1812. Aquel verano, la Grande Armée de Napoleón, con sus seiscientos mil soldados, se adentró en territorio ruso. Como siempre, Murat cabalgaba junto al emperador. En diciembre, la gran mayoría de las tropas habían muerto de frío y hambre en la estepa. El emperador, cuya autoridad se había visto dañada de forma catastrófica, volvió a París y dejó su desintegrado ejército en manos de Murat.

En Nápoles, la gente empezó a pensar qué ocurriría si el imperio caía. Fue en ese momento cuando se dio a conocer una nueva y peligrosa mutación de la masonería. En diciembre de 1812, mientras Joachim Murat se encontraba aún en Polonia, sus ministros napolitanos se reunieron para dar respuesta política a una sociedad secreta que llevaba el sello inconfundible de la idea masónica: amor fraternal, juramentos, símbolos y, por supuesto, secretos. En lugar de masones, sus miembros se hacían llamar *carbonari*, carbonarios.

Estos eran una propuesta mucho más seria que cualquiera de las anteriores sociedades secretas. Entre ellos no se llamaban «hermanos», sino «buenos primos», y a las logias las conocían como *vendite* por los calveros en los que los leñadores preparaban y vendían carbón. Sus rituales ponían énfasis en los orígenes humildes de sus miembros, su compromiso con una causa común y la devoción cristiana mediante el sacrificio. Jesús era una figura crucial en la tradición de los buenos primos, lo cual permitía que sus rimbombantes ideales fueran accesibles a los católicos italianos de a pie. El movimiento atraía sobre todo a los monjes cuyas órdenes religiosas habían sido suprimidas por las autoridades napoleónicas. En los primeros grupos también había masones desafectos por el servilismo de su hermandad al régimen francés. De hecho, muchas *vendite* seguían vinculadas con logias masónicas.

Al principio, los carbonarios solo tenían dos grados. De manera similar a los Illuminati, los buenos primos únicamente desvelaban sus verdaderos propósitos a quienes poseyeran el segundo. El objetivo real de la secta era «eliminar a los lobos del bosque», derrotando a los tiranos y a todo aquel que se interpusiera en el camino de los derechos naturales del hombre. Se había demostrado que Jesús era un mártir enemigo de la tiranía. Debía estallar una revolución para unificar Italia e instaurar una república.

Aquello era la idea masónica renacida, con menos pretensiones, basada en un arquetipo más humilde y con un secreto nuevo y mucho más estimulante en su epicentro: la revolución. Ahora que la autoridad napoleónica era cuestionada en Italia, el número de carbonarios iba en aumento. Los cálculos de sus cifras en Italia durante su momento de esplendor oscilan entre trescientos mil y seiscientos cuarenta y dos mil, la mitad de ellos en el sur. Los carbonarios estaban llamados a convertirse en la sociedad secreta más temida del siglo XIX.

Probablemente fueron un monstruo creado por el propio Estado napoleónico. Aquí, la figura clave era Pierre-Joseph Briot, un masón y administrador del régimen de Bonaparte que fue puesto al mando de dos provincias napolitanas que más tarde se convertirían en activos semilleros de los *carbonari*. Briot era originario de las pendientes y llanuras boscosas del macizo del Jura, en el este de Francia. Allí vivía una masonería rudimentaria de leñadores conocidos como los *charbonniers*, que, casi con total seguridad, fueron el patrón para los carbonarios italianos. Los miembros de las dos hermandades se dirigían unos a otros como *bon cousin*, o «buen primo». El buen primo que presidía una reunión tenía ante él una cruz, un manojo de ramas (una metáfora de la fuerza a través de la unidad) y un fogón (que representaba la luz y el calor del credo). Para los carbonarios italianos, al igual que para los primeros *charbonniers* del macizo del Jura, convertir troncos en carbón era una metáfora de cómo podían ser purificados los hombres gracias a un fuego profundo y transformador. Pierre-Joseph Briot era *charbonnier*, y es probable que importara esa idea para aprovechar las divisiones políticas en el seno de la masonería y crear una sociedad secreta radical en Italia.

Al hacerlo, Briot seguramente contaba con la aprobación de su superior, Antonio Maghella, que había dirigido la policía y la red de espías de Murat hasta marzo de 1812. Caroline Bonaparte, mujer de Murat y hermana del emperador, uno de los que creían que Maghella era el hombre que estaba detrás de la creación de los carbonarios. Nacido cerca de Génova, pero ahora ciudadano del Imperio francés, era un hombre elegante, calvo y a la vez incansable y enigmático. Era un francmasón que había servido con fidelidad a los franceses en su ciudad natal, pero muchos sospechaban que, como Pierre-Joseph Briot, conservaba afinidades democráticas y republicanas. Para Maghella y Briot, los *carbonari* eran un instrumento político contra los conservadores del reino de Nápoles y dentro de la Administración de Murat, así como una espada que ofrecer al propio Murat para tentarlo con políticas más radicales y pro italianas. Asimismo, los carbonarios eran una manera útil de controlar a posibles subversivos manteniéndolos en un mismo lugar e infiltrando a espías entre ellos. Según trascendería poco tiempo después, Maghella y Briot habían iniciado un juego peligroso en el que las autoridades napoleónicas no

Pierre-Joseph Briot (1771-1827) y Antonio Maghella (1766-1850), los masones que probablemente fueron responsables de crear los *carbonari* en el reino de Nápoles.

tenían la victoria asegurada. En una situación geopolítica cada vez más inestable tras la desastrosa campaña rusa de Napoleón, la nueva sociedad secreta y, de hecho, todo el entorno masónico corrían el peligro permanente de perder el control. Los carbonarios estaban convirtiéndose en un punto de encuentro para oponentes de todo tipo, sobre todo en las provincias, donde la creciente autoridad de Nápoles despertaba el resentimiento.

El ascenso de los carbonarios

El 4 de febrero de 1813, el rey Joaquín [Joachim Murat], con la tez bronceada por las nieves rusas, protagonizó un solemne retorno a Nápoles. Ni siquiera él podía fingir que era un triunfo equiparable a su primera entrada cinco años antes. Mientras enfilaba las calles, todo el mundo vio las lágrimas corriendo a ambos lados de su larga nariz.

La tensión en el reino era intensa. La economía se estaba desmoronando. La carga tributaria impuesta al país para financiar la guerra había superado con creces los límites tolerables. El reclutamiento estaba hallando oposición y los bandidos campaban a sus anchas en las provincias.

A principios de marzo, el comandante militar de Cosenza, situada entre las montañas de Calabria, casi en la «punta» de la «bota» italiana, avisó de que unas reuniones secretas de carbonarios estaban «sembrando principios democráticos». El comandante añadió que, debido a que la guarnición de la ciudad estaba destinada en otro lugar, no podía responder ante cualquier problema que surgiera.

Al parecer, Murat se planteó matar a los líderes de la secta, pero miembros más prudentes de su Gobierno se dieron cuenta de que sería una estupidez darles publicidad actuando abierta o brutalmente contra ellos. Aunque un gran número de carbonarios fueron reclutados entre los masones, muchos provenían de los rangos inferiores del ejército y las clases menos cultivadas. Por tanto, es posible que los masones fueran utilizados para volver a tener a los «buenos primos» bajo control. En abril, las autoridades de todas las provincias del sur de Italia hicieron llamar a los líderes carbonarios conocidos y, con tacto, les pidieron que se disolvieran. Ya tenían la masonería, les explicaron, que contaba con el apoyo y la protección del Estado. Entonces ¿qué necesidad había de tener otra sociedad secreta?

Los carbonarios fingieron que se habían dejado convencer. Algunos incluso entregaron declaraciones firmadas en las cuales aseguraban haber disuelto la organización. Sin embargo, antes de que el Gobierno pudiera relajarse, llegó a sus oídos que los *carbonari* habían continuado con sus actividades. En lugares como Cosenza, los «buenos primos» simplemente cambiaron el lugar de reunión. Por tanto, ese intento mesurado de prohibir la secta no había hecho sino volverla más secretista y firme en su oposición al Gobierno.

El caluroso mes de agosto de 1813, Joachim Murat viajó a Alemania para reunirse con las fuerzas de su cuñado mientras se forjaba una nueva alianza europea para derrotar de una vez por todas a Napoleón. El rey apenas había salido de Italia cuando estalló una rebelión de carbonarios en Cosenza. El instigador y líder regional de la secta era un hacendado temperamental y rubio conocido en la zona como Cabeza Blanca. Sus seguidores atacaron las casas de los ricos, intentaron hacerse con las reservas pecuniarias del Gobierno e intercambiaron disparos con los soldados. La revolución de los carbonarios de Cosenza fue caótica, pero preocupante en exceso. La región era un conocido foco de conflicto. Sin embargo, Cabeza Blanca ya había apoyado antes al Gobierno francés y había participado en la represión contra los bandidos. Era evidente que los propios partidarios del régimen estaban volviéndose contra él.

El contexto político también exacerbó la situación. El año anterior, ante las presiones británicas, los Borbones otorgaron una Constitución a Sicilia. Una forma de Gobierno constitucional era justo lo que esperaban muchos habitantes de la Italia continental controlada por los franceses. Ahora, los Borbones parecían una alternativa progresista a la monarquía napoleónica que los había depuesto en 1806. Algunos agentes británicos del sur de Italia musitaban ese mensaje en logias masónicas y *vendite* de los carbonarios; es probable que el dinero británico ayudara a costear la revuelta. Cabeza Blanca proclamó que la idea de una versión constitucional de la monarquía borbónica resultaba atractiva para los *carbonari*.

Ya no había dudas sobre las intenciones revolucionarias de los «buenos primos». Según una circular del Gobierno, «esas uniones clandestinas utilizan el amor fraternal para provocar tumultos populares». Sin embargo, el asediado Gobierno no contaba con los hombres necesarios para tomar medidas drásticas. Con la revuelta de Cosenza aún en marcha, los ministros idearon una nueva estrategia inspirada en el «divide y vencerás»: los cabecillas de cualquier rebelión serían tratados con severidad. Mientras tanto, los carbonarios de a pie serían amonestados, investigados y sometidos a la masonería oficial.

Poco después, Cabeza Blanca fue traicionado por uno de sus seguidores, juzgado sumariamente y decapitado en la *piazza* principal aquella misma noche. La ejecución fue iluminada con antorchas para que la gente de Cosenza aprendiera una espeluznante lección sobre los riesgos que los conspiradores corrían. El general encargado de aplastar la revuelta anunció que cualquier miembro de una «unión secreta» que intentara reunirse sin la aprobación expresa del Gobierno sería detenido.

La nueva política dejaba en una posición difícil incluso a los masones, que contaban con la aprobación oficial. ¿Formaban parte de la respuesta del Gobierno al problema de los carbonarios o eran una «unión secreta» que merecía amonestaciones y vigilancia? Días después de la ejecución de Cabeza Blanca, los líderes del Gran Oriente de Nápoles fueron citados en la comisaría de policía, donde recibieron una reprimenda.

Antes de que las ambigüedades de esa nueva política tuvieran tiempo de salir a la luz, los acontecimientos en los campos de batalla del norte de Europa trajeron, solo dos semanas después de la ejecución de Cabeza Blanca, nuevos y tumultuosos cambios en la Italia meridional. Tras un gigantesco enfrentamiento cerca de Leipzig en octubre de 1813, las fuerzas de Napoleón se vieron obligadas a replegarse. Después de la batalla, el Imperio napoleónico empezó a derrumbarse en Alemania y los Países Bajos y los aliados unidos contra él avanzaron para desplazar la guerra a territorio francés.

Murat, cuyas habituales y temerarias cargas de caballería habían resultado fútiles en Leipzig, volvió a Nápoles. En esta ocasión, ni siquiera amagó con organizar una ceremonia pública. A partir de entonces, alentado por sus ministros radicales, protagonizó intentos cada vez más descabellados por salvar su trono adoptando la causa de la independencia italiana. Obviamente, eran movimientos cargados de cinismo, pero eso no impidió que tuvieran efecto en una península absolutamente exhausta tras casi veinte años de invasiones, guerras y bloqueos. Murat también insinuó que podía conceder una Constitución. Ahora era el posible rey de una Italia independiente y unida, y parecía que, al fin, los carbonarios tendrían al Murat que querían. Por consiguiente, recurrió a Antonio Maghella, el creador de los carbonarios, y le encargó que reuniera apoyos para su intento de convertirse en rey de Italia.

En enero de 1814, Murat selló una alianza con Austria y envió a un contingente al norte para que participara en la guerra, esta vez contra Francia. El ingenioso Maghella trató de formar unidades de carbonarios como una quinta columna que debía ayudar en el avance napolitano en Roma. En Milán, la capital del poder napoleónico en el norte de Italia, los carbonarios y los masones locales estaban movilizándose para apoyar la campaña de Murat en pro de la unificación del país.

La operación de Maghella fue, en el mejor de los casos, un éxito parcial, y los planes de Murat para extender su reino hacia el norte se vieron frustrados. De todos modos, inspiraba poca confianza entre muchos masones y carbonarios. Semanas después del inicio de los combates, la oposición a Murat dentro de la masonería napolitana quedó al descubierto. Una nueva logia del rito escocés tuvo por fundador a Orazio De Attellis, que era la clase de italiano que con anterioridad había sido leal al Gobierno francés en la península y que había combatido en numerosas campañas en las filas del ejército napoleónico. Sin embargo, De Attellis se sentía insatisfecho con el Gobierno de Murat. Las autoridades respondieron disolviendo su logia y enviándolo al exilio interior en el extremo sur.

En abril de 1814, después de varios meses de desesperadas batallas en Francia, Napoleón Bonaparte intentó suicidarse y, tras fracasar, decidió abdicar. Poco después dio comienzo su humillante exilio como «emperador y soberano» de la empobrecida isla italiana de Elba. Las fuerzas francesas del norte de Italia se rindieron ante los austriacos y los napolitanos.

Murat había ayudado a derrotar a su propio cuñado y esperaba recibir parte del botín. Sin embargo, los carbonarios de las provincias del sur de Italia no le dieron tregua. Había graves problemas en los Abruzos, en la frontera norte del reino de Nápoles. Allí, la noche del 26 al 27 de marzo de 1814, los carbonarios izaron su bandera rebelde, una tricolor con franjas negras, rojas y azul celeste. Pronto los disturbios se extendieron por casi toda la provincia y las instituciones del Estado napoleónico desaparecieron.

Esta vez, el hostigado Gobierno de Murat no tuvo otra alternativa que tomar medidas drásticas. Los carbonarios fueron ilegalizados y, a partir de ese momento, la ley los trataría como bandidos o desertores que podían ser tiroteados sin avisar. En vista de ello, se envió una carta a las logias masónicas en la que se exigía que rompieran cualquier relación con los rebeldes.

A mediados de abril de 1814, tres mil soldados y quinientos miembros de la caballería formaron filas de a dos por las angostas calles de Città Sant'Angelo, el epicentro de la revuelta de los carbonarios en los Abruzos, e instalaron dos cañones en la plaza principal. Los soldados habían sido enviados por Murat en una misión de castigo. Sin embargo, poco pudieron hacer después de esa entrada intimidatoria. Los carbonarios habían pasado a la clandestinidad al conocer la noticia de que se aproximaba el ejército, y su revuelta se había visto socavada por el escaso compromiso del pueblo llano. El general italiano que lideraba la expedición dio a entender a los dignatarios locales que se habría unido a la revuelta si hubiera contado con mejores apoyos. Sabía de sobra que había muchos carbonarios en las filas del ejército y percibía el descontento que reinaba en el país. Por esa razón, no sometió a la región a la venganza a sangre y fuego que Murat esperaba.

La reacción de Murat fue sustituir a ese general italiano por un comandante francés que tenía órdenes de impartir un castigo ejemplar a los principales carbonarios. A continuación, se desató una despiadada cacería. Encerraron a mujeres emparentadas con ellos en las cárceles más nauseabundas para intentar sonsacarles información. En Basciano, los soldados irrumpieron en casa de la joven hermana de un carbonario y le volaron los sesos. Cuando esos esfuerzos solo generaron dos sospechosos, las autoridades empezaron a practicar detenciones masivas, no solo dirigidas contra los carbonarios, sino también contra los funcionarios del Gobierno que habían decidido no hacerles frente. Hombres, mujeres y niños fueron conducidos a las mazmorras de Chieti. Otros «buenos primos» decidieron esconderse para evitar ser apresados y algunas aldeas quedaron medio vacías. En verano, tres hombres condenados a muerte por su participación en la revuelta fueron trasladados a su ciudad natal y ejecutados en la plaza.

Uno de ellos, un sacerdote, tuvo que ser exclaustrado públicamente antes de enfrentarse al pelotón de fusilamiento. Los tres fueron decapitados y se exhibieron sus cabezas mientras se obligaba a sus familiares a mirar y a aplaudir.

Las noticias sobre esos y otros mártires carbonarios se extendieron por todas partes. El apoyo que pudiera existir en los Abruzos hacia la monarquía de Murat desapareció casi por completo. Al final, la revuelta y la absurda brutalidad posterior proclamaron la debilidad del reino de Murat. Cuando el último rebelde de los Abruzos fue decapitado públicamente en diciembre de 1814, esa debilidad había entrado en fase terminal. En Viena, el congreso de las grandes potencias para trazar el mapa político de una Europa posnapoleónica había dejado muy claro que Joachim Murat no tenía cabida en sus planes.

En febrero de 1815, cuando Napoleón Bonaparte escapó de Elba, Murat cambió de bando por última vez. Volvió a dirigirse al norte, esta vez para enfrentarse a los austriacos en nombre de su cuñado con la esperanza de que este concediera finalmente la independencia a Italia. Parte de esa estrategia consistía en crear una escisión de los carbonarios que apoyara inequívocamente a Murat. La nueva secta se llamaría La Agricultura, las logias, «pajares», y sus miembros, «agricultores». En una última intentona, Murat planeaba empezar de nuevo con el proyecto de los carbonarios.

No sirvió de nada: el ejército de Murat, carente de suministros e insubordinado, ya se estaba desmoronando cuando en mayo sufrió una derrota en la batalla de Tolentino. Murat huyó a Córcega.

Sin embargo, la década napoleónica en la historia del sur de Italia no había terminado. Al menos no del todo. El domingo 8 de octubre de 1815, a unos cientos de kilómetros del sur de Nápoles, los habitantes de la pequeña población costera de Pizzo, en Calabria, vieron lo que al principio les pareció una alucinación. Un reducido grupo de soldados franceses entró en la plaza gritando: «¡Larga vida al rey Joaquín [Joachim Murat]!». El propio Murat apareció entre ellos, impecablemente rasurado y luciendo sus pantalones amarillos ajustados, una chaqueta azul con charreteras doradas y un tricornio adornado con seda y una enorme escarapela con joyas incrustadas. Había zarpado de Córcega doce días antes con el objetivo de desencadenar en un bastión carbonario una revuelta que pudiera devolverlo al trono.

NÁPOLES. UNA ENFERMEDAD DELIRANTE

Todo acabó en desastre. Murat fue rápidamente apresado y golpeado por un grupo de campesinos. Le arrancaron las charreteras de los hombros y le robaron la escarapela. Encerrado en la fortaleza de la localidad, aseguró a sus hombres que los carbonarios se alzarían y los liberarían. Después de un precipitado consejo de guerra, fue conducido a la estrecha explanada de la fortaleza, donde cuentan que, tras negarse a que le vendaran los ojos, dictó una última orden al pelotón de fusilamiento: «Respetad mi rostro, apuntad a mi corazón... [¡Fuego!]».

Los carbonarios liderados por Murat se convirtieron en muchas cosas para mucha gente. Nacieron como una sociedad secreta republicana próxima a un grupo que ocupaba el epicentro del Estado napoleónico. Sin embargo, con el paso del tiempo y los vaivenes de la coyuntura política, la secta perdió cada vez más su pureza a medida que se unían reclutas con opiniones muy variadas: iban desde patriotas italianos, algunos de los cuales apostaban por el potencial de Murat como líder nacional, hasta radicales y monárquicos constitucionales (ya fueran partidarios de Murat o de los Borbones). También había católicos ofendidos por las políticas antieclesiásticas de Murat, y hasta

Una reunión secreta de los *carbonari* en el sur de Italia, en una imagen de 1821.

reaccionarios fieles a los Borbones que solo querían hacer retroceder el reloj hasta una época en la que nadie había oído hablar de la Revolución francesa. Bajo el sistema autoritario napoleónico, la hermandad de los carbonarios era casi el único lugar en el que podía haber actividad política fuera de la corte. Ahora, los carbonarios estaban muy integrados en la sociedad del sur de Italia, y las intrigas que los rodeaban se complicarían aún más.

Los calderos

El 17 de junio de 1815, un día antes de que Napoleón sufriera su derrota definitiva en la batalla de Waterloo, la figura encorvada del rey Fernando regresó a Nápoles al frente de su ejército. Por el camino, bordeado de soldados austriacos y británicos vestidos, respectivamente, con túnicas blancas y rojas, el hombre al que el pueblo llamaba «rey narigudo» fue recibido con una alegría desbordante. La sensación de alivio era palpable en la ciudad. Pese al apoyo que había tenido el régimen de Murat en algunos círculos, el regreso de la dinastía borbónica no trajo ningún derramamiento de sangre, gracias en gran medida a los carbonarios. Los espías británicos, entre otros, les habían asegurado que Fernando les concedería una Constitución a cambio de su lealtad.

Ahora que Fernando ocupaba de nuevo el trono, la oferta de una Constitución era una solución política con la que la mayoría de las facciones de los carbonarios podían estar conformes. Aunque no por mucho tiempo.

La maquinaria del Estado bonapartista que heredó Fernando le brindó unos instrumentos de poder central mucho más eficaces: a la sazón, nadie se imaginaba gobernando sin ellos. Sin embargo, la Administración francesa también había sembrado las desavenencias políticas, y estas últimas acabarían agravándose. Por ejemplo, en Nápoles, ¿cómo iban a reconciliar los ministros de Fernando a los nobles que habían mostrado su compromiso con la dinastía borbónica durante la década francesa, y que, en muchos casos, habían perdido sus tierras a consecuencia de esa lealtad, con los soldados, burócratas y nuevos terratenientes a los que tan bien les había ido con el régimen napoleónico? Los problemas eran incontables. En 1816, una mala cosecha llevó a gran parte de la población al borde de la hambruna. Además, como el reino de Fernando estaba protegido por un elevado contingente de soldados austriacos, muchos de los antiguos opositores de Murat tenían la sensación de que Nápoles había cambiado a un gobernante extranjero por otro. El reino de las Dos Sicilias, como se conocía entonces al reino de Nápoles, no tenía dinero para solucionar esos problemas, ya que había contraído unas deudas ingentes.

Fernando no tardaría en empeorar las cosas. No solo no ofreció una Constitución a la Italia meridional, sino que abolió la que los británicos le habían impuesto en Sicilia.

El Gobierno también tomó medidas para excluir a los masones y los carbonarios de los puestos de poder. No se empleó la fuerza contra ellos y los miembros no se enfrentaban a sanciones si demostraban su lealtad. El objetivo, muy similar a las tácticas del Gobierno de Joachim Murat, era dividir a los «buenos primos» y aislar a los agitadores.

No funcionó, o al menos no lo suficiente como para contrarrestar la fuerte sensación de traición que suponía para los carbonarios el hecho de que el rey Fernando no hubiera concedido una Constitución. La anarquía se extendió por todo el país, lo cual resultaba aún más inquietante, porque muchas ramas del Estado, entre ellas el ejército, tenían infiltrados de la sociedad secreta entre sus filas. En la capital, la policía no parecía dispuesta a retirar los incendiarios carteles políticos que aparecían cada día sobre los muros. En enero de 1816, un general notificó desde Calabria que el poder judicial era incapaz del todo de impartir justicia: «Si los acusados son carbonarios, no hay amenaza ni castigo suficiente para que salga a la palestra algún testigo. Y, si no lo son, mil carbonarios están dispuestos a presentar pruebas contra un hombre inocente». Los «buenos primos» estaban situándose por encima de la ley.

La respuesta de Fernando ante la crisis fue dejar a la policía en manos de un fanático y teórico de la conspiración: Antonio Capece Minutolo, príncipe de Canosa. Influido por la épica paranoica de *Memorias para servir a la historia del jacobinismo*, del abad Barruel, Canosa creía que la Revolución francesa era una catástrofe absoluta provocada «por las diferentes sectas y por una filosofía aviesa».

Cuando fue puesto al mando de la red policial de Fernando en enero de 1816, Canosa ordenó detenciones selectivas de masones y carbonarios. Sin embargo, sabía que no podía derrotar a las sectas de esa manera, así que esbozó el plan más temerario que cupiera imaginar: ante la amenaza de los carbonarios y los masones, desplegaría a otra sociedad secreta reaccionaria llamada los *calderari*, caldereros.

Los caldereros surgieron probablemente de una sociedad secreta llamada los *trinitari* (devotos del Padre, el Hijo y el Espíritu Santo). Los trinitarios eran el resultado de un cisma político de los carbonarios en los últimos días del reinado de Joachim Murat. De ahí que los rituales y la estructura de esa nueva hermandad fueran la viva imagen de los de los carbonarios. Según un cálculo de la época, cuando Murat cayó, veintitrés mil hombres habían hecho el juramento trinitario de lealtad a la Iglesia y a la dinastía borbónica. Lo que para los trinitarios constituía un postulado de fe era odioso para los masones y los carbonarios. De hecho, fueron los enemigos de los trinitarios que había entre estos últimos los que les pusieron el desdeñoso sobrenombre de «caldereros», con toda seguridad porque en la ciudad de Rivello, uno de los primeros centros de actividad de los trinitarios, había muchos artesanos que fabricaban cacharros. El apodo caló.

Canosa tenía grandes planes para los caldereros. Había estudiado la historia de la masonería (a su manera) y creía que había sido fundada unos cinco mil años antes para llevar a los hombres por el recto camino del cristianismo. También pensaba que con los caldereros podría devolver la masonería a los «principios sagrados» que la habían inspirado hacía varios milenios. Si el papa se convertía en su líder y Roma en su capital, esa nueva «masonería católica» tenía potencial para poder llegar a todo el mundo. En el sur de Italia, según Canosa, los caldereros podían constituir asimismo una especie de partido político que poco a poco superaría a los masones y los carboneros en su capacidad para acaparar el sector público. En vista de ello, envió agentes a las provincias para afianzar la posición de los caldereros y asegurarles el apoyo del Gobierno.

Los fuegos del conflicto entre facciones ya ardían con intensidad en muchas localidades del sur de Italia. Más de treinta años de agitación política, de vaivén entre reforma y reacción, de sucesivas invasiones y restauraciones, habían creado una mortífera inestabilidad que solo podía empeorar si se ofrecía respaldo gubernamental a los caldereros.

Cuando Canosa expuso su estrategia al consejo, se desató una enconada discusión y sus enemigos políticos tomaron la iniciativa.

A regañadientes, el rey lo destituyó a finales de mayo de 1816. La cuestión era si lo había hecho demasiado tarde.

Según unos documentos descubiertos por su sucesor, Canosa estaba utilizando a los caldereros como un ejército privado. A todas luces, parecía que estaba planeando instigar una guerra civil entre sociedades secretas. En solo unas semanas, entre abril y mayo de 1816, había concedido al menos dieciséis mil licencias de armas de fuego. En una provincia, los caldereros estaban confeccionando una lista de masones y carboneros a los que eliminar, y un informe concluía que la reaccionaria sociedad secreta estaba «lista para zambullirse ella misma en el terror anárquico». Los caldereros tenían capacidad para ser aún más alborotadores que los carboneros a los que se suponía que debían neutralizar.

Los ministros revocaron las licencias de armas que Canosa había autorizado y ordenaron la detención de numerosos caldereros. El propio príncipe fue enviado al exilio en la Toscana. La precipitada pérdida de su puesto fue una humillación para los fieles borbónicos, quienes, al igual que Canosa, habían vuelto recientemente de su exilio en Sicilia. En privado, escupían bilis por cómo los masones controlaban al Gobierno entre bastidores.

Y, en un sentido literal, los partidarios de los Borbones tenían razón. La *strada* Solitaria, un sombrío callejón situado cerca del Palacio Real, albergaba los ministerios de Justicia e Interior, el centro neurálgico de un reino sumido en la agitación. Su ocupante, Donato Tommasi, era el encargado de resolver el caos que el príncipe de Canosa había provocado y poseía la suficiente experiencia para enfrentarse al novedoso problema de las sociedades secretas. De joven, antes de la Revolución francesa, había sido un pensador de la Ilustración y un fanático masón. De hecho, fue uno de los fundadores de una rama napolitana de los Illuminati en 1786, dos años después de que la organización desapareciera en Baviera, donde se había originado. Sin embargo, para Tommasi, al igual que para muchos otros masones, había cosas más importantes en la vida que la masonería; por ejemplo, su carrera profesional y su lealtad al rey.

En agosto de 1816, Tommasi publicó un edicto que prohibía las sociedades secretas: masones, carboneros y caldereros por igual. Sin embargo, la copiosa documentación que llegaba a su mesa desde las provincias le indicaba que una mera prohibición poco podía hacer por enfriar la obsesión de la Italia meridional por las sociedades secretas. El caso de don Ciro Annicchiarico, masón, sacerdote, profesor de canto gregoriano, ladrón armado, asesino múltiple, revolucionario y gurú de los carboneros, es un magnífico ejemplo.

Don Ciro Annicchiarico nació en 1775 o 1776 en el seno de una familia pobre de Grottaglie, un pueblo de Apulia, la provincia que forma el «tacón» de la «bota» italiana. Aunque todos coincidían en que poseía un físico admirable y una cara larga, su aspecto depende de si leemos descripciones de sus amigos o de sus enemigos. Para los primeros, tenía «una fisonomía que distaba mucho de ser desagradable y era un buen orador»; para los segundos, «mostraba una disposición taciturna y reflexiva, y su rostro emanaba fiereza». En 1803, don Ciro había sido ordenado sacerdote, y también se convirtió en masón y en un radical político. Ese año, tras una violenta disputa romántica, fue juzgado y condenado por asesinato. La invasión napoleónica del reino de Nápoles en 1806 llegó justo a tiempo para permitir su puesta en libertad: huyó de la prisión, se rodeó de una banda de matones y se unió a la milicia de la policía local. En 1808, después de una queja del padre del hombre al que don Ciro asesinó, se dictó una orden de arresto. Sin embargo, la reputación de don Ciro era ahora tan temible que nadie osó ejecutarla. En 1813 intentaron tenderle una emboscada en una cena. Cuando sirvieron la fruta (la señal para que empezaran los disparos), el hermano de don Ciro murió, pero el objetivo principal logró huir al campo, donde creó un grupo de desertores que juraron vengar las injusticias que su líder había sufrido. A continuación, se produjeron una serie de ataques sangrientos. Don Ciro fue declarado proscrito, un *bandito*, lo cual significaba que cualquiera podía obtener una recompensa por asesinarlo.

Tras la caída de Murat en 1815, don Ciro intentó aprovechar la amnistía que el rey Fernando concedió a quien hubiera luchado contra el régimen napoleónico, aunque al hacerlo hubiera cometido algún delito. Pero la comisión que juzgaba su caso llegó a la conclusión de que no cumplía con los requisitos, y don Ciro volvió a escapar de la justicia y ofreció sus servicios a los carboneros.

Bajo el liderazgo de Murat, los carboneros habían acabado siendo tratados como proscritos. Ahora que se había restablecido la monarquía borbónica, estaban reclutando bandidos con el propósito de utilizar a matones como don Ciro para que ofrecieran protección contra la amenaza de los reaccionarios caldereros.

En Apulia, la tierra natal de don Ciro, las facciones locales habían asumido rápidamente la apariencia de hermandades secretas. Se creía que en 1815 había unos seis mil caldereros. El número de hermandades empezó a multiplicarse: además de los *calderari* y los *carbonari*, había grupos como los filadelfianos, los patriotas europeos, los patriotas europeos reformados y los griegos solitarios. Se hacían llamar «sociedades filantrópicas», pero en realidad se trataba de bandas político-criminales que incluían a personajes sorprendentemente distintos: artesanos poco especializados se mezclaban con duques y barones; asesinos y ladrones, con soldados y policías; y campesinos hambrientos, con abogados astutos. Don Ciro no era ni mucho menos el único sacerdote al que reclutaron. La tensión en ciertas comunidades era tan extrema que no había terreno neutral. Al buscar protección, todo el mundo se sentía atraído por una secta.

Don Ciro se unió a la más radical de las sectas contrarias al Gobierno: los decididos. Pronto ascendió a un cargo de liderazgo y fraguó una alianza de todas las hermandades contra los caldereros del príncipe de Canosa. A sus seguidores les exponía una doctrina utópica personal: se instauraría una gran república europea en la cual el cristianismo recuperaría su pureza primitiva gracias al apoyo del Gran Arquitecto del Universo. El grupo escribía sus juramentos con sangre, los decoraba con calaveras, tibias cruzadas y símbolos masónicos y organizaba entrenamientos militares nocturnos. A los afiliados que incumplían las normas se les administraba una mortífera justicia. Don Ciro declaró 1817 como el año uno de una nueva era.

Sobre todo por culpa de don Ciro, todos los bandos cometieron despiadados actos de violencia en aquella guerra civil en Apulia. Un miembro de una secta que incumplió las normas fue despedazado y los trozos de su cuerpo fueron lanzados a los perros. Un enemigo fue asesinado y colgaron su cuerpo en la puerta de la casa de su padre. Hubo degollamientos y fusilamientos públicos, algunos sin motivo alguno. Docenas de mujeres fueron atadas desnudas a árboles o violadas ante la mirada de sus conciudadanos. Ninguno de los responsables de la violencia pagó las consecuencias, ya que toda la policía y el sistema judicial al completo se habían unido a las sociedades secretas.

La violencia sexual perpetrada en aquella época por estas sociedades ofrece un desalentador comentario sobre el hecho de que, en varias regiones, sin olvidar el sur de Apulia, hubiera mujeres entre los carboneros. Las logias femeninas vinculadas con las *vendite* masculinas eran conocidas como «jardines» y sus integrantes como «jardineras». Sin embargo, al parecer, las mujeres no tuvieron la oportunidad de ejercer su independencia en los jardines como a veces sí habían hecho las francesas en las logias de Adopción. Además de la devoción por la libertad y la patria, una jardinera diligente debía resignarse a un papel adecuado a su naturaleza femenina y ser fiel a su marido. Los «buenos primos», por su parte, juraban respetar el honor de sus «hermanas». Pero si hemos de ceñirnos a las violaciones y a los ataques de 1817, algunos desdeñaban el honor de otras mujeres.

Mientras tanto, los carboneros de todo el sur de Italia se habían convertido en rebeldes contrarios a la monarquía borbónica. Una noche de mayo de 1817, los líderes de la hermandad celebraron una reunión para concertar un plan en los pintorescos alrededores de las ruinas de Pompeya. Las tropas austriacas estaban retirándose del reino y se avecinaba una revuelta, pero la falta de coordinación hizo que se pospusiera en reiteradas ocasiones.

En Apulia, el Gobierno volvió a proscribir a don Ciro, que respondió publicando una justificación de sus acciones. En ella afirmaba que se había visto empujado a una vida criminal por una persecución injusta y que era una suerte de Robin Hood. Aquello fue la gota que colmó el vaso. En noviembre de 1817, el general irlandés sir Richard Church recibió la orden de entrar en el territorio de don Ciro como líder de un pequeño ejército napolitano.

Mientras el general Church estaba en camino, los jefes de todas las sociedades secretas de la región se reunieron en una torre aislada a las afueras de Galatina para resolver sus diferencias y planear una respuesta. Eligieron a varios líderes, en su mayoría aristócratas, para formar una *alta vendita* de carboneros, una junta directiva destinada a actividades conspirativas. Don Ciro fue puesto al mando de la respuesta militar al ejército que se aproximaba. Acompañado de cincuenta hombres, viajó a lo largo y ancho de la región anunciando que la revolución era inminente.

Cuando el general Church hubo acuartelado a sus tropas en la ciudad de Lecce, hizo llamar a la jerarquía de los carboneros y les explicó que perdonaría sus fechorías políticas y los apoyaría contra los caldereros si le ayudaban a matar o capturar a don Ciro, una propuesta que fue aceptada de buen grado. El acta de defunción de don Ciro estaba casi firmada.

El bandido deambuló por toda la provincia en un vano intento de huida. Tras ser detenidos, los miembros de su banda pasaron directamente a disposición de la justicia, lo que les impidió prestar declaración sobre sus vínculos con las altas esferas de la sociedad. Todos los seguidores de don Ciro, con la salvedad de los más leales, lo abandonaron por miedo. Exhausto, hambriento y andrajoso, finalmente se vio arrinconado en una granja cerca de Francavilla, donde se rindió tras un despiadado tiroteo. Los encargados de la torre de señales temían tanto las posibles represalias que, en lugar de asumir la responsabilidad de anunciar que don Ciro había sido apresado, abandonaron sus puestos. La tarde siguiente, después de un juicio rápido, este recibió un disparo por la espalda para dar fe de su maldad y, después, le cortaron la cabeza y la exhibieron en una jaula con barrotes de hierro.

En Apulia, al igual que en otros lugares, la amenaza de los caldereros reaccionarios se atenuó en 1817, pero los carboneros revolucionarios estaban demasiado afianzados como para que el ministro Tommasi y el resto del consejo se dedicaran a otra cosa que reunir información e inquietarse. Por lo visto, la enfermedad de las sociedades secretas era omnipresente. En verano de 1818 informaron a Tommasi de que, gracias a unos documentos confiscados, se había descubierto en dos cárceles de Nápoles una red de *carbonari* con vínculos que iban bastante más allá de la región. Muchos de sus miembros no eran prisioneros políticos, sino condenados a cadena perpetua y «hombres endurecidos por la senda del delito». El autor del informe propuso desperdigar a los cabecillas por varias prisiones situadas en las islas de la costa de Sicilia y en la Italia continental. Al parecer, no cayó en la cuenta de que dicha medida solo serviría para propagar aún más la secta en el sistema penitenciario.

Al final, fue necesario que se produjeran determinados acontecimientos internacionales para precipitar una crisis en Nápoles. En 1820, el rey de España se vio obligado a otorgar una Constitución después de una revuelta. Este era un ejemplo muy relevante que podían seguir los «buenos primos», sobre todo porque, al igual que Fernando, el rey español era Borbón.

Cuando por fin llegó la esperada revuelta de los carboneros, fue más una obra de improvisación que de un plan coordinado. La noche del 1 al 2 de julio de 1820, unos treinta *carbonari* de Nola, una ciudad comercial situada al este de Nápoles, indujeron a los soldados allí desplegados a desertar. Luciendo escarapelas con los colores azul celeste, negro y rojo de los carboneros y gritando lemas como «¡Larga vida a la libertad y la Constitución!», recorrieron los veinte kilómetros que los separaban de Avellino, un centro de actividad de la secta, y aprovecharon para recuperar fuerzas. Desde allí, la noticia de la rebelión se propagó por medio de mensajeros y balizas desde lo alto de las montañas. El alto mando del ejército, al tener conocimiento de que en sus unidades había muchos carboneros infiltrados, poco pudo hacer por cambiar el rumbo de los acontecimientos. El general Guglielmo Pepe se acercó al bando de los rebeldes y asumió el mando de sus fuerzas. Al cabo de unos días, el rey Fernando se vio obligado a publicar un edicto en el que prometía una Constitución; Tommasi y el resto de ministros dimitieron.

El domingo 9 de julio, los soldados rebeldes entraron en Nápoles y fueron coronados con laureles. Los seguían bandas de música y un gran número de *carbonari*. La bandera azul celeste, negra y roja fue izada en lo alto de la ciudad. Gritando «¡Larga vida a los carboneros!», el desfile se congregó ante el Palacio Real. Aunque el monarca fingió estar enfermo, sus familiares salieron al balcón. En un intento poco convincente por aparentar sintonía con el clima del momento, lucían insignias de los carboneros.

Sectas

Después de los extraños giros de la historia de los carboneros, no es sorprendente que su revolución fracasara. Se habían enemistado unos con otros incluso antes de que, en marzo de 1821, llegara el ejército austriaco para instaurar, una vez más, la autoridad del rey Fernando. La conspiración de los carboneros en el resto de Italia —Piamonte, los Estados Pontificios— resultó aún más ineficaz. En Rávena, situada en la Romaña de los Estados Pontificios, los «buenos primos» solo destacaban porque lord Byron se unió a ellos poco después de la revolución napolitana de julio de 1820. Sin embargo, pese a su fervor revolucionario, no quedó impresionado, y en enero de 1821 escribió: «Los c[arbonarí] no parecen tener un plan. No hay nada acordado entre ellos, cómo, cuándo o qué hacer».

Muchos *carbonari* huyeron al extranjero. Uno de ellos era el académico Gabriele Rossetti; sus hijos, incluida la poetisa Christina Rossetti y el pintor Dante Gabriel, nacerían en Londres. Otro carbonero exiliado en Inglaterra era Antonio Panizzi, originario del norte. Sería el primer profesor de italiano de Gran Bretaña y su hogar institucional era el University College de Londres, donde yo también tengo la suerte de enseñar. Antonio Lega Zambelli, carbonero y secretario de lord Byron, también acabó en Londres, donde puso en marcha una empresa de fabricación de pasta.

El fracaso de la rebelión de 1820 no fue el final de la historia. Por aquellas fechas, los *carbonari* ya habían sido exportados (de nuevo) a Francia. Sicilia, que hasta el momento había sido casi inmune a la fiebre de las sociedades secretas, la contrajo a partir de entonces. En algunas provincias del sur de la Italia continental, los *carbonari* siguieron en activo durante más de una década. Hubo revueltas esporádicas y localizadas. En 1828, tras un levantamiento constitucional, el pueblo montañoso de Bosco fue arrasado por los cañones y sus habitantes se desperdigaron. La actividad de los carboneros continuó en otros estados italianos y aquellos participaron en muchas de las revoluciones que estallaron en 1830, pero su influencia se disipó con rapidez. Su contradictoria mezcla de secretismo ritualizado y apertura a miembros con filosofías políticas muy variadas había demostrado ser un fracaso. El Nápoles de 1820 y 1821 fue el punto más alto de su influencia. Ni los *carbonari* ni ninguna de las sociedades secretas posteriores influirían demasiado en los acontecimientos que, cuarenta años después, desembocarían en la unificación de Italia.

Sin embargo, las páginas de la historia que los «buenos primos» habían garabateado con carboncillo no quedarían borradas del todo por los acontecimientos posteriores. Los *carbonari* fueron la primera hermandad secreta que lideró una revolución europea, lo cual sentó un importante precedente. En varios aspectos de relevancia, las vastas y peculiares conspiraciones de los años de Napoleón y la Restauración dejaron una huella profunda.

El primero fue la influencia en una futura era global de movimientos revolucionarios en Europa y otros lugares. De hecho, el papel propiamente moderno de los revolucionarios, conspirando en secreto para forjar un mundo mejor por medio de una violencia redentora, nació de un subproducto de la masonería en la época del romanticismo. En palabras de un historiador: «La tradición revolucionaria moderna internacionalizada por Napoleón y la Restauración surgió de la masonería ocultista».

El segundo, ahora que los verdaderos conspiradores poblaban los sueños reaccionarios del abad Augustin de Barruel, fue alimentar un terror sagrado a las sociedades secretas. Los carboneros no eran, desde luego, una conspiración subversiva disciplinada, aunque a menudo se les recordaría así.

El tercero fue exclusivo de Italia: a pesar de las leyes de las *Constituciones*, que prohibían la participación en asuntos políticos, el país desarrolló la tradición masónica más politizada del continente gracias a Napoleón y los *carbonari*.

El cuarto, aún más local, fue convertir la fiebre de las sociedades secretas en una enfermedad endémica en el reino de Nápoles. Para comprender ese peculiar legado de las distintas sociedades secretas durante el periodo de los carboneros resulta útil examinar su amplio abanico de actividades. Colonizaron la política local, que ayudaron a reducir a una competición avariciosa y, en ocasiones, violenta entre diversas facciones. Estaban fuera de la ley, hasta el punto de que en algunos lugares crearon un Estado dentro del Estado. Participaban en conspiraciones revolucionarias y actos violentos, pero también eran utilizadas por el Estado para combatir a la oposición política. Sus redes controlaban trabajos y recursos estatales. En sus filas, extorsionadores y asesinos se codeaban con la élite. Además, controlaban el sistema penitenciario desde dentro.

Cuando el sur pasó a formar parte de una Italia unificada en 1860, la policía descubrió en Nápoles y sobre todo en Palermo, la capital de Sicilia, sociedades secretas de delincuentes especializados en extorsiones. La mayoría de sus miembros habían participado en la violencia política que culminó en la fundación del Estado italiano unificado. Muchos habían sido espías de la policía borbónica y habían establecido vínculos con elementos de la policía italiana. Utilizaban sus redes para influir en la economía y en el Gobierno local. Tenían amigos poderosos en la élite que los protegían frente a los tribunales y estaban bien asentados en las cárceles. Cuando en un informe del Gobierno redactado en la década de 1870 se incluyeron pruebas sobre esa sociedad secreta en el oeste de Sicilia, el corresponsal del *London Times* la describió como «una secta intangible cuya organización es tan perfecta como la de los jesuitas o los masones, y cuyos secretos son más impenetrables». Inspirándose en una práctica arraigada, «secta» era el término que utilizaban a menudo los primeros investigadores italianos para describir ese funesto fenómeno. También empleaban otra palabra, y siguen haciéndolo: «mafia».

Los hombres más representativos de la masonería del siglo XVIII habían sido intelectuales de mentalidad cosmopolita. Durante el Imperio napoleónico y la Restauración, el centro de gravedad ideológico de la masonería se vio desplazado. Ya fueran burócratas y oficiales de Bonaparte o los conspiradores que generó el Imperio francés, los hermanos más representativos eran ahora patriotas y constructores de naciones. Ese sería el patrón durante el resto del siglo XIX, sobre todo en Estados Unidos, donde la masonería se convirtió en algo similar a una religión de Estado.

7

Washington. Una logia para las virtudes

Durante la guerra de Independencia de Estados Unidos, George Washington reunió a las desaliñadas fuerzas de trece colonias muy distintas y recelosas unas de otras y, tras casi ocho años de combates, las condujo a la victoria contra la maquinaria militar más imponente del mundo. En diciembre de 1783, evitando la tentación de hacerse con el poder en la nueva república, presentó su dimisión, se retiró de la vida pública y regresó a su plantación de Virginia. Tres años después, se vio arrastrado con aparente renuencia a la política cuando le pidieron que presidiera la convención que redactaría la Constitución de Estados Unidos. En 1789 fue elegido unánimemente como primer presidente, un cargo cuyos poderes y responsabilidades podía modelar en torno a su persona. Sin embargo, en vez de acumular poder, reclutó a ministros con talento, delegó en otros y llevó el peso de su cargo con sacrificada dignidad. En 1792, en contra de su más ferviente deseo, fue elegido para un segundo mandato, de nuevo por unanimidad.

El triunfo militar había convertido a George Washington en un héroe intocable. La humildad que demostró después del conflicto le otorgaba el halo de un santo laico. En lugar de mitigar esa relevancia, su trayectoria política no hizo más que acrecentar su fama de integridad, sagacidad y fortaleza diligente. A lo largo de toda su carrera, la astucia para gestionar su imagen y un ímpetu sutil impidieron que su reputación como mandatario degenerara en arrogancia o superioridad. Washington se convirtió en el gran patriarca estadounidense y en la encarnación de la virtud republicana. Sin parecer ambicioso en ningún momento, acabaría siendo el hombre más famoso del mundo. Al comienzo de su primer mandato, su cumpleaños fue declarado día festivo en todo el país. Su leyenda, celebrada en grabado, pintura y mármol, ayudó a crear una nación.

Washington inspiraba tanta confianza reverencial que en 1790 le fue otorgada una autoridad casi ilimitada para diseñar y construir lo que en un principio se conocía como la «ciudad federal», una sede de Gobierno para la nueva nación que se alzaría junto al río Potomac, a solo unos kilómetros de su finca de Mount Vernon. En 1791, los miembros de la comisión que supervisaba el proyecto decidieron que la capital estadounidense se llamaría Washington; no podía llevar otro nombre. Los planes incluían una prominente estatua ecuestre del gran hombre y una tumba monumental ante la cual se honraría para siempre su memoria.

El contorno de Washington D. C. empezaba a perfilarse en las orillas enlodadas del Potomac, cuando, a última hora de la mañana del 18 de septiembre de 1793, la ciudad fue testigo de lo que la prensa describió como «una de las mayores procesiones masónicas que jamás se habían dejado ver en ocasiones importantes».

Las autoridades civiles iban en cabeza, representadas por el departamento de Topografía y los inspectores municipales, todos ellos desfilando en filas de a dos. Detrás de ellos iba una compañía de artillería con las banderas al viento. A su lado, una banda tocaba música de «máxima y solemne dignidad». La banda iba seguida de un escuadrón de picapedreros e ingenieros, los responsables de los andamiajes y las excavaciones a los que se dirigía la procesión. Luego llegaron los masones de las logias de Virginia y Maryland con guantes y mandiles inmaculados. Iban precedidos de sus portaespadas y minuciosamente divididos por órdenes. Los hermanos de primer, segundo y tercer grado iban acompañados de sus superiores vestidos de gala, desde los vigilantes con sus porras hasta los tesoreros con sus joyas. Justo detrás iban los masones elegidos para el honor especial de llevar los instrumentos necesarios para la ceremonia: una biblia masónica encima de un cojín de terciopelo, una bandeja de plata con una inscripción, un desplantador de plata con mango de marfil, una escuadra y un nivel de nogal, una maza de mármol y, por último, copas de oro que contenían vino, aceite y cereales sagrados.

El acto había sido muy publicitado, sobre todo porque supuestamente debía reavivar el interés por la compra de terrenos en la zona destinada a la construcción de la ciudad. La numerosa multitud, indiferente al motivo propagandístico del espectáculo, ondeaba banderas y animaba con entusiasmo.

La procesión llegó a su destino en Jenkins Heights (o Capitol Hill, como vendría en llamarse) y sus participantes se dividieron en dos filas, cada una de las cuales bordeó una fosa poco profunda. En el centro relucía un cubo de piedra perfecto suspendido bajo un trípode formado por troncos de árboles.

Una atronadora salva de artillería acalló el canto de los pájaros y la cháchara de los espectadores. En medio de un respetuoso silencio, el hombre alto con atuendo masónico que iba al final de la procesión bajó al foso. Era el maestro venerable George Washington, que en aquel momento llevaba seis meses de su segundo mandato como presidente de Estados Unidos.

Washington asintió con solemnidad y tres trabajadores hicieron descender la piedra hasta su posición. Después le entregaron los accesorios ceremoniales y los colocó uno a uno sobre la piedra: la escuadra, que simbolizaba la virtud, para asegurarse de que cada ángulo estaba tallado a la perfección, y el nivel, un símbolo de igualdad, para comprobar que su ubicación era adecuada. Después esparció los cereales, el vino y el aceite para augurar abundancia, amistad y paz. Luego vino la bandeja: la inscripción proclamaba que la primera piedra del Capitolio había sido colocada el décimo tercer año de la independencia de Estados Unidos y en el año de la masonería de 5793. Washington la depositó encima de la piedra y luego utilizó el desplantador de plata para aplicar un poco de cemento y la maza de mármol para asestar una breve sucesión de golpes.

Entonces, el presidente levantó la cabeza y sonrió entre vítores y aplausos. El Capitolio, que Thomas Jefferson describió como «el primer templo dedicado a la soberanía del pueblo», tenía sus sólidos cimientos en el ritual masónico.

Resulta fácil entender por qué Washington era un símbolo idóneo de lo que la nueva nación pretendía ser: para sus coetáneos, incluso su imponente físico parecía destinarlo a un estatus superior. Lo que no parece tan obvio es por qué se eligió a la masonería para aportar el lenguaje ceremonial de la república en acontecimientos tan solemnes como la colocación de la primera piedra en el Capitolio. Una sociedad secreta internacional que durante su corta historia había estado rodeada de sospechas y controversias tenía ahora el cometido público de dar credibilidad a las instituciones de Estados Unidos.

La masonería acompañó a George Washington durante toda su vida adulta. Fue iniciado el 4 de noviembre de 1752, cuando aún no había cumplido veintiún años, en la logia de Fredericksburg, Virginia. El joven Washington tenía la ambición de hacerse un hueco en la élite colonial. En Virginia, como en las otras colonias estadounidenses, unirse a la masonería era una manera de adquirir y publicitar un estatus social. Sin embargo, se avecinaban unos cambios en la masonería que la remodelarían en consonancia con el destino de Washington, y también con el de Estados Unidos, un país que sería más demócrata y marcial a consecuencia de ello.

No es casual que el siglo en el que se produjo la rápida difusión internacional de la masonería también fuera testigo de cómo la guerra se convertía en un fenómeno global. La masonería atrajo a muchos reclutas y tuvo un especial éxito a la hora de crear logias militares, cuyos miembros gozaban de autorización para llevar las tradiciones masónicas allá donde fueran destinados. De ese modo se cimentó un largo y profundo vínculo entre la masonería y la vida militar. Desde entonces, soldados y veteranos de todas las naciones han hallado en la masonería una refinada camaradería capaz de aplacar la conmoción y el trauma de la guerra. A partir de 1753, por ejemplo, la guerra francoindígena atrajo a un gran número de soldados británicos a las colonias americanas, donde las logias de los regimientos transmitieron la práctica masónica a los milicianos locales.

Veinte años después, la guerra de Independencia dividió a la masonería estadounidense. Muchas logias dejaron de existir. Los ejércitos enfrentados se convirtieron en el foco de la cultura masónica durante todo el conflicto: había logias militares en ambos bandos. Sin embargo, en el Ejército Continental de Washington, la masonería era muy importante para mantener la moral de las tropas. Los maestros hablaban con una rotundidad que los capellanes militares, inhibidos como estaban por las diversas confesiones religiosas de Estados Unidos, no podían igualar. Se inició a muchos altos mandos patriotas: había diez logias militares, la más numerosa con varios centenares de miembros, y un 42 por ciento de los generales a los que lideraba Washington eran masones. Las logias militares brindaban por sus compañeros caídos y por su jefe supremo, el hermano George Washington.

Por su parte, Washington, que se había curtido como militar en los brutales conflictos fronterizos de la guerra francoindígena, alentaba la masonería entre sus tropas. El ambiente de la logia militar le permitía confraternizar con sus oficiales sin que ello socavara su autoridad, y era dado a asistir a reuniones como si fuera un hermano más, «al mismo nivel» que sus compañeros de armas.

La masonería estadounidense rindió tributo a la gloria de Washington durante la guerra de Independencia. En diciembre de 1778, el general visitó Filadelfia, donde se había reunido el Congreso Continental. La Gran Logia de Pennsylvania le reservó el puesto de honor junto al gran maestro durante la procesión de San Juan Evangelista. Para conmemorar la ocasión se publicó un poema masónico:

> *Mirad a Washington, él lidera la procesión,*
> *y a él va dedicada la agradecida melodía;*
> *mirad, todos los hijos masones obedecen*
> *y al divino hermano rinden pleitesía.*

Cuando los británicos se rindieron en Yorktown en 1781, la asociación de la masonería con el Ejército Continental le había procurado unas lustrosas credenciales patrióticas. A Washington le gustaba vincular su presidencia con la masonería, y en abril de 1789 juró su cargo sobre una biblia prestada para la ocasión por la logia de San Juan, la más antigua de Nueva York. Después, lideró una campaña para revestir la vida pública estadounidense de ornamentos masónicos.

El Estados Unidos que había salido victorioso de la guerra de Independencia era un laboratorio de comunicación política. Al deshacerse del Gobierno monárquico, la república también había abandonado los rituales y emblemas que creaban el aura que rodeaba a los tronos europeos. Ya no había cetros ni coronas, investiduras en las catedrales o tedeums. Para llenar ese vacío, Estados Unidos creó el culto a George Washington. Y, a su vez, George Washington convirtió la masonería en una liturgia patriótica.

La guerra de Independencia había sembrado la agitación. Había conflictos políticos, los trabajadores del norte adoptaron versiones radicales de la libertad y la igualdad, los esclavos del sur tiraron sus herramientas y huyeron, las mujeres se echaron a la calle y las multitudes avanzaban como una sola para derrocar símbolos de autoridad monárquica. La política se había convertido, irreversiblemente, en un deporte de participación masiva. La eclosión de los periódicos en las décadas de 1780 y 1790 avivó aún más el entusiasmo por la política y dio a cada procesión o manifestación local un público nacional. Después de la guerra también se produjo un rápido crecimiento económico y una expansión descontrolada hacia el oeste. Con gran celeridad, Estados Unidos estaba convirtiéndose en una sociedad más resuelta y bulliciosa de lo que los fundadores imaginaban hacía solo unos años.

La masonería ofrecía una respuesta sosegada a ese desorden. Nadie preparaba procesiones como los masones. Los grupos de hermanos, organizados según su estatus y flanqueados por los líderes de sus logias, proyectaban una imagen serenamente jerárquica que encajaba con los instintos políticos de hombres que, como Washington, se consideraban líderes natos de la sociedad.

En parte, el motivo por el que la masonería interpretaba tan bien su papel es que Estados Unidos era un mosaico religioso. Los puritanos que huían de la discriminación habían fundado las colonias de Nueva Inglaterra en la década de 1630. Sucesivas oleadas de inmigrantes llevaron sus creencias al Nuevo Mundo, no solo anglicanos, católicos y judíos, sino una amplia variedad de sectas protestantes, como los cuáqueros, los baptistas y los presbiterianos, o las diferentes confesiones alemanas, como los moravianos, los menonitas, los dunker y los schwenkfelder. La sociedad colonial dio lugar a sus propias formas de piedad, en especial los credos evangélicos que se consolidaron durante el denominado Primer Gran Despertar de las décadas de 1730 y 1740. Con la revolución, incluso los estados en los que la Iglesia de Inglaterra había sido la religión colonial establecida rompieron lazos con las instituciones del Gobierno y con confesiones de cualquier índole. Durante el primer mandato de Washington como presidente, la Declaración de los Derechos Humanos consagró en la Constitución la libertad de culto y la separación entre Iglesia y Estado.

La masonería abrió sus puertas a hombres de todas las confesiones. Adoptó solo «la religión en la que coinciden todos», siguiendo la formulación oportunamente vaga que estipulaban las *Constituciones*.

Las creencias religiosas de Washington lo situaban en el centro de gravedad espiritual de la masonería. Ha sido descrito como un «episcopaliano indiferente» que nunca tomaba la comunión y que solía invocar a la «providencia» y el «destino» en lugar de a Dios. No le interesaba tanto la devoción personal como el papel de la religión como garante de la moralidad ciudadana.

El acuerdo entre los masones y los fundadores de la república estadounidense era incluso más profundo que la religión. Los principios de la masonería eran universales: mejora personal y hermandad de todos los hombres con independencia de su nacimiento o estatus. Esos ideales armonizaban con el ideal innato de que Estados Unidos simbolizaba algo más grande que su identidad nacional, de que era el portador de verdades universales como las que la Declaración de Independencia proclamaba evidentes.

La nueva nación también necesitaba otra cosa que la masonería podía ofrecer: virtud. El republicanismo, la ideología que respaldaban Washington y los otros fundadores, tenía una historia llena de lecciones de peso. En todas partes, desde la Atenas y la Roma antiguas hasta la Italia del Renacimiento y la Commonwealth inglesa de Oliver Cromwell, habían fracasado los intentos de creación de un sistema estatal sin monarquía. La única esperanza para una república moderna como Estados Unidos era que la población, y en particular la clase gobernante, desarrollara suficiente virtud para resistir la caída en la tiranía.

Desde su nacimiento, la masonería se había presentado ante el mundo como una creadora de hombres virtuosos. Mientras ocupó el cargo, Washington recibió grandes elogios y dedicatorias de logias que lo consideraban un modelo de rectitud masónica y cívica. En 1790, la logia del Rey David en Newport, Rhode Island, escribió al presidente en unos términos un tanto renqueantes:

> Con un placer indescriptible lo felicitamos por ocupar la silla presidencial, con el aplauso de un pueblo numeroso e iluminado, mientras que, al mismo tiempo, nos felicitamos a nosotros mismos por el honor que han dado a la hermandad sus muchas y ejemplares virtudes y emanaciones de bondad, procedentes de un corazón digno de poseer los misterios ancestrales de la masonería.

Ante semejantes alabanzas, Washington siempre ofrecía respuestas amables que aunaban el lenguaje de la virtud cívica republicana con la jerga de la masonería. En 1791 escribió a una Gran Logia de Charleston, Carolina del Sur: «El tejido de nuestra libertad reposa sobre la duradera base de la virtud ciudadana, y espero sinceramente que siga protegiendo durante mucho tiempo la prosperidad de los arquitectos que la levantaron. Siempre me complacerá demostrar mi afecto a la hermandad».

Cuando, en 1796, Washington anunció su intención de retirarse, recibió una carta de agradecimiento y felicitación de la Gran Logia de Pennsylvania. Su respuesta incluía la esperanza de que Estados Unidos siguiera siendo «un refugio para hermanos y una logia para las virtudes». Muchas de esas comunicaciones masónicas con el presidente fueron publicadas poco después. Siguiendo el ejemplo del presidente, aparecieron nuevas publicaciones que proclamaban que la masonería era la escuela de virtud y conocimiento que garantizaría que la república cumpliera su promesa.

El presidente George Washington (1732-1799). Dibujo basado en el único retrato con atuendo masónico que se pintó durante su vida.

WASHINGTON. UNA LOGIA PARA LAS VIRTUDES

Para Washington, la gestión de la imagen era una labor permanente y delicada en la que la masonería era un recurso importante. Adoptando el culto al amor fraternal, un igualitarismo que se remontaba a sus raíces históricas como una organización de artesanos, Washington se esforzó en disipar los temores de que aspiraba a convertirse en rey.

No solo era el líder de la campaña para transformar la masonería en una religión civil; también era el símbolo más llamativo de dicha campaña. Poco después de colocar la primera piedra del Capitolio, posó con su faja y su medalla de antiguo maestro para un retrato de William J. Williams. En el siglo posterior se reproducirían incontables imágenes de Washington como masón.

La ceremonia de Capitol Hill, de la cual se hablaron maravillas en toda la región, fue solo una de las muchas conmemoraciones masónicas. El 4 de julio de 1795, dos héroes masónicos de la revolución, el gran maestro Paul Revere y el gobernador Samuel Adams, colocaron la primera piedra del Parlamento de Massachusetts. Con ella se enterró una cápsula del tiempo hecha de cobre que sería desenterrada durante unas obras en 2014: contenía, entre otras cosas, una medalla de George Washington. Algunos masones con cargos relevantes también participaron en ceremonias inaugurales de edificios como el Capitolio de Virginia (1785) y la Universidad de Carolina del Norte-Chapel Hill (1798), así como las de numerosos puentes, mojones y similares.

Washington murió a causa de una infección de garganta en diciembre de 1799. Su entierro en la finca de Mount Vernon fue organizado por la logia 22 de Alexandria, donde el ministro episcopaliano elegido para oficiar los ritos también era hermano. Sobre el ataúd colocaron un mandil masónico y dos espadas cruzadas. El féretro lo portaron seis hombres, todos ellos antiguos oficiales del Ejército Revolucionario, y al menos cinco de ellos masones. Se llevaron a cabo ritos masónicos en la cripta y, justo antes del sepelio, los hermanos lanzaron ramitos de acacia encima del ataúd, un símbolo masónico de la inmortalidad del alma.

Los masones gozaron de protagonismo en las posteriores semanas de luto nacional, y se estimaba que habían participado de manera oficial en unos dos tercios de los desfiles celebrados por todo el país. En febrero de 1800, la Gran Logia de Massachusetts organizó una cuidada procesión en la que más de mil seiscientos hermanos desfilaron por las calles de Boston. Seis portadores, entre ellos Paul Revere, llevaban un mechón de cabello de Washington en una urna dorada encima de un pedestal y una estatua del Genio de la Masonería llorando sobre ella.

Años después, cuando la revolución empezó a pasar de los recuerdos de una generación a las conmemoraciones de la siguiente, la masonería mantuvo su prestigio ceremonial. De hecho, los masones solían colaborar con las autoridades locales para organizar ritos de inauguración y otras ceremonias. Un ejemplo, del 4 de julio de 1815, fue el monumento a Washington en Baltimore. Con los ciudadanos y los dignatarios congregados en torno a la fosa sobre la cual se hallaba suspendida la primera piedra, el gran maestro venerable de Maryland anunció:

> Honorable señor, en nombre de los masones libres y aceptados de este estado, recibo voluntaria y gustosamente su invitación, y nos será especialmente satisfactorio prestar toda la ayuda que podamos para que la piedra sea colocada conforme a los usos ancestrales de la orden, máxime cuando el objeto del edificio que se va a erigir es transmitir para la posteridad las virtudes y el patriotismo del más grande entre los hombres, quien, durante su valiosa vida, honró a nuestra orden convirtiéndose en un miembro ferviente y fiel de la fraternidad.

Resulta obvio que nadie negó a la masonería su derecho a aprovechar esas tareas ceremoniales para recordar el lugar que la orden ocupaba en la vida de George Washington y reivindicar su importante papel en el nacimiento de Estados Unidos.

En todo el país se llevaban a cabo ritos similares, y durante la triunfal gira nacional del marqués de Lafayette en 1824 y 1825 hubo muchos. Lafayette era un aristócrata francés que con tan solo diecinueve años se había ofrecido voluntario para luchar por la causa de la libertad estadounidense. Probablemente fue iniciado en una logia militar poco después de unirse al Ejército Continental. Sus hazañas durante la guerra y su posterior sufrimiento en la Revolución francesa cimentaron su reputación como un paladín de la libertad. Cuando el presidente James Monroe (también masón) lo invitó a regresar a Estados Unidos, era el vínculo vivo más célebre con la guerra de Independencia, y en especial con la persona de George Washington, que lo había tratado como a un hijo. Durante los trece meses en los que viajó en carruaje y barco de vapor por los veinticuatro estados, Lafayette era recibido allá donde fuera con laureles, fuegos artificiales, cenas, discursos e invitaciones a depositar el vino, el aceite y los cereales masónicos sobre las primeras piedras de numerosos monumentos.

En Estados Unidos, los masones se habían convertido en los empresarios de la solemnidad, en técnicos especializados en la memoria nacional. Cuando, a principios del siglo XIX, el país quería hablar a la posteridad, lo hacía a través del buen oficio de la masonería.

El prestigioso perfil público de la masonería y el respaldo de personajes ilustres como Washington y Lafayette enviaban un mensaje claro a los estadounidenses ambiciosos y patriotas: si quieres avanzar, hazte con un mandil. Los rápidos cambios sociales también jugaban en favor de la masonería. La frontera se desplazaba cada vez más hacia el oeste, la industria estaba en pleno apogeo, surgían ciudades y pueblos por todas partes y los lazos familiares eran cada vez más laxos. Estadounidenses de orígenes humildes deambulaban en busca de oportunidades y se volvían más ricos y asertivos. Unirse a la masonería les ofrecía contactos de confianza por todo el país y una red de ayuda mutua.

Hasta el momento, la masonería se había propagado más y con mayor rapidez en Estados Unidos que en cualquier otro lugar. En el primer cuarto del siglo XIX, el número de miembros se triplicó con creces y pasó de veinticinco mil a ochenta mil, es decir, un varón blanco adulto de cada veinte. En el momento de la gira de Lafayette había más logias en Estados Unidos que en el resto del mundo medio siglo antes. En la ciudad de Nueva York había cuarenta y cuatro logias en 1825, el doble del número registrado en 1812. En el estado de Nueva York, la expansión fue aún más rápida: se aprobaron setenta logias solo entre 1806 y 1810. En 1825 había casi quinientas en todo el estado. Las cifras reflejan lo bien que armonizaba la masonería con la vida de la república, y también nos dan una idea de la catástrofe que sobrevendría.

La orden de la masonería tiene las manos manchadas de sangre

Festividad de San Juan de 1825: otro momento importante para Estados Unidos y otra muestra de saber hacer ritual de los masones.

El municipio de Lockport, situado a unos treinta kilómetros de las cataratas del Niágara, había nacido en los bosques hacía solo tres años y su logia masónica no había sido autorizada hasta el febrero anterior. Sin embargo, el 24 de junio de 1825, se congregó una multitud de cuatro o cinco mil personas para ver cómo los masones de Lockport y los condados cercanos abrían la puerta a un nuevo futuro. La ceremonia conmemoraba la colocación del sillar en las cinco esclusas dobles a las que la ciudad debía su existencia y que hacían bajar el canal de Erie dieciocho metros con respecto al nivel del río Niágara. Las esclusas eliminaron el último gran obstáculo para una vía fluvial directa desde Nueva York, en el Atlántico, pasando por el río Hudson hasta llegar a los Grandes Lagos. Se había puesto en marcha lo que un entusiasmado lugareño describía como «el Mediterráneo estadounidense».

Aquel día estaba presente Hiram B. Hopkins, elegido jefe de policía del condado de Niágara poco tiempo antes. Su interés en la hermandad se había visto estimulado por el sheriff local, según el cual, el apoyo de la logia beneficiaría a su carrera política. En la ceremonia de colocación del sillar, Hopkins quedó impresionado al ver a algunos de sus jóvenes socios, enfundados en mandiles y fajas, codeándose con hombres influyentes. El discurso principal, a cargo de un ministro presbiteriano, le pareció interesante: la masonería había contado «con el apoyo de los hombres más sabios de todas las épocas, desde la construcción del templo de Salomón hasta el presente». Justo después de la ceremonia, Hopkins presentó su candidatura a la logia de Lockport. Al poco tiempo había superado los tres grados y estaba ansioso por conseguir más. A mediados de agosto de 1826, se sometió a cuatro horas de iniciación para ser masón del Arco real, un grado que los masones consideraban «infinitamente más prestigioso, sublime e importante que todos los que lo preceden [...] el súmmum y la perfección de la masonería ancestral». Además, a Hopkins le habían asegurado que convertirse en masón del Arco real lo situaría a la misma altura que cualquiera de sus homólogos en cuanto a influencia política.

Antes de abandonar la logia la noche de su «exaltación» en el Arco real, como la llaman los masones, a Hopkins le dijeron que se avecinaban problemas. Un hermano descontento llamado William Morgan, procedente de la cercana Batavia, publicaría en breve un libro en el que pretendía desvelar todo lo concerniente a la masonería, incluido el grado del Arco real. Más tarde, Hopkins afirmaba haber oído que sus hermanos masones estaban sopesando «medidas adecuadas para eliminar a Morgan». Él compartía la indignación por las actividades de Morgan y confesó: «Creía que debía morir».

Lo que acababa de descubrir Hopkins eran los inicios de la conspiración masónica más célebre de la historia estadounidense.

William Morgan, nacido durante la época de la Declaración de Independencia, era un mampostero y un borracho que lo conseguía todo por medio de artimañas. Al parecer, su principal motivación para ingresar en la masonería era vivir a costa de las donaciones benéficas de sus hermanos. En 1825 logró ser nombrado masón del Arco real en Le Roy, a unos quince kilómetros al este de su casa. Sin embargo, sus compañeros de Batavia no estaban dispuestos a considerarlo uno de los suyos y, cuando crearon una nueva sede del Arco real a principios de 1826, decidieron excluirlo. El indignado Morgan juró venganza. Junto con su compañero de borracheras, un impresor sin un céntimo llamado David C. Miller, Morgan decidió publicar todos los secretos de los masones. A principios del verano de 1826, ambos anunciaron sus planes al mundo.

Los masones dieron a conocer su indignación de inmediato. Asimismo, publicaron advertencias a otros hermanos en los periódicos locales: «Morgan es considerado un estafador y un hombre peligroso». Hablaron directamente con el desertor, y creían haberlo intimidado para que entregara el manuscrito. Sin embargo, pronto quedó claro que solo les había facilitado un borrador y que la publicación seguiría su curso.

La campaña para impedir la aparición del libro se intensificó. Masones pertenecientes a las fuerzas del orden llevaron a Morgan y a Miller a juicio por pequeñas deudas y la casa del primero fue registrada de manera ilegal mientras se hallaba bajo custodia. Una multitud formada por masones llegados de lugares tan lejanos como Buffalo e incluso Canadá organizó una redada en la imprenta, pero se dispersó al enterarse de que Miller, un exsoldado, había reunido «dos pedreros, quince o veinte rifles y varias pistolas» para defenderse. Una noche incendiaron el taller utilizando trapos empapados en aguarrás, pero los gritos de socorro de Miller atrajeron a gente suficiente para apagar las llamas.

A primera hora del día siguiente, 11 de septiembre de 1826, le llegó el turno a Morgan: con una orden de arresto de un condado vecino, fue detenido por robar una camisa y un fular. Convencido de que podría demostrar que había tomado prestada la ropa, Morgan fue con sus captores a Canandaigua, situada unos ochenta kilómetros al este de Batavia, su lugar de residencia. Cuando llegó, se modificaron los cargos contra él y fue encarcelado por una deuda de dos dólares.

La noche siguiente llegaron dos hombres para ponerlo en libertad, aduciendo que habían saldado su deuda. Morgan desconfiaba, pero accedió a ir con ellos. Minutos después, lo oyeron gritar «¡Asesinato! ¡Asesinato! ¡Asesinato!» mientras lo metían en un carruaje delante de la cárcel.

En lugares como los confines del estado de Nueva York, donde la autoridad del Gobierno era desigual, los ciudadanos podían canalizar sus temores en «comités de vigilancia» nombrados en asambleas públicas. El término inglés *vigilante* proviene de esta práctica. El 25 de septiembre se formó en Batavia el primer comité para investigar la desaparición de Morgan. Sus miembros se encargaron de muchos de los primeros interrogatorios a sospechosos y testigos. La conclusión fue que, una vez que lo sacaron de la cárcel de Canandaigua, Morgan fue trasladado cincuenta kilómetros al noroeste hasta Handford's Landing, a orillas del río Genesee. Después, la ruta siguió la Ridge Road rumbo al oeste durante otros ciento cuarenta kilómetros hasta las cataratas del Niágara. En el trayecto cambiaron de caballos, de conductor y hasta de carruaje, lo cual significaba que habían intervenido muchas personas. A partir de entonces, la información sobre los movimientos de Morgan era confusa y contradictoria.

Pronto habría cinco comités de vigilancia investigando el caso de Morgan en el condado. Era inevitable que la masonería fuera investigada. Todo el mundo sabía quién había acosado al impresor David Miller. Algunos masones no ocultaban su desprecio hacia Morgan ni dudaban en declarar a la prensa que había tenido su merecido. Con el paso de los días, y ante la ausencia de Morgan, ganó fuerza la idea de que el odio de los masones había empujado a estos al asesinato. La población estaba cada vez más enojada. En respuesta a ello, los hermanos cerraron filas y acusaron a los comités de vigilancia de prejuicios antimasónicos. ¿Acaso no era obvio que Morgan y Miller habían planeado ellos mismos la desaparición para dar publicidad a su libro? Las opiniones se polarizaron inevitablemente y crearon una brecha entre masones y antimasones. Cuando el otoño dio paso al invierno, la desaparición de Morgan se convirtió en el «caso Morgan».

Su libro fue publicado semanas después de que se esfumara. Al final, solo contenía los tres primeros grados y la promesa de que los grados más elevados se incluirían en otro volumen. La polémica que rodeaba al caso creó un mercado para otras revelaciones, tanto ciertas como falsas. Sin embargo, como siempre, las sospechas acerca de la masonería demostraron resistir cualquier refutación, y siguieron dando una legitimidad aparente a las teorías más siniestras sobre lo que pudo sucederle a William Morgan. En medio de las tensiones de aquella época y lugar, era difícil aducir que los aterradores juramentos que hacían los iniciados solo eran parte de una obrita moral inocua. Muchos observadores concluyeron que los juramentos masónicos despojaban a los hombres su sentido del bien y el mal.

Pronto empezaron a correr rumores sobre la suerte que Morgan había corrido. Algunos testigos aseguraban que lo habían llevado a un puerto canadiense y forzado a unirse a la armada británica. Algunos mantenían que había sido torturado hasta la muerte en Fort Niagara. Otros decían que lo habían sobornado para que se fuera al extranjero para siempre. Algunas teorías sobre la desaparición de Morgan no parecían basarse en pruebas contundentes, sino en el melodrama. Se afirmaba que lo habían entregado a un jefe mohicano para que lo «ejecutara con crueldad salvaje». Inevitablemente, también había quienes insistían en que el pobre hombre había sido atado a una canoa y empujado río abajo para que muriera en la imponente catarata

Horseshoe. Muchos antimasones decían que Morgan había conocido el final descrito en el ritual de iniciación de la masonería: lo degollaron, le arrancaron la lengua de cuajo y enterraron su cuerpo en la arena del mar a poca profundidad, a una distancia de un cable de la costa, donde la marea normalmente sube y baja dos veces cada veinticuatro horas. Los masones respondieron afirmando que Morgan simplemente había escapado de sus muchos acreedores.

Mientras los comités de vigilancia continuaban con sus pesquisas, dio comienzo una larga serie de investigaciones y juicios del jurado de acusación del condado. En el primero, celebrado en enero de 1827, una gran multitud se enfrentó a la mayor tormenta de nieve que se recordaba para seguir los acontecimientos en el tribunal del condado de Ontario, más concretamente en una sala decorada con bustos de Franklin, Washington y Lafayette. Lo que oyó la ciudadanía elevó aún más las tensiones y puso a la defensiva a masones de todo el estado. Tres de los cuatro acusados se declararon culpables. Entre ellos estaba Nicholas G. Cheseboro, maestro de la logia de Canandaigua. Cheseboro era el investigador que consiguió la orden de detención contra Morgan por robar una camisa y un fular. Después lideró la banda de masones que capturó a Morgan en Batavia y lo llevó a la cárcel de Canandaigua. La detención fue, cuando menos, legalmente dudosa. Aunque el presunto robo se había cometido hacía casi cinco meses, la orden de arresto se obtuvo un domingo con una impropia premura. Según la acusación, fue Cheseboro quien convenció a la mujer del carcelero para que pusiera a Morgan en manos de los hombres que aseguraban haber saldado su deuda de dos dólares. Después estuvo presente cuando metían a Morgan en el carruaje.

Al igual que los otros acusados, Cheseboro fue condenado. Posteriormente, un tribunal afirmaría que le había metido un pañuelo en la boca a Morgan para ahogar los gritos de este.

La única conclusión posible era que el secuestro de Morgan fue obra de un grupo de masones por motivos masónicos. En sus conclusiones, el juez Enos T. Throop elogió al pueblo del condado de Ontario por su «honesta indignación». Esos sentimientos solo podían alimentar la furia antimasónica.

El juez Throop detallaba un problema legal que embrollaría muchos procesos posteriores. Obviamente, no podía haber juicio por asesinato sin el cadáver de Morgan u otra prueba incuestionable de que estaba muerto. Por tanto, la acusación sería por secuestro. En aquel momento, el secuestro estaba tipificado en el estado de Nueva York como falta y no como delito grave. Los sospechosos que confesaban dicha falta eran condenados a sentencias cortas: en el caso de Cheseboro, a un año. Ahora no podían repetir el juicio. Tampoco podían saber si los acusados habían ajustado sus confesiones para que encajaran con el delito menor en lugar de arriesgarse al cargo de asesinato si llegaba a aparecer el cuerpo de Morgan.

El abanico de escenarios posibles impedía casi del todo confirmar quién era culpable de qué. Puede que la mayoría de los conspiradores no supieran que la finalidad era asesinar al cautivo, si es que, en efecto, eso es lo que había ocurrido. A lo mejor su muerte había sido fortuita.

Enredado en tales dificultades desde el principio, el caso Morgan sometió a juicio al propio sistema judicial. La fricción entre masones y antimasones arrojaba dudas sobre la imparcialidad de los comités de vigilancia. Sin embargo, no se los podía catalogar de bandas de vigilantes antimasónicos. Muchos descubrimientos de los comités fueron aceptados como válidos desde el principio por el respetado gobernador de Nueva York, DeWitt Clinton, que había sido gran maestro masónico de su ciudad y uno de los hermanos más destacados del país. Clinton emitió un comunicado alentando a todos los ciudadanos a colaborar con las investigaciones y ofreció una recompensa por cualquier información que llevara a Morgan o a sus secuestradores. Fue uno de los muchos masones con cargos institucionales de relevancia que trataron el caso Morgan con una imparcialidad impecable.

El comportamiento de los testigos y de los sospechosos provocó aún más dificultades legales. Varios huyeron del estado, algunos después de recibir chivatazos de otros masones. Muchos se negaron a testificar, aduciendo que se incriminarían a sí mismos. Algunos fueron procesados por ofrecer declaraciones manifiestamente reticentes. Otros dieron versiones distintas de los hechos a diferentes tribunales. Un testigo, que había asegurado que los captores de Morgan se habían echado a suertes quién cometería el asesinato, enloqueció al poco tiempo. Algunos tribunales tardaban días en formar un jurado: cuando la defensa señalaba que había masones entre sus miembros, se desataban enrevesadas disputas sobre si los juramentos masónicos les impedirían alcanzar un veredicto imparcial. Por el contrario, en varios casos, algunos miembros del jurado fueron destituidos porque habían manifestado que todos los masones, con independencia de las pruebas existentes, eran culpables.

Ante tanta confusión, muchos acusados fueron absueltos y, a consecuencia de ello, la ciudadanía creyó lo que quería creer. Mientras los masones veían los juicios fallidos como un ejemplo de predisposición contra ellos, los antimasones percibían indicios claros de una doble conspiración para silenciar a Morgan y proteger a sus asesinos de la justicia. El espacio para posturas intermedias se reducía con cada vez más celeridad.

En un gesto imprudente, el 24 de junio de 1827, los masones de Batavia, la ciudad natal de William Morgan, decidieron celebrar el día de San Juan con un desfile que, sin duda, sería interpretado como una demostración de poder. El periódico antimasónico dirigido por el impresor David Miller, socio de William Morgan, organizó una contramanifestación. El editorial invitaba a los ciudadanos a expresar sus sentimientos ante «los masones vestidos como la realeza, con cetros en las manos y coronas en la cabeza, desfilando por las calles de un país republicano». Hubo un enfrentamiento entre trescientos hermanos y varios miles de manifestantes. Se lanzaron piedras y se arrojó una vagoneta contra las filas masónicas. Por fortuna, no hubo heridos graves, los hermanos no cayeron en las provocaciones y se evitó un gran estallido de violencia. No obstante, el incidente de Batavia expuso las tensiones sociales que subyacían en la división cada vez más antagónica entre masones y antimasones. Las cifras explican por qué, cuando Miller acusó a los masones de arrogantes, sus palabras tuvieron tanta repercusión en Batavia y el condado de Genesee. Un 90 por ciento de los trabajadores del condado se dedicaban a la agricultura, pero un 80 por ciento de los masones de Batavia y las poblaciones cercanas eran profesionales. Además, los masones, que representaban a lo sumo un 5 por ciento de la población, ostentaban un 60 por ciento de los cargos públicos del condado. La masonería era una valiosa red de contactos para los comerciantes, abogados y médicos que constituían la clase política natural del condado. En una sociedad rural, eran las únicas personas con tiempo, dinero y educación para participar en la lucha por el cargo. Sin embargo, para los manifestantes antimasónicos, parecía que una misteriosa camarilla tenía el control de su mundo.

Las divisiones sociales se veían exacerbadas por las diferencias religiosas. Un 80 por ciento de los miembros de la logia número 433 de Batavia pertenecían a la Iglesia episcopaliana, más próxima a las clases dirigentes y nacida de la Iglesia de Inglaterra, con su perspectiva poco dogmática sobre la fe. Sin embargo, las sectas cristianas evangélicas prosperaron en los condados occidentales de Nueva York. Para muchos evangélicos, lejos de ser la «sirvienta de la religión», tal como aseguraban los masones, la masonería aspiraba a subvertir la fe: era la serpiente en el jardín del Edén estadounidense, «una profanación y una burla a las ordenanzas sagradas». Los baptistas gozaban de especial relevancia en el incipiente movimiento antimasónico. Los ministros baptistas John G. Stearns y David Bernard publicaron dos tratados antimasónicos muy vendidos y hablaban con la intensidad espiritual de los pecadores arrepentidos, ya que ambos habían sido masones. El libro de Bernard, *Light on Masonry*, que combinaba revelaciones detalladas sobre todos los grados de la masonería con una crónica del caso Morgan, se daría a conocer como la «Biblia de la antimasonería». La campaña contra los masones rezumaba un ardiente celo evangelizador, y llegó a afirmarse que la orden de la masonería tenía las manos manchadas de sangre.

El domingo 7 de octubre de 1827 a última hora de la mañana, casi trece meses después del secuestro, tres hombres que paseaban por la orilla del lago Ontario encontraron un cadáver que yacía boca abajo en el barro. Las alarmas no saltaron hasta que se publicó el informe del forense: al igual que Morgan, el difunto tenía una doble hilera de incisivos y, con un metro setenta y tres y entre cuarenta y cinco y cincuenta años, la talla y la edad también coincidían. Sus amigos reconocieron el cuerpo ennegrecido e hinchado por un bulto en su frente despejada y por el abundante vello gris de las orejas. Lucinda, la mujer de Morgan, confirmó la identificación. Los forenses concluyeron que solo «la mano de una providencia dominante» podía ser responsable de tan inesperado hallazgo. Desde ciudades y pueblos cercanos llegaron multitudes para presentar sus respetos en el funeral, celebrado en Batavia. Ahora, el movimiento antimasónico tenía un buen blanco para su ira y convirtió a William Morgan en mártir.

El cuerpo no era suyo. Días después, fue desenterrado cuando se conoció la noticia de que un canadiense se había perdido recientemente en el río Niágara. La nueva autopsia resultó concluyente: el canadiense también tenía una doble hilera de dientes y su ropa encajaba a la perfección con la del cadáver.

El misterio de Morgan no llegaría a resolverse jamás. Se informó de muchos más descubrimientos, pero ninguno fue confirmado. Los juicios por secuestro y otros delitos menores comenzaron de nuevo y se prolongarían hasta 1831. Al final hubo dieciocho, además de dos investigaciones especiales ordenadas por la oficina del gobernador. Solo los periodistas más concienzudos o los activistas más obsesivos podían seguir los diferentes elementos del caso mientras trazaban su errática trayectoria en el sistema legal y político. Los prejuicios iniciales que surgieron al comenzar el caso no se vieron alterados por noticias posteriores. Entre tanto, el país se hallaba plagado de lo que un periodista denominaba «profesores charlatanes antimasónicos» que intentaban arañar unos dólares organizando espectáculos injuriosos sobre lo que, según ellos, eran las actividades de la hermandad.

Hubo un juicio que dejó a un lado el sensacionalismo, arrojó luz sobre la influencia masónica en el proceso legal y reavivó la indignación ciudadana. Había muchas sospechas sobre los sheriffs de los condados directamente implicados en el caso Morgan, todos ellos masones. Una de las responsabilidades de un sheriff era seleccionar al jurado de acusación que se ocupaba de las investigaciones preliminares sobre posibles conductas delictivas. Existen pruebas contundentes de que los grandes jurados del caso Morgan estaban abarrotados de hermanos masónicos. El más destacado fue el juicio de Eli Bruce, el sheriff del condado de Niágara. El testigo principal fue Hiram B. Hopkins, el ambicioso y joven jefe de policía que en 1825 quedó cautivado por la ceremonia de colocación del sillar en Lockport. Ante el tribunal del condado de Ontario, Hopkins confesó en junio de 1827 que, siguiendo instrucciones de Bruce, había elegido a masones para el jurado de acusación.

El sheriff Bruce, que era considerado una víctima inocente por los muchos masones que lo visitaron durante el juicio, acabó condenado a dos años y cuatro meses de cárcel y el gobernador lo destituyó.

Todos los condenados en relación con el secuestro de Morgan y los sospechosos de haber estado implicados en el caso eran masones.

Sin embargo, las autoridades masónicas se negaban a reconocer el problema, lo cual alimentó las peores sospechas. En junio de 1827, la Gran Logia de Nueva York cedió al controvertido sheriff Bruce cien dólares por su «persecución» a manos de los antimasones. El mes de junio siguiente, la Gran Logia volvió a reunirse, y había expectativas de que finalmente dijera algo que distanciara a la masonería del caso Morgan y de que compartiera la preocupación ciudadana por la subversión del proceso judicial, pero no lo hizo. Los masones que habían sido hallados culpables tampoco fueron expulsados o censurados.

Entre los más fervientes antimasones había antiguos miembros de la fraternidad. Muchos decidieron presentar su dimisión en un gesto de protesta por el escándalo de Morgan y disolver sus logias. En febrero de 1828, se celebró una convención de «masones escindidos» en el condado de Genesee. En ella denunciaron las pretensiones morales de los masones, defendieron la revelación de sus misterios y se alinearon con el movimiento antimasónico.

En 1827 y parte de 1828, la antimasonería pasó de ser una cruzada moral de ámbito local a convertirse en un movimiento que se extendió a muchos otros estados. El movimiento fundó varios perió-

El caso Morgan dio lugar a numerosos grabados, periódicos y almanaques populares. La ilustración trata de mostrar el momento en que Morgan fue secuestrado.

dicos. Entre los antimasones, el hecho de que los directores masónicos formaban parte de la conspiración parecía claro: las noticias sobre el alcance del escándalo de Morgan estaban siendo eliminadas. La solución era tener una prensa antimasónica «imparcial» e «independiente». A finales de 1827 había veintidós periódicos de esa índole en el estado de Nueva York, y en adelante aparecerían muchos más.

Animados por su prensa, los antimasones intentaron hacerse con el poder. En otoño de 1827 se celebraron diferentes convenciones para elegir a los candidatos antimasónicos a la legislatura del estado de Nueva York. El plato fuerte del programa era la abolición de la masonería mediante la prohibición de todos los juramentos no judiciales. En agosto de 1828, los antimasones presentaron a un candidato a gobernador. La primera convención nacional antimasónica se celebró en Filadelfia en 1830, coincidiendo con el cuarto aniversario del secuestro de Morgan. En 1832, William Wirt, un antiguo masón, fue el candidato a la presidencia de un partido antimasónico. Al año siguiente, el expresidente John Quincy Adams fue el candidato antimasónico a gobernador de Massachusetts. Tres estados, Vermont, Massachusetts y Rhode Island, aprobaron leyes que prohibían los juramentos extrajudiciales.

La intimidación y la violencia de ambas partes avivaron las tensiones políticas. En 1831, un grupo de masones armados expulsó de Providence, Rhode Island, a un activista antimasónico y lo persiguió hasta Massachusetts. Al año siguiente, en Boston, una turba antimasónica causó destrozos en un nuevo templo e intentó prenderle fuego.

El partido antimasónico tenía una influencia política real en una época en la que las organizaciones nacionales se hallaban en un proceso de continuo cambio y en la que las facciones políticas estatales a menudo no se solapaban con las líneas de batalla nacionales. Su atractivo se vio acentuado por el hecho de que el hombre de Estado dominante en aquel momento, el presidente Andrew Jackson, había sido gran maestro de la Gran Logia de Tennessee. El hombre que le disputó la presidencia en 1832, Henry Clay, era el antiguo gran maestro de Kentucky.

Sin embargo, el impacto político de la antimasonería fue efímero. Su debilidad se puso de manifiesto por la lamentable campaña presidencial de William Wirt en 1832: intentó retirarse de la candidatura después de aceptarla y responsabilizó al electorado de su escaso atractivo. Mientras que Jackson ganó holgadamente, Wirt acabó en una lejana tercera posición y solo logró la victoria en el bastión antimasónico de Vermont. La antimasonería se vio limitada por sus propias contradicciones, dividida entre idealistas monotemáticos que estaban convencidos de que todo el sistema estaba plagado de masones y realistas dispuestos a hacer concesiones para poner a antimasones en el cargo. Al final, las leyes ni siquiera llegaron a ejecutarse en los estados donde se habían prohibido los juramentos extrajudiciales. El problema de base era que la antimasonería empezaba a resultar superflua, ya que su gran enemigo estaba desapareciendo de manera natural.

La masonería se desintegró primero en el estado de Nueva York: los hermanos estaban dimitiendo en masa. La triunfal ceremonia del sillar de Lockport en 1825 parecía algo de otra época. En aquel momento había en Nueva York cuatrocientas ochenta logias con unos veinte mil miembros. En 1832 solo quedaban ochenta y dos y apenas tres mil miembros. En Lockport, la única logia existente tenía que reunir en secreto a sus escasos hermanos irreductibles en una buhardilla.

Entre finales de la década de 1820 y mediados de la siguiente, se produjo en todo el país una caída de unos dos tercios de los miembros de las logias. En Filadelfia, donde Benjamin Franklin había dado un fuerte impulso a la masonería incipiente, la Gran Logia de Pennsylvania se vio obligada a vender su sede. Según comentaba un observador en 1832, «lo mismo podían barajar la posibilidad de instaurar el islamismo en esta tierra iluminada que plantearse restituir la masonería». Las ceremonias de inauguración de edificios cesaron.

El caso Morgan sigue generando hoy opiniones divididas. Los historiadores profesionales sin afinidad con la masonería tienden a basarse en crónicas de los observadores más mesurados de la época. Sean cuales fueren los excesos de la fiebre antimasónica, concluyen, había algo podrido en la masonería de los condados más occidentales de Nueva York. En la actualidad, los historiadores masónicos tienden a hacerse eco de lo que decían sus hermanos neoyorquinos después del secuestro: consideran el caso como un típico ejemplo de intolerancia antimasónica y prefieren creer que Morgan organizó su propia desaparición como un ardid publicitario. El argumento más sólido que tienen los masones a su favor nos lleva a la cuestión fundamental del secretismo. Los secretos supuestamente trascendentales que ocupaban el centro del ritual masónico son, en realidad, un concepto teatral. Como tales, difícilmente merece la pena matar por ellos.

La respuesta al misterio de la desaparición de William Morgan radica en las logias del Arco real del oeste del estado de Nueva York, como la de Lockport, a la que pertenecían Hiram B. Hopkins y el sheriff Eli Bruce. A excepción de dos, todos los condenados o imputados por su participación en la conspiración eran masones del Arco real.

El ritual del grado del Arco real incluye amenazas explícitas contra quienes desvelen sus secretos: al traidor le «golpearán el cráneo» y «expondrán su cerebro a los rayos abrasadores del sol». Sin embargo, lo que más inquietaba a la opinión pública en la época del caso Morgan eran las promesas que tenían que hacer los masones recién iniciados en el Arco real, al menos según las versiones de la ceremonia publicadas por los hermanos que habían renegado. La obligación más alarmante era la siguiente:

> Prometo y juro [...] que favoreceré la carrera política de un compañero masón del A[rco] r[eal] en detrimento de otro de iguales cualificaciones. Asimismo, prometo y juro que los secretos confiados a mi persona por un compañero masón del A. R. estarán tan a salvo y serán tan inviolables en mi pecho como en el suyo, sin excepción alguna, incluidos el asesinato y la traición.

Si esas palabras significan lo que parece, los masones del Arco real formaban una banda criminal cuyos intereses se anteponían al deber de respetar la ley. Para muchos, el grado del Arco real fue el guion para el asesinato de Morgan.

Por supuesto, es muy posible que los masones que habían abandonado la hermandad se inventaran esa versión de las obligaciones del Arco real para incitar la exagerada aversión antimasónica. No existen pruebas de que esas normas formaran parte de los patrones rituales más seguidos en el Arco real. Sin embargo, también es posible que, en algunas de sus sedes y en la cultura política a menudo faccionaria e interesada del Estados Unidos de principios del siglo XIX, ciertos políticos cínicos intentaran utilizar el Arco real para imponer disciplina a sus aliados locales. Sin duda, estas logias tenían margen para modificar los rituales como juzgaran oportuno, y la masonería estadounidense contaba con muchas variantes locales. Organismos supervisores como la Gran Logia del Arco real de Nueva York tenían muchos problemas para obligar a los hermanos a llevar a cabo los rituales autorizados.

Es posible que otro elemento creara un clima en el que un círculo de masones del Arco real se planteó secuestrar y asesinar a William Morgan: un resurgimiento evangélico conocido como el Segundo Gran Despertar. Los condados occidentales de Nueva York eran conocidos por el fervor de las sectas cristianas que prosperaban allí, algunas de las cuales afirmaban recuperar verdades ancestrales. En el «distrito quemado», como se daría a conocer, el fuego evangélico era tan feroz que casi nadie salió indemne. Proliferaban los profetas, los predicadores, los sanadores espirituales y los místicos que hablaban lenguas desconocidas. Por eso había tantos antimasones que veían los juramentos de la hermandad como una herejía; los interpretaban literalmente y no como parte de una viva parábola. En medio de tanto fervor, puede que el relato bíblico del Arco real también fuera interpretado literalmente por algunos masones. ¿Es posible que los secuestradores de Morgan se tomaran en serio sus mortíferos juramentos al ocuparse de aquella traición?

Nunca sabremos si los hombres que secuestraron a Morgan estaban motivados por la división política entre facciones o el ardor religioso, o por una venenosa mezcla de ambas cosas. Nos movemos en el ámbito de la especulación, el único en el que podemos encontrar una solución al misterio de Morgan.

Masones y mormones

El renacer cristiano no era la única expresión de fervor espiritual en el «distrito quemado». La magia popular también estaba muy extendida. Los esforzados campesinos se aferraban a amuletos y piedras-talismán, creían en brujos y videntes, y utilizaban varas adivinatorias para buscar posesiones perdidas y rituales para curarse enfermedades unos a otros. Las colinas que araban encerraban misterios tentadores. En el paisaje había fuertes de los nativos y cientos de montículos funerarios abandonados hacía mucho tiempo. A menudo, un giro del arado desenterraba huesos humanos, fragmentos de cacerolas u otros objetos hechos de cobre, piedra o incluso plata. Los pueblos indígenas no eran tan sofisticados —o eso imaginaban los colonos blancos—, así que la tierra debía de estar habitada por una raza más noble o ancestral que libraba batallas titánicas y enterraba a muchos de sus caídos. Era posible que hubieran enterrado asimismo oro y plata. La búsqueda de tesoros sepultados era una obsesión en los condados occidentales de Nueva York. Los agricultores contrataban a buscadores con habilidades espirituales para localizar riquezas que los liberaran de una vida de arduo trabajo.

En marzo de 1830, Joseph Smith Jr., un agricultor y cazador de tesoros de veinticuatro años, publicó uno de los libros estadounidenses más influyentes del siglo. Palmyra, su ciudad natal, se encontraba a solo quince kilómetros de Canandaigua, donde William Morgan había pasado una noche en la cárcel antes de desaparecer para siempre. El libro de Smith, escrito cuando el caso Morgan estaba candente en las ciudades y pueblos de alrededor, era la historia milenaria de una antigua civilización americana. Sus padres fundadores, la familia de Lehi, eran israelitas que huyeron de Tierra Santa y viajaron a América después de la destrucción del templo de Salomón en el siglo VI a. C. Su historia épica es una crónica de creyentes y apóstatas, de profetas y ángeles, de columnas de fuego y castigos divinos. Surgen dos facciones que libran una guerra por la hegemonía: por un lado, los virtuosos nefitas, que construían templos; por otro, los lamanitas, feroces ateos a los que Dios castiga volviendo su piel negra. Tras la resurrección, Cristo hace un viaje a América, profetizado hacía mucho tiempo, para predicar su palabra y augurar una época de paz y prosperidad. Después de dos siglos de felicidad, las divisiones sangrientas entre los nefitas y los lamanitas resurgen una vez más. Renunciando a su rectitud, los nefitas sucumben y muchos son asesinados. Sin embargo, antes del final, el último profeta, Moroni, entierra unas planchas de oro que contienen la historia de su pueblo, escrita sobre todo por el gran líder nefita Mormón.

Joseph Smith Jr. insistía en que su obra, que tituló *El libro de Mormón*, no era una simple fantasía histórica. Lo sabía a ciencia cierta porque mil cuatrocientos años después del ocaso de los nefitas, el profeta Moroni, que ahora era un ángel, se le había aparecido para anunciarle que las planchas de oro estaban enterradas en un arca de piedra sobre una pequeña colina situada a unos tres kilómetros de su casa. Junto con las planchas estaban Urim y Tumim, unos cristales unidos para formar unas gafas mágicas que permitían descifrar el lenguaje ancestral en el que se había escrito *El libro de Mormón*. La trascendental labor de Smith, que el ángel Moroni le explicó en varias visitas, consistió en traducir las planchas al inglés y luego fundar una nueva religión. Joseph Smith Jr. era un profeta al estilo de los grandes videntes del desaparecido pueblo nefita —un nuevo Moisés o incluso un nuevo Cristo— y su libro era una nueva Biblia.

Según la Iglesia mormona que fundó Joseph Smith, conocida oficialmente como Iglesia de Jesucristo de los Santos de los Últimos Días, en la actualidad cuenta con dieciséis millones de miembros. Para ellos, *El libro de Mormón* son las sagradas escrituras. Para todos los demás, es una historia que bien pudo inventarse un agricultor joven y pobre con una imaginación hiperactiva inspirándose en la cultura tradicional de los condados occidentales del estado de Nueva York a finales de la década de 1820, todo ello imitando el pretencioso inglés de la Biblia del rey Jacobo. La prosa es tan pomposa que Mark Twain la definió como «cloroformo impreso». Las palabras «and it came to pass» aparecen más de dos mil veces.

La antimasonería del caso Morgan dejó una profunda huella en la obra de Joseph Smith. La historia de las planchas de oro enterradas

El ángel Moroni muestra a Joseph Smith (1805-1844) la ubicación de las planchas de oro en las que está inscrito *El libro de Mormón*, en una imaginativa representación de la década de 1880.

le debe algo a la ceremonia del Arco real, o al menos a la forma en que se presentaba dicha ceremonia en los almanaques antimasónicos de la época. Como la mayoría de los grados masónicos, el Arco real representa un relato. En este caso, la historia está ambientada después de la caída de los muros de Jerusalén y la destrucción del templo del rey Salomón. Tres maestros mamposteros se ponen a trabajar entre los escombros y descubren una cripta subterránea que contiene una caja dorada que resulta ser el arca de la alianza. En su interior contiene el Pentateuco, el primero de los cinco libros del Antiguo Testamento, que hasta el momento estaba perdido.

Hay otros vestigios de antimasonería en *El libro de Mormón*: los «ladrones de Gadiantón» son una antigua sociedad secreta tan responsable de la destrucción de los nefitas como lo fueron los lamanitas de piel oscura. No es necesaria una extraordinaria erudición para averiguar de dónde provino la idea:

> Y he aquí que [los ladrones de Gadiantón] tenían sus señas, sí, sus señas y sus palabras secretas; y esto a fin de reconocer al hermano que hubiese concertado el pacto, para que, cualquiera que fuese la inquinidad que su hermano cometiera, no lo perjudicara su hermano, ni tampoco aquellos que pertenecieran a la banda y hubieran hecho este pacto.

Los ladrones de Gadiantón «ocupaban los asientos judiciales, habiendo usurpado el poder y la autoridad del país». También llevaban «una piel de cordero alrededor de los lomos», una referencia obvia a los mandiles de piel de cordero blanca de los masones. Entre muchas otras conexiones que mantenían Joseph Smith y la antimasonería, Martin Harris, un próspero agricultor que financió la publicación de la obra de Smith, formaba parte de un comité antimasónico de Palmyra.

El libro de Mormón termina con funestas lecciones extraídas del destino de los nefitas: cuidado con las «combinaciones secretas» y los juramentos oscuros, pues cualquier civilización que les ceda terreno caerá inevitablemente. Lo cual resulta irónico habida cuenta de la enorme influencia que la masonería tendría en el posterior desarrollo de los mormones.

La nueva religión de Joseph Smith Jr. tuvo unos tumultuosos

comienzos. Sus seguidores emigraron a Ohio, a Missouri y, más adelante, a Illinois en busca de su Nueva Jerusalén. Sin embargo, en cada parada, su sectarismo despertaba una violenta hostilidad en las comunidades de la zona, cosa que los obligaba a avanzar. Por el camino, el profeta se casó con Lucinda, viuda del mártir antimasónico William Morgan. Si es que, en efecto, era viuda. Al parecer, poco importaba si su primer marido desaparecido había muerto o si ya tenía un segundo marido (curiosamente, masón) cuando el profeta Joseph Smith se convirtió en el tercero. A principios de la década de 1840, los líderes de los mormones habían adoptado la poligamia, y ella sería la primera de las varias esposas de Joseph Smith, cuarenta y ocho, según un cálculo prudente. Los rumores de la poligamia entre mormones eran una de las razones por las que su presencia despertaba tanto rechazo.

En 1842, Joseph Smith se unió a una logia masónica de Illinois. Sus motivos no están claros, pero sin duda el contexto influyó: a medida que disminuía el impacto del caso Morgan, la masonería empezaba a revivir en algunos lugares. Lo que sí sabemos es que el profeta quedó impresionado con el rico lenguaje simbólico y ceremonial de la masonería, y pretendía utilizarlo en su Iglesia. Reconvirtió el ritual masónico en una versión mormona conocida como la «ceremonia del templo», una bendición altamente sagrada que pronto estaría abierta tanto a mujeres como a hombres. Las paredes de los templos de los Santos de los Últimos Días muestran símbolos masónicos, como la escuadra, el compás y el ojo que todo lo ve. Quienes se sometían a la ceremonia del templo de Mormón recibían ropa nueva con los símbolos de la escuadra y el compás bordados a ambos lados del pecho. El ritual del templo contenía estos y otros elementos habituales de los grados masónicos: un apretón de manos secreto en el que había que hundir el pulgar en el espacio entre los nudillos de los dedos índice y corazón, el uso de mandiles o juramentos de secretismo reforzados por la amenaza de sangrientos castigos ilustrados mediante gestos (por ejemplo, la mano imitando un degüello). Se dice que una de las razones por las que Smith introdujo esos juramentos era para obligar a los mormones a guardar el secreto de la poligamia, ya que el «matrimonio celestial», que a menudo era polígamo, también formaba parte de la ceremonia del templo.

Con el respaldo del profeta, sus devotos se unieron en tropel a la masonería en todo el estado de Illinois, donde en 1843 había más masones mormones que no mormones. A los masones locales les preocupaba esa expansión y se sentían ofendidos por la apropiación ritualista que había perpetrado Smith. Su lista de enemigos era cada vez más larga.

Smith empezaba a desilusionarse con la democracia estadounidense, ya que había demostrado ser incapaz de protegerlos a él y a los elegidos de lo que consideraba un Gobierno de la turba. En enero de 1844 anunció que presentaría su candidatura a la presidencia. Mientras tanto, reunió en secreto a un nuevo consejo de cincuenta líderes mormones que redactarían la Constitución de una teocracia en la cual toda la autoridad terrenal recaería en su persona. El consejo aprobó por unanimidad la siguiente moción: «Que esta honorable asamblea reciba desde este momento y para siempre a Joseph Smith como nuestro profeta, sacerdote y rey, y que lo mantenga en ese cargo, para el cual lo ha designado Dios». Aquello representaba la creación de una nación, y también una traición. La noticia de la amenaza de Smith al orden democrático se filtró a la prensa y el sentimiento antimormón alcanzó un punto crítico en Illinois.

En 1844, Smith ordenó la destrucción de una imprenta de un disidente mormón. Él y su hermano fueron encarcelados, pero, antes de que pudieran ser juzgados, una muchedumbre invadió la prisión y los ejecutó. Más tarde, una de las esposas de Smith relataba que, cuando la multitud se aproximó a él, soltó el grito de socorro masónico: «¿No hay ayuda para el hijo de la viuda?». Tras la muerte del profeta, el grueso de sus seguidores emigró hacia el oeste con un nuevo líder, Brigham Young, y se instalaron todos en la Utah actual.

Hoy la ceremonia del templo es casi idéntica a como la planeó Joseph Smith, a pesar de que los terribles castigos masónicos (el degüello y todo lo demás) fueron abandonados discretamente en 1990. Igual que su profeta, la mayoría de los mormones ortodoxos no muestran reparos ante las similitudes entre su religión y la masonería. Smith presentó su ceremonia del templo como una fiel restauración de los rituales practicados por los israelitas, desde Adán hasta Salomón. Por el contrario, las ceremonias del grado masónico, explicaba, tan solo eran una versión posterior y degenerada de aquellos rituales israelitas originales. Por tanto, como mucho fueron los masones quienes copiaron a los mormones y no a la inversa.

8

Charleston. Los africanos fueron los creadores de esta misteriosa y bella orden

SIN SIERVOS

El rito escocés había surgido en la Francia del siglo XVIII como un «caos inextricable» de rituales y órdenes masónicos. A principios del siglo XIX, esa anárquica proliferación se transformó en un rito unificado de treinta y tres grados, cada uno con sus propias historias y misterios. El proceso era internacional y fue puesto en marcha gracias a la extraordinaria labor que ejerció el conde Alexandre-François-Auguste de Grasse-Tilly como embajador masónico.

A partir de la década de 1780, De Grasse-Tilly se labró una carrera militar por todo el planeta. Desde Francia hasta el Caribe, pasando por Estados Unidos, Italia, España y los Países Bajos, conoció la gloria y la conquista, la cautividad y el exilio tras haberlo perdido todo. Allá donde fuera, ayudaba a codificar los heterogéneos y profusos sistemas escoceses en un único rito de treinta y tres grados, y creó unos organismos reguladores conocidos como consejos supremos. En Puerto Príncipe, en el actual Haití. En el París de Napoleón, en Milán y en la Nápoles de Murat. En Madrid y más tarde en Bruselas.

Todos esos organismos estaban precedidos tanto cronológicamente como en autoridad masónica por el Consejo Supremo del Rito Escocés Antiguo y Aceptado, creado en el próspero puerto marítimo de Charleston, Carolina del Sur. De Grasse-Tilly había llegado allí en 1793. Después de obtener la ciudadanía estadounidense, empezó a participar en la arraigada vida masónica de la ciudad y, en 1801, fundó el consejo supremo con otros diez miembros. El Consejo Supremo del Rito Escocés de Charleston le debe a De Grasse-

Tilly el grandilocuente título que ostenta en la actualidad: Consejo Madre del Mundo.

Aunque el consejo supremo de Charleston era enormemente eficaz a la hora de clonarse en el extranjero, tenía dificultades para controlar los asuntos del rito escocés en Estados Unidos. Por ejemplo, una disputa con un organismo rival de Nueva York no se resolvió hasta 1815, cuando Charleston lo autorizó como Consejo Supremo de la Jurisdicción del Norte de Estados Unidos, lo cual dividió al rito escocés estadounidense en los dos dominios que aún lo caracterizan en la actualidad. En 1826, la fiebre antimasónica que invadió el estado de Nueva York tras la desaparición de William Morgan casi condenó al consejo supremo a la inactividad entre 1832 y 1842. Cuando reanudó sus actividades, era un organismo de provincias en el que la mayoría de sus oficiales provenían de Charleston. Muchos de los famosos treinta y tres grados seguían siendo breves y rudimentarios, pero, a partir de la década de 1840, dos leyendas del rito escocés crearían una extensa colección de leyes, historia, doctrina, liturgia y simbolismo masónicos que lo transformaron en el sistema masónico más rico y evocador del mundo. Además, en un país en el que la francmasonería estaba organizada por estados, el rito escocés se convertiría en lo más parecido a un foro masónico de ámbito nacional. Gracias a su devoción altruista por la ley y el esoterismo de la masonería, Albert Mackey y Albert Pike no solo convirtieron el rito escocés en lo que es hoy, sino que se enfrentaron a las fuerzas que estaban destruyendo la sociedad estadounidense y que amenazaban con hacer lo mismo con la hermandad.

El doctor Albert Mackey fue iniciado en Charleston en 1841 y ascendió rápidamente en los numerosos grados y cargos. Como secretario general, gestionó los asuntos diarios del Consejo Supremo del Rito Escocés desde 1844 hasta su muerte en 1881. «Alto, erguido, de constitución delgada, pero enérgica» y con un cabello gris que le llegaba casi hasta los hombros y dejaba entrever «unos rasgos atractivos repletos de inteligencia», parecía un erudito moralista. En 1854, cuando tenía solo cuarenta y seis años, renunció a una exitosa carrera como médico para dedicar una actividad ilimitada a los estudios masónicos. La enorme *Enciclopedia de la masonería* (1874) es el más conocido de sus trece libros, y Mackey se convirtió en uno de los legisladores más importantes de la hermandad.

Albert Mackey (1807-1881), estudioso masónico, autoridad jurídica y alma de la masonería del rito escocés.

El 20 de marzo de 1853, el doctor Mackey concedió a Albert Pike todos excepto uno de los grados del rito escocés en Charleston. Nacido en Boston, Pike buscó consuelo en el oeste tras una ruptura amorosa. Sus aventuras culminaron en un peligroso viaje de mil kilómetros a pie por la región comanche hasta llegar a Arkansas, un lugar seguro donde se proponía hacer fortuna como abogado itinerante siguiendo las rutas de los barcos de vapor de Mississippi y Arkansas. Pike no podía ser más distinto de Mackey, su mentor masónico: jovial y carismático, con el cabello y la barba largos y un apetito pantagruélico de comida, bebida y trabajo, componía poesía romántica, era propietario y director de periódicos y lideró a un contingente de voluntarios de Arkansas en la guerra entre México y Estados Unidos (1846-1848).

Cuando Mackey inició a Pike, llevaron a cabo treinta y dos de las treinta y tres ceremonias de grado del rito escocés en una sola noche. Mackey consideraba a su protegido un hombre con suficiente vigor intelectual para cumplir el cometido que el rito escocés necesitaba con urgencia: una reescritura sistemática de las ceremonias de grado, seguida de una profunda reelaboración de la sabiduría que esos rituales ponían en escena. El rito escocés se convertiría nada menos que en un resumen de la sabiduría subyacente en todas las culturas humanas.

En 1859, con el respaldo de Mackey, Pike fue elegido para el máximo puesto del rito escocés, esto es, soberano gran comandante del consejo supremo, un cargo que ostentaría hasta su muerte, treinta y dos años después. Una vez que reescribió los grados y se cercioró de que fueran aplicados, emprendió la gran tarea que acabaría convirtiéndose en su obra más célebre, *Moral y dogma del rito escocés antiguo y aceptado*, publicada finalmente en 1871.

Entre las aptitudes de Albert Pike como masón estaba el hecho de que era un lector voraz y un entusiasta inventor de rituales. Su principal defecto era el racismo, que influyó profundamente en su hermandad. En 1859, Pike escribió: «En su mejor versión, el negro sigue siendo en sus apetitos e instintos una bestia salvaje proclive a recaer en toda su primitiva barbarie. Su apetito sexual solo se controla mediante el miedo, y ni siquiera el temor y la seguridad del castigo más espantoso y terrible lo contendrán». A pesar de haber nacido yanqui, Pike había absorbido los valores esclavistas de los algodoneros de las tierras bajas del sur y el este de Arkansas, su hogar de adopción.

Albert Pike (1809-1891), soberano gran comandante de la jurisdicción sur del rito escocés desde 1859 hasta su muerte.

Los esclavistas eran sus clientes, sus amigos y sus hermanos; fumaba sus puros, bebía su whisky y participaba en ágapes con ellos. En los editoriales, aireaba su resentimiento hacia la injerencia norteña en los asuntos del sur, despotricaba de los «fanáticos abolicionistas» y proclamaba la idea de que los trabajadores asalariados del norte tenían una vida mucho peor que los negros del sur.

La intransigencia de Pike se extendía a otros ámbitos. A mediados de la década de 1850 se afilió con entusiasmo a un efímero partido anticatólico conocido como los Know-Nothings, ya que sus miembros estaban obligados a hacer el juramento de que negarían conocer la existencia del grupo. El partido Know-Nothing, cuyo lema era «Estados Unidos para los estadounidenses», se oponía a la inmigración llegada de países católicos como Irlanda. Su propaganda afirmaba que el papa estaba planeando una invasión que sometería al Estados Unidos protestante a la Iglesia de Roma. Con sus juramentos, grados, apretones de manos y contraseñas, el partido Know-Nothing también llevaba el sello inconfundible del modelo masónico.

Sorprendentemente, si tenemos en cuenta su actitud hacia otras razas, Pike mostraba cierta empatía con los nativos americanos. Una generación antes, varios pueblos indígenas se habían visto empujados desde el sudeste de Estados Unidos hacia el «territorio indígena», al otro lado de la frontera occidental de Arkansas y en la actual Oklahoma. Durante casi toda la década de 1850, Pike había utilizado sus habilidades como patrocinador y su entusiasmo como lobista para intentar obtener una indemnización para las naciones Creek y Choctaw.

La actividad masónica de Pike era un factor crucial en la buena relación que mantenía con la élite india. Los nativos americanos eran bienvenidos en las logias desde hacía mucho tiempo. Se cree que el líder mohicano Thayendanegea (alias Joseph Brant, 1743-1807) fue el primer indio americano iniciado en la francmasonería: los británicos lo aceptaron para ganarse su apoyo en la guerra de Independencia de Estados Unidos. Muchos de esos episodios de diálogo y mediación a través de la masonería puntúan la sórdida y vergonzosa historia de cómo los pueblos nativos americanos fueron desposeídos de sus tierras. De hecho, el «territorio indígena» de las décadas de 1840 y 1850 experimentó una especie de auge masónico entre las denominadas «cinco tribus civilizadas» (los cheroquis, los chickasaws, los choctaws, los creeks y los seminolas). La logia Cheroqui número 21, la primera que se fundó allí, recibió autorización de la Gran Logia de Arkansas en 1848. En 1852, los choctaw fundaron la logia de Doaksville, y tres años después llegó la de Muscogee, creada por indios creeks.

La élite de los pueblos nativos de Estados Unidos encontró en la masonería lo mismo que los masones de otras partes del mundo: camaradería, estatus y todo lo demás. Sin embargo, la masonería también les aportaba el añadido de codearse con hermanos blancos e influyentes como Albert Pike.

A menudo se decía, y se sigue diciendo, que muchos pueblos nativos americanos compartían terreno cultural con la francmasonería: una veneración por los números y la orientación geográfica, por ejemplo, o el simbolismo del sol, las palabras mágicas secretas y los atuendos sagrados. Puede que haya algo de verdad en ello. Sin duda, algunos masones nativos americanos reconocían esos temas comunes. Sin embargo, por otro lado, a principios del siglo XIX la masonería había absorbido tantos mitos y motivos de todo el mundo que no es de extrañar que existieran similitudes más o menos casuales con los sistemas de creencias de los nativos americanos.

El mito del noble salvaje es una guía más reveladora sobre lo que opinaban Pike y otros masones blancos de sus hermanos indios. La bibliografía masónica estadounidense del siglo XIX era muy dada a las historias que retrataban una escena estereotipada. Un valiente, con el hacha de guerra alzada para asestar un golpe mortal, se cierne sobre un soldado blanco herido. Apretando los dientes de agonía y desesperación, el soldado hace una señal masónica de peligro. Milagrosamente, recurriendo a un elemento profundo del inconsciente colectivo de su pueblo, el valiente reconoce la señal y, en lugar de arrancarle la cabellera a su prisionero, lo trata con todo el respeto que merece un hermano. Esas fábulas alimentaban la idea que los masones tenían de ser herederos de verdades ancestrales comunes a toda la humanidad, unas verdades que el más noble de los salvajes de las Américas podía sentir en lo más hondo de su ser. En otras palabras, la mente masónica blanca abrigaba una suposición tremendamente arrogante: la francmasonería, como la máxima expresión de la sabiduría humana, llegó a las Américas para cumplir las más profundas inclinaciones espirituales de los nativos. Tal como ha argumentado con elegancia el historiador más importante de la masonería india americana, entre todos los colonizadores, los masones creían estar «a la vanguardia de un movimiento histórico predeterminado, ya que aquellos a los que fueron a desposeer ya conocían su llegada».

El doctor Albert Mackey, el mentor de Albert Pike, se mostraba intransigente cuando rondaba el límite entre lo que era y no era debidamente masónico. Incluso sus hermanos comentaban: «Se ganó enemigos, como ocurre siempre con los hombres con una voluntad fuerte y unas auténticas convicciones»; «no perdonaba, pues no pertenecía a una raza que hiciera tal cosa». Esa cualidad quisquillosa era muy proclive a aflorar cuando Mackey formulaba y defendía la opinión de la masonería sobre la esclavitud.

Charleston, la ciudad natal de Mackey y capital del rito escocés, se alzaba en una península de la bahía formada en la confluencia de tres ríos que desembocaban en el Atlántico. Era una ciudad de calles anchas, mansiones elegantes y paseos marítimos en la que cada uno de los porches y las puertas de hierro forjado se pagaron con las ganancias obtenidas con la esclavitud. Era un antiguo mercado de esclavos y el lugar al que la élite esclavista de Carolina del Sur acudía para huir del calor veraniego de sus plantaciones de arroz y celebrar suntuosos bailes y recepciones al aire libre.

A los esclavos no les está permitido ser masones. Ese principio es una herencia de los antiguos deberes de los mamposteros medievales, que consideraban a los siervos o «esclavos» legalmente incapaces de adherirse a contratos de trabajo. En 1723, en los albores de la masonería moderna, se incluyó el mismo principio en las *Constituciones*: «Las personas admitidas como miembros de una logia deben ser hombres buenos y sinceros, nacidos libres, de edad madura y discretos, no esclavos, ni mujeres, ni hombres inmorales o escandalosos, sino de buena reputación». En un lugar como el Charleston de las décadas de 1840 y 1850, donde la sociedad blanca se definía cada vez más por el derecho a poseer a otras personas, esa norma no podía ser solo un tecnicismo o un vestigio singular de un pasado remoto. En sus valores fundacionales, la francmasonería estaba abierta a toda la humanidad masculina con independencia de su credo religioso, afiliación política o raza. En Estados Unidos, los masones se enfrentaban a la cuestión de si los negros, y en particular los esclavos negros, contaban como parte de esa humanidad.

El autorizado fallo del doctor Albert Mackey sobre la cuestión era legalista, pero riguroso. En *Los principios del derecho masónico*, publicado en 1856, estipulaba: «El esclavo, o incluso el hombre nacido en condiciones de servidumbre, queda excluido de la iniciación por las regulaciones ancestrales, aunque posteriormente haya conseguido la libertad». El principio estaba claro: ningún esclavo o esclavo manumitido podría ser admitido jamás en la masonería. Por tanto, se negaba el acceso a buena parte de la población negra de Estados Unidos. Huelga decir que ese dictamen se adecuaba a la visión que los esclavistas de Charleston tenían del mundo. Puede que el racismo de Mackey fuera menos despiadado que el de Pike, pero condicionó de igual modo su perspectiva masónica.

El 12 de abril de 1861, cinco años después de que Mackey publicara esas palabras, Fort Sumter, un bastión federal situado en una isla de la bahía de Charleston, fue bombardeado por baterías confederadas desde el litoral. Un día y medio después, el comandante del fuerte, un masón llamado Robert Anderson, se rindió ante su oponente, el general Pierre G. T. Beauregard, también masón. El bombardeo supuso el inicio de una guerra civil que costaría más vidas que todos los demás conflictos estadounidenses juntos. Empezó como una lucha por resolver la tensión aborigen de la república, entre la autonomía de los diferentes estados y la autoridad del Gobierno federal, una tensión que resultaría explosiva debido a la cuestión de la esclavitud. Sin embargo, la guerra civil también llevó a su punto crítico la división entre la masonería blanca de Mackey y Pike y una tradición particularmente estadounidense de masonería negra cuyos orígenes se remontaban al nacimiento del país.

SE AVERGÜENZAN DE ESTAR EN PIE DE IGUALDAD

El padre fundador de la francmasonería afroamericana era un esclavo liberado de Boston llamado Prince Hall. Además de trabajar como peletero, preparar comidas y dedicarse a la venta ambulante, Hall también combatió con el Ejército Continental de George Washington durante la guerra de Independencia de Estados Unidos. La masonería Prince Hall, como se dio a conocer esta tradición, lleva su nombre.

Prince Hall y sus primeros hermanos afroamericanos probablemente empezaron su andadura masónica como víctimas de un estafador. El 6 de marzo de 1778, Hall y otros catorce hombres fueron iniciados por el sargento John Batt, miembro de una logia militar supeditada a la autoridad de la Gran Logia de Irlanda. Sin embargo, aquella iniciación resultó ser un fraude. El sargento Batt no era el maestro de la logia, tal como creían Prince Hall y sus amigos. Y, aunque lo hubiera sido, no habría tenido potestad para oficiar esa ceremonia él solo. No sabemos qué hizo Batt con las cuotas de afiliación que recibió, aunque cabe sospechar que se las quedó (tras ser expulsado del ejército británico en 1776, cambió de bando a finales del año siguiente y fue contratado como mercenario para luchar por la independencia estadounidense. En junio de 1778, tres meses después de la simulada ceremonia de iniciación, desertó).

Engañados y abandonados por su mentor, Prince Hall y sus hermanos trataron de dotar a lo que denominaban su «logia africana» de un estatus masónico oficial, algo que lograron en 1787 eludiendo a los dirigentes masónicos de Massachusetts y escribiendo a la Gran Logia de Londres. De este modo, la Logia africana número 459 llegó a ser tan oficial como cualquier otra en el creciente mundo masónico.

Durante el resto de su vida, Hall estuvo muy comprometido con la lucha contra las injusticias infligidas a los afroamericanos. En enero de 1787, él y otros masones negros pidieron a la asamblea de Massachusetts que exigiera el final de la esclavitud «en las entrañas de un país libre y cristiano». Sus deseos se cumplieron al final de la guerra de Independencia de Estados Unidos, cuando esta fue abolida en el estado. En 1788, tres hombres liberados de Boston fueron secuestrados y metidos en un barco de esclavos para su venta en las Indias occidentales. Indignado por su difícil situación, Prince Hall logró que los comerciantes de esclavos no pudieran operar fuera del puerto. La historia de los hombres libres secuestrados tendría un final feliz, porque uno de ellos era un masón de la logia de Prince Hall. Cuando fue ofrecido a un comerciante de esclavos que también pertenecía a la hermandad, dio a conocer su afiliación y el comerciante se aseguró de que los tres cautivos fueran devueltos a Boston. A su regreso, los recibieron con una gran celebración pública liderada por Prince Hall y sus hermanos.

Si algunas campañas de Prince Hall triunfaron, no puede decirse lo mismo de su lucha por el reconocimiento en el seno de la masonería. Los masones blancos rechazaban que los afroamericanos fueran miembros de logias ya existentes o que crearan las suyas. De ahí la paradoja de que Prince Hall, que había combatido por la independencia estadounidense, hubiera tenido que ejercer el viejo poder colonial para conseguir la plena legitimidad masónica para su logia africana.

Hacia el final de su vida, Prince Hall intentó reconciliarse con la masonería de Estados Unidos, aunque no lo consiguió. Según observaba un clérigo blanco en 1795, después de utilizar sus buenas artes para que los masones blancos cedieran, «lo cierto es que se avergüenzan de estar en pie de igualdad con los negros». Prince Hall era reconocido como un ciudadano importante del Boston negro, una figura íntegra y con autoridad que también había ayudado a fundar logias en otras ciudades. Sin embargo, cuando murió en 1807, en el corazón de la masonería estadounidense se había instalado una permanente escisión racial.

Prince Hall (*c.* 1735-1807), fundador de la tradición masónica afroamericana. No hay ninguna semblanza suya de la época. Representaciones convencionales como esta se hallan expuestas en las logias Prince Hall de todo Estados Unidos.

A los masones siempre los han incitado a mantenerse alejados de la política. En palabras del propio Prince Hall, la masonería «nos impone que seamos súbditos pacíficos de los poderes civiles en los que residimos». Sin embargo, al intentar mejorar como hombres, Prince Hall y los numerosos masones negros que han seguido sus pasos no pueden evitar enfrentarse a la discriminación profundamente arraigada en esos «poderes civiles». Por tanto, la masonería Prince Hall tuvo tintes políticos desde el principio. No debería sorprendernos encontrar una fuerte presencia masónica entre los abolicionistas negros cuando estalló la guerra civil noventa años después de la fundación de la masonería Prince Hall. Uno de ellos tal vez fue el francmasón afroamericano más importante del siglo XIX, un hermano que sondeó más que nadie el potencial político de la masonería: Martin Robison Delany.

Moisés

Nacido libre en Virginia y prácticamente autodidacta, Martin Delany se convirtió en un agitador y periodista contrario a la esclavitud en medio del hollín y el humo de Pittsburgh. En 1839 y 1840, asumiendo un riesgo considerable, emprendió un viaje de descubrimiento por el sur, donde estudió en solitario la experiencia y la cultura negras, desde los esclavos maltratados en las plantaciones hasta los *gens de couleur libres* de Nueva Orleans.

De vuelta en Pittsburgh, Delany se formó como cirujano («practicando sangrías con ventosas, sanguijuelas e incisiones»). Más tarde se casó y tuvo siete hijos. Toussaint L'Ouverture, su primogénito, nació en 1846 y se llamaba así por el gran líder de la revolución de los esclavos haitianos de 1791. Los otros hijos de Delany también heredarían el nombre de destacadas figuras de color, como Alexandre Dumas, el autor de *Los tres mosqueteros* y nieto de un esclavo haitiano, o san Cipriano, el mártir cristiano del siglo III originario del norte de África.

Delany fundó un periódico negro contra la esclavitud, *The Mystery*, y se embarcó en varias giras de conferencias para difundir su mensaje. Sus viajes y charlas no cesarían hasta que la edad le impidió continuar. En 1847, Delany conoció a Fredrick Douglass, que había huido de la esclavitud y había escrito una exitosa autobiografía que lo convirtió en la figura internacional del movimiento abolicionista. Ambos fundaron *The North Star*, un periódico más ambicioso.

Tras dos años de trabajo incesante en ese proyecto, Delany volvió a sus libros e instrumental médicos en Pittsburgh. En 1850 fue uno de los tres primeros alumnos negros admitidos en Harvard para estudiar medicina, pero lo expulsaron meses después debido a las protestas de sus compañeros blancos. Más tarde daría clases de anatomía comparada y encontró tiempo para inventar un componente que ayudaba a los motores de las locomotoras a subir pendientes escarpadas. La solicitud de la patente fue rechazada por motivos racistas.

En aquel momento ya hacía años que Delany era un entusiasta masón Prince Hall. En noviembre de 1846 fue miembro fundador de la logia de San Cipriano número 13 en Pittsburgh. Su primer periódico, *Mystery*, le debe su nombre a la terminología masónica: «misterio» es sinónimo de masonería. En 1847, Delany también fue crucial en la difusión de la francmasonería en Cincinnati, y ese mismo año, según los historiadores masónicos, la Gran Logia nacional de la masonería Prince Hall lo nombró delegado del distrito occidental (que abarcaba todo el territorio situado al oeste de Pennsylvania).

Tal como afirmaba el manifiesto fundacional de *Mystery*, Delany aspiró toda su vida al «ascenso moral del afroamericano y la raza africana a las esferas cívica, política y religiosa». El ascenso seguiría siendo su norte y guía, y centró su visión del mundo en tres influyentes mensajes: enorgullécete de ser negro, trabaja duro y haz valer tus derechos. En la masonería Prince Hall, Delany encontró una manera de congregar a una élite negra que impulsaría ese ascenso y se convertiría en un modelo al que seguir. También ensalzó lo que se ha descrito como el «sentido casi místico de su potencial como líder negro».

La década de 1850, una época muy desoladora para los afroamericanos, empezó con la ley de esclavos fugitivos, que los privó de derechos en toda la nación. Delany, como muchos otros hermanos Prince Hall, colaboró con el clandestino «ferrocarril subterráneo», que daba cobijo a esclavos huidos y los trasladaba a Canadá. En 1852 publicó *The Condition, Elevation, Emigration, and Destiny of the Colored People of the United States*, una obra pionera del análisis político que veía a los negros como una nación dentro de una nación cuya esperanza era abandonar Estados Unidos en masa y crear un nuevo hogar

CHARLESTON. LOS AFRICANOS FUERON LOS CREADORES

en otro sitio. En la conclusión, Delany hacía un llamamiento a los estadounidenses negros para que mejoraran su vida en el país educándose y deshaciéndose de los hábitos del servilismo.

En 1853, Delany cristalizó su visión política de la masonería en una conferencia. Aquel día, el hombre situado frente a sus hermanos de la logia de San Cipriano había convertido su aparición en un mensaje. Era corpulento, calvo y con unos hombros increíblemente anchos. Delany siempre proclamó su orgullo por el hecho de ser cien por cien africano. El lustroso color oscuro de su piel desafiaba el prejuicio que, incluso entre algunos afroamericanos, otorgaba a los «mulatos» un estatus más elevado. La conferencia, que se convirtió en el primer estudio de la masonería Prince Hall publicado hasta la fecha, era extraordinariamente ambiciosa. Inspirándose en una mezcla de sabiduría del Antiguo Testamento e historia reciente, Delany aspiraba a arrancar toda la tradición masónica de las manos blancas.

Según dijo a sus hermanos, la masonería empezó después del diluvio universal, cuando los hijos de Noé se dispersaron por todo el mundo para fundar dinastías y ciudades. Uno de esos hijos, Cam, tenía la piel negra, y sus descendientes poblaron África. Los etíopes y los egipcios crearon una religión que, en algunos aspectos cruciales, era

Martin Delany (1812-1885). Masón Prince Hall, agitador antiesclavitud y padre del nacionalismo negro.

compatible con el cristianismo: fueron los primeros en descubrir que el hombre estaba hecho a imagen y semejanza de Dios y aceptaban la idea de la trinidad (como bien sabía el público de Delany, en la mitología y el simbolismo masónicos abundan las trinidades, los triángulos y el número tres). Para cumplir con los propósitos de su religión y hacerla útil a la sociedad, los etíopes y los egipcios de la Antigüedad inventaron lo que más tarde se daría a conocer como masonería. Por tanto, afirmaba Delany, no cabía duda de que «los africanos fueron los creadores de esta misteriosa y bella orden».

Moisés también se había empapado del aprendizaje masónico africano, proseguía Delany. Porque ¿no dice Hechos de los Apóstoles 7, 22, que «Moisés fue instruido en la sabiduría de los egipcios»? ¿Acaso no nos cuenta Éxodo 2, 15, que Moisés huyó a Madián, un reino etíope, y que allí se casó con Séfora, la hija de un gobernante africano?

Salomón heredó los misterios de Moisés y construyó un gran templo en Jerusalén para darles una expresión concreta; sus cimientos radican en un conocimiento inconfundiblemente africano. La conclusión estaba clara: logias como la de San Cipriano número 13 no solo eran una manifestación legítima de los valores y referentes masónicos, sino que eran más legítimas que los de los masones blancos.

Al leer el discurso ahora, su posterior influencia en los masones Prince Hall resulta desconcertante. Sin embargo, durante el siglo XIX, en Estados Unidos en general y en la masonería en particular, los razonamientos basados en la Biblia eran interpretados con gran seriedad. Delany lo utilizó para expresar la «indignación fraternal» de sus hermanos, que habían soportado reiterados desaires siempre que habían intentado que sus logias fueran reconocidas por las autoridades masónicas blancas. Los valores masónicos de hermandad universal rechazaban de forma tajante cualquier discriminación de esa índole. Como decía Delany, «todos los hombres, sea cual sea su país, su clima, su color y su condición, son aceptables en los portales de la jurisprudencia masónica (cuando sean moralmente valiosos)». Los masones blancos revestían sus prejuicios con las páginas de las leyes masónicas, citando el venerable principio según el cual los que no fueran libres de cuerpo y mente no eran merecedores de ser miembros. El análisis que hacía Delany de la historia de Moisés, un masón que nació esclavo y vivió muchos años como tal, pretendía acabar con esa interpretación de las normas: «¿Se negará que el hombre que apareció ante el faraón y pudo hacer místicamente todo lo que eran capaces de hacer los sabios de esa nación misteriosamente sabia era masón?».

La década posterior a la conferencia en la logia de San Cipriano de Pittsburgh, Delany se dedicó a tratar de materializar su visión de un éxodo en el que él interpretaría el papel del Moisés negro. Cuando las esperanzas de una patria centroamericana demostraron ser ilusorias, barajó otras opciones, como Canadá, donde antiguos esclavos, tanto hombres como mujeres, habían creado una próspera comunidad en Chatham, Ontario. Delany se trasladó allí con su familia en 1856.

En mayo de 1858, mientras se encontraba en Canadá, Delany recibió a un visitante que haría historia: John Brown, un líder de la guerrilla abolicionista que estaba reuniendo hombres y fondos para organizar una revuelta de esclavos en el sur. Durante una reunión simulada de una logia masónica, Delany y Brown organizaron una convención constitucional a fin de aprobar la carta fundacional para la revolucionaria república de esclavos liberados que pretendía crear en las montañas de Virginia. En octubre del año siguiente, Brown llevaba consigo aquella Constitución provisional cuando su pequeño grupo intentó precipitar una revuelta asaltando el arsenal federal de Harpers Ferry. El asalto, como es sabido, resultó ser un fracaso, un episodio que exacerbó enormemente las tensiones que pronto desembocarían en la guerra civil. John Brown fue ejecutado y se convirtió en un mártir abolicionista cuya memoria fue conservada por el famoso himno del Ejército de la Unión.

Cuando la vida de John Brown tocó a su fin, Delany había emprendido de nuevo sus viajes, esta vez en busca de lugares para un asentamiento en la actual Nigeria. Se adentró en el interior, explorando el potencial para el cultivo de algodón y firmando tratados con los gobernantes locales. Lo que él tenía en mente era una gran confluencia transatlántica de experiencia y pericia negras cuando los africanos de América volvieran a su tierra natal. A su regreso de África, Delany visitó Londres y pronunció un discurso en la Royal Geographical Society antes de embarcarse en una gira nacional para simpatizantes abolicionistas (y también barones del algodón, que estaban buscando una nueva fuente de materias primas en África occidental). Una vez en Estados Unidos y utilizando Canadá como base, Delany dio más conferencias en las que ensalzaba las virtudes de la civilización africana y vestía con ropa que había traído desde el valle del Níger.

El plan africano de Delany, que siempre había tenido dificultades para ganarse el apoyo generalizado de los abolicionistas negros, quedó descartado en 1861, cuando once estados del sur se separaron de la Unión para crear la Confederación, lo cual precipitó la guerra civil. Ahora tenía por delante una nueva tarea: asegurarse de que no solo se libraba la guerra para reivindicar la autoridad del Gobierno federal, sino para erradicar definitivamente la esclavitud y cumplir el sueño de una ciudadanía que fuera igual para todos.

No habéis demostrado ser soldados

Hacia el 15 de septiembre de 1863, un grupo de harapientos soldados de infantería de la Unión deambulaba por los pantanos de Morris Island, a la entrada de la bahía de Charleston. Llevaban tablones y herramientas. A su alrededor, las palmeras habían sido reventadas por explosiones. A pesar de la brisa marina, el hedor a carne putrefacta aún se sentía en el aire cálido junto a las moscas. Más allá de Light-House Creek, hacia el oeste, dos baterías confederadas seguían disparando proyectiles. En la boca de la bahía, los acorazados de la Unión pulverizaban Fort Sumter metódica y vengativamente.

El grupo de soldados de la Unión estaba liderado por el sargento primero William H. W. Gray, que aún estaba recuperándose de sus heridas. Cuando encontraron el tramo de tierra recóndito que andaban buscando, siguieron las instrucciones de Gray para erigir un refugio oblongo de madera, cuidadosamente orientado de este a oeste. Después, sacaron de las alforjas una biblia, una escuadra y varios compases. El sargento Gray, o maestro venerable Gray, llevaba consigo una carta masónica obtenida en Boston que le confería autoridad para fundar una nueva logia militar. El refugio sería su templo, un lugar en el que poder celebrar la primera reunión de la logia, iniciar a nuevos miembros, recordar a compañeros caídos y compartir valiosos momentos de reflexión ante el horror que acababan de soportar.

Fue un momento de gran solemnidad, ya que los soldados unionistas en cuestión pertenecían al legendario 54.º Regimiento de la Infantería Voluntaria de Massachusetts. Su fama obedecía al valor que acababan de demostrar. Sin embargo, como afirmaba el *New York Tribune* al final de la guerra, el hecho crucial era que el 54.º regimiento de Massachusetts fue «la primera unidad de color organizada en el norte, y de su buen hacer dependió durante mucho tiempo el éxito del experimento de armar a ciudadanos negros para defender la república».

El 1 de enero de 1863, tan solo nueve meses antes de la fundación de la logia Prince Hall del sargento Gray, Abraham Lincoln había hecho pública su Proclamación de Emancipación, en la cual declaraba que «todas las personas retenidas como esclavas» en los estados rebeldes eran libres y seguirían siéndolo en el futuro. La libertad avanzaría a cada paso que diera el Ejército de la Unión en territorio confederado. La proclamación también estipulaba que los afroamericanos, tanto esclavos huidos como hombres libres, podían ser reclutados por las fuerzas de la Unión. Desde los tiempos de la antigua Roma, el servicio militar comportaba sin más el derecho a la nacionalidad, como bien sabía cualquier estadounidense instruido.

La idea de unos hombres negros armados era una pesadilla para los esclavistas, así que el Gobierno confederado respondió con furia a la incitación de Lincoln a la «rebelión servil». Los soldados negros apresados serían ejecutados, amenazó Jefferson Davis, el presidente confederado, y sus oficiales blancos correrían la misma suerte.

Los masones Prince Hall comprendieron al momento que formar unidades negras era una cuestión de urgencia. En Massachusetts, la campaña de reclutamiento para el pionero 54.º regimiento de voluntarios fue dirigida por Lewis Hayden, el antiguo esclavo y gran maestro de la masonería Prince Hall que más tarde autorizaría la logia militar del sargento Gray. Martin Delany, el aspirante a Moisés del abolicionismo, aceptó con entusiasmo el cometido de reclutar hombres actuando como agente del Gobierno federal en otros estados. Con tan solo diecisiete años, su hijo mayor, Toussaint L'Ouverture, se ofreció voluntario para el 54.º regimiento, como también lo hicieron dos hijos de Frederick Douglass.

A las pocas semanas de ser reclutados, los hombres del 54.º regimiento de Massachusetts iban cantando «John Brown's Body» cuando su barco zarpó de Boston. Pronto estarían sitiando uno de los símbolos con más fuerza de la injusticia que combatían: Charleston, el lugar de origen de la guerra civil. El sargento Gray y algunos de sus hermanos debían de saber que Charleston tenía importancia por otra razón, pues era la capital de la masonería del rito escocés, de la cual Albert Mackey, secretario general del Consejo Supremo, y Albert Pike, soberano gran comandante de dicho organismo, pretendían excluir a los hombres de origen africano. Para el Ejército de la Unión, la ciudad era un puerto estratégico en un conflicto que se libró casi tanto por bloqueo marítimo como por medio de una campaña terrestre. La batería que custodiaba el tráfico que entraba y salía de la bahía de Charleston estaba protegida por Fort Wagner, un gran castillo de arena con empalizada que se extendía por toda Morris Island. Había que conquistar el fuerte, y los hombres del 54.º regimiento de Massachusetts liderarían la ofensiva.

Fue en el ataque sorprendentemente sangriento contra Fort Wagner, muy cerca del lugar en el que el sargento Gray levantaría su humilde templo Prince Hall, donde el 54.º regimiento acabó con el mito racista de que los negros no eran aptos para el combate. Fort Wagner fue el único lugar en el que la guerra civil estadounidense se convirtió en una auténtica batalla por acabar con la esclavitud.

El 18 de julio de 1863 entraron en acción cuando el sol empezaba a ocultarse detrás de las dunas. Formando una amplia columna en la que las tropas del flanco derecho iban vadeando las olas, el 54.º regimiento recorrió unos quinientos metros de costa. Según relataba un superviviente, en un tramo de playa que se estrechaba formando un desfiladero a corta distancia del fuerte, «Fort Wagner se convirtió en un montículo de fuego del cual brotaba una oleada de disparos y proyectiles [...]. Un muro de fuego, seguido de lo que parecían chispas eléctricas, se deslizó por el parapeto».

A pesar del horrible número de bajas, el 54.º regimiento apretó el paso y viró a la izquierda, donde las defensas tenían menos altura. A la batalla se unieron bayonetas, culatas de rifle, espadas y escobillones de cañón. Los fogonazos de las armas de fuego iluminaban los rostros contraídos de los soldados negros y blancos. El coronel Robert Gould Shaw, comandante del 54.º regimiento, había estudiado en Harvard y era hijo de una de las familias abolicionistas más importantes de Boston. Un disparo le atravesó el corazón mientras instaba a sus hombres a avanzar.

Obligados a retroceder por el terraplén debido a la inferioridad numérica, los hombres del 54.º regimiento resistieron a pesar de las granadas y los disparos que se precipitaban sobre ellos, pero abandonaron toda esperanza de emprender otra ofensiva. Replegarse era la única opción, una retirada más terrible incluso que el ataque, un avance a ciegas en medio de un fuego devastador y los cuerpos marchitos de sus compañeros caídos.

Al amanecer empezó el recuento. Más de un tercio de los seiscientos hombres que atacaron Fort Wagner habían muerto o habían resultado heridos. Otros sesenta habían acabado en manos enemigas. Los confederados se negaron a incluir a los soldados negros heridos en un intercambio de prisioneros. El destino de muchos de ellos no se conocería hasta que terminó la guerra (al final, las amenazas de represalias del Gobierno federal salvaron la vida de aquellos a los que no mataron las duras condiciones del encarcelamiento).

El sufrimiento no acabó con el asalto fallido a Fort Wagner. Luego se produjo un sitio que duró cincuenta y ocho días. Los soldados del 54.º regimiento y las otras unidades afroamericanas allí presentes (en su mayoría compuestas por esclavos liberados) eran considerados más aptos para los trabajos pesados que sus homólogos blancos, así que ellos fueron los elegidos para cavar los emplazamientos de los cañones, que se acercaban cada vez más a Fort Wagner. El calor y el arduo trabajo dejaron a los hombres en los huesos y hechos un harapo, y padecían el tormento de las pulgas de mar. Los disparos de los francotiradores y los bombardeos eran una continua amenaza. Para dificultar el asedio, los confederados habían colocado «torpedos», o minas enterradas. Cuando las fuerzas de la Unión se hallaban a unos doscientos metros del fuerte, había tantos soldados moribundos que, por temor a desmoralizar a los supervivientes, los altos mandos prohibieron la música fúnebre durante los entierros.

Hasta primera hora del 7 de septiembre de 1863, los confederados no abandonaron de manera definitiva el osario en que se había convertido Fort Wagner. El sitio había terminado.

Durante la relativa calma posterior, el sargento Gray y los otros masones Prince Hall fundaron su logia militar en medio del lodazal. Nadie podía abrigar ilusiones de que la igualdad que anhelaban, tanto dentro como fuera de la masonería, estaba mucho más cerca. Para corroborarlo, días después resurgió una disputa habitual por los salarios. Ya les habían dicho varias veces que solo cobrarían diez dólares al mes en lugar de los trece que recibían los soldados blancos. Por unanimidad, el 54.º regimiento se negó a aceptar el dinero. Cuando volvieron a hacerles la misma oferta tras la caída de Fort Wagner, los soldados se mantuvieron en sus trece. Entonces intervino el comandante de brigada para encontrar una solución. El coronel James Montgomery era un abolicionista que había tenido un relevante papel en los encarnizados enfrentamientos entre grupos pro y antiesclavitud de Kansas antes de la guerra civil. Montgomery, un hombre alto y encorvado, se dirigió a las tropas con su habitual tono pausado:

> Debéis recordar que no habéis demostrado ser soldados [...]. Tampoco debéis esperar que os traten igual que a los hombres blancos. Cualquiera que oiga vuestros gritos y cánticos se dará cuenta de lo burdamente ignorantes que sois. Yo soy vuestro amigo y el amigo de los negros. Fui la primera persona del país que contrató a soldados negros en el ejército de Estados Unidos [...]. Al rechazar el salario que se os ofrece, el único al que tenéis derecho legal, sois culpables de insubordinación y motín, y podéis ser juzgados y ejecutados por un tribunal militar.

Un testigo del discurso observaba que «el coronel no parecía ser consciente de que sus comentarios eran insultantes y de que la mayoría de los hombres a los que se dirigía habían nacido libres». Los miembros del 54.º regimiento siguieron rechazando el dinero, y lo harían durante un año más, hasta que la injusticia de la discriminación salarial fue rectificada por ley.

El ataque del 54.º regimiento en Fort Wagner no tardó en saltar de los periódicos a la cultura popular, y ha quedado grabado en la conciencia colectiva desde entonces. En 1989, la historia del ataque fue retratada en *Tiempos de gloria*, una película aceptable protagonizada por Matthew Broderick, Denzel Washington y Morgan Freeman que ganó varios premios Oscar. La leyenda del 54.º regimiento se inspiró en uno de los mitos patrióticos más emotivos del siglo XIX: era la historia de la entereza y valor forjados en la guerra, del sacrificio de sangre. Según el relato del norte blanco, la crónica se centraba en el martirio del comandante del regimiento, el coronel Robert Gould Shaw. Los confederados habían intentado mancillar la memoria de aquel «hijo de familia rica con ojos azules» enterrándolo en una fosa con sus soldados negros, un gesto de desprecio racista que solo sirvió para aportar dramatismo a su mito. En comparación con él, los soldados rasos del 54.º regimiento permanecieron en el anonimato y fueron presa de una insidiosa suposición. Gran parte del sentimentalismo que rodeó al ataque a Fort Wagner dependía de la idea de que los afroamericanos tenían que ganarse la libertad, de que debían ser merecedores de la nacionalidad manteniendo los imposibles criterios de altruismo demostrados por los caídos del 54.º regimiento. Cuando terminó la guerra, esa suposición empezaría a tener efectos perniciosos.

El 18 de febrero de 1865, unos dieciséis meses después de la caída de Fort Wagner, Charleston había quedado reducida a casas destruidas, cráteres de proyectiles, embarcaderos vacíos y calles llenas de enseres de familias blancas aterradas. Antes de retirarse, la última orden que cumplieron las tropas confederadas fue prender fuego a cualquier posesión importante. Ahora, las llamas empezaban a extenderse. Casi todos los habitantes que quedaban eran afroamericanos, y aguardaron lejos del peligro con la convicción de que llegaría una nueva era.

Como correspondía, los primeros soldados de la Unión que entraron en Charleston eran un destacamento del 54.º regimiento de Massachusetts. Además, una de las primeras personas en recibirlos fue el doctor Albert Mackey, secretario general del Consejo Supremo del Rito Escocés Antiguo y Aceptado para la Jurisdicción Sur de Estados Unidos. Mackey rogó a los soldados de la Unión que apagaran las llamas. Y así fue como los hombres del primer regimiento de ciudadanos negros salvaron lo que quedaba de una ciudad que era un monumento a la esclavitud.

Martin Delany viajaría pronto también a Charleston. Solo unos días antes había ido a Washington para reunirse con el presidente Lincoln y plantear la idea de una expedición al corazón del territorio sureño con el propósito de formar una guerrilla negra. Ya había concebido ese plan en *Blake; Or the Huts of America*, su novela de 1859. En ella, un héroe que recordaba a Delany viajaba por el sur para crear una red secreta similar a la masonería Prince Hall que prepararía el terreno para una insurrección de esclavos. Mientras él y Lincoln conversaban, llegó la noticia de la caída de Charleston. A Delany le concedieron inmediatamente el rango de comandante —el más alto conseguido por un afroamericano durante la guerra civil— y le ordenaron que reclutara a más soldados negros para terminar la guerra. El nombramiento lo convirtió en un icono, y el periódico *Anglo-African* vendía reproducciones de retratos suyos con uniforme. Martin Delany viajó al sur envuelto en un halo patriótico.

Más tarde, rememoraba sus primeras impresiones al llegar a Charleston:

> Entré en una ciudad que, desde mi más tierna infancia y a lo largo de mi vida, había aprendido a contemplar con sentimientos de desprecio absoluto, un lugar de una insufrible crueldad hacia los negros, en el que el restallido del látigo junto al poste de castigo y el martillo del subastador eran sonidos coordinados en estremecedora armonía, ese lugar que siempre había estado cerrado a la libertad por un arrogante despotismo [...], en el que, solo unos días antes, había entrado triunfal el gallardo [general] Schimmelfennig, liderando con gritos desenfrenados al 54.º regimiento de Massachusetts, compuesto por algunos de los mejores jóvenes de color pertenecientes a la Unión. Me detuve por un instante y, después, animado por mi misión, me descubrí avanzando a grandes zancadas por la ciudad, como si se tratara de una marcha forzada para atacar al enemigo, ya aplastado y caído.

Para Delany se había inaugurado una época de triunfos. Miles de hombres y mujeres recientemente liberados se concentraron para escuchar al célebre comandante.

En primavera, las tropas que había reclutado Delany ya no eran necesarias, porque la Confederación se había rendido. Delany tuvo un importante papel a la hora de imponer calma en la ciudad tras el asesinato del presidente Lincoln el 14 de abril. En aquel momento, el 54.º regimiento de Massachusetts estaba en la ciudadela, la reluciente academia militar de Charleston en la que, por segunda vez, las tropas recibieron sus trece dólares.

Justo enfrente de la ciudadela, en una vivienda civil de tres plantas, el sargento y maestro venerable William Gray reunió una vez más a su logia militar Prince Hall. Había unos veinticinco o treinta masones Prince Hall, entre los cuales abundaban los suboficiales. Esos hombres habían sido la columna vertebral del regimiento y su autoridad entre las tropas no solo era militar, sino también moral. Representaban a una nueva clase militar negra vestida de uniforme. Podemos poner rostro a uno de ellos: el intendente Peter Vogelsang, que a sus cuarenta y nueve años era un jefe local de Nueva York y el hombre más longevo del 54.º regimiento. La eficacia organizativa de Vogelsang había sorprendido a sus superiores desde el principio. Además, era valiente: sobrevivió a un disparo en los pulmones dos días antes del ataque a Fort Wagner en julio de 1863. A pesar de que la jerarquía militar y los oficiales de campo blancos se oponían a los ascensos de soldados negros, Vogelsang llegaría a ser teniente e intendente de regimiento.

En Charleston, Martin Delany se reunió con sus conocidos del regimiento, incluido su hijo Toussaint L'Ouverture. Herido en una escaramuza, Toussaint se había perdido la carnicería de Fort Wagner, pero luego resultó herido una segunda vez. Junto con un suboficial del 54.º regimiento se convirtió en edecán de su padre. En años posteriores, sufriría lo que quizá fuera neurosis de guerra.

Delany también se reunió con el amigo al que llamaba «valiente Vogelsang». Semanas después de su ascenso a teniente y una vez cumplidas sus funciones, Vogelsang regresó a la vida civil y a su trabajo en el servicio de aduanas del Lower Manhattan. Sin embargo, entre tanto, su logia militar había plantado las semillas del futuro de la masonería negra en Charleston. Antes de que acabara el año 1865, se había convertido en una logia permanente y autorizada en Massachusetts. En Carolina del Sur, al igual que en toda la antigua Confederación, la masonería Prince Hall ganó nuevos adeptos, muchos de ellos animados por el ejemplo de ciudadanos negros del norte como Vogelsang. Se esperaba que, al igual que las viejas logias del norte habían ayudado a crear la élite negra que puso fin a la esclavitud, las nuevas logias del sur podrían generar una nueva élite, ejemplos vivos de honesta ciudadanía negra. El cosmopolitismo de la masonería también podía ayudar a sanar las divisiones entre negros y blancos.

Aquel mismo año, Martin Delany se incorporó al Departamento de Hombres Libres, un organismo federal creado por Abraham Lincoln para ayudar a antiguos esclavos. Sus esperanzas estaban claras, y eran las de tres millones de afroamericanos recientemente liberados: plenos derechos de ciudadanía, incluido el de justicia imparcial, educación, oportunidades económicas, voto y poder político. Las profecías parecían alentadoras para el que era un experimento sin precedentes en la renovación de la democracia. La mejora de la economía estadounidense financió un amplio programa de construcción ferroviaria que en parte estaba destinado a conseguir apoyos blancos para el nuevo régimen del sur. El ejército estadounidense estaba listo para respaldar las reivindicaciones de los esclavos liberados. La «reconstrucción», como se dio a conocer, estaba en marcha. Delany, que abrió una consulta médica en Charleston para ganarse la vida, pretendía hacer su aportación.

La lepra de la asociación negra

Cuando estalló la guerra civil, Albert Pike, el gran comandante soberano del rito escocés en el sur, fue enviado por la Confederación en una misión diplomática a territorio indio para cosechar el apoyo de las «tribus civilizadas». Los lazos masónicos que compartía con muchos jefes indios y el hecho de que la mayoría de esos jefes fueran propietarios de esclavos negros facilitó considerablemente su tarea. En marzo de 1862, a Pike le encargaron reclutar a soldados nativos y llevarlos a la batalla contra las fuerzas de la Unión en Pea Ridge. El enfrentamiento fue un desastre. No solo se saldó con una derrota para la Confederación, sino que, más tarde, se descubrió que a varios soldados de la Unión les habían arrancado la cabellera, una práctica considerada brutal. A continuación, se produjo una furiosa discusión entre Pike y sus superiores que precipitó su dimisión. Pike volvió a Arkansas para desarrollar el rito escocés en una cabaña de madera aislada durante el resto de la guerra.

Moral y dogma, de Pike, es una serie de conferencias que esclarecen el pensamiento que hay detrás de cada ritual de grado. Gran parte del libro, según reconocía el propio Pike, es un pastiche de numerosos escritos sagrados y textos filosóficos. En todo momento, su autor transmite el firme convencimiento de que la base de todos los sistemas de creencias puede reducirse a principios comunes. Ya fuera la retórica clásica, el misticismo judío, las religiones orientales, la literatura medieval, la alquimia o la heráldica, todo se reducía a las mismas verdades fundamentales. Pike afirmaba que existían grandes equivalencias entre todo lo que había descubierto durante años de estudio voraz y ecléctico. El resultado fue muy influyente para los masones e ilegible para el resto:

> Las manifestaciones importantes del ocultismo coinciden con el periodo de la caída de los templarios, puesto que Jean de Meung o Chopinel, contemporáneo de Dante en sus años de vejez, floreció durante los mejores años de su vida en la corte de Felipe el Hermoso. El *Roman de la Rose* es la historia épica de la vieja Francia. Es un libro profundo presentado con ligereza, una revelación tan instruida como la de Apuleyo sobre los misterios del ocultismo. La rosa de Flamel, la de Jean de Meung y la de Dante brotaron del mismo tallo. El sistema de Swedenborg no era más que la Cábala, exceptuando el principio de la jerarquía. Es el templo sin la dovela y los cimientos.

En su cabaña de madera, Pike llenó ochocientas sesenta y una páginas igual de soporíferas. Lo único que posee indudable claridad en su reescritura del rito escocés son las innumerables perogrulladas: «Cualquier cosa que merezca la pena hacer en este mundo merece la pena hacerla bien»; «Ser sincero, justo y honesto es la base de toda virtud».

Pike quizá deba su enorme y duradero éxito a su sentido de la teatralidad (y no tanto a sus ideas). Un buen ejemplo de ello es el decimotercer grado del rito escocés, que otorga el título de Caballero Kadosh, una palabra que supuestamente proviene del término hebreo para «sagrado».

El grado de Caballero Kadosh tiene lugar en una serie de cuatro cámaras o «apartamentos» en los que hay colgadas telas de diferentes colores: negro, blanco, azul celeste y carmesí. El estridente apartamento carmesí también cuenta con unas columnas blancas, y la pared del lado este está cubierta de terciopelo negro con bordados de plata. En esos espacios coloristas se exhibe una enorme colección de incongruentes objetos: una tumba, un altar y un mausoleo, guirnaldas y coronas, una escalera de mano, cortinas, estandartes y cintas, urnas, llamas y perfume, dagas, varios tipos de cruces, un cayado y un píleo romano, un decantador y una barra de pan, así como varias calaveras. Los disfraces no son menos llamativos: dos «heraldos de armas» llevan una armadura medieval, «guantes, espada, un hacha, casco y visor», especifica Pike. El iniciado también luce una túnica blanca con mangas anchas que le llega hasta las rodillas, un cinturón de charol negro, una capa larga de terciopelo negro con forro escarlata, un sombrero de ala ancha con una pluma de avestruz roja, botines amarillos decorados con encaje dorado y borlas blancas y unas espuelas de oro. «No llevan mandil», concluye Pike decepcionado.

A pesar de su negativa a admitir esclavos y exesclavos en la francmasonería, el doctor Albert Mackey permaneció en Charleston durante el conflicto para apoyar a la Unión: por eso se encontraba allí en febrero de 1865 para dar la bienvenida al destacamento del 54.º regimiento de Massachusetts y rogarles que evitaran la quema de la ciudad. Fue recompensando por su lealtad con el jugoso puesto de aduanero en el puerto. Al parecer, su relevancia nacional dentro de la masonería ayudó a que consiguiera el cargo. Mackey, un político astuto, tuvo un papel activo en la reconstrucción como *scalawag*, el nombre que los enemigos demócratas daban a los seguidores blancos sureños del Partido Republicano, una formación contraria a la esclavitud. En 1868, el doctor Mackey fue elegido presidente de la Convención Constitucional de Carolina del Sur, que fue creada para revisar drásticamente las leyes del estado y, de ese modo, conseguir la readmisión en la Unión. Setenta y tres de los ciento veinticuatro delegados de la convención eran negros. Como cabría esperar, la prensa

Albert Pike con uno de sus extravagantes trajes del rito escocés.

demócrata detestaba lo que calificó de «asamblea de negros» y tachó a Mackey de fraude que solo buscaba dinero.

Durante la reconstrucción, mientras seguía trabajando en el rito escocés, Albert Pike, el protegido masónico del doctor Mackey, se adhirió a las creencias que lo habían llevado al bando confederado durante la guerra civil. Instalado en Memphis, Tennessee, tras la ruptura de su matrimonio, volvió a su profesión de periodista. Durante las elecciones presidenciales de 1868 proclamó desde las páginas del periódico del cual era propietario: «Queremos que la raza blanca, y solo esa raza, gobierne este país. Es la única adecuada para gobernar y es la única que lo hará».

En los años posteriores al final de la guerra civil, el sur fue testigo de un aumento de las torturas, las mutilaciones, los azotes, las violaciones y los asesinatos perpetrados por bandas de saqueadores blancos contra negros y *scalawags*. La banda más conocida era el Ku Klux Klan, fundada por exsoldados confederados en Pulaski, Tennessee, a finales de 1865 o 1866. Sus disfraces carnavalescos, sus ritos y los estrambóticos títulos adoptados por sus líderes (Gran Cíclope, Duende, Gran Hechicero, etcétera) dejaban claro que eran una versión grotesca de las asociaciones fraternales seudomasónicas que seguían apareciendo por todo Estados Unidos. De hecho, el grupo nació al parecer para gastar bromas desagradables, como fingir ser fantasmas de soldados confederados para aterrar a los negros. A medida que el conflicto por la reconstrucción se volvió más descarnado, el KKK también lo hizo. En 1868 era una turbia red de grupos que llevaban a cabo una campaña de violencia e intimidación en muchos estados del sur. Fue un escándalo nacional.

Corre el rumor de que Albert Pike era jefe del KKK. Aunque no existen pruebas que respalden esa teoría, no cabe duda de que era un compañero de viaje ideológico. En abril de 1868 escribió un elaborado editorial sobre el Klan para su periódico, el *Memphis Daily Appeal*. Después de arremeter contra la prensa norteña por exagerar enormemente el problema del KKK, explicó que este había sido fundado originalmente por «diversión y jolgorio» y para asustar a «negros supersticiosos». Era «demasiado ostentoso y buscaba demasiado la notoriedad como para tomárselo muy en serio». Por tanto, «es predecible que nunca cumplirá la mayoría de su plan original. Debe convertirse en otra cosa para ser eficiente». La hipocresía de esta frase es que, como bien se sabía, los miembros del KKK ya se habían distanciado mucho de su «plan original» y su objetivo era el terrorismo político y no la «diversión y el jolgorio». Por tanto, ¿a qué se refería Pike al plantear la idea de una versión más «eficiente» del KKK?

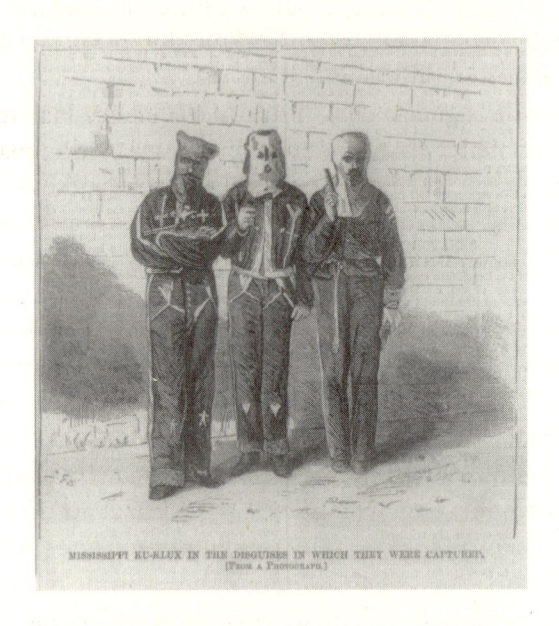

MISSISSIPPI KU-KLUX IN THE DISGUISES IN WHICH THEY WERE CAPTURED.
(FROM A PHOTOGRAPH.)

Pike empezaba su respuesta a la pregunta que había formulado denunciando las «opresiones» y «humillaciones» cada vez más intolerables que infligían al sur el Departamento de Hombres Libres y los «canallas negros». «Con negros como testigos y jurado, la administración de la justicia se convierte en una blasfema mofa». Por esa razón,

> el pueblo desposeído del sur, al que han privado de todas las garantías de la Constitución [...] no encuentra protección para las propiedades, la libertad vital, excepto en asociaciones secretas. No se asocian para cometer locuras y atrocidades, sino para una defensa mutua, pacífica y legal. Si estuviera en nuestra mano [...] uniríamos a todos los hombres blancos del sur que se opongan al sufragio negro en una gran orden de hermanos sureños, con una organización completa, activa y enérgica en la que unos pocos deberían activar la voluntad concentrada de todos y cuya existencia debería permanecer oculta a todos salvo sus miembros.

El sueño de Pike era una sociedad secreta masónica o seudomasónica que urdiría una conspiración para tomarse la justicia por su mano a fin de defender los intereses blancos y privar a los esclavos liberados del voto. Tal vez el Ku Klux Klan no era la hermandad supremacista y «eficiente» que imaginaba Pike. Sin embargo, resultaría comprensible que los matones del Klan interpretaran su artículo como un gesto de aprobación.

Después de la guerra civil, la masonería Prince Hall reanudó sus intentos por obtener el reconocimiento de la clase dominante masónica de raza blanca. En respuesta a ello, Pike se mostró inflexible en su desprecio a la idea de que negros y blancos pudieran unirse en una fraternidad. En septiembre de 1875 le escribió a un hermano del rito escocés para exponer su postura. No le interesaban en absoluto los giros legales e históricos invocados por gente como el doctor Albert Mackey para justificar la negativa a reconocer la masonería negra. Pike consideraba que «una logia Prince Hall era tan normal como cualquier otra creada por una autoridad competente y que tenía todo el derecho a fundar otras logias». En cambio, alentaba a que los masones blancos actuaran según el dictado de sus prejuicios: «Yo tengo mis obligaciones con el hombre blanco, no con los negros. Si tengo que aceptar a los negros como hermanos o abandonar la francmasonería, la abandonaré. Me interesa que el rito [escocés] antiguo y aceptado no se contamine, al menos en nuestro país, con la lepra de la asociación negra».

Entre tanto, el racismo del doctor Albert Mackey también empezaba a salir a la luz. Su trabajo como aduanero en el puerto les brindaba a él, a sus familiares y a sus amigos una maquinaria clientelar muy potente. Solo contrataba a empleados blancos, incluidos exsoldados confederados y otros hombres que se habían negado a hacer un juramento de lealtad a la república. Más tarde fue despedido por una alianza en la que había políticos negros contrarios a sus prejuiciosas preferencias de reclutamiento.

Siempre que reaparecía la cuestión de la masonería negra, Mackey se ceñía testarudamente a la letra de la ley masónica tal como él la interpretaba. A finales de 1875, la Gran Logia de Ohio reconoció a la masonería Prince Hall. En respuesta a ello, Mackey intentó moderar en las páginas del *Voice of Masonry* un debate confuso y en ocasiones histérico entre hermanos blancos que se prolongó durante seis meses. Un colaborador afirmaba que admitir a negros en las logias era como aceptar a mujeres. Un hermano mencionaba que, al ser rechazados en Estados Unidos, los masones Prince Hall habían sido reconocidos por muchas grandes logias de Europa. A la postre, Mackey perdió la paciencia y, exasperado, escribió un editorial con el título «La cuestión del color». En principio, no se oponía a iniciar a los negros en la masonería. Al fin y al cabo, «la masonería no hace distinciones de raza y color en las cualificaciones de un candidato». Simplemente, la masonería Prince Hall era ilegítima en dos sentidos. En primer lugar, la logia Prince Hall original no se había constituido históricamente de manera adecuada. En segundo lugar, la idea de una masonería solo negra era contraria a los principios fundacionales y universalistas de la masonería. «Y con esto me despido del tema».

La enrevesada lógica de Mackey era una fina máscara para su odio. En la práctica estaba diciendo que los masones Prince Hall no podían ser masones como es debido, porque, de una parte, siempre habían sido excluidos de las logias estadounidenses debido a la intolerancia racial de los hermanos blancos. De otra, no podían formar sus propias logias, porque ello contravendría las normas masónicas sobre tolerancia racial. Hicieran lo que hicieran, estaban condenados.

Las eruditas referencias de Mackey a precedentes legales masónicos no pretendían resolver la «cuestión del color», sino evitar que la masonería blanca (y en particular, su amado rito escocés) fuera destruida por la raza. Mackey debía de saber que muchos masones del sur y del resto del país compartían las opiniones de Albert Pike. Algunas grandes logias mantenían la prohibición explícita de admitir a negros. Mackey había reconocido una manera de utilizar la ley y la tradición masónica para apaciguar a sus hermanos blancos y se ceñiría a ella ocurriera lo que ocurriera. Él y miles de masones no tan abiertamente racistas llegaron al convencimiento de que, puesto que su fraternidad en principio estaba abierta a todo el mundo con independencia de su raza, podían ignorar alegremente el hecho de que ningún negro en su sano juicio osaría cruzar el umbral porque eran hermanos con opiniones como las de Albert Pike quienes creaban el clima en su interior.

Devuelta sin nuestra aprobación

En 1874, Martin Delany se presentó por primera vez a un cargo político. Al mismo tiempo, intentó reincorporarse a la masonería Prince Hall, ya que había dejado que caducara su afiliación a la logia de San Cipriano en Pittsburgh. Debido a sus incansables viajes y activismo, puede que nunca recibiera las cartas que le recordaban que debía pagar sus cuotas. En cualquier caso, para Delany, la masonería como tal nunca había sido su misión en la vida; su vocación era la causa de la liberación.

Este episodio nos revela muchas cosas sobre el triste final de la carrera de Delany como organizador político, sobre la caída de la reconstrucción y sobre los fines más interesados con los que pueden explotarse los vínculos de la hermandad masónica.

Resultó que la reconstrucción se sostenía sobre dos pilares: el dinero fácil y el sentimentalismo, blanco y norteño, contrario a la esclavitud que impregnó la Unión tras el ataque a Fort Wagner por parte del 54.º regimiento de Massachusetts. Cuando Delany se presentó a las elecciones, esos pilares se habían visto debilitados de forma decisiva.

En 1873, el auge del ferrocarril degeneró en una profunda crisis económica que no tardó en despojar a la reconstrucción de los recursos necesarios para comprar apoyos.

El optimismo de 1865 se fundamentaba en los voluntarios del 54.º regimiento de Massachusetts y el sacrificio de casi doscientos mil soldados negros durante la guerra civil. Sin embargo, entre los norteños blancos, el recuerdo sentimental de los hombres que habían muerto tan noblemente en Fort Wagner jamás sobreviviría al momento en que antiguos esclavos del sur empezaran a manejar los mecanismos más sucios de la democracia estadounidense: el clientelismo y el enfrentamiento entre distintas facciones; la corrupción y la deslealtad; la oratoria barata y el sórdido compromiso. Gran parte de la opinión pública del norte siempre puso en duda la idoneidad de otorgar derechos democráticos a los antiguos esclavos. En los años cumbre de la reconstrucción, los ataques del Ku Klux Klan y otras atrocidades de los supremacistas blancos habían ayudado a mantener los recuerdos de la guerra y la voluntad de la opinión pública norteña de aceptar que en el sur se necesitaban tropas para proteger a los afroamericanos. Sin embargo, el apoyo a la ayuda militar para los derechos de los negros se vio erosionado de forma paulatina por una lenta campaña propagandística que retrataba a los políticos, a las autoridades y a los votantes negros como ignorantes y corruptos. Carolina del Sur, el estado con mayor porcentaje de ciudadanos afroamericanos, era puesto como ejemplo de lo fútil que era otorgar poder a los «salvajes». Una crónica muy leída de 1873 proclamaba que Carolina de Sur era «una masa de barbarie negra [...] la democracia más ignorante que haya visto nunca la humanidad».

Cuando Delany, que siempre había ansiado un cargo político, se presentó como candidato a vicegobernador de Carolina del Sur en 1874, convirtió a un hermano masón en un enemigo político. El vicegobernador en funciones, Richard H. Gleaves, había fundado en Pittsburgh la logia de San Cipriano número 13 con Delany hacía casi tres décadas. Ahora era gran maestro de la misma Gran Logia de Carolina del Sur que había nacido de la logia militar del 54.º regimiento de Massachusetts. De hecho, Gleaves era el masón Prince Hall más influyente del país, elegido como líder de la Gran Logia Nacional, un organismo que intentaba ejercer su autoridad sobre la masonería negra en todo el país en un momento crucial en el que se estaban fundando nuevas logias Prince Hall en todos los antiguos estados esclavistas. Después de la guerra civil, Gleaves había viajado mucho por el sur y había inaugurado logias por el camino. Sin embargo, al propagarse de este modo entre los recién emancipados y liberados, la organización masónica afroamericana, que tan importante había sido para la lucha abolicionista, se convirtió en una herramienta para hacer contactos políticos y conseguir clientela. Gleaves era una figura generadora de división en la masonería Prince Hall, y la Gran Logia Nacional desapareció porque su liderazgo era tachado de dictatorial. Gleaves fue acusado de utilizar el movimiento Prince Hall para obtener seguidores políticos en el sur e incluso de embolsarse las cuotas de las muchas logias que fundó. Gleaves respondió acusando a sus detractores dentro de la masonería Prince Hall de estar haciéndoles el trabajo sucio a los demócratas al calificar a todos los políticos republicanos negros de corruptos. Fue un espectáculo poco fraternal y deprimente.

Delany estaba desesperado por cuestionar la influencia de su rival y escribió a la Gran Logia Prince Hall de Pennsylvania para solicitar la renovación de su membresía. Le contestaron con una negativa rotunda. La Gran Logia «propuso que la petición de M. R. Delany le fuera devuelta sin nuestra aprobación». Y lo que era aún peor: sus antiguos hermanos de Pittsburgh afirmaban que les había pedido prestados cincuenta dólares y no se los había devuelto. El informe fue remitido al propio Gleaves con la petición de que fuera leído en voz alta en la Gran Logia de Carolina del Sur.

Delany fue rechazado y humillado. La credibilidad masónica que pudiera quedarle se había esfumado. Richard H. Gleaves, por el contrario, tenía muchos amigos masones a los que recurrir, y ganó las elecciones con holgura (en julio de 1877, Gleaves huiría de Carolina del Sur poco después de ser imputado por un fraude de cuatro mil dólares; el juicio posterior pondría fin a su carrera política).

Es posible que la ambición frustrada ofuscara a Delany. O quizá sabía que el fin de la reconstrucción estaba cerca y pensó que algún tipo de reconciliación con el poder blanco atrincherado era la única esperanza para los afroamericanos. Sea como fuere, Delany estaba alejándose de los republicanos, del partido de Lincoln y de la reconstrucción y acercándose cada vez más a los demócratas, el partido de la Confederación. Esta última apuesta política sería un desastre. En 1876 apoyó públicamente a Wade Hampton III, el célebre candidato demócrata a gobernador y héroe de guerra confederado proveniente de una familia con plantaciones y esclavos. Hampton hizo falsas promesas de que respetaría los derechos de los negros si salía elegido, unas promesas que Delany aseguró creerse. Sin embargo, durante la campaña, Hampton iba a todas partes acompañado de paramilitares. En todo el estado, esos escuadrones de los denominados «camisas rojas» alardeaban empuñando sus pistolas y sembraban el terror entre los votantes negros de las zonas rurales.

Como es comprensible, los republicanos afroamericanos estaban furiosos por la traición de Delany. Durante un mitin recibió un disparo. En otros lugares lo acusaban de «maldito negrata demócrata».

La controvertida victoria de Hampton en las elecciones supuso el fin de la reconstrucción. El Gobierno federal de Washington quería dejar aquello atrás y, en los antiguos estados confederados, la democracia se convirtió de forma inevitable en un régimen blanco basado en fraudes electorales y horcas.

Ahora que sus sueños habían quedado hechos añicos y que su

fuerza política se había agotado, Delany se planteó un nuevo regreso a África. Sin embargo, su expedición acabó en un fiasco comercial y político y murió en el olvido.

Los argumentos de Albert Mackey contra la masonería Prince Hall se convirtieron en una política establecida entre los masones blancos y seguiría siéndolo a partir de entonces. En cumplimiento de la creencia masónica en la fraternidad de todos los hombres, la clase dominante de la masonería estadounidense seguiría siendo solo blanca.

Albert Pike pasó el resto de su vida mostrando una discreta pero enérgica devoción al rito escocés. En 1869, impaciente por la ineficacia administrativa de Mackey, trasladó el cuartel general de la Jurisdicción Sur del Rito Escocés de Charleston a Washington D. C. Tras caer en la pobreza, en 1876 se instaló en el edificio del consejo supremo en el número 602 de D Street NW, lo que le permitía dedicar todo el día al rito escocés. Pero las corrientes globales de la historia masónica no permitirían que Pike viviera sus últimos años en paz. Poco antes de su muerte en 1891, obtendría notoriedad en Francia, lugar de nacimiento del rito escocés, como el emisario masónico de Satán en la tierra.

9

Roma-París. El diablo en el siglo XIX

PANDEMÓNIUM

Se acumulaba ya una humedad asfixiante en el transepto norte de San Pedro cuando, la mañana del 18 de julio de 1870, un papa frágil, rechoncho y digno se sentó en su trono. Observando a Pío IX desde unas gradas erigidas especialmente para la ocasión había unos seiscientos altos cargos de la Iglesia, que habían sido llamados de todo el mundo católico para pasar unos meses debatiendo las más elevadas doctrinas. Sin embargo, el asunto del día ya no era teológico, porque todas las dudas en ese sentido ya habían quedado despejadas. Una vez que los tonos del *Veni Creator* se hubieron apagado, la voz estridente del secretario del consejo leyó el dogma que había que aprobar. El Santo Padre «posee esa infalibilidad de la cual quiso dotar el redentor divino a su Iglesia». Cuando hablaba oficialmente sobre cuestiones de fe y moralidad, el papa estaba fuera de todo tipo de error y cuestionamiento.

Cuando leyeron sus nombres en voz alta, los cardenales y obispos expresaron uno a uno su conformidad. Sin embargo, antes de que unos cuantos hubieran expresado su *placet*, San Pedro se oscureció y se oyó un trueno devastador en lo alto. Al poco, largos destellos de relámpago danzaban por la cúpula, mientras la lluvia caía en torrentes como los del Antiguo Testamento. Los corresponsales protestantes que informaban desde Roma no pudieron contener una burlona sonrisa ante el manifiesto del clima sobre la declaración de infalibilidad papal: «Para muchas mentes supersticiosas, la tormenta debió de ser una manifestación de la ira divina».

El papado no necesitaba lecciones sobre los signos de la ira divina. ¿Acaso el disgusto del Señor con los asuntos humanos no había

El papa Pío IX proclama la doctrina de la infalibilidad papal en 1870. De *London Illustrated News*.

quedado sobradamente claro desde que la Revolución francesa de 1789 desató una marea de corrosivas ideas modernas? ¿Acaso el racionalismo, el Gobierno constitucional, las libertades civiles, la democracia y la libertad de prensa no eran señales del merecido castigo de la humanidad? Sufriendo por su rebaño, los papas sintieron toda la fuerza de la rebelión. En 1789, el Vaticano fue destrozado por soldados franceses y Pío VI fue encarcelado. Una década después, Pío VII pasó seis años confinado por deseo de Napoleón. En 1848, dos años después de su elección, el propio Pío IX se había visto obligado a huir de Roma cuando unos revolucionarios degollaron a su primer ministro delante del palacio pontificio. No hubo respiro ni siquiera cuando Pío recuperó el trono en abril de 1850. En 1859, el reino de Italia, cuya creación se proclamaría unos años después, confiscó gran parte del territorio que los papas-reyes habían dominado durante un milenio y solo les dejó la región que rodeaba Roma.

La respuesta de la Santa Sede fue calificar el reino de Italia de Estado pagano que había «saqueado» a la Iglesia. Se pidió a los fieles que boicotearan las elecciones. Luego, Pío hizo retroceder el calendario hasta la Edad Media. En 1864, el *Syllabus Errorum* enumeraba ochenta ofensas contra la verdad revelada por Dios, que incluían la tolerancia religiosa, la separación de Iglesia y Estado y, en el último lugar, la escandalosa idea de que el papa debía «aceptar el progreso, el liberalismo y la civilización moderna».

Así pues, la declaración de infalibilidad de julio de 1870 formaba parte de una tendencia regresiva permanente. Sin embargo, ese acto denotaba algo más que un atisbo de desesperación, como si pío IX estuviera ejerciendo un control absoluto sobre la esfera espiritual justo cuando el mundo se aceleraba de manera incomprensible para él. La «civilización moderna» aún tenía más atrocidades reservadas.

Tres días antes de la declaración de infalibilidad, Francia, la potencia católica más importante de la Europa continental, había declarado confiada la guerra a Prusia. A continuación sobrevino una cadena de catástrofes. Francia fue derrotada e invadida. El pequeño destacamento francés desplegado en Roma, lo único que impedía que el resto de las tierras del papa fueran incorporadas al reino de Italia, volvió a casa. El 20 de septiembre de 1870, transcurridos menos de dos meses desde que Pío se declarara infalible, las tropas italianas irrumpieron a través de los muros de Roma. En aquel momento, la Ciudad Eterna era la capital de Italia. En adelante, el santo padre no tendría más reino terrenal que el Vaticano.

Al borde de la derrota ante Prusia, Francia se convirtió de nuevo en república, la tercera. París se rebeló contra un Gobierno francés debilitado. En la primavera de 1871 se declaró una comuna socialista en la ciudad y dio comienzo un carnaval de sacrilegios. Sacerdotes y monjas fueron hostigados y encarcelados. Algunas iglesias fueron profanadas y se arrancaron emblemas religiosos de los edificios públicos. En mayo, cuando la comuna se acercaba a la derrota, el arzobispo de París fue ejecutado y la catedral de Notre-Dame, incendiada.

En los veinte años posteriores se produjo un despiadado auge anticlerical en Europa. Los gobiernos decretaron medidas como la educación laica, el matrimonio civil, el divorcio y los funerales no religiosos. Influidas por Charles Darwin, las nuevas tendencias de la ciencia y la filosofía aspiraban a eliminar a Dios del universo físico y social. Cuando los campesinos fueron absorbidos por las ciudades y las fábricas, perdieron el contacto con su fe inmemorial. Nuevas y «peligrosas» ideologías, como el socialismo y el anarquismo, llenaron el vacío espiritual. Una erupción de monumentos patrióticos —estatuas de mártires nacionales, ministerios imponentes, gigantescos altares laicos— desafiaba el tradicional dominio que ejercía la Iglesia en los paisajes urbanos europeos. Cuando la década de 1880 tocaba a su fin, la necromancia, el espiritismo y la magia negra estaban cada vez más en boga en los círculos literarios.

Sin embargo, el papado no estaba indefenso ante aquella ofensiva. En Francia, muchos creyentes seguían considerando a su país «el primogénito de la Iglesia» y veían una alianza entre el trono y el altar como la única base segura de autoridad política. Asimismo, la laicización generó un renacer religioso, una época de peregrinaciones, profecías, revelaciones y reliquias. El culto a la Virgen María se había revitalizado. En 1858, Bernadette Soubirous, una pastora de los Pirineos franceses, aseguró haber tenido visiones de la Virgen. La gruta de Bernadette en Lourdes pronto se convirtió en un teatro de los milagros. Alrededor de Pío IX también se generó un culto. Los nuevos medios de comunicación —publicaciones populares baratas, periódicos y libros— lo convirtieron en un icono para los fieles.

En aquella guerra cultural entre la religión y el laicismo en la Europa católica, los rumores sobre conspiraciones y planes secretos despertaban más interés que nunca. Para los jesuitas, los masones eran el enemigo número uno de los católicos. En 1850, Pío IX había dado a la Compañía de Jesús un papel crucial al ponerla al mando de *Civiltà Cattolica*, una nueva revista concebida para difundir el mensaje de la Santa Sede entre el mayor número posible de lectores.

En las cuatro décadas posteriores, *Civiltà Cattolica* no dejó de ofrecer cobertura a la masonería, reciclando y actualizando los temores a la conspiración masónica expresados inicialmente por el abad Augustin de Barruel en 1797.

Civiltà Cattolica empezó con una trilogía serializada de novelas antimasónicas escritas por el padre Antonio Bresciani: *El hebreo de Verona*, *La república romana* y *Lionello* se convirtieron en superventas. Los libros exageraban los trabajos secretos de la masonería y otras sectas relacionadas con ella para traer la anarquía, la destrucción del cristianismo y el triunfo de Satán. «El alma de todos los cambios inesperados y rápidos en los estados europeos es el pandemónium de las sociedades secretas». Era ese «pandemónium» el que cautivaba a los lectores de las novelas de Bresciani: una procesión escabrosa y casi alucinada de tramas masónicas, corrupción moral, desviaciones sexuales y agitación política. A pesar de la conocida rigidez de la masonería hacia las mujeres, en las obras de Bresciani aparecen numerosas hermanas malévolas de la secta atea. Ninguna es peor que la asesina comunista travestida Babette d'Interlaken, cuyos muchos delitos incluyen adorar a Satán y fumar mucho. Finalmente, la justicia divina cae sobre ella en un hospital penitenciario regentado por monjas, cuya religiosidad provoca tal desprecio hacia sí misma y tal posesión demoniaca en Babette que sufre una hemorragia y se ahoga en su propia sangre.

Los masones son tan malignos que, según Bresciani, han planteado su organización como un reflejo invertido de la Iglesia de Cristo:

> En su pérfida Iglesia [esto es, la masonería], el diablo ha creado una jerarquía, un sacerdocio, sacramentos, un culto, reliquias, un calendario, fiestas, prácticas festivas, devociones [...], sus propios templos y misioneros, votos religiosos, órdenes profanas, congregaciones, una Biblia, dogmas, preceptos, consejos, liturgia, ritual y lenguaje litúrgico. Todo, pero con un significado y unos objetivos diametralmente opuestos a los de la Iglesia de Dios.

Los laicistas eran especialmente apasionados de las teorías de la conspiración, en las que a menudo se veían implicados los jesuitas. La Iglesia se enfrentaba a un pequeño ejército de polemistas profesionales contrarios al clero. En Francia, el más injurioso era Léo Taxil, quien desde finales de la década de 1870 escribió un par de libros y media docena de panfletos al año, todos ellos con títulos como *La Biblia divertida* (1881), *Los amores secretos de Pío IX* (1881) y *Un papa mujer* (1882). En 1879, Taxil fue excomulgado por León XIII, el sucesor de Pío IX, todo un logro para un hombre que solo tenía veintiséis años. Pero ese billete de ida al infierno no hizo más que animarlo. Se reservaba su desprecio más puro para los jesuitas, como en las novelas semipornográficas *El hijo del jesuita* (1881) y *El confesor depravado* (1883). Taxil era un apasionado «guerrero de la cultura», pero era inmoral y avaro, y tuvo varios encontronazos con la ley por plagios y calumnias.

El polemista anticatólico Léo Taxil (1854-1907), que se sometió
a una célebre conversión en 1885.

En 1884, León XIII publicó una encíclica que pronto se convertiría en el arma principal de la guerra cultural: estaba dedicada enteramente a los males de la masonería. *Humanum Genus* era la más extrema de las muchas condenas a la masonería salidas de la Santa Sede desde que se publicó la primera en 1738. León XIII describe la masonería como un instrumento de Satán contra el reino de Dios en la Tierra. El secretismo de la hermandad demuestra que ninguna de sus afirmaciones públicas de buena fe es creíble; es la propia esencia del engaño. Durante décadas, ha crecido prodigiosamente hasta que, «por medio del fraude o la audacia, [ha logrado] tal acceso a todos los niveles del Estado que parece casi su Gobierno». A través de sus juramentos y rituales, los masones «vinculan a los hombres como si fueran esclavos» de un objetivo último, que es la destrucción total de la Iglesia y el retorno del paganismo. Para hacer frente a esa «plaga nauseabunda», la prioridad para el clero es desvelar sus malévolos secretos, «arrancar la máscara de la masonería» para exponer «la depravación de sus opiniones y la maldad de sus actos».

Humanum Genus era una reacción excesiva y casi delirante al hecho de que, en la década de 1880, la masonería había adquirido mucha más influencia y visibilidad. Ahora era un movimiento masivo de clase media que resultaba esencial para la vida de las naciones Estado, cada vez más democráticas y capitalistas. En Italia, la masonería había sido prohibida antes de la unificación, pero reapareció en la década de 1860 y prosperó en años posteriores. Había unas cien logias en la década de 1870, cifra que se cuadruplicó en 1923. La masonería italiana estaba politizada y estrechamente alineada con un Estado que, según el Vaticano, le había robado sus tierras. Entre frecuentes divisiones por aspectos ideológicos, los masones italianos tenían un terreno común: el hermano italiano típico era muy patriota y, por naturaleza, defensor de causas laicas como el divorcio, la incineración y la educación no religiosa. El anticlericalismo masónico podía ser visceral. Un gran maestro hablaba de la batalla de la masonería contra la «sífilis sacerdotal».

En Francia ocurrían cosas similares. Allí, la francmasonería defendía abiertamente la ideología democrática y laica de la Tercera República, creada tras la derrota ante Alemania en 1870. En 1877, el Gran Oriente dio un giro radical cuando votó a favor de eliminar la obligación de que los masones creyeran en Dios. Los congresos masónicos locales se convirtieron en un foro para el debate público. Había muchas coincidencias entre la masonería y las empresas y redes políticas más influyentes del país. Alrededor de un 40 por ciento de los ministros de la Tercera República eran miembros de la fraternidad. En la masonería se daba por hecho que la Iglesia era el enemigo de la república. Cuando la amenaza del catolicismo político se intensificó en la década de 1890, la respuesta fue la creación del Partido Radical, a cuyo congreso inaugural, celebrado en junio de 1901, asistieron los representantes de ciento cincuenta y cinco logias.

Como cabría esperar, hermanos de todo el mundo reaccionaron con una mezcla de escarnio e indignación a la encíclica antimasónica *Humanum Genus* de 1884. En Estados Unidos, Albert Pike, el exgeneral confederado y líder del rito escocés, la calificó de «declaración de guerra contra la raza humana».

Para el Vaticano, esas reacciones no hacían sino constatar que el mensaje del papado sobre la masonería había llegado hasta lo más profundo. De hecho, al poco tiempo, la encíclica *Humanum Genus* propiciaría la conversión aparentemente milagrosa de uno de los enemigos más despiadados del catolicismo. El célebre converso estaba dispuesto a «arrancar la máscara de la masonería», tal como había pedido León XIII. La Iglesia nunca había visto a nadie como él.

El sobrenatural cambio de opinión de Léo Taxil

El 14 de julio de 1885, *L'Univers*, el altavoz de las mentes más conservadoras de la Iglesia francesa, publicó el rumor de que el conocido militante ateo Léo Taxil se había convertido a la fe católica. *L'Univers*, que con frecuencia había expresado su furia hacia obras de Taxil como *Sotanas grotescas* (1879) y *Amantes de los papas* (1884), por el momento se reservaba su parecer sobre la confesión. La información había sido recibida con más sorpresa que credibilidad, observaba.

Nueve días después, un hombre menudo con la cara hinchada, quevedos y el pelo descuidado y peinado hacia atrás para taparse la coronilla llegó sin anunciarse a las oficinas de *L'Univers*. Era nada menos que Léo Taxil y llevaba una carta en la que exponía sus pensamientos: se había arrepentido y se sentía muy avergonzado de todo lo que había hecho durante diecisiete años como librepensador. Nervioso, pero decidido, Taxil le dijo al director que se había puesto en manos de la Iglesia.

Sorprendido, el director de *L'Univers* aseguró públicamente a Taxil que todos los buenos cristianos recibirían su conversión con compasión y oraciones. Muchos expresaron su alegría por la redención del hijo pródigo. El corresponsal del *British Catholic Times* en París entrevistó a Taxil y quedó conmovido por su «sobrenatural cambio de opinión». No obstante, había escépticos. Siempre desconfiados, algunos jesuitas advirtieron que el clero estaba acogiendo a una víbora en su seno. Sus antiguos camaradas —materialistas, ateos, republicanos y masones— lo acusaban de haberse convertido porque sus libros anticlericales ya no se vendían o porque había recibido un soborno. Su desconsolada esposa creía que había sufrido una crisis nerviosa.

A Taxil no le molestaban las voces escépticas, y al principio parecía decidido a apartarse del mundo y romper con su familia. Le presentaron al arzobispo Camillo Siciliano di Rende, el nuncio apostólico en París, quien le aconsejó que no tomara medidas tan drásticas y que iniciara su viaje espiritual con varios días de reclusión. A finales de agosto de 1885, en un retiro jesuita a las afueras de la ciudad, pasó tres días agonizantes confesando sus pecados y acabó desvelando que había cometido un asesinato premeditado. Obviamente, el secreto de confesión impedía que el horrorizado sacerdote

Sir Christopher Wren con la catedral de San Pablo, su mayor creación. Los colaboradores más cercanos de Wren eran miembros de una hermandad secreta llamada la Aceptación. La finalización de la catedral en 1710 y el ascenso de la casa de Hanóver al trono en 1714 precipitaron la transformación de la Aceptación en la masonería tal y como la conocemos hoy.

El Salomón de Escocia: el rey Jacobo VI. En 1598, los mamposteros escoceses se reorganizaron inspirándose en la cultura renacentista de la corte de Jacobo, un hecho que resultó crucial en la evolución de la masonería.

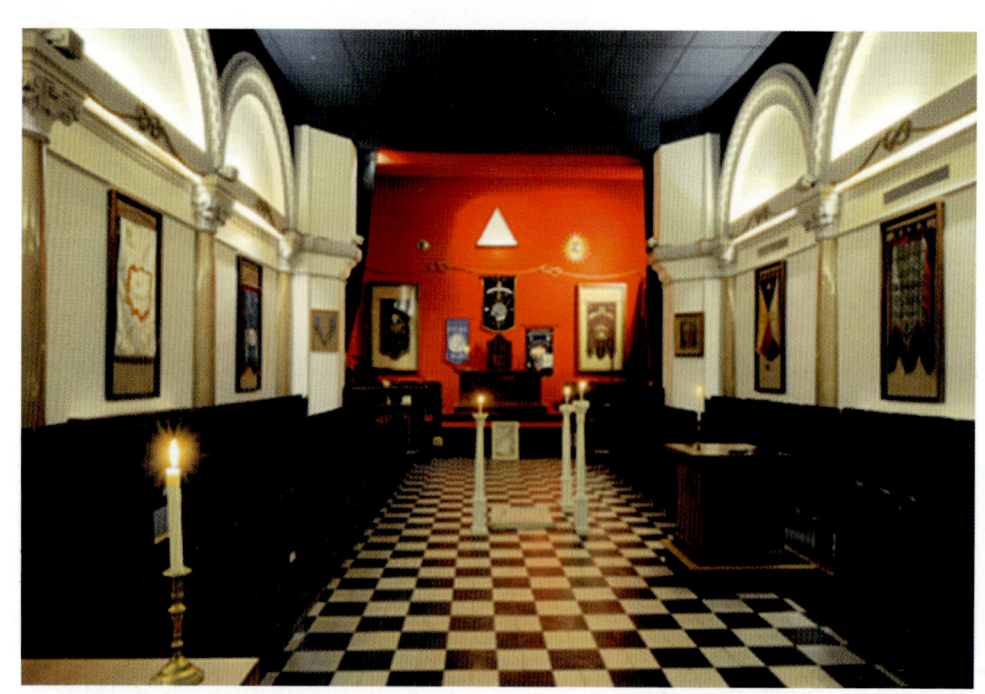

Interior típico de una logia. Fue durante el reinado de Jacobo VI cuando las humildes logias de los mamposteros se convirtieron por primera vez en templos de memoria, donde los rituales eran representados con símbolos en un suelo ajedrezado. Esta logia en particular fue inaugurada en 1948 y nombrada en honor a Franklin Delano Roosevelt.

La poesía y la música siempre han ocupado un lugar destacado en la cultura masónica.

Masones aclaman a Robert Burns como su poeta laureado en 1787. Esta escena, que tuvo lugar en la logia Canongate Kilwinning de Edimburgo, el templo masónico construido a tal efecto más antiguo del mundo, es una representación parcialmente elaborada de 1846.

Logia Concord, Viena, en la década de 1780. Esta logia fue una de las diversas que frecuentó Wolfgang Amadeus Mozart. Los masones han sostenido en numerosas ocasiones que la figura de la parte inferior derecha es el mismo Mozart.

Diplomático, espía, maestro de esgrima y apasionado masón: el caballero D'Éon en un retrato de 1792. La controversia sobre el sexo de D'Éon fue causa de gran embarazo para los masones ingleses.

El duque Felipe de Orleans, retratado en 1781 como gran maestro del Gran Oriente de Francia. El duque, primo del rey Luis XVI, se adhirió a la Revolución francesa y se cambió el nombre a «Felipe Igualdad». Fue guillotinado en 1793.

Un charlatán masón. Caricatura de James Gillray de 1786 sobre un encuentro en una logia en la que aparece el impostor conde de Cagliostro, de rojo. Cagliostro viajó por toda Europa diseminando su secreto rito egipcio.

Iniciando a una hermana (Imperio napoleónico, c. 1810). Las logias de la Adopción, que aceptaban a hermanos y a hermanas, fueron pioneras en la Francia del s. XVIII.

Napoleón y Josefina como objetos de culto masónico (mitades del s. XIX). Bonaparte tal vez no fuera masón, pero como emperador se sirvió de la orden para reforzar su régimen. Su mujer, Josefina de Beauharnais, fue iniciada en la Adopción en 1792.

Joachim Murat, cuñado de Napoleón, en un llamativo retrato como rey de Nápoles en 1812. Murat fue gran maestro del Gran Oriente de Nápoles. Los carbonarios, una revolucionaria sociedad secreta estrechamente emparentada con la masonería, surgió durante su reinado.

Dos instigadores de la revolución de los carbonarios de 1820, Michele Morelli y Giuseppe Silvati, son ejecutados en Nápoles tras el fracaso de la revuelta. Posteriormente serían considerados unos mártires patriotas en Italia, como se muestra en esta ilustración de 1889.

Siendo presidente, George Washington usó la masonería como una religión civil. Más tarde pasaría a ser venerado por generaciones de masones estadounidenses. Los dos hermanos que aparecen arriba de esta composición de la década de 1860 son Lafayette y el presidente Andrew Jackson.

El sangriento asalto a Fort Wagner convirtió en héroes a los hombres del 54.º regimiento de Massachusetts, el primer regimiento afroamericano del norte en combatir en la guerra civil estadounidense. Muchos de los reclutas eran masones de la tradición Prince Hall, así como muchos de los suboficiales.

Martin Delany, el abolicionista conocido como el padre del nacionalismo negro, era un destacado masón Prince Hall.

Caricatura de Léo Taxil de 1879, cuando fue excomulgado por sus injuriosas polémicas anticatólicas.

Tras convertirse al catolicismo en un «sobrenatural cambio de opinión» en 1885, Taxil expuso los secretos de la masonería. Los masones, declaró, adoraban a Baphomet, el demonio con cabeza de cabra, representado aquí.

El príncipe Eduardo, heredero de la reina Victoria, fue nombrado gran maestro de la Gran Logia Unida de Ingleterra en 1875. Durante el reinado de Victoria la masonería trabó estrechos lazos con la monarquía y el imperio.

En 1872, Prosonno Coomar Dutt, comerciante bengalí, venció el prejuicio de la masonería de no iniciar a hindúes.

Las procesiones masónicas se sucedían con regularidad en los territorios bajo control del Imperio británico. Aquí, el gran maestro de la Gran Logia Unida de Inglaterra, el duque de Connaught, guía a su hermandad por Bulawayo, Rodesia, en 1910.

Diversos regímenes fascistas utilizaron falsas representaciones de logias masónicas. Esta, en Salamanca, todavía se puede visitar, e ilustra la imperecedera fobia del dictador Francisco Franco hacia los masones.

«Un judío está moviendo los hilos con sus manos. ¿De quién y cómo? La exposición antimasónica te dará la respuesta». Un cartel que combina aspectos antimasónicos y antisemitas anuncia una exposición en la Serbia ocupada por los nazis, 1941.

Durante el periodo de las leyes Jim Crow y de la segregación, la masonería Prince Hall fue una importante ayuda para las comunidades afroamericanas. La foto muestra a hermanos de la logia Carthaginian n.º 47, Nueva York, en 1907.

Truman fue el más comprometido de los catorce presidentes masones de Estados Unidos. Este retrato de 1949 lo muestra con las galas de gran maestro de la Gran Logia de Missouri.

La masonería nunca fue tan popular, o abierta con respecto a sus rituales, como en Estados Unidos durante la década de 1950. Aquí, masones de Brooklyn representan la dedicación del templo de Salomón para la revista *Life* en 1956.

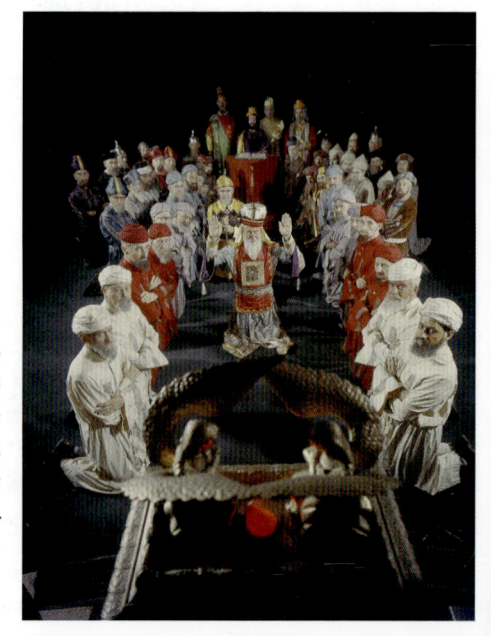

Mississippi, 1963: Myrlie, su esposa, y sus hijos, velan el cuerpo del asesinado Medgar Evers, activista por los derechos civiles. Evers ejemplificó el estrecho vínculo entre la masonería Prince Hall y la lucha por los derechos civiles.

Mientras tanto, los masones blancos celebraban su contribución a la vida estadounidense en el espléndido Centro de la Hermandad Masónica de la Feria Mundial de Nueva York.

Licio Gelli, maestro venerable de la infame logia P2, en Italia. Más tarde se descubriría que las vasijas de terracota de su jardín contenían lingotes de oro.

En agosto de 1980, una bomba en la estación de ferrocarriles de Bolonia mató a 85 personas. El maestro venerable Gelli fue condenado por conspirar para cubrir las huellas de los culpables.

Olivia Chaumont en el trono de la logia Master en París, 2019. Su lucha por que el Gran Oriente de Francia admitiera a mujeres y les otorgara el mismo estatus de masones terminó con una victoria en 2010.

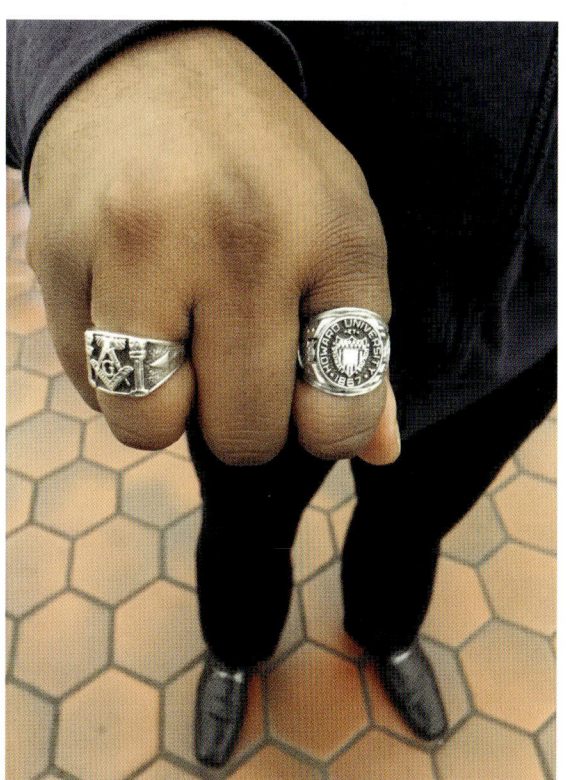

Emblemas de una tradición orgullosa: el hermano James R. Morgan III, gran historiador de la logia Prince Hall del distrito de Columbia, muestra los anillos que lo proclaman masón y licenciado por la Universidad Howard. Washington D. C., 2019.

From Rite to Ritual (2009). El destacado artista australiano Danie Mellor, exmasón, tiene herencia indígena. Su trabajo explora las afinidades entre la masonería y las creencias indígenas, así como el papel que desempeñó la orden en la destrucción de las culturas aborígenes.

denunciara el crimen de Taxil, pero al menos pudo conceder la absolución a su alma torturada y responder de su sinceridad ante clérigos de más alto rango.

Taxil estaba decidido a expiar sus pecados y sabía que esa expiación solo podía adoptar una forma literaria. Unos días después de su conversión se había ganado la confianza de numerosos sacerdotes parisinos, había conseguido trabajo en una librería católica, un acuerdo con una editorial católica y un porcentaje de los beneficios de las ventas de sus futuros libros, y se había asegurado publicidad gratuita en la prensa católica. Ahora podía consagrar su pluma a una causa sagrada, obedeciendo la orden de *Humanum Genus* de arrancar la máscara a la masonería.

Confesiones de un exlibrepensador, la autobiografía de Taxil, fue publicada en 1887. Nacido en 1854 en Marsella con el nombre de Gabriel-Antoine Jogand-Pagès, fue educado por los jesuitas por deseo de sus padres, de tendencia conservadora. Su viaje al «inextricable laberinto del mal» empezó cuando, a los catorce años, descubrió un manual masónico. A consecuencia de ello, no tardó en obsesionarse con la masonería y perdió interés en la instrucción religiosa. Adoptó el nombre de Léo Taxil a los dieciséis años, cuando se rebeló contra su padre y huyó de casa, y se convirtió en un político exaltado que se codeaba con pequeños delincuentes y prostitutas. Fue amenazado con penas de cárcel, entre otras cosas por vender falsas pastillas afrodisiacas. Al final no estuvo comprometido con la secta durante mucho tiempo, ya que tenía una mentalidad demasiado independiente. De hecho, abandonó por completo la masonería en 1881, pero ese tiempo le había permitido conocer los secretos más profundos de la hermandad. Los masones eran adoradores del diablo que estaban dispuestos a utilizar a todas las demás religiones para ocultar su maligna misión. Los numerosos investigadores pacientes y sabios que habían estudiado la masonería ya habían dejado secretos importantes envueltos en misterio, en especial sus rituales «grotescos y odiosos». Las futuras publicaciones de Taxil llenarían ese hueco.

Dos años después de su conversión, expuso los treinta y tres grados del rito escocés y los de otros ritos menos conocidos a lo largo de muchos cientos de páginas y cuatro volúmenes. Nombró a todos los oficiales de las grandes logias y los consejos supremos masónicos de todo el mundo, y calculaba que había 1.060.005 hermanos en total.

Según él, estaba claro que el Gran Arquitecto del Universo era tan solo una palabra clave masónica para el diablo y que la estructura y la liturgia de la masonería imitaban las de la única y verdadera Iglesia. Los masones también crearon una escisión, los carboneros, en la que los hermanos podían dar rienda suelta a su ardor político. Aunque en aquel momento permanecían en su mayoría inactivos, los carboneros estaban preparados para alzarse cuando la causa perversa de la masonería lo exigiera.

A decir verdad, gran parte de lo que contenían las primeras obras de Taxil sobre la masonería ya había sido publicado por los propios masones. Sin embargo, la ingente cantidad de información demostraba la sincera devoción de sus propósitos. Taxil lanzó una firme advertencia a los lectores que consideraran los secretos masónicos aburridos o incluso divertidos: «No os riais. No os toméis la masonería a broma. Es un asunto muy serio». ¿Quién podía dudar ahora de la credibilidad del converso?

Entre las primeras obras de Taxil como masón arrepentido, la más exitosa fue *Las hermanas masonas* (1886), que trata sobre las logias de Adopción, en las cuales participaban hombres y mujeres. En un discurso de presentación a sus lectores, Taxil afirmaba que, a pesar de sentir un disgusto abrumador, desvelaría que las logias de Adopción, aparentemente inocentes, en realidad eran un mecanismo ritual para reducir a la humanidad a formas bestiales de carnalidad y prostitución que no se veían desde la antigua Babilonia. Teniendo en cuenta lo mucho que había en juego en la obra de Taxil en materia de moralidad, no es de extrañar que las últimas palabras de su prólogo fueran tan estridentes: «¡Madres francesas, encerrad a vuestras hijas! ¡Vienen los masones!».

Por fortuna, el sentido de la decencia de Taxil se impuso a su pasión por la verdad. Aunque al final de cada capítulo afirmaba que el siguiente expondría ejemplos estremecedores de la indecencia sexual masónica, se cuidaba de mencionar obscenidades. En lugar de eso, demostraba de forma concluyente que el lenguaje utilizado en las ceremonias de Adopción ocultaba sistemáticamente intenciones inmorales bajo una apariencia virtuosa. Cuando los masones utilizaban una palabra como «verdad», se referían a «falsedad»; «bondad» significaba «maldad»; «amistad» significaba «libertinaje». Y así sucesivamente. Una vez que entendías el lenguaje encubierto, todo quedaba repulsivamente claro. Hasta las últimas páginas del libro, las revelaciones de Taxil no tomaban cuerpo. En ellas ofrecía una clave para el simbolismo masónico que demostraba que la hermandad era un culto al sexo repleto de objetos rituales de apariencia inofensiva que, en realidad, eran símbolos fálicos y vúlvicos. Para que esos conocimientos corruptos no cayeran en manos de inocentes, las páginas en cuestión fueron publicadas en latín.

En parte gracias a su tacto, Taxil se ganó la confianza y hasta la admiración de muchos hombres de la Iglesia. Diecisiete cardenales, arzobispos y obispos le enviaron mensajes de apoyo. Uno de los más fervientes defensores de Taxil era el obispo de Grenoble, que había fundado la revista mensual *La francmasonería desenmascarada*. También le llegaron elogios de muchos clérigos corrientes. Un canónigo suizo viajó desde Friburgo para conocer a Taxil y lo calificó de santo. Poco después de regresar a casa, el canónigo le envió un enorme queso gruyer con piadosos lemas grabados en la corteza. Taxil afirmó haberse comido hasta la última porción con enorme respeto.

En junio de 1887, Taxil hizo un viaje improvisado al Vaticano, al parecer con la ingenua esperanza de poder ver al papa. Fue recibido con alegría y le concedieron audiencia con Su Santidad a la mañana siguiente. Taxil pasó tres cuartos de hora con León XIII y escuchó con deleite que había leído todos y cada uno de sus tratados antimasónicos.

La aprobación y hasta el afecto de León XIII le granjearon a Taxil la simpatía de más clérigos. La revista jesuita *Civiltà Cattolica* empezó a citarlo como una autoridad en cuestiones masónicas y las traducciones de su obra a varios idiomas forjaron su reputación internacional.

Su siguiente cometido era aclarar varias «muertes misteriosas», que, según proclamaba el título de su libro de 1889, en realidad eran asesinatos masónicos. Uno de los objetivos de la escala ascendente de los grados masónicos era lograr poco a poco una obediencia absoluta. Una vez que los miembros alcanzaban el decimotercer grado de Caballero Kadosh del rito escocés, su voluntad era tan servil que se convertían en asesinos a sueldo de la masonería. Los caballeros Kadosh habían cometido varios asesinatos famosos, incluido el de William Morgan, el traidor masónico estadounidense que desapareció cerca de las cataratas del Niágara en 1826.

No obstante, ninguna de las revelaciones de Taxil sobre la masonería tuvo el impacto reservado para su siguiente libro. Volviendo al tema de las logias de Adopción, *Las mujeres en la francmasonería* (1891) desvelaba horrores desconocidos incluso para los más altos estamentos de la Iglesia católica. La forma más secretista de masonería de sexo mixto era la orden Paladista. Y la obediencia más secreta del orden Paladista, las más escondida de sus logias escondidas, practicaba la perversión sexual y el satanismo de maneras absolutamente desenfrenadas. Conocido como el Nuevo Rito Paladista Reformado, ya no ocultaba su adoración a Lucifer con inofensivas palabras en clave. En sus «triángulos», como se denominaban las logias, ocupaba un lugar destacado una estatua de Baphomet, el mismo demonio con cabeza de cabra venerado por los herejes templarios de la Edad Media. Las mujeres que habían alcanzado el más alto grado paladista de las damas templarias dirigían sus rituales, en los que se apuñalaba la hostia consagrada y se escupía en un cáliz de la comunión. El Nuevo Rito Paladista Reformado fue establecido por Albert Pike, a quien Taxil describía como el antipapa de la «anti-Iglesia» masónica.

Con valentía, Taxil publicó una descripción de una de las principales damas templarias, «la encarnación del satanismo, como si la sangre de Lucifer corriera por sus venas». La hermana Sophia-Sapho fue una adoradora del diablo asombrosamente precoz. Aún no había dejado atrás la adolescencia cuando el mismísimo Albert Pike le concedió los cinco grados paladistas más elevados. Era muy hermosa, pero su voz de sirena adquiría un perturbador tono masculino cuando se enfadaba. En público, daba la impresión de llevar una vida de soltera sin mácula. En la logia de Adopción se convertía en una «lesbiana ardiente» que participaba con frialdad en orgías masónicas, a la espera del momento oportuno para llevarse a casa a una hermana. La auténtica pasión de Sophia-Sapho, lo que hacía que sus «ojos de gata» se encendieran y se le pusiera la voz ronca, era el sacrilegio. No contenta con escupir en la hostia consagrada, a menudo obligaba a una recién iniciada a mantener relaciones sexuales con el pan de altar metido en la vagina.

Sin duda, Taxil tenía sus fuentes dentro de la masonería. Ahora, esas fuentes, animadas por su coraje, empezaban a pensar que podían hablar directamente con la ciudadanía sobre el infierno que estaban viviendo. El avance se produjo de forma gradual a partir de noviembre de 1892, con la publicación por entregas de *El diablo en el siglo XIX*. Su autor, que se parapetaba tras el seudónimo de «doctor Bataille», era un médico naval que pronto superaría a Léo Taxil por su sorprendente y trascendental descubrimiento de una conspiración satánica verdaderamente global (algunos cínicos decían que el «doctor Bataille» no existía y que el verdadero autor de *El diablo en el siglo XIX* era Taxil, pero muchas entregas de la publicación lo desmentían categóricamente).

La historia del doctor Bataille hacía viajar a los lectores más de una década atrás, y añadía aterradores detalles a la imagen que Taxil ya había esbozado. En 1880 se había encontrado en Ceilán con Gaetano Corbuccia, un viejo amigo italiano. Corbuccia, que antaño era un hombre robusto, estaba afligido y esquelético. El doctor Bataille escuchó su confesión: había visto cómo el diablo se manifestaba en un triángulo paladista de Calcuta.

El doctor Bataille, un hombre de ciencia y católico devoto, decidió investigar, haciéndose pasar por un masón de alto rango y utilizando palabras en clave proporcionadas por Corbuccia. En la India descubrió que prácticas tradicionales orientales como el hinduismo, el encantamiento de serpientes y el matrimonio entre monos eran, en realidad, formas disfrazadas de satanismo controladas por los masones británicos pertenecientes al Nuevo Rito Paladista Reformado.

Durante su estancia en Calcuta, el doctor Bataille conoció a Phileas Wilder, un delegado de Charleston que era uno de los diez anti-cardenales de la anti-Iglesia, un pastor luterano convertido en anabaptista, luego en mormón y, finalmente, en satanista (más tarde, su hija Sophia sería identificada por Léo Taxil como la hermana Sophia-Sapho, la ardiente templaria lesbiana). Gracias a Phileas Wilder, el doctor Bataille inició su ascenso en los grados paladistas y se embarcó en una exploración cada vez más honda de los secretos de la adoración diabólica en la masonería internacional.

En Shanghái, por ejemplo, el doctor Bataille consumió opio en un fumadero para poder acceder a los ritos demoniacos de la tríada San-Ho-Hoeï. La especialidad de sus afiliados era asesinar a misioneros jesuitas.

En Gibraltar le enseñaron las cuevas profundas en las que, protegido por masones pertenecientes al Gobierno británico, el Nuevo Rito Paladista Reformado había abierto sus fábricas. El propio doctor Bataille vio cómo los trabajadores, toscamente musculosos y ennegrecidos por el humo, elaboraban toda suerte de objetos de culto —espadas, lámparas mágicas, pentagramas— en forjas alimentadas por los fuegos del mismísimo infierno. Gibraltar también albergaba laboratorios en los que veintiún científicos que se habían unido a la causa del mal creaban venenos que mataban a sus víctimas imitando los síntomas de un infarto o una hemorragia cerebral. «Ahora, el diablo se ha convertido en bacteriólogo», concluía un consternado doctor Bataille.

Sin embargo, esas maravillas no eran nada en comparación con lo que el doctor Bataille descubrió al llegar a Charleston, donde se reunió con Albert Pike, Albert Mackey y la joven Sophia-Sapho. Albert Mackey le mostró la Arcula Mystica. Similar a un pequeño armario de bebidas, se abría pulsando un botón y dentro había un sapo de plata, un micrófono que parecía una trompeta, un auricular en forma de campana y siete estatuillas de oro, cada una de las cuales representaba uno de los centros neurálgicos del culto paladista en Charleston, Roma, Berlín, Washington D. C., Montevideo, Nápoles y Calcuta. Cuando Albert Pike quería comunicarse con sus emisarios, lo cuales también poseían una Arcula Mystica, presionaba una estatuilla y en la otra punta del mundo brotaban llamas de la boca del sapo de plata para alertar al receptor de que tenía un mensaje entrante. «En resumidas cuentas —escribió el doctor Bataille con estupor—, la Arcula Mystica no es más que un teléfono diabólico». La conspiración masónica internacional estaba más estrechamente coordinada de lo que nadie imaginaba.

El doctor Bataille fue conducido al templo principal del Nuevo Rito Paladista Reformado, la basílica de San Pedro del satanismo. Oculto en un modesto edificio situado en la esquina de las calles King y Wentworth, contenía un laberinto subterráneo, en cuyo centro se encontraba el Sanctum Regnum triangular en el que cada viernes Satán se materializaba.

Es posible que la revelación más impresionante del viaje del doctor Bataille a Charleston se produjera cuando salió a pasear una noche con Sophia-Sapho. Mientras la joven le hablaba de las legiones demoniacas, dejó caer que ella estaba llamada a convertirse en la bisabuela del Anticristo, que nacería el 29 de septiembre de 1962.

En cada etapa de su viaje, el doctor Bataille intentó separar hechos de rumores en una crónica que acabaría ocupando casi dos mil páginas. Algunas cosas, como la Arcula Mystica, las había visto con sus propios ojos. De otras solo había oído hablar, como el enano demoniaco que se aparecía en un círculo de llamas blancas para transmitir mensajes a Albert Pike o el cocodrilo alado que tocaba el piano y que se materializó en una sesión de espiritismo paladista en Inglaterra. Puede que todo aquello fueran invenciones. Cuando el diablo lo desea, puede inducir una «pasmosa credulidad» en sus paladistas, explicaba el doctor Bataille.

Diabluras satánicas en logias masónicas de París y Zúrich según *El diablo en el siglo XIX*, del doctor Bataille.

A pesar de su meticulosidad, el doctor Bataille se vería eclipsado como autoridad del paladismo, al igual que él había eclipsado a Léo Taxil. La nueva fuente salía directamente del corazón de la maléfica secta. En aquel momento reinaba la palpable sensación de que la batalla entre la Iglesia y el paladismo, entre el bien y el mal, estaba alcanzando su cenit.

En otoño de 1893, las memorias del doctor Bataille irrumpieron clamorosamente en el presente cuando se filtró a varios periódicos católicos la noticia de un cisma en la conferencia secreta del Nuevo Rito Paladista Reformado en Roma. La disputa giraba en torno a la elección de un sucesor de Albert Pike, fallecido en 1891. Una de las facciones estaba liderada por una dama templaria llamada Diana Vaughan.

Los lectores más asiduos de *El diablo en el siglo XIX* ya conocían la historia de Diana Vaughan. Medio francesa y medio estadounidense, Diana era una anomalía entre los adoradores del demonio. En su iniciación al grado de dama templaria, una ceremonia oficiada en París por Sophia-Sapho, se opuso a la ortodoxia paladista al negarse a escupir en la hostia consagrada. Diana pensaba que, en realidad, Lucifer era un dios bondadoso y que Adonái, como llamaban los paladistas a la deidad cristiana, era una fuerza maligna incapaz de hacerse carne en una oblea para comulgar. El caso de Diana generó un violento debate en la comunidad satánica, pero Asmodeo, su demonio personal y prometido, la protegía de cualquier castigo, pues le había regalado una cola de león mágica que azotaba a todo aquel que hablara mal de ella. Diana y Sophia-Sapho se convirtieron en implacables rivales, y la primera tuvo que esconderse.

En enero de 1894 llegó una nueva sorpresa. A pesar del misterio que normalmente rodeaba a los asuntos masónicos, Diana aceptó conceder una entrevista a un importante periodista católico en un lugar secreto de París. La Diana que apareció ante su entrevistador era una mujer alta y atractiva de veintinueve años con ademán sereno y el pelo cortado como un chico. Sus rasgos eran tan esbeltos y puros que el entrevistador tuvo que recordarse a sí mismo y a sus lectores que, aun siendo virgen, era una luciferina convencida que se entregaba a éxtasis infernales durante horas y horas. Después de la entrevista, publicada en el periódico católico *L'Écho de Rome*, Diana recibió miles de cartas, muchas de las cuales la animaban a renunciar al demonio. Ella respondió de manera educada a todas, escribiendo en papel con membrete de símbolos masónicos.

A finales de 1894 trascendió que Diana había fundado una nueva orden masónica, el Paladio Regenerado y Libre. En marzo del año siguiente, tomó la extraordinaria decisión de volver a la vida pública por medio de una revista mensual a precios populares que utilizaría para difundir sus creencias.

Después de solo tres números, llegó la noticia por la que muchos católicos destacados llevaban mucho tiempo rezando: Diana había abrazado la fe. En Roma, *Civiltà Cattolica* hablaba en nombre de la jerarquía eclesiástica cuando se alegró de que la gracia divina hubiera infundido el arrepentimiento «en el corazón de uno de los enemigos más implacables de Dios y su Cristo».

Diana, que ahora estaba refugiada en un convento que solo conocía un reducido grupo de personas, cambió el título de su revista por *Memorias de una expaladista*. En adelante la utilizaría para expresar su recién descubierto cristianismo, confesar sus antiguos pecados y desvelar el funcionamiento del paladismo desde dentro. Publicó una fotografía suya vestida con el atuendo masculino de un inspector general del Paladio y desveló sus intimidades con el demonio Asmodeo. Una serie de artículos titulada «La bisabuela del Anticristo» contenía muchas anécdotas reveladoras sobre Sophia-Sapho, incluida una en la que se relataba cómo expulsó llamaradas después de beber agua bendita. Estaba previsto que Sophia-Sapho viajara a Jerusalén, donde el 29 de septiembre de 1896 le entregarían una niña pequeña destinada a ser la abuela del Anticristo. La prueba que confirmaba la profecía era una carta en latín firmada por el demonio Bitru, el padre del bebé.

Había indicios de bendición divina por lo que Diana Vaughan estaba haciendo: en septiembre de 1895, una joven afirmó haberse

Diana Vaughan, inspectora general del Paladio.

curado milagrosamente de una grave enfermedad tras hacer un peregrinaje a Lourdes en nombre de Diana. Por consiguiente, *Memorias de una expaladista* contaba con la aprobación de algunas de las voces más acreditadas del catolicismo, en especial *Civiltà Cattolica*, que citó en repetidas ocasiones sus «valiosas» memorias y afirmaba que eran tan rigurosas que «serían un honor para el historiador más erudito».

Como se podía esperar, los masones respondieron a Diana Vaughan con indignación o risas forzadas. Un masón alemán, autor de una historia de la francmasonería muy admirada por sus miembros, tachó la historia de invención jesuita urdida para envenenar a las mentes contra la hermandad.

Para la Iglesia, aquellas reacciones olían a pánico. El contraataque a la secta responsable de todos los males del mundo moderno estaba tomando fuerza. En la primavera de 1896, la revista de Diana anunciaba la interesante noticia de que la fecha del Congreso Internacional Antimasónico, patrocinado por la Iglesia, se había fijado para septiembre. Era un buen augurio que la «nueva cruzada» contra la masonería empezara exactamente ochocientos años después de la primera cruzada en Tierra Santa.

Justo en el momento en que la masonería luciferina estaba a la defensiva y se acercaba el congreso antimasónico, empezaron a aflorar dudas sobre las confesiones de Diana Vaughan. Ciertos periódicos católicos, sobre todo en Alemania, difundieron algunas insinuaciones descabelladas; por ejemplo, que Diana no existía o que las numerosas revelaciones sobre la masonería posteriores a la conversión de Léo Taxil eran un gigantesco plan para enterrar a la Iglesia bajo una avalancha de escarnio. Cada vez se cuestionaban más las pruebas citadas en *Memorias de una expaladista*. Por ejemplo, algunos señalaban que la carta del demonio Bitru en la que anunciaba el nacimiento de la abuela del Anticristo contenía muchos errores gramaticales (¡como si los ángeles de Lucifer se molestaran en escribir en un impoluto latín eclesiástico!).

Muchos organismos católicos e importantes exponentes del clero cerraron filas en torno a la señorita Vaughan. Un secretario del papa le envió un mensaje en el que la animaba a acometer su sagrada tarea sin pensar en sus detractores. En septiembre de 1896, *Civiltà Cattolica* reiteró que creía en ella como instrumento de la providencia.

Sin embargo, la controversia no amainó. A finales de septiembre de 1896, unas mil personas, entre ellas treinta y seis obispos y los delegados de unos cincuenta más, se reunieron en Trento para el Primer Congreso Internacional Antimasónico. El nombre que estaba en boca de todos era el de la señorita Diana Vaughan.

Estaba previsto que en una sesión del congreso se debatieran las cuestiones que sus memorias habían planteado. Algunos escépticos pedían pruebas. ¿Quiénes eran sus confesores? ¿Quiénes fueron los padrinos de su bautizo? Léo Taxil, que era una de las pocas personas que conocían el paradero de Diana Vaughan, subió al estrado para decir una obviedad: revelar esa información pondría en peligro la vida de Diana Vaughan.

Puesto que las opiniones del congreso seguían estando divididas, encomendaron a una comisión especial que investigara el asunto en profundidad. Sin embargo, cuando el informe de la comisión se publicó al cabo de unos tres meses, se limitaba a explicar que no había pruebas suficientes para determinar la autenticidad de *Memorias de una expaladista*. Corrían rumores de que la jerarquía vaticana estaba muy preocupada por Diana y había presionado a los miembros de la comisión para que suavizaran sus conclusiones por miedo a que retratarla como una estafadora provocara un enorme bochorno.

La controversia no hizo más que aumentar. Ahora, la prensa alegaba que Diana era tan solo una marioneta en manos de Léo Taxil. Y lo que era aún más preocupante: el «doctor Bataille» se deshizo de ese seudónimo —su verdadero nombre era doctor Charles Hacks— y dijo que le habían ofrecido dinero para que colaborara en *El diablo en el siglo XIX*. Su pagador y el verdadero autor era Léo Taxil. «Me estaba burlando de los católicos —aseguró el médico—. Todo lo que escribí era mentira».

Incluso Diana estaba notando la presión. Solo le quedaba una opción para impedir el triunfo de la campaña masónica para desacreditarla. Sean cuales fueren los riesgos, les debía a Dios, a la Iglesia y a sus muchos seguidores leales una aparición pública.

A principios de abril de 1897 llegó el anuncio de que Diana había elegido el inminente lunes de Pascua para celebrar una rueda de prensa en la sala de reuniones de la prestigiosa Société de Géographie del bulevar Saint-Germain. Léo Taxil inauguraría el acto con una conferencia titulada «Doce años bajo la bandera de la Iglesia».

A continuación, Diana hablaría sobre el «paladismo derrotado». Se proyectarían cincuenta y cinco imágenes con la novedosa luz oxhídrica, las cuales aportarían pruebas fotográficas y documentales de sus afirmaciones. Sería el primer acto de una gira que pasaría por muchas ciudades de Europa y Estados Unidos. Para asegurarse un público numeroso, habría una rifa gratuita: el ganador se llevaría a casa una lujosa máquina de escribir donada por la propia señorita Diana Vaughan.

Cuando llegó la noche de la conferencia, cientos de invitados abarrotaron la Société de Géographie. Había masones y librepensadores, clérigos y católicos. La mayoría eran periodistas de ambos bandos de la guerra cultural y de ninguno de ellos. En la calle también se agolpaba mucha gente. Unas imágenes proyectadas de santa Catalina y de Juana de Arco observaban la escena desde la pared situada detrás del estrado. Entonces anunciaron al ganador de la máquina de escribir: Ali Kemal, el joven corresponsal del diario *Ikdam* de Constantinopla (y abuelo del primer ministro británico Boris Johnson). Finalmente, todas las miradas se posaron en Léo Taxil mientras subía al escenario. Después de aclararse la garganta, se dirigió al público con una sonrisa de oreja a oreja: «Padres reverentes, damas y caballeros...».

Por supuesto, aquello era una farsa.

Todo, desde la conversión de Léo Taxil hasta el asesinato que había confesado. El Nuevo Rito Paladista Reformado no existía. La masonería satánica no era más que una fabulación. Los viajes del doctor Bataille eran una invención, al igual que las memorias de Diana Vaughan.

Al principio, los asistentes se mostraron perplejos. Sin embargo, cuando empezaron a caer en la cuenta, se extendió un rumor de enfado por toda la sala. La camarilla de amigos que Taxil congregó se echó a reír de forma llamativa. El primer grito que oyeron más arriba fue: «¡Eres un miserable canalla!». A partir de ese momento, los gritos de «granuja» y «sinvergüenza» acompañaron cada una de las palabras del orador, y en ocasiones lo obligaron a parar hasta que cesara el estrépito. Los clérigos allí presentes se miraban unos a otros sin saber qué hacer. Algunos lloraban y otros observaban incrédulos. Hubo quienes abandonaron la sala. Otros les pidieron que volvieran para seguir protestando. Cuando el público empezó a gritar «¡Di-a-na! ¡Di-a-na! ¿Dónde está Diana?», Taxil se dio una palmada en el pecho y repuso: «Yo soy Diana».

Con evidente deleite, citó a algunas de las personas a las que había embaucado y contó la historia de su audiencia con el papa. Habló de todas las veces en que el Vaticano había perdido la oportunidad de descubrir su engaño; por ejemplo, cuando el obispo católico de Charleston viajó a Roma para explicar que los masones a los que conocía, lejos de ser adoradores del diablo, eran personas decentes. O cuando un sacerdote de Gibraltar señaló que las cuevas descritas por el doctor Bataille no solo no escondían una fábrica de veneno diabólico, sino que ni siquiera existían.

Taxil identificó a sus colaboradores. El «doctor Bataille» era un viejo amigo de Marsella, un médico naval al que había pedido que participara para aportar un poco de autenticidad marinera a las disparatadas historias de Taxil. Diana Vaughan era secretaria de la sucursal francesa de un fabricante de máquinas de escribir estadounidense, y había accedido a colaborar y responder a todas las cartas enviadas a la famosa dama templaria. Ambos eran librepensadores que habían seguido el plan de Taxil para ganar un poco de dinero y divertirse.

Había algo manifiestamente extraño y también cínico en Léo Taxil. Se había pasado doce largos años sacando tajada de la obsesión de la Iglesia católica con la masonería y, al hacerlo, había puesto en peligro su matrimonio y había roto lazos con muchos de sus amigos. Taxil también llevó muy mal el momento de la revelación. El público presenció el extenso espectáculo de un hombre sonriendo con engreimiento ante su broma de mal gusto. Consideraba aquella «deleitable e instructiva mistificación» el «fraude más fantástico de los tiempos modernos», y pidió a los eclesiásticos que no se enfadaran, sino que sonrieran alegremente con él.

De asco, según un periodista que estuvo presente, fue la reacción generalizada en la sala. Cuando Taxil acabó de hablar, se formó un tumulto. Buena parte de los asistentes, muchos de los cuales no pertenecían al bando católico, salieron disparados hacia el orador. Volaron insultos y escupitajos. Los únicos que pudieron salvar a Taxil de la ira de la multitud fueron sus amigos y los policías que lo acompañaron a una *brasserie* cercana.

El arrebato por la farsa de Taxil solo fue noticia durante un par de días, como si todo el mundo coincidiera tácitamente en que su artífice no merecía la notoriedad que buscaba. Por su parte, la Iglesia optó por mantener un digno silencio siempre que pudo. *Civiltà Cattolica* tuvo la impresionante desfachatez de afirmar que nunca había creído a Léo Taxil y Diana Vaughan. Aseguró a sus lectores que el papa había hecho gala de una «gran serenidad» al conocer la noticia y que, según él, el fraude de Taxil solo era un ejemplo más de lo insolentes que podían llegar a ser los masones.

Léo Taxil vivió una cómoda jubilación anticipada gracias a los considerables ahorros que el paladismo le había procurado. Cuando se presentó la oportunidad, reeditó, para redondear sus ingresos, uno o dos libros de su época anticlerical como *Los amores secretos de Pío IX* (1900) y *La Biblia divertida* (1901). Murió en el anonimato rural en marzo de 1907.

10

Allahabad. Logias madre del imperio

HERMANOS IMPERIALES

Desde cerca de casa (Irlanda) hasta el otro extremo del planeta (Nueva Zelanda), el Imperio británico se extendía por más de una cuarta parte de la superficie de la tierra en su momento de esplendor e incluía a más de una quinta parte de la población mundial. Sus creadores fueron muchos y diversos: comerciantes y conquistadores, saqueadores y misioneros, académicos y capitalistas, guerreros y colonos, burócratas y exploradores, monarcas y demócratas, médicos y traficantes de drogas. Quienes vivían bajo la autoridad británica eran aún más heterogéneos, aunque dentro de la distinción impuesta por los británicos entre sociedades de colonos dominadas por blancos y poblaciones nativas no blancas. En el lado no blanco, los súbditos del imperio iban desde socios opulentos, pero subordinados a las autoridades británicas, como jeques del Golfo y príncipes indios, hasta cazadores-recolectores como los bosquimanos del África meridional y los pueblos aborígenes de Australia. El poder británico trajo los ferrocarriles y el Estado de derecho, pero también la esclavitud, la hambruna y la erradicación. El imperio reconfiguró el mundo.

Allá donde fuera ese imperio también iba la masonería. En febrero de 1728, cinco años después de la publicación de las *Constituciones* masónicas, los empleados de la Compañía de las Indias Orientales en Fort William (Calcuta) se reunieron para solicitar a la Gran Logia de Londres que inaugurara la primera logia en la India. La primera asociación masónica de las colonias americanas se fundó en la taberna Bunch of Grapes de Boston, Massachusetts, en verano de 1733. Cinco años después llegó la primera del Caribe, la logia Parham de Antigua. Poco a poco al principio, hasta las últimas décadas del siglo XVIII, y luego con un creciente grado de confianza y de organización, la masonería se extendió cada vez más hasta la última fibra del imperio.

No había un gran plan detrás de la difusión de la francmasonería imperial, y menos aún una conspiración. A menudo existía rivalidad y confusión entre las grandes logias de las naciones de origen, ya fueran inglesas, irlandesas o escocesas. Sin embargo, los gobernadores, soldados y empresarios imperiales encontraron en la hermandad una red de apoyo anterior. La logia era el centro local de un sistema de bienestar global. Cualquier masón que estuviera a punto de fallecer en un territorio lejano tenía la tranquilidad de saber que recibiría un entierro decente y que su viuda y sus huérfanos contarían con la ayuda de su hermandad. El imperio amplió a una escala internacional las oportunidades para hacer contactos y amigos entre los masones. Muchos se unían justo antes de partir hacia las colonias, donde las logias debían permanecer siempre atentas a las posibles falsificaciones de las credenciales masónicas. La masonería era un «pasaporte en todos los rincones del mundo», según decía la Gran Logia de Escocia en 1896. Ofreciendo una agradable distracción en las aisladas comunidades blancas, donde escaseaban las mujeres, el templo masónico a menudo hacía las veces de bar y teatro. Cuando se oficiaban los rituales masónicos, evocaban un pequeño trozo de la patria.

De ese modo, la masonería lubricó la maquinaria del dominio imperial. También convirtió el imperio en un espectáculo. Los masones no solo construyeron edificios para las logias en los que se mostraba con orgullo la escuadra y el compás encima de la puerta; también fundaron o inauguraron escuelas, orfanatos, puentes o tribunales. Tanto para los colonizadores como para los colonizados, los desfiles y los monumentos masónicos podían lograr que el Gobierno británico pareciera solemne, inalterable, misterioso y hasta temible. «Un nombre habitual para un salón masónico en India era *jadughar*, o "casa mágica". Otro término común en todo el norte de India y Bombay era *bhutkhana*, o "casa demoniaca"».

Allá donde pose su mirada un historiador, verá apariciones vívidas y dispares del papel de la masonería en la vida imperial.

Por ejemplo, la masonería era activa en el Barbados de finales del siglo XVIII. La isla era frondosa y fértil, e inglesa en todas y cada una de sus bellas casas e iglesias, y había cosechado abundantes riquezas gracias a los inmundos beneficios de la servidumbre humana industrializada. Las plantaciones de esclavos de Barbados producían el azúcar que alimentó el crecimiento del consumismo británico. El 10 de julio de 1781, los oficiales de la Gran Logia provincial de Barbados se reunieron bajo el cielo del Caribe. La mayoría de esos oficiales masónicos eran miembros de la élite colonial de la isla. El 10 de octubre del año anterior, el huracán más mortífero jamás registrado se había cobrado la vida de unas cuatro mil quinientas personas, alrededor del 4 por ciento de la población. Hasta el último árbol había sido arrancado y la mayoría perdieron incluso la corteza. Casi todos los edificios de la isla fueron destruidos, al igual que la logia masónica de Bridgetown, entre cuyas ruinas se encontraba ahora la hermandad. Allí mismo redactaron una carta para la Gran Logia de Inglaterra en la que solicitaban ayuda económica para la reconstrucción y para poder «trabajar nuevamente con amor fraternal por el futuro bienestar y apoyo de la más ancestral y honorable sociedad». En febrero de 1783, como muy tarde, habían abierto una nueva logia masónica gracias a la ayuda fraternal de Londres. De ese modo, los esclavistas de Barbados reubicaron la masonería en el centro de la vida comunitaria, junto al hipódromo, la cancha de bolos y el círculo literario.

Justo después de la Navidad de 1820, los miembros de la logia social australiana número 260 celebraron su primer día de San Juan. Bajo un calor sofocante, desfilaron con su atuendo de gala por George Street, la vía principal de Sídney, que en aquel momento era poco más que un camino de carros que se adentraba en el bosque. La logia, cuya autorización había llegado en barco desde Irlanda hacía solo seis meses, era la primera sede permanente en territorio australiano. Curiosamente, entre los hermanos que participaron en la procesión aquel día había al menos un «emancipista», el término utilizado para un convicto que había cumplido su condena o cuya buena conducta le había valido el perdón. Desde que la Primera Flota de once barcos, que transportaba a unos setecientos convictos, llegó a la bahía de Botany en 1788 para fundar la colonia, la división entre los emancipistas y quienes habían llegado como hombres libres fue el motor del peculiar conflicto de clases en Australia. De ese modo, la masonería demostró su apertura mental ante toda Sídney. En Australia, al igual que en todo el imperio, la masonería seguiría mitigando las divisiones sociales y ayudando a los hombres a aprovechar las oportunidades que les brindaba la vida en una nueva tierra para mejorar su posición. Huelga decir que los pueblos aborígenes nunca fueron tenidos en cuenta para el estatus masónico.

Nada les gustaba más a los francmasones victorianos que un baile. El día de San Valentín de 1854, seiscientos hermanos con abrigos de piel y sus mujeres se dieron cita en la lujosa logia masónica de Halifax, Nueva Escocia, para una fiesta que constituiría una resplandeciente proyección de su confianza cívica, imperial y fraternal en una noche cubierta de nieve. Dentro, unas llamas de gas que formaban una corona y las letras VR ardían en una de las paredes, su luz se reflejaba en «una grande y elaborada estrella de bayonetas, escobillones, espadas y dagas, la ingeniosa creación de uno de los oficiales de la guarnición». El grupo del 72.º Regimiento Highlander interpretó una bulliciosa sucesión de «cuadrillas, polkas, valses, galopes y danzas rurales». Para dar algún que otro respiro a los músicos del 72.º regimiento, su lugar era ocupado por sus gaiteros, que tocaban *reels*. Sin embargo, lo que más se grabó en la memoria de aquella noche fueron los atuendos. Los hermanos aprovecharon la oportunidad para engalanarse con los espléndidos mandiles, fajas y ornamentos de los variados cargos y grados masónicos y disfrutaron de la curiosidad que sus extraños ropajes despertaban entre las mujeres. Hasta que amaneció a las siete, los juerguistas no salieron al exterior, donde soplaba un viento gélido. El baile fue la culminación de una historia de éxito personal y colectivo. Durante los últimos quince años, el gran maestro provincial había sido Alexander Keith, recientemente elegido alcalde por segunda vez. Keith, que era poco más que un niño cuando llegó desde Escocia en 1817 equipado tan solo con su formación como productor de cerveza y sus credenciales masónicas, era ahora un magnate cervecero. La masonería había contribuido a que Halifax dejara de ser un fuerte de troncos de madera, un puesto de avanzada imperial en el Atlántico, para convertirse en una ciudad imponente que vivía del transporte, la madera, el bacalao y la cerveza negra y las India *pale ale* de Keith.

Cuando, en 1887, la reina-emperatriz Victoria celebró sus cincuenta años en el trono, el imperio estaba alcanzando su apogeo. La masonería y el culto a la monarquía que respaldaba sin problemas habían crecido con los dominios británicos. El padre de Victoria era un ferviente masón: había colocado la primera piedra de la logia masónica de Halifax, Nueva Escocia, entre otras. Cinco de los seis tíos de Victoria también eran masones. Había aceptado con agrado el título de patrona de la orden masónica, y tres de sus hijos siguieron con la tradición familiar de la masonería. Su heredero, el príncipe Eduardo, había sido maestro de la Gran Logia Unida de Inglaterra. En 1887, el año del cincuenta aniversario, Victoria envió a los masones de su reino internacional un mensaje por medio de una delegación de la Gran Logia liderada por Eduardo: «La sociedad de los francmasones crece en número y prosperidad proporcionalmente al aumento de la riqueza y la civilización de mi imperio».

La francmasonería inglesa nunca había gozado de tanto prestigio. En 1885 se fundó en Londres la logia imperial número 2.108 para fomentar los lazos «que unen los dominios con la madre patria, estrechando así la relación de los hermanos extranjeros con los masones de la metrópoli del imperio». Más tarde se constituyeron otras logias que encarnaban la misma filosofía. La Gran Logia Unida de Londres aprobaba cada año la fundación de setenta logias nuevas. En 1914 había más de mil setecientas en Inglaterra y Gales, y otras mil trescientas logias constitucionales inglesas en los territorios imperiales y centros de comercio británicos. Esa cifra excluye a cientos de logias constitucionales irlandesas y escocesas.

Allá donde se encontraran los masones, ya fuera en casa o en el imperio, las canciones y los poemas eran importantes para su actividad, como ayuda para el recuerdo y como compendio de los ideales comunes en un estilo rítmico y casi ceremonial. Las *Constituciones* de 1723 contenían extensas rimas musicadas que condensaban la historia y los valores de la masonería. La cúspide de la masonería imperial, entre la década de 1880 y la Primera Guerra Mundial, engendró al poeta que se convertiría en la voz literaria más importante de la masonería y en el «laureado del imperio». Rudyard Kipling —en su vida, obra e imagen pública— es una guía reveladora sobre el tema de la francmasonería y el imperio.

Golf en Vermont

Rudyard Kipling pasó sus seis primeros años de vida en la India y el primer idioma que habló era el hindi. Durante la década posterior vivió en el sur de Inglaterra, donde desarrolló un odio de por vida hacia el clima húmedo. Cuando regresó a la India en 1883, a la edad de dieciséis años, para empezar a trabajar como periodista, tuvo la sensación de haber vuelto a casa. Se marchó de nuevo en 1889 para disfrutar y cultivar su fama literaria en Londres, pero la India lo había formado como hombre y como escritor.

Kipling siempre imaginaba la India de manera mucho más gráfica que Inglaterra. En aquel momento de su vida, la patria imperial no era tanto un lugar como una causa: «Mi afecto por Inglaterra se reduce en gran medida a la sede del imperio, y no puedo decir que la tierra en sí me llene de consuelo y alegría». Se zambulló en el Londres literario, pero seguía mirándolo con desconfianza y le desagradaba su indiferencia hacia el gran proyecto imperial. Empezó a idear una misión: mostrar a los británicos el resto del mundo y su sagrado deber de poseer grandes partes de él. «¿Y qué sabrán de Inglaterra quienes solo conocen Inglaterra?», escribió en «La bandera inglesa» (1891). Según le dijo a un admirador: «Por naturaleza, creo que no ha existido un experimento civilizador en la historia del mundo que sea comparable al dominio británico en la India».

En 1892, Kipling se casó con la estadounidense Caroline «Carrie» Starr Balestier. La pareja abandonó Londres y emigró a la tierra natal de ella para formar una familia. Una vez instalados, construyeron una casa a las afueras de Brattleboro, en el Vermont rural, que describía como «robusto, montañoso y boscoso». Allí, donde las nieves invernales sobrepasaban el alféizar de la ventana de su estudio, el *sensorium* de Kipling llegaba hasta la India de su mente: el sabor de los chiles y los mangos, el susurro de la brisa en las hojas de plátano, el olor a cúrcuma y puro, la sensación del calor —interminable, debilitador— y el opio que fumaba para contrarrestar sus efectos. *El libro de la selva*, la atemporal colección de historias infantiles ambientadas en la India, fue escrita por Kipling en Vermont.

El poema más querido por los masones también se escribió en Vermont, fruto de un encuentro entre Kipling y Arthur Conan Doyle, quien, al igual que su amigo, creía con entusiasmo en el Imperio británico. En otoño de 1894, tras matar recientemente a Sherlock Holmes en las cataratas de Reichenbach, Conan Doyle hizo un alto en una gira de conferencias por Estados Unidos para pasar unos días en Vermont enseñando a Kipling a jugar a golf, a pesar de que allí no había campo.

Conan Doyle y Kipling afianzaron su amistad mientras paseaban. Sus conversaciones podían abordar numerosos asuntos, incluido el de la francmasonería. Conan Doyle había sido iniciado el 26 de enero de 1887 cerca de su casa de Southsea, Hampshire. Renunció en 1889 debido a las presiones del trabajo y los viajes, pero volvería a unirse más adelante. En sus historias aparecen motivos masónicos. Kipling se sentía mucho más cautivado por la francmasonería que Conan Doyle. Según ha escrito uno de sus biógrafos, le encantaba la «rutina purificadora» del ritual y «pertenecer a un círculo cerrado con contraseñas secretas en el que podía estar a salvo de las mujeres, que lo fascinaban y aterraban, y en el que podía conocer a gente peculiar que podía proporcionarle material útil, pero no abochornarlo socialmente fuera de la logia».

Kipling volvió en repetidas ocasiones a la masonería en sus escritos, como en el relato corto *El hombre que pudo reinar* (1888), ambientado en la remota frontera de la India. En 1975 sería llevado al cine en una película protagonizada por Sean Connery y Michael Caine. Como tantas otras cosas, la actividad masónica de Kipling estaba ligada al subcontinente: había sido iniciado en la logia Esperanza y Perseverancia de Lahore en 1886.

La singular química de aquellos días de octubre que pasó con Conan Doyle en Vermont —una combinación de amistad, franca identidad inglesa, recuerdos de la India y masonería— llenaron a Kipling de inspiración poética: escribió «Mi logia madre» de una sentada. El poema, al igual que una larga serie de versos de Kipling titulada *Baladas del cuartel*, habla con la voz londinense de un soldado anónimo que representa la sagacidad del imperio, el paradigma de los olvidados. En casa le prohíben entrar en los pubs por alborotador, pero en su maltrecha mochila lleva la luz de la civilización a «los lugares oscuros de la tierra» (como los llamaba Kipling). El soldado imperial sabe que la recompensa más probable por su abnegado servicio es morir en una tierra lejana, ya sea retorciéndose de dolor por la disentería o marchitándose en la punta de la lanza de un nativo. La francmasonería es su consuelo y su humilde filosofía. En «Mi logia madre» recuerda con melancolía el momento en que conoció por primera vez los misterios de la masonería «allí», en la India. Los miembros de su logia madre no eran de clase alta: un maestro, un carcelero, un tendero y un pequeño burócrata imperial. Sin embargo, compensaban la falta de recursos con la diligencia de sus procesos masónicos:

No poseíamos buenos atuendos,
y nuestra logia era vieja y humilde,
pero conocíamos los antiguos deberes
y los respetábamos al pie de la letra [...]

Lo más importante de todo es que, en la estrofa principal y el estribillo del poema, el soldado nos cuenta que sus hermanos masónicos eran hombres de todos los colores y credos:

Allí estaban Bola Nath, el contable,
y Saúl, el judío de Adén,
y din Mohamed, el dibujante.
De la oficina del catastro,
allí estaban el babu Chuckerbutty
y Amir Singh, el sij,
y del taller de reparaciones,
Castro, el católico romano.
Fuera nos decíamos «sargento, «señor», «salud» o «salam».
Dentro, en cambio, nos decíamos «hermano», y así bien estaba.
Nos encontrábamos en el nivel y nos despedíamos en la escuadra,
¡y yo era el segundo diácono de mi logia madre!

La logia del poema parece aceptar a todos los grupos religiosos y étnicos de la India, tal y como comenta un historiador: «Un parsi, un delineante musulmán, un sij, un judío oriental, un hindú gangético o rajput, un católico de Goa y un babu bengalí». Dentro de sus confines, la estructura de mando del ejército y el imperio queda suspendida temporalmente, ya que esos hombres tan dispares se convierten en hermanos al mismo nivel.

Los masones de Gran Bretaña y muchos otros lugares han interpretado «Mi logia madre» como un himno a la masonería global, a la capacidad de la masonería para acoger a hombres de todas las culturas, religiones y orígenes sociales, para aceptar la diferencia y unirla en una devoción fraternal. Sin duda, el autor concibió el poema con ese espíritu. Los versos reproducen la relación fraternal de Kipling con los indios, a los que conoció a finales de la década de 1880, como un diálogo amigable entre hombres de distintas fes. En «Mi logia madre», incluso las convenciones de la vida masónica británica quedan apar-

ALLAHABAD. LOGIAS MADRE DEL IMPERIO

cadas para mejorar la concordia entre comunidades: no podía haber ágape debido a las leyes dietéticas hindúes y musulmanas.

Y, a veces, cuando miro atrás
me viene el pensamiento
de que no existen los infieles,
aunque tal vez éramos nosotros mismos.

Pues, cada mes, después de la tenida,
nos sentábamos todos y fumábamos
(nosotros no celebrábamos banquetes
por miedo a molestar a la casta de un hermano),
y hablábamos de religión y de todo lo demás,
y cada uno se refería
al dios que mejor conocía.

Y así conversábamos de hombre a hombre,
y ningún hermano se movía
hasta que el amanecer despertaba a los loros
y a aquel pájaro febril.
Nos parecía de lo más curioso,
y nos íbamos todos a dormir
con Mahoma, Dios y Shiva,
que hacían el cambio de guardia en nuestra mente.

«Mi logia madre» no pretendía ser autobiográfico. Sin embargo, cuando evocaba el momento en que se unió a la masonería en la India, el recuerdo de Kipling sobre sus primeras experiencias se había visto colonizado por su poesía: «Allí conocí a musulmanes, hindúes, sijs, miembros de Arya y Brahmo Samaj [sectas hindúes] y un hermano vigilante judío que era sacerdote y carnicero en su pequeña comunidad de la ciudad».

En un mundo intolerante nunca sobran los poemas sobre la tolerancia. «Mi logia madre» es, sin lugar a dudas, una emotiva muestra de la hermandad del hombre y una obra muy halagadora para la masonería. Sin embargo plantea preguntas claras sobre la compatibilidad entre esa visión y el fervoroso imperialismo del que hacen gala tanto la francmasonería como Kipling. Debemos sopesar «Mi logia madre» con respecto a la verdadera historia de la masonería en el Raj en general y en la experiencia de Kipling en particular.

Con Mahoma, Dios y Shiva haciendo el cambio de guardia en nuestra mente

«Mi logia madre» es un recuerdo plagado de sentimentalismo. Sin embargo, las crónicas de la masonería en la India imperial y las de las primeras experiencias de Kipling en la hermandad demuestran que el poema no estaba lejos de la realidad. O al menos no del todo. A veces, y en algunos lugares del imperio, el suelo blanquinegro de la logia también era un lugar de encuentro igualitario para los británicos y los nativos. En ningún lugar fueron tan generalizados, íntimos o cargados de significado político esos encuentros como en la India, la joya de la corona imperial, que, aun así, nunca fue una tierra de masivos asentamientos blancos.

Casi medio siglo después de su llegada a la India, la masonería inició a su primer hermano nativo en 1775. No es casual que fuera un potentado local del sur del país y un aliado británico: Umdatul-Umrah Bahadur, hijo y heredero del nawab de Karnataka. Ceñir a un jefe nativo el mandil masónico podía ser una buena manera de sellar una alianza contra los enemigos de Gran Bretaña. La Gran Logia de Londres aprobó futuras iniciaciones del nawab: le envió un elaborado mandil y un ejemplar de las *Constituciones* encuadernado con esmero. Él respondió con un discurso de lealtad en persa que fue traducido al inglés. Esa medida encajaba a la perfección con la estrategia de la Compañía Británica de las Indias Orientales desde finales del siglo XVIII hasta principios del XIX, una época en la que abandonó el comercio para emprender conquistas, expulsando a potencias europeas e indias rivales y ampliando su control hacia el interior desde sus centros comerciales originales en la costa de Calcuta, Bombay y Madrás.

Sin embargo, esas iniciaciones eran muy infrecuentes, e incluso entonces se topaban con la oposición de los masones blancos. En 1812, dos masones de Calcuta se negaron a asistir a la iniciación de un hombre llamado Meer Bundeh Ali Khan, a pesar de que su solicitud contaba con la aprobación de un antiguo gobernador general de la

India. Ambos adujeron que «no estaban obligados a presenciar la iniciación de un turco, un judío o un infiel». Durante la ceremonia, otros dos masones «se dedicaron a ridiculizar la religión mahometana, lo cual fue muy indigno e impropio de la francmasonería». Avergonzados, los allí presentes brindaron a su nuevo hermano una bienvenida especialmente calurosa.

Por debajo del nivel de la élite nativa, dos hechos contribuyeron a aumentar poco a poco el número de indios que eran admitidos en la masonería. El primero fue la apertura de algunos sectores de la economía a comerciantes y empresarios indios. La comunidad parsi de Bombay fue la principal beneficiaria. Los parsis, originalmente refugiados zoroastristas de la Persia musulmana, habían entablado desde el siglo XVII una estrecha relación con la Compañía de las Indias Orientales, que los consideraba intermediarios y proveedores fiables. Con el tiempo, algunos empresarios parsis se convirtieron en banqueros y comerciantes internacionales. A partir de la década de 1840 empezaron a ser bienvenidos en las «logias indias» reservadas para ellos. En la década de 1860 ocupaban cargos de liderazgo en la masonería de Bombay junto con sus hermanos británicos, que consideraban a los parsis candidatos muy aptos porque bebían alcohol.

El segundo hecho fue la generalización de la educación inglesa entre un estrato pequeño, pero cada vez mayor, de indios y el creciente número de puestos de trabajo para nativos con estudios dentro del aparato estatal del imperio. En este caso, muchos de los beneficiarios fueron hindúes bengalíes residentes en Calcuta, la capital imperial. Sin embargo, los masones veían el hinduismo con desconfianza. La abrumadora mayoría de los indios iniciados antes de la década de 1870 eran parsis, sijs y musulmanes. Los hindúes eran diferentes. De hecho, el hinduismo era un problema para la férrea mentalidad cristiana del imperialismo victoriano. Los británicos, fueran masones o no, se aferraban a estereotipos insultantes sobre los grupos religiosos de la India. La gran mayoría prefería los musulmanes (consumidores de carne, masculinos y monoteístas) a los hindúes (vegetarianos y sospechosamente macilentos, y nadie sabía con certeza a cuántos dioses o ídolos adoraban). Las *Constituciones* masónicas estipulaban que el politeísmo era tan tabú como el ateísmo. No estaba claro cuál era el equivalente hindú a la Biblia o el Corán, y un elemento fundamental del material para los rituales masónicos era un ejemplar de la ley sagrada de una fe u otra. Para muchos hermanos, el sistema de castas hindú también constituía una estremecedora ofensa al ideal de fraternidad (algunos hindúes opinaban lo mismo a la inversa). En parte debido a esos prejuicios, ninguna logia de Bengala podía iniciar a un indio sin antes solicitar la aprobación de la Gran Logia provincial.

Todas estas cuestiones y el puro racismo que entrañaban llegaron a su punto crítico en 1863, cuando el indómito Prosonno Coomar Dutt, un comerciante bengalí e hindú, fue propuesto para su iniciación en una logia de Calcuta. El maestro venerable pidió permiso al gran maestro provincial, que lo rechazó con el genérico argumento de que los hindúes no eran aptos. Sin embargo, Dutt no aceptaba un no por respuesta y apeló a la Gran Logia Unida de Londres, que respetó el principio masónico de tolerancia. Los hindúes eran totalmente aptos para la iniciación, y ningún veto de una gran logia provincial cambiaría eso. A ello le siguieron nueve años de idas y venidas mientras la Gran Logia provincial de Bengala daba rienda suelta a su intolerancia («Nuestra raza difiere en todos los aspectos esenciales de la de los asiáticos») e intentaba escabullirse de la resolución. Finalmente, el 22 de agosto de 1872, el hermano Dutt fue iniciado, lo cual abrió las puertas de las logias de toda la India a los correligionarios hindúes.

Al menos en principio. Nadie debería pensar que, tras el caso Dutt, la francmasonería era totalmente accesible por completo para los indios. Cada logia conservaba el poder para admitir o rechazar a quien gustara sin dar explicación alguna. La discriminación racial seguía muy extendida. A pesar de ello, el clima político en la India de la época convierte el desenlace del controvertido caso Dutt en algo extraordinario. Seis años antes, en mayo de 1857, unos soldados nativos del ejército de Bengala se habían rebelado. Las autoridades imperiales perdieron el control de casi todo el norte de la India, y toda una serie de grupos desafectos, desde príncipes hasta campesinos, cogieron las armas. Hasta finales del año siguiente, las fuerzas británicas no apagaron las últimas llamas de la revuelta en medio de un salvajismo indiscriminado. Después, la Corona asumió todos los poderes que anteriormente habían recaído en la Compañía de las Indias Orientales. Al mismo tiempo, las actitudes británicas estaban cambiando. Antes de lo que llamaban «el motín indio», los británicos se jactaban de ser agentes de la civilización que ayudaban a sus súbditos indígenas a seguir el camino del progreso. Ahora preferían ver a la población india a través del cristal intelectualmente moderno de la raza. Esos viejos estereotipos sobre las distintas poblaciones de la India adquirieron trazos más gruesos. Con independencia de la religión que profesaran, los indios en su conjunto eran biológicamente inferiores y, por tanto, resistentes a cualquier mejora. Después del caso Dutt, la política masónica de puertas abiertas a los indios era contraria a la tendencia ideológica dominante. La tolerancia de los masones no era ni ha sido nunca un lema hueco.

Por tanto, la masonería india había emprendido un largo y lento viaje de adaptación cuando Rudyard Kipling pasó a formar parte de ella. La táctica del siglo XVIII de iniciar a príncipes jóvenes resultaba aún más útil tras el «motín» de 1857. La logia madre de Kipling en Lahore, Esperanza y Perseverancia número 782, fue autorizada en 1859. Poco después, iniciaron al monarca sij, sir Randhir Singh, maharajá de Kapurthala, que había mostrado una lealtad sin condiciones a los británicos durante la rebelión. El maharajá falleció en 1870, pero su hermano menor, Sardar Bikrama Singh Bahadur, aún era miembro cuando Kipling se sometió a la ceremonia de iniciación el 5 de abril de 1886. En muchas zonas del Raj, los príncipes indios se habían convertido en gobernantes por poderes o incluso en títeres, privados de autoridad real, pero ricos y cubiertos de adornos ceremoniales que pretendían dar al Raj una pátina india tradicional. La francmasonería formaba parte del simbolismo del pacto con la Corona. Cuando estalló la Primera Guerra Mundial, había al menos diez hermanos masones en la India que escribían «maharajá» en la columna «ocupación» del registro de la logia.

El reclutamiento se había ampliado en gran medida desde la época en que fueron admitidos los primeros príncipes nativos. La mayoría de los indios con los que Kipling intercambiaba apretones de manos y contraseñas secretas en Lahore eran comerciantes, a excepción de algún que otro médico o gobernador. También eran étnicamente diversos. Además del príncipe sij mencionado antes, la logia aceptó a hombres como el mercader parsi E. C. Jussawalla, el comisionado adjunto musulmán Mohamed Hayat Khan y el abogado bengalí e hindú P. C. Chatterjee. Sin embargo, aún se veían superados numéricamente por los rostros blancos; en aquel momento, había como máximo ocho hermanos indios en la logia, y se unió otro más mientras Kipling estaba allí. Por tanto, Esperanza y Perseverancia número 782 no era la logia madre multiétnica a la que se homenajeaba en el poema.

En noviembre de 1887, Kipling abandonó Lahore por un trabajo más importante en un periódico de renombre. Su destino, mil kilómetros al sudeste, era el centro administrativo y legal de Allahabad, situado en una lengua de tierra en la que las aguas transparentes del Yamuna se mezclaban con el turbio cauce amarillo del Ganges. Allí, en abril de 1888, ingresó en una logia que cautivaba más su imaginación que la logia Esperanza y Perseverancia de Lahore. De hecho la nueva logia de Kipling, Independencia con Filantropía número 391, estaba registrando a un gran número de nativos. Antes de 1883 solo aparecía un miembro indio en los registros. Cuando, cinco años después, se unió Kipling había al menos veinte, y otros tres accedieron en los once meses en que el escritor asistió a las reuniones antes de partir hacia Inglaterra. De los cuarenta y tres hombres que se unieron a la logia Independencia con Filantropía en 1887 y 1888, la extraordinaria cifra de dieciocho eran indios. Aunque los orígenes étnicos y religiosos de aquellos hombres tal vez no eran tan variopintos como los que Kipling evocaría seis años más tarde en los poemas que compuso en Vermont, sin duda incluían a musulmanes e hindúes.

Algunos de esos nuevos hermanos indios eran comerciantes y uno o dos eran médicos o personal sanitario de algún tipo. Había un mayor número de gobernadores, especialmente *tahsildars* (cobradores de impuestos y magistrados locales). Sin embargo, al menos la mitad de los masones indios a los que Kipling conoció eran abogados o *pleaders* (un abogado de menor nivel), a menudo conocidos como *vakils*. Las perspectivas profesionales de esos hombres dependían de sus contactos y de su buena reputación entre la jerarquía jurídica británica. Un diálogo entre hermanos de diferentes comunidades religiosas no era el primer elemento en su lista de motivos para unirse a la masonería. Una razón más obvia era que entre los británicos que también figuraban en la lista de miembros estaba sir John Edge. Este efectuó el traslado desde su logia londinense en diciembre de 1886, justo después de llegar a Allahabad para ser nombrado presidente del Tribunal Supremo de las provincias noroccidentales de la India. Sea cual fuere su religión, muchos *vakils* indios se convirtieron en masones por la misma razón que lo hicieron muchos en Gran Bretaña: por los contactos sociales.

Sin embargo, sería un error concluir a partir de esta logia mixta que todo era armonía entre la élite británica e india de la ciudad, o incluso en el seno de la francmasonería, ya que Allahabad estaba modelada y dividida por el trauma de la rebelión.

Después del «motín» de 1857, en el que fueron asesinados cincuenta blancos de la ciudad, los británicos decidieron vivir lo más lejos posible de la población india. Allahabad se convirtió en un centro gubernamental y legislativo porque era fácil de defender. En cuanto amainó la violencia, una mezquita del siglo XVII que resultaba estratégicamente incómoda fue demolida sin compensación alguna para la comunidad musulmana. Aquello fue solo el comienzo de la que por entonces era la mayor reurbanización de la India británica. El ferrocarril de la India oriental, que llegaba a través de un imponente puente de vigas, partía la ciudad por la mitad. Al norte se encontraba la «Ciudad blanca», o «Estación civil», que incluía un nuevo barrio británico bautizado como Cannington. En la parte sur estaba la vieja ciudad india. El contraste entre ambas zonas era evidente. En un lado, habitado por el 3 por ciento de la población europea de la ciudad, había una cuadrícula de calles anchas y bien cuidadas en las cuales proyectaban su sombra los árboles de teca. Había lujosos edificios oficiales, hoteles, un hospital y una facultad de Medicina. Para los ocupantes de los bungalós de estuco y sus amplios terrenos, los servicios incluían una iglesia anglicana, una biblioteca, un club, una pista de críquet, un campo de polo y, por supuesto, un «espacioso» templo masónico, inaugurado en 1875 en Cutcherry (lugar que sigue ocupando en la actualidad). Para su tranquilidad, había también un cuartel de infantería, descrito como un edificio «palaciego» por un visitante británico. Al sur se alzaba lo que los británicos solían ver como un pozo indiferenciado de miseria atravesado por una cloaca que era «una zanja repugnante con un contenido fétido». Allí era donde vivía la población india en sus numerosas variantes de religión, casta y profesión. En 1885, poco antes de que Kipling llegara a Allahabad, el comisionado sanitario saliente observó con desesperación que la actitud británica generalizada hacia la comunidad del lado equivocado de las vías era que, «si los nativos decidían vivir en un entorno tan insalubre, era su problema».

Dos pequeños barrios ocupaban una tierra de nadie entre la «Estación civil» y la ciudad india. El primero, situado junto a las vías del tren, era para seiscientos o setecientos «angloindios» mestizos. El segundo era para bengalíes con estudios, algunos de los cuales se adentraban en ocasiones en la «Estación civil» para asistir a reuniones de la logia Independencia con Filantropía.

La logia masónica era una de las pocas instituciones racialmente integradas de Allahabad. Su nivel de integración era a la vez extraordinario y muy circunscrito. En una ciudad tan segregada, sería de ilusos pensar que, cuando los masones de piel oscura se reunían con Rudyard Kipling y los otros hermanos de piel blanca cada primer y tercer jueves de mes, el encuentro guardaba algún parecido con la verdadera hermandad. De hecho, en «Mi logia madre», Kipling reconoce abiertamente que la igualdad imperante en los portalones sagrados de la logia dejaba paso a las jerarquías normales una vez que la reunión había concluido:

Fuera nos decíamos «sargento, «señor», «salud» o «salam».
Dentro, en cambio, nos decíamos «hermano», y así bien estaba.

La hermandad entre blancos y nativos era inofensiva si, y solo si, se restringía al templo masónico.

Los límites de la tolerancia masónica en la India encajaban de manera natural con los contradictorios impulsos de Kipling. Su empatía literaria era espontánea y amplia. Le gustaba sintonizar con la profusión de voces indias. Si hubiera sido intolerante, no habría podido escribir *Kim*, su gran aventura de la India imperial. Le habría sido fácil no unirse a una logia masónica mixta. Sin embargo, Kipling también detestaba de una manera nada masónica. La lista de aquello que detestaba, que siempre eran expresado mordazmente, fue creciendo con el paso de los años. Estados Unidos: «Barbarie; barbarie más teléfono, luz eléctrica, ferrocarril y sufragio». Alemanes: «El huno desvergonzado», «que sigue de corazón a los siniestros dioses del norte con la ferocidad y oscuridad del hombre-lobo, su antepasado». Irlandeses: «Los orientales de Occidente». Orientales: véase la cita anterior. Una de las primeras y más duraderas aversiones de Kipling, aprendida en Lahore y, sobre todo, en Allahabad, un lugar predominantemente hindú, iba dirigida contra los «babus». En labios de los británicos, era un término desdeñoso dirigido a los burócratas y abogados hindúes educados por los ingleses, en general originarios de Bengala. Para Kipling, al igual que para muchos como él, los babus combinaban «la obstinación del hombre» con la «petulancia irracional de los niños, siempre mórbidamente asustados de que alguien se esté riendo de ellos». El babu iba impecable y llevaba ropa occidental. Sin embargo era justo ese *savoir faire* el que hacía desconfiar de ellos, como si intentaran ser más británicos que los propios británicos. El «babu Chuckerbutty» era uno de los personajes indios aceptados por la tolerancia masónica en «Mi logia madre». Es posible que dicha tolerancia fuera permisible en la logia, pero se agotaba con mucha rapidez si el babu en cuestión mostraba alguna aspiración de autoridad política.

Kipling ofrecía un cáustico retrato de un babu engreído en «El jefe de distrito», que empezó a escribir en Allahabad. El relato trata de un administrador indio, el babu en cuestión, que es elegido por un virrey liberal bienintencionado para gobernar una provincia fronteriza. A continuación, se precipita un caos sangriento. La historia de Kipling es una parábola sobre los peligros del autogobierno indio. Según su argumento, el país era una mezcla tan grande y heterogénea de culturas que solo la mano firme de un gobernante externo y sabio podía mantenerlo unido.

«El jefe de distrito» se inspiró en la llegada a Allahabad de mil doscientos cuarenta y ocho delegados, cuatrocientos cincuenta y cinco de ellos abogados, para asistir al cuarto Congreso Nacional Indio en diciembre de 1888. El congreso se había reunido en Bombay tres años antes para exigir un papel más destacado de la gente del subcontinente en la dirección del país. Las autoridades británicas de Allahabad veían la conferencia con malos ojos e intentaron impedirla. Hasta que un nawab cedió al congreso una propiedad vacía con un extenso terreno en la «Estación civil», los delegados no pudieron ir allí a plantar sus tiendas. Para Kipling y para la mayoría de la población blanca, aquello significaba una invasión babu.

The Pioneer, el periódico de Kipling, protestó airadamente contra el congreso «sedicioso» y su «desfachatez», y culpó a los agitadores babus bengalíes de los altercados. Escribiendo anónimamente, Kipling publicó un largo y despectivo informe de primera mano sobre los «especímenes de todas las provincias de India» que habían acudido como delegados. Mencionaba con disgusto que la asamblea estaba «atestada» de *vakils*. Podría decirse que los *vakils*, los abogados indios que trabajaban en los estratos más bajos del sistema imperial británico, eran una versión no bengalí de los babus. El informe de Kipling sobre el congreso definía a los delegados como «las secuelas del ministerio de Educación». «En un lenguaje que no eran capaces de dominar, [los delegados] se las vieron con principios que no podían comprender». «Habían venido a pedir igualdad porque su historial ponía de manifiesto su inferioridad».

Lo único que mantuvo algo parecido al orden en el congreso, según Kipling, fue la presencia de delegados blancos y mestizos. De hecho, mencionaba con insistencia lo que él denominaba las «personas de media casta», los «ingleses de segunda», los «hombres blanco-marrón», a los que identificaba como cabecillas del congreso: «[Los delegados indios] parecían nada menos que un rebaño de ovejas a punto de salir disparadas en cualquier dirección, pero se vieron acorralados y obligados a presentar un frente unido por media docena de perros pastores negros y marrones». Comprensiblemente molestos por el artículo, uno de esos delegados «negros y marrones» del congreso, un exoficial del ejército llamado Andrew Hearsey, fue directo a las oficinas de *The Pioneer* con un látigo en la mano e intentó azotar al director. No llegó a descubrir que fue Kipling quien escribió el informe.

Otro delegado del congreso que habría tenido todo el derecho a sentirse ofendido por el lenguaje del artículo era un hermano masón de Kipling, un abogado defensor joven, espabilado y pulcro llamado Motilal Nehru que se había unido a la logia Independencia con Filantropía un año y medio antes que el escritor. Nehru era amigo personal de sir John Edge, el magistrado jefe del Tribunal Supremo de Allahabad que había atraído a tantos abogados indios a la masonería. Si «Mi logia madre» estaba inspirado de algún modo en la logia de Kipling en Allahabad, Nehru bien podía ser uno de los personajes indios que cita el poema. Sin embargo, el artículo de Kipling en *The Pioneer* lo señalaba como uno de los *vakils* irresponsables que «atestaban» el congreso.

Sobre Nehru, proveniente de una familia de casta alta de Delhi que estaba pasando por dificultades económicas después del motín, había recaído la responsabilidad del bienestar de sus parientes tras la

ALLAHABAD. LOGIAS MADRE DEL IMPERIO

muerte de su hermano mayor. Más adelante cosecharía un espectacular éxito como abogado y se convertiría en el alma del Congreso Nacional Indio, del cual asumió la presidencia en 1919 y nuevamente en 1928. En 1947, su hijo Jawaharlal, nacido en Allahabad unos meses después de que Kipling se fuera, fue el primero en asumir el cargo de primer ministro de una India independiente. Su nieta, Indira Gandhi, sería la primera mujer en ocupar ese cargo en el país.

A finales de la década de 1880, los delegados del congreso, como Motilal Nehru, no eran ni mucho menos radicales. La lealtad al imperio se daba por sentada, al igual que ocurría en la masonería. A finales de la primavera de 1887, los francmasones de varias logias constitucionales inglesas del noreste de la India añadieron su nombre a un «discurso leal» que ofrecía las «más calurosas y solícitas» felicitaciones a la reina Victoria por sus cincuenta años. El documento era típico de su género: alineaba a la francmasonería con la monarquía y la causa

Membros de la logia Independencia con Filantropía en Allahabad: Rudyard Kipling (1865-1936) y Motilal Nehru (1861-1931). Sentado a los pies de este último en esta fotografía de 1894 se encuentra su hijo Jawaharlal, quien sería presidente de la India.

«providencial» del imperio. Entre los firmantes de Allahabad figuraban la mayoría de los hermanos masones indios, si no todos. Motilal Nehru incluso firmó dos veces, a pesar de que los impuestos cobrados para pagar las celebraciones del cincuentenario fueron uno de los insultos a la autoestima india contra los que protestaron los miembros del congreso. Tendrían que cambiar muchas cosas en el país antes de que el congreso dejara de ser la «leal oposición» de las décadas de 1880 y 1890 para convertirse en el partido de Gobierno en los años cuarenta del siglo XX.

No obstante, resulta una extraordinaria coincidencia que el muy imperialista Kipling fuera, en el mismo momento, miembro de la misma logia masónica que uno de los padres del nacionalismo indio; que el enemigo mortal de la autodeterminación india se sentara en fraternal armonía con el fundador de la dinastía política dominante en el país. Pero aún hay más coincidencias. Al igual que desempeñó un papel en el Imperio británico, la masonería también influyó en la aparición del nacionalismo indio organizado.

Para intelectuales indios ambiciosos y anglicanizados como Motilal Nehru, la logia era una oportunidad para mezclarse con británicos influyentes. Pero, al margen de eso, la francmasonería también era una escuela de debate político y Gobierno constitucional, al igual que lo había sido en la Gran Bretaña y en la Francia del siglo XVIII. El lema masónico de la igualdad fraternal podía sonar vacío en los labios de algunos imperialistas, pero la vida en una logia aún podía ofrecer un ejemplo práctico de paridad entre indios cultos y sus señores. Los valores de la masonería indicaban asimismo que la paridad entre los indios era posible. Tolerante sin ser laica, moderna, pero respetuosa con la tradición, la francmasonería era una manera de trascender un obstáculo mayúsculo para la materialización de los intereses nacionales indios: las grandes diferencias culturales entre sus comunidades, en especial hindúes y musulmanas. No es de extrañar que los masones tuvieran tanta representación entre los primeros líderes del Congreso Nacional Indio: de 1885 a 1907, un 43 por ciento de sus presidentes eran hermanos.

La logia Estrella Naciente

A los masones les encantó «Mi logia madre» desde que fue publicado en mayo de 1895; lo memorizaban en todos los rincones de los dominios imperiales. Según decía con entusiasmo la revista *Masonic Illustrated* en aquella época, «cautiva el corazón de todos los masones». «Igualdad, amor fraternal, el *summum bonum* de la francmasonería, hallan expresión en el estribillo». El poder del sentimentalismo del poema yacía en que erradicaba los prejuicios de Kipling y los estrictos límites impuestos a la tolerancia masónica en la India. Por el contrario, hacía que conquistar y gobernar las regiones subdesarrolladas del planeta pareciera un ejercicio altruista de generosidad fraternal y de tolerancia. En su carrera como escritor, Kipling volvería una y otra vez a la idea de la logia masónica como un microcosmos del imperio y un refugio en el que la comprensión mutua entre culturas es soberana, pero solo si el dominio imperial era incontestable. La idea también caló entre la ciudadanía, ya que evocaba la imagen que los británicos tenían de sí mismos y de sus posesiones en el extranjero.

En la década de 1890, Kipling estaba convirtiéndose rápidamente en una celebridad imperial y masónica. Sus versos, al igual que su imagen pública, eran divulgados por la prensa en todo el imperio. En el siglo XIX y principios del XX, las revistas masónicas eran consumidas con avidez desde Dundee hasta Delhi. Publicitaban la masonería entre profanos y difundían noticias y una fuerte identidad compartida entre sus lectores: hermanos, imperialistas, civilizadores. Sus páginas homenajeaban a los grandes constructores masónicos del imperio: Richard Wellesley, el gobernador general de la India, y su hermano Arthur, el duque de Wellington; Stamford Raffles, el fundador de Singapur; Cecil Rhodes, el magnate de los diamantes y «coloso» del sur de África, y, por supuesto, Rudyard Kipling, el amigo íntimo de Rhodes.

Es posible que Kipling aprendiera a ser imperialista en la India, pero en los años inmediatamente posteriores a la publicación de «Mi logia madre» llegaría a contemplar el sur de África como la misión suprema del imperio. Su idea, erróneamente expresada, era que Gran Bretaña estaba quedándose sin territorios que conquistar y que sus rivales industriales, en especial Alemania, estaban ansiosos por hacerse con el resto. Su imperialismo también estaba embebido del terror a que los territorios que la reina Victoria ya gobernaba pudieran perderse fácilmente. Adoptó una voz poética cada vez más seductora, como del Antiguo Testamento, y hacía llamamientos idealistas al deber patriótico en algunos de sus versos más conocidos. Poemas como «Recessional» (1897) y «La carga del hombre blanco» (1899) fueron publicados en *The Times* como si se trataran de editoriales con rima. Kipling fue nombrado el «[poeta] laureado del imperio».

En la época de la segunda guerra bóer (1899-1902), los francmasones veían a la hermandad a través del mismo cristal rosa con el que observaban las partes del imperio en los mapamundis británicos. Al igual que el resto de los ciudadanos de Gran Bretaña, se sintieron atraídos por una fiebre patriótica sin precedentes alimentada por una prensa ultranacionalista. El popular *The Daily Mail*, fundado en 1896, alcanzó un millón de lectores al final del conflicto, lo que lo convirtió en el periódico más vendido del mundo. Aunque mucho menos estridentes que *The Daily Mail*, las revistas masónicas también tuvieron su papel en la guerra mediática, como confirma su cobertura de las dos reuniones de logias más célebres de la época.

Bloemfontein era una ciudad de alegres bungalós con tejado de zinc, cuyos jardines de flores cuidaban sirvientes africanos. Parecía perdida en el interminable y ondulante marrón caramelo de la meseta sudafricana. Sin embargo, era la capital del Estado Libre de Orange, que, junto con su hermana, la república afrikáner de Transvaal, entró en guerra en otoño de 1899 para seguir siendo independiente del Imperio británico. Por tanto, el 13 de marzo de 1900 fue un momento importante, ya que en la plaza de la ciudad penetró una columna de treinta mil soldados británicos con la tez roja y enfundados en harapientos uniformes caqui y botas medio deshechas. La caída de Bloemfontein parecía el principio del fin de la guerra.

En Londres se desató la euforia. Los miembros de las dos cámaras del Parlamento se reunieron delante del palacio de Buckingham para cantarle a la monarca «Dios salve a la reina». Los francmasones tenían todos los motivos del mundo para brindar en sus ágapes por el triunfo más reciente del ejército británico: su comandante en el sur de África, lord Roberts, era masón y un heroico veterano de diversas campañas en la India, Abisinia [Etiopía y Eritrea] y Afganistán.

Semanas después, la logia Estrella Naciente de Bloemfontein intentó demostrar que la armonía fraternal trascendía las divisiones del conflicto creando su propia versión de «Mi logia madre». Veintinueve miembros y cuarenta y siete visitantes se agolparon en el desvencijado y diminuto templo masónico de la ciudad. Asistieron afrikáneres y británicos. Entre los visitantes había soldados de todo el imperio. Si bien lord Roberts tuvo que enviar una carta en la que excusaba su presencia por problemas de salud, había otras celebridades militares masónicas. Una de ellas era lord Stanley, el gran maestro provincial de Lancashire y principal censor de la prensa en el ejército. El más prestigioso de todos era la adusta figura de lord Kitchener, jefe del Estado Mayor de las fuerzas británicas en el sur de África y gran maestro de distrito en Egipto y Sudán. Dieciocho meses antes, Kitchener se había convertido en un héroe en la batalla de Omdurmán: su ejército masacró a trece mil derviches utilizando ametralladoras Maxim y nuevas balas de punta hueca fabricadas en Dum Dum, India.

Las tropas británicas ocupan Bloemfontein en marzo de 1900. El mariscal de campo y masón Frederick Roberts (1832-1914) aparece montado a caballo en primer plano.

El maestro de la logia, Ivan H. Haarburger, pronunció un emotivo discurso en el que ensalzó aquella «brillante manifestación de la razón de ser de la francmasonería», que existía para «aliviar la angustia en todo el planeta» y ofrecer un terreno común incluso a quienes estuvieran divididos por la guerra. Sentado a la derecha del maestro, Kitchener abordó el asunto más importante de la reunión, esto es, expresar su agradecimiento por el hecho de que el príncipe Eduardo, que era el sucesor al trono y gran maestro de la Gran Logia Unida de Inglaterra, hubiera sobrevivido a un intento de asesinato: «Su Alteza Real ha hecho más por la masonería que nadie en el mundo, y no me cabe la menor duda de que nos acompaña efusivamente en el deseo de que la paz y la armonía vuelvan a reinar en el sur de África». El ambiente de reconciliación que imperaba en la logia Estrella Naciente cautivó la imaginación de la prensa, tanto masónica como generalista. Era un elogio a la valiosa idea de que Gran Bretaña tenía mejores modales imperiales que otras potencias europeas, de que mostraba más inclinación por civilizar que por oprimir y explotar.

La fama de la reunión de la logia Estrella Naciente también se vio alimentada por la supuesta presencia de los dos escritores y oradores imperialistas más célebres del mundo: Conan Doyle y Kipling. Existe cierto fundamento para lo que publicaron los periódicos. Conan Doyle se ofreció a prestar su experiencia como médico a las fuerzas que avanzaban por el Estado Libre de Orange. Poco después de la conquista de Bloemfontein, Kipling respondió de inmediato a una petición de lord Roberts para que ayudara a dirigir el periódico *The Friend*, destinado a las tropas y la ciudadanía. Al fin y al cabo, ¿cómo no iba a incluir al famoso autor de «Mi logia madre» una reunión de una logia tan inspirada en los ideales fraternales de armonía entre los pueblos del imperio?

La logia Estrella Naciente celebró una reunión aún más concurrida seis meses después, el 31 de enero de 1901: treinta y nueve miembros y sesenta y un visitantes firmaron el registro. En esta ocasión no había celebridades masónicas. La ceremonia fue triste: una logia de luto convocada de urgencia para expresar la tristeza de la masonería por el fallecimiento de la reina Victoria. Un sacerdote presbiteriano pronunció una sonora homilía sobre las virtudes masónicas de «lealtad, reverencia y amor» que Victoria personificaba: «Son eternas. En nuestro tiempo y generación, [si] hemos de practicarlas, el trono se mantendrá firme y el imperio fuerte, el soberano recibirá ayuda y la masonería espiritual mejorará». Los masones de la capital del imperio volvieron a emocionarse con las noticias llegadas desde Bloemfontein. Según decía una revista masónica: «Nos complace informar de que no solo había numerosos hermanos bóeres, sino también varios prisioneros bóeres "en libertad condicional". Es bastante evidente que no existe en el sur de África un factor más importante en la reconciliación de las razas, a la que todos aspiramos, que la logia Estrella Naciente». Sin embargo, las cosas en Bloemfontein no eran lo que parecían, ya fuera en la prensa masónica o en la obra de los historiadores masónicos que han hilvanado el relato desde entonces.

En primer lugar, no es de extrañar que afrikáneres y británicos se mezclaran en fraternal concordia en la logia Estrella Naciente. Los habitantes afrikáner de Bloemfontein no mostraban un entusiasmo unánime por independizarse del imperio, ya que estaban muy ligados a la economía de Colonia del Cabo, situada al sudoeste y regentada por los británicos. En cualquier caso, cuando estos llegaron, los afrikáneres que eran enemigos acérrimos de la Corona ya se habían ido.

Asimismo, los británicos y los afrikáneres compartían un interés esencial en que la población no blanca del sur de África siguiera sometida, tal como demostraría el acuerdo de paz firmado al final de la guerra. Huelga decir que ninguno de los ciudadanos negros de Bloemfontein estuvo presente en las reuniones de la logia. «La reconciliación de las razas» tenía sus límites.

En segundo lugar, la historia de la presencia de Kipling en la primera reunión de la logia en Bloemfontein era falsa. No podía estar allí el 23 de abril de 1900 porque había partido tres semanas antes hacia Inglaterra, donde tenía intención de terminar *Kim*, la historia del hijo huérfano de un masón en la India.

Conan Doyle sí estuvo allí. Llegó a Bloemfontein solo unas horas después de que Kipling se fuera y, aunque ya no era formalmente masón, puede leerse su firma en la copia enmarcada del mensaje de la logia al príncipe de Gales que aún adorna hoy las paredes del templo masónico de Bloemfontein. No obstante, resulta extraño que Conan Doyle no mencionara en sus memorias la armoniosa reunión que celebró la logia el 23 de abril. Quizá estaba demasiado ocupado como para que le causara alguna impresión. Según recordaba más tarde, estaba luchando con valentía contra «la muerte en su forma más vil y sucia».

El problema fue causado por la dejadez que demostraba lord Roberts, el comandante británico y masón, con la logística y el bienestar de sus tropas. También subestimó complacientemente la amenaza de las guerrillas de los bóeres, que cortaron el suministro de agua en Bloemfontein poco después de que llegaran los británicos. El resultado fue suciedad, miseria y una epidemia de fiebre tifoidea que acabó con la vida de cinco mil personas. El pequeño hospital en el que trabajaba Conan Doyle, instalado en el pabellón del club de críquet Ramblers de Bloemfontein, estaba infestado de moscas y totalmente abarrotado. No era armonía masónica lo que emanaba de la ciudad, sino el «nauseabundo olor de los efluvios más viles», en palabras del propio Conan Doyle. Sin embargo, la noticia del desastre fue ocultada a la ciudadanía por el censor del ejército, el hermano lord Stanley, gran maestro provincial de Lancashire. A diferencia de Kipling, él sí estuvo presente en la reunión de la logia del 23 de abril.

Cuando en enero de 1901 se ofició el duelo por la reina Victoria, la campaña británica en el sur de África se había convertido en una exasperante batalla contra las guerrillas de los bóeres, que estaban sembrando el caos haciendo estallar líneas ferroviarias y destruyendo almacenes de suministros. El hermano lord Kitchener recurrió a tác-

El hospital donde Arthur Conan Doyle (1895-1930) trabajó en Bloemfontein.
De la prensa británica de la época.

ticas de notoria brutalidad, los «métodos de la barbarie», según la famosa descripción del líder de la oposición liberal. Prendieron fuego a granjas de los bóeres. Mujeres y niños —familiares de soldados y prisioneros de guerra, o simplemente las víctimas de los incendios de las granjas— fueron trasladados a campos de concentración, con la excusa de que era más fácil alimentarlos. Unos veinticinco mil presos, en su mayoría niños, morirían de hambre y de enfermedades en los campos antes del final de la guerra.

Bloemfontein tenía el campo de concentración más grande del Estado Libre de Orange. Más o menos por la época de la ceremonia de luto por la reina, recibió la visita de la activista y feminista Emily Hobhouse. Allí encontró a diez o doce personas hacinadas en aquellas pequeñas tiendas, sin colchones ni jabón y con raciones de hambruna, suministros inadecuados de agua y, lo más preocupante de todo, unas hediondas letrinas. La situación empeoró con la llegada de más mujeres y niños. Hobhouse culpó a la «burda ignorancia, estupidez, incapacidad y confusión de los varones». En tales circunstancias, la propuesta que hicieron los masones británicos —que la logia Estrella Naciente aceptara a prisioneros de guerra bóeres en su solemne conmemoración de la vida de la reina Victoria y la grandeza de su imperio— debería interpretarse, entonces y ahora, como lo que es: una grotesca fantasía.

La francmasonería se creó una favorecedora imagen entre los británicos imperiales, una forma de hombría resuelta y segura de sí misma, pero compasiva hacia los enemigos derrotados y los pueblos sometidos. En «Mi logia madre» y en algunas historias inspiradas en episodios como las reuniones de la logia de Bloemfontein, el imperio aparecía como la culminación del ideal masónico de hermandad universal, una visión de camaradería cosmopolita. En todo el imperio, los masones estaban ampliando su liderazgo moral para acoger en su seno a una familia de pueblos de todos los rincones del mundo.

Emblemas de mortalidad

Después de la segunda guerra bóer, Kipling empezó a predecir lo que él denominaba la «Gran Guerra» contra «el huno». Se cree que fue él quien convirtió ambos términos en jerga de uso común. El futuro conflicto sería una cruzada para defender la justificada hegemonía imperial de Gran Bretaña ante un rival bárbaro. Así pues, cuando finalmente llegó la Gran Guerra en 1914, Kipling la apoyó de manera incondicional. También movió todos los hilos que pudo para que su hijo John obtuviera el destino que deseaba, a pesar de que su miopía lo convertía en no apto. El mariscal de campo lord Frederick Roberts, un viejo amigo de Kipling, el héroe de Bloemfontein y asimismo masón, intercedió decisivamente. A finales de septiembre de 1915, el teniente John Kipling de los Irish Guards entró por primera vez en combate entre los montones de escoria y las canteras de tiza de Loos. Hacía unas semanas que había cumplido dieciocho años y todavía le faltaban tres años para poder ser admitido en la francmasonería.

En vida de Kipling, nunca encontraron el cuerpo de su hijo. Hasta 2016, los investigadores no estuvieron seguros de haber identificado sus restos.

Kipling emprendió junto con su esposa Carrie una desesperada e interminable búsqueda de noticias en hospitales, cuarteles y cementerios. Lo único que la pareja escuchaba eran informaciones contradictorias sobre John. La tristeza, la duda insufrible y tal vez el sentimiento de culpa les ocasionaron un daño psicológico inmenso. El único consuelo eran los testimonios de que John había combatido con valentía y de que había matado a alemanes. «Haber engendrado a un hombre ya es algo», escribió Kipling a un amigo.

El poeta estaba mayor, enfermo y destrozado. Tras la desaparición de su hijo, apenas escribió nada durante ocho años. Sin embargo, en lugar de permitir que su creatividad se apagara, la reorientó y la dedicó a un deber solemne que era a la vez personal, nacional e imperial: llorar y conmemorar a los muertos de la Gran Guerra. La masonería sería fundamental para llevar a cabo esa labor.

La masonería trata sobre la muerte. La soga alrededor del cuello, la punta de la espada en el pecho, las calaveras, los huesos, las tumbas, las urnas, los ataúdes... El viaje de un hombre por el ritual masónico lo enfrenta a interminables «emblemas de mortalidad», como los llaman los hermanos. Por medio de esos emblemas, los masones dan una forma reconocible a un misterio universal. Los rituales masónicos utilizan la muerte como un incentivo para crecer como ser moral. Enfrentarse al miedo a la muerte es un signo de que una persona está preparada para entrar en una nueva vida en la hermandad.

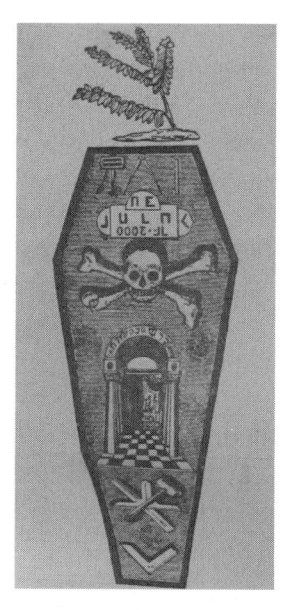

El retablo que se muestra en las logias durante la ceremonia del tercer grado (o maestro masón). Es una ayuda mnemotécnica simbólica y un recordatorio de la mortalidad.

La muerte se transforma cuando es ritualizada de esa manera. La silenciosa y aterradora idea del punto de fuga de la vida se convierte en algo que puede contemplarse con serenidad. Tal como escribió el filósofo Bertrand Russell: «Las religiones más refinadas tratan sobre la conquista del miedo». La historia cristiana sobre la muerte y resurrección de Cristo es una muestra de ello. De hecho, cualquier forma de pertenencia que pueda dar significado a la muerte está desempeñando una labor esencial. El nacionalismo hace algo muy parecido por medio de la idea de morir por la patria. Las ceremonias masónicas mantienen la ficción de que morir no es una experiencia solitaria, sino una realidad que podemos afrontar hombro con hombro con nuestros hermanos. En la masonería, la muerte es un asunto de hombres.

El 23 de septiembre de 1919, un ferroviario escocés llamado Joseph Dickie, que en aquel momento era cabo del cuerpo de Ingenieros Reales, fue iniciado en la francmasonería en la logia San Jorge de Aberdeen. Dickie había sido soldado profesional. Se alistó en 1907 y combatió hasta la Gran Guerra. Después de llegar a casa ileso, estuvo al borde de la muerte a causa de la pandemia de gripe de 1918. Cuenta la leyenda familiar que revivió en el último momento gracias a un gran vaso de whisky.

Menciono a mi abuelo por el simple hecho de que era un ejemplo típico de los muchos miles de exsoldados que se convirtieron en masones después de la Gran Guerra. Hombres como Joseph Dickie habían vivido lo inimaginable. Antes de su ataque en Vimy Ridge la Semana Santa de 1917, algunas unidades canadienses insistieron en cavar sus propias tumbas. Cuando los supervivientes de aquella matanza industrializada fueron desmovilizados, muchos buscaron un sustituto para la camaradería de las trincheras, y lo encontraron en la masonería. La Gran Guerra provocó un inusitado aumento de las afiliaciones masónicas en muchos países combatientes. Por ejemplo, en Inglaterra y Gales se fundaron más de mil trescientas logias entre 1917 y 1929, y el número de miembros se duplicó. La francmasonería nunca había tenido un papel tan relevante. Los rituales masónicos ofrecían un sustituto para las rutinas de la vida militar que permiten controlar el miedo omnipresente a la muerte, desde compartir tabaco, espetones y abrillantador hasta himnos, humor negro y la insignia del regimiento. La logia también podía aportar los contactos necesarios para iniciar una carrera profesional en el ámbito civil.

La masonería era una institución que durante mucho tiempo había mostrado simpatías hacia los soldados y desempeñó su papel con solemnidad en el proceso de duelo y curación. El imponente y sepulcral templo masónico que se erige hoy en Covent Garden, Londres, fue construido como monumento a los caídos de la Gran Guerra. Para aceptar a muchos exsoldados mutilados, la francmasonería inglesa también publicó una aclaración sobre un deber que a menudo se había utilizado para excluir a los discapacitados. Las *Constituciones* del siglo XVIII, que se hacían eco de sus fuentes medievales, estipulaban que nadie podía ser iniciado a menos que fuera «un joven perfecto, sin mutilaciones o defectos en el cuerpo». La Gran Logia afirmaba que la norma solo hacía referencia a lesiones cerebrales que impidieran al candidato aprender el Arte real.

Los exsoldados no fueron los únicos que hallaron consuelo en la masonería. También lo hicieron los familiares de los difuntos, y Rudyard Kipling era uno de ellos.

Desde que abandonó la India, nunca había frecuentado con asiduidad la masonería. Su fama itinerante descartaba una asistencia periódica a la logia. No obstante, la francmasonería siempre había sido un elemento importante de su chistera de imaginativas herramientas. Se sentía atraído por el modo en que la hermandad trataba las inquietudes morales idealistas por medio de símbolos humildes basados en los instrumentos del oficio de mampostero. La masonería le permitía perfeccionar y dar consistencia a temas como el luto, la hombría y los ideales del imperio. En el poema «La viuda de Windsor» (1890), el habitual soldado-narrador de Kipling homenajea a la reina Victoria (la viuda del título), a su imperio y a los soldados que lo crearon, comparándolos con una logia masónica:

> *Que viva la logia de la viuda,*
> *del polo a los trópicos se extiende...*

En «El palacio» (1902), la francmasonería era una forma de evocar la importancia de la tradición y el trabajo paciente tanto para la poesía como para llevar una buena vida. Kipling lo escribió tras la muerte de su hija de seis años a causa de una fiebre que a punto estuvo de matarlo también a él.

Una de las pocas historias que Kipling compuso durante su largo periodo de duelo por su hijo John es la clave para comprender por qué, a partir de entonces, escribió sobre la masonería de manera más emotiva y directa que nunca. «En interés de la hermandad» fue escrito en septiembre de 1917, exactamente dos años después de la muerte de John Kipling. Ambientada en Londres durante la guerra, la trama es casi inexistente. Por el contrario, se trata de un retrato colectivo sobre soldados lisiados y traumatizados que hallan consuelo, y hasta diversión, en una logia llamada Fe y Trabajos. Como siempre, Kipling sobresale en sus personajes secundarios. Los masones son hombres pertenecientes a todos los rangos militares y a todos los ámbitos de la vida, desde un escocés con abundantes vendajes que para hablar solo tenía «seis dientes y medio labio inferior» hasta un capitán del ejército de reserva que no tiene piernas y es llevado a la tribuna del órgano para que interprete a Bach. Uno de los hermanos padece neurosis de guerra y no hace más que llorar. Otro llega directo del tren que lo ha traído de permiso, su informe aún está cubierto por el barro de Flandes.

La logia de la historia de Kipling abre, ensaya sus ceremonias y concluye con un banquete a base de bocadillos de jamón. Entre tanto, hay sinceridad, pero poca solemnidad entre los hermanos, que hablan distendidamente de lo que la masonería significa para ellos. Por ejemplo, un oficial del regimiento de Ingenieros entretiene a todos contando que él y sus compañeros de armas consiguieron celebrar una buena reunión de la logia en una iglesia bombardeada. Para sus rituales contaban con dos accesorios. El primero, unos sillares sin pulir (para los masones, los sillares son piedras simbólicas, una en bruto y otra cortada y lisa. Sin embargo, en este caso, es una referencia a las ruinas de la iglesia). Y el segundo, «los emblemas de la mortalidad», que aquí son los huesos esparcidos de compañeros muertos.

«En interés de la hermandad» presenta mensajes solapados. Según el relato, la masonería ofrece el mismo compañerismo que la religión, pero sin disputas teológicas. Para Kipling, la masonería siempre había sido una fe en minúsculas, un credo rutinario más para creadores que para pensadores. Plantea un «plan de vida normal» y complaciente, una manera alegre de enfrentarte a tus tribulaciones, grandes y pequeñas. Un cabo del cuerpo médico del ejército británico al que le falta un pie hace un comentario muy cercano a las creencias del propio Kipling: «No conocía mucha religión, pero la que conocía la aprendí en la logia».

La historia también imparte una lección sobre el poder sanador de un trabajo amoroso, esmerado y concienzudo. Los hermanos visitantes recompensan la hospitalidad que les han procurado barriendo, fregando, limpiando y puliendo. Años de generosidad han convertido el antiguo garaje en el que la logia Fe y Trabajos celebra sus reuniones en una joya de las convenciones masónicas.

Kipling era demasiado buen escritor para que cualquiera de sus obras fuera meramente autobiográfica. Con todo, un personaje de «En interés de la hermandad» destaca como un reflejo de la vida del autor. Y lo que es más importante: el personaje también muestra lo que Kipling consideraba que tenía que ser su deber como escritor en aquel momento. Lewis Burges es el maestro venerable de la logia Fe y Trabajos. Su nombre es importante, ya que, para los masones, un «Lewis» es el hijo de un masón. Su único hijo, también llamado Lewis, ha muerto en combate en Egipto. Burges es un tabaquero artesanal y un hombre de aficiones delicadas como la pesca y la cría de canarios. Sabe de sobra que no tiene a quien legar su negocio y sus habilidades. Sin embargo, aporta experiencia, generosidad y buen criterio a todo lo que hace y practica su oficio hasta que el duro trabajo asume un aura sacramental. «Todo ritual fortalece —dice—. El ritual es una necesidad natural para la humanidad». Estos son los valores que Burges presenta a su logia. También son los que Kipling quería infundir a su labor cultural durante y después de la Gran Guerra. Ante una tragedia personal y colectiva, su actividad masónica y sus escritos eran una sola cosa.

Según el concepto de Kipling, la masonería es más que un simple consuelo en las páginas de «En interés de la hermandad». Entraña la esperanza de que la Gran Guerra no sea una carnicería fútil, sino el camino hacia un mundo de posguerra más fraternal. Tal y como comenta un personaje, «y si esta guerra no nos ha traído a todos la hermandad del hombre, ¡soy un huno!». Hay hermanos llegados de Terranova, Nueva Zelanda y Rodesia. La falsa logia Fe y Trabajos es «tan mestiza como el propio imperio» y, por tanto, una gemela de «la logia madre» en tiempos de guerra.

Sin embargo, todos los representantes del imperio en la logia imaginaria Fe y Trabajos de Kipling son colonos blancos y no la mezcla religiosa y étnica que plasmaba en «Mi logia madre» un cuarto de siglo antes. Durante y después de la Gran Guerra, Kipling adoptó una visión del imperio que no era ya una muestra del poder absoluto británico, sino una hermandad de naciones blancas colonizadoras, como Australia y Canadá, que gozarían del mismo estatus que la madre patria. La principal razón de ese cambio fue la aportación de sangre y dinero que hicieron los territorios a la campaña bélica. Los pueblos no blancos del imperio también contribuyeron enormemente. Por ejemplo, entre los noventa mil soldados indios que murieron en la Gran Guerra, más de tres mil cayeron junto a John, el hijo de Kipling, en la batalla de Loos. Sin embargo, esos soldados no blancos son invisibles para la familia imperial imaginaria de «En interés de la hermandad», pues serían excluidos de los planes trazados en Londres para conceder un mayor autogobierno a algunas posesiones británicas.

Dentro de los límites impuestos por el racismo de Kipling, los valores masónicos de camaradería y trabajo sacramental impregnan todo lo que hizo durante su duelo. Aspiraba a vivirlos y los ensalzó en sus obras.

Kipling escribió «En interés de la hermandad» justo después de que aceptara unirse a la Comisión Imperial de Tumbas de Guerra. La comisión nació de la iniciativa de un equipo de voluntarios de la Cruz Roja liderado por un profesor, burócrata imperial y periodista llamado Fabian Ware. Empezaron en el frente occidental confeccionando un registro de los fallecidos británicos. Más tarde, se dedicaron a incluir inscripciones en los miles de cruces provisionales que salpicaban las líneas de batalla, a buscar localizaciones estables para cementerios militares y, por último, a ejercer de enlace con los miles de familiares que querían visitar las tumbas. Cuando la Comisión Imperial de Tumbas de Guerra adquirió su cédula real en la primavera de 1917, la organización de Ware actuaba en Salónica, Galípoli, Mesopotamia, los Balcanes, Egipto y África oriental, además de Francia y Bélgica. La cédula expresaba la filosofía imperial que inspiró las labores de la comisión con los fallecidos: «Mantener vivos los ideales por cuya perpetuación y defensa han entregado sus vidas, afianzar los lazos de unión entre todas las clases y razas de nuestros territorios e impulsar un sentimiento de ciudadanía, lealtad y devoción comunes hacia nosotros y hacia el imperio del que son súbditos». La reverencia a los caídos en la guerra aspiraba a grabar esos lazos en piedra.

El trabajo de la comisión exigía buen gusto y la máxima delicadeza. Su labor era inmensa y minuciosa. Había que llevar un registro de todos los soldados fallecidos en el imperio, que superarían el millón al final de la guerra. Había que recopilar y analizar restos de pruebas sobre los desaparecidos y los cadáveres no identificados. Había que encontrar un diseño para una lápida y para el trazado de cada cementerio, uno que fuera respetuoso con cada religión y con cada identidad étnica del imperio que había dado a sus hijos por la causa. Una vez construidos los cementerios, quedaba la tarea de plantar árboles y arbustos y cuidarlos para completar la transformación de unos campos de batalla arrasados por las bombas en jardines de la memoria. Para guiarlos en dicha labor, Ware, Kipling y los otros miembros de la comisión tenían un principio rector: los caídos eran compañeros de armas. Sea cual fuere su estrato social y la fe que profesaran, todos eran iguales ante la muerte. Oficiales y soldados rasos, nobles y donnadies tendrían una lápida idéntica. Los individuos serían distinguidos solo por su nombre, rango, edad, fecha de fallecimiento, una insignia de regimiento y un símbolo religioso.

Kipling dedicó sus energías creativas al trabajo de la comisión hasta que falleció en 1936. Visitó los cementerios del frente occidental en calidad de inspector. Se convirtió en el portavoz oficial de la comisión, elaboraba los borradores de sus publicaciones y ejercía como escritor fantasma de los discursos de la realeza. Kipling seleccionaba sobre todo las hermosas y solemnes inscripciones para los monumentos de la comisión. Eligió la frase «Su nombre vivirá para siempre», que se grababa en el centro del altar de cada cementerio. Creó «Un soldado de la Gran Guerra-Conocido por Dios», que señalaba las tumbas de los soldados no identificados. La vida y obra de Kipling estaban ahora más consagradas al recuerdo que a la escritura y, por tanto, es comprensible que eligiera una metáfora literaria para conmemorar a los caídos que, como su hijo, carecían de tumba conocida: «Su gloria no será borrada».

Según todos los informes, Kipling encontró la felicidad en su labor para la Comisión Imperial de Tumbas de Guerra. Disfrutaba del trabajo en equipo y, convencido de que estaba cumpliendo un deber con su país, con su difunto hijo y con su oficio de escritor, podía dejar atrás sus problemas cuando se cerraban las puertas de las salas de reuniones de la comisión.

El trabajo de la Comisión Imperial de Tumbas de Guerra era inequívocamente masónico. Obedecía a un ideal de igualdad fraternal y se extendía por todo el imperio. Acogía a hombres de todas las fes, razas y condiciones sociales en su póstuma comunidad, su logia madre para los caídos. Cada una de las interminables y rigurosas labores de la comisión se cimentaba en una larga tradición y estaba dirigida hacia la otra vida, de manera que poseía la cualidad de la liturgia. Por tanto, no es de extrañar que, en enero de 1922, se fundara en las oficinas francesas de la comisión, sitas en Saint-Omer, una logia masónica para los comisionados y su personal. Kipling fue uno de los tres hermanos que tomaron la iniciativa de crear la logia. También fue el artífice de su nombre: Constructores de las Ciudades Silenciosas.

*Ciudades, tronos y poderes
se hallan en el ojo del tiempo
casi tanto tiempo como las flores,
que mueren a diario.*

La actividad masónica de Kipling expresada en la Comisión Imperial de Tumbas de Guerra aceptaba a los hombres de todo el imperio, sea cual fuere su color. Al menos en la muerte, habría hermandad e igualdad entre las razas. Sin embargo, al igual que la logia madre original del poema, esa tolerancia iba acompañada de una condición: los muertos de la Gran Guerra debían sellar un vínculo inmemorial de lealtad que uniera a los pueblos del imperio con su rey-emperador británico.

No sería así. Las colonias lo veían de otra manera y exigían una mayor independencia a cambio de los servicios prestados. No obstante, mientras que a las sociedades de colonos blancos (Australia, Nueva Zelanda, Sudáfrica, Canadá) les ofrecieron una especie de paridad con Gran Bretaña conocida como estatus de «dominio», no ocurrió lo mismo con la India. Inevitablemente, el deseo de independencia cobró impulso. Motilal Nehru se radicalizó durante la guerra y, a principios de 1919, fundó un periódico en Allahabad para expresar los intereses de «un pueblo que está madurando en una nación». Para Nehru, al igual que para muchos otros indios, un punto de inflexión fue la masacre de Amritsar, donde, en abril de 1919, se ordenó a las tropas que dispararan contra unos manifestantes pacíficos hasta que se les acabara la munición y mataron a cerca de cuatrocientas personas. Nehru dirigió la investigación del Congreso Nacional Indio sobre la matanza, un papel que lo colocó en la primera línea de los líderes de dicho organismo como defensor de la campaña de desobediencia civil de Mahatma Gandhi. La paradoja de la labor masónica de recuerdo que emprendió Kipling era que el imperio en cuyo nombre la llevó a cabo estaba condenado a desaparecer.

Mientras tanto, en la Europa continental, la francmasonería se enfrentaba a su amenaza más grave hasta la fecha.

11

Hamburgo. *De profundis*

En un mundo más sensato, la Iglesia católica habría aprendido una lección de la farsa de Taxil en la década de 1890. Por desgracia, no lo hizo. Varios clérigos manifestaron sus sospechas de que el hombre que había desvelado aquel engaño en París era un secuaz de la masonería. El verdadero Léo Taxil y, con él, la auténtica Diana Vaughan habían sido asesinados por los masones el día anterior. No todos los católicos eran tan redomadamente crédulos. Sin embargo, ni siquiera entre las cabezas más sabias de la Iglesia se apreció un cambio en la arraigada creencia de que la masonería era un sinónimo de herejía, engaño y maldad.

La antimasonería católica condensaba el temor a cómo la globalización, impulsada por el vapor y la electricidad, estaba acelerándose para desplazar al hogar europeo del cristianismo del centro de los asuntos mundiales. Otra razón por la que la antimasonería sobrevivió y se extendió desde finales del siglo XIX hasta el XX es que alimentó el resurgimiento de un odio religioso mucho más antiguo y nocivo. El catolicismo oficial había despreciado a la francmasonería desde la década de 1730 y a los judíos desde hacía muchos más siglos: ellos eran los asesinos de Cristo.

En la época del fraude de Taxil, la suposición de que existía una alianza maligna entre los judíos y los masones era un elemento habitual de las invectivas católicas. Taxil, ansioso como siempre por aprovecharse de las fantasías más execrables de la jerarquía eclesiástica, dedicó un capítulo entero de *El diablo en el siglo XIX* a los judíos pertenecientes a la masonería. El autor afirmaba que la emancipación judía era obra de los masones, que el rito escocés fue fundado por judíos, que pisotear un crucifijo era parte del ritual de admisión en las logias judías clandestinas y que, en aquel momento, medio millón de masones judíos eran aliados del paladismo luciferino.

Por medios como este, las temáticas antisemitas tradicionales vivieron un renacer a finales del siglo XIX, incluido el libelo de sangre, es decir, la idea de que los judíos celebraban en secreto «su Semana Santa» con el sacrificio de un niño cristiano, cuya sangre se utilizaba para cocer pan ácimo durante la Pascua hebrea. Al repertorio antisemita se añadieron dos temas nuevos. Primero, la creencia de que los judíos controlaban la economía internacional (los Rothschild, que financiaban al papa, ocupaban un lugar destacado en aquella actualización del venerable estereotipo del prestamista judío avaricioso); segundo, la idea de que los judíos eran una raza biológicamente diferente, una presencia foránea y corruptora.

Los católicos conservadores sentían la tentación manifiesta de fusionar su antisemitismo con la antimasonería. Secretismo. Rituales siniestros. Hambre de dominación mundial. Los francmasones y los judíos parecían tener mucho en común. Los temas del Antiguo Testamento, como el templo de Salomón y otros, eran importantes en el amplio arsenal de símbolos de la masonería. Eso era prueba suficiente de que los masones y los judíos formaban un complot. La teoría de la conspiración antimasónica se convirtió en el modelo para el antisemitismo moderno.

La creencia en una conspiración judeomasónica se extendió entre los no católicos. Por ejemplo, en los países germanoparlantes, se incorporó a una variante local de nacionalismo extremo conocida como ideología *völkisch* [nacional] (de *Volk*, pueblo o alma del pueblo), que combinaba el antisemitismo, el odio a la democracia y el «capitalismo judío» y la nostalgia de un pasado teutón de cuento de hadas. En Viena, el complot judeomasónico fue adoptado por Guido von List, un ocultista barbudo, gurú racial e inventor de leyendas populares. Von List ensalzaba a una raza superior germánica que tenía su origen en el gélido norte. Ese pueblo «ario» estaba librando una batalla moral de supervivencia contra los «internacionales», es decir, los judíos, los francmasones e incluso la Iglesia católica. Von List se aferraba a la esvástica como símbolo del salvador ario invencible, un *Führer* que estaba destinado a aparecer. También fundó una sociedad secreta para llevar a cabo su misión de «purificar» a la raza superior de modo que estuviera lista para la batalla. Irónicamente, esa sociedad se había creado a imagen y semejanza de la hermandad masónica que tanto despreciaba. Un hombre de Viena que, según se sabía, participaba de esas ideas era un anónimo estudiante de arte de provincias que en 1908 fue visto paseando varias semanas con uno de los libros de Von List debajo del brazo. Su nombre era Adolf Hitler.

Veintisiete años después, el odio de Hitler dio sus frutos en Hamburgo. La ciudad era la cuna de la masonería en Alemania: la logia Absalom, la primera del país, fue fundada allí por comerciantes ingleses, neerlandeses y suecos en 1737. Bajo el dominio nazi, la ciudad se convirtió en la tumba de la masonería alemana.

El 30 de julio de 1935, cuando faltaban cinco minutos para las ocho de la tarde, comenzó en la gran logia neoclásica de Moorweidenstrasse el último rito con el encendido de tres velas simbólicas. Su brillo iluminaba los galones de los uniformes negros apenas visibles en los oscuros rincones del templo. La Gestapo había asistido para cerciorarse de que los masones no intentaban ninguno de sus trucos.

El tono de la ceremonia lo marcó la lectura del capítulo 13 de la primera Carta a los Corintios: «Ahora existen tres cosas: la fe, la esperanza y el amor, pero la más grande de todas es el amor». El gran maestro Richard Bröse hizo un gesto que indicaba la disolución inmediata de la gran logia y descartó cualquier debate. Después de una votación unánime, el gran maestro fue nombrado liquidador, con autoridad legal para deshacerse de todos los bienes masónicos. Entonces, tres golpes terribles del mazo del gran maestro confirmaron la aprobación de la moción y empezaron a brotar las lágrimas.

El hermano Robert vom Scheidt, un famoso barítono, se levantó para cantar la gran aria de Sarastro, perteneciente a *La flauta mágica*, la ópera masónica del también hermano Wolfgang Mozart: «¡Entre estos muros sagrados, la venganza no tiene cabida!». Era una canción de perdón salida de los labios del bondadoso, pero incomprendido, sumo sacerdote del templo de Isis y Osiris, que equivalía a masonería, como todos sabían. A punto de caer en el olvido, los hermanos estaban reafirmando sus valores. Las lágrimas se convirtieron en sollozos.

Después, el gran maestro Bröse pronunció su discurso de despedida. Recordó que el propósito de la francmasonería era «propagar el amor en nombre del Creador y aprender y practicar el arte del conocimiento, el autocontrol y la cultura». Citó a los héroes nacionales que habían hecho el juramento de la masonería: el rey Federico el Grande, el primero y más importante patrón de la masonería teutona; el mariscal de campo Blücher, que venció a Napoleón en Leipzig y Waterloo; titanes de las letras alemanas como Goethe, y, por supuesto, «el más grande de todos los masones», Mozart, un genio conocido por su tolerancia en cuestiones de fe y raza. La ceremonia culminó con una oración: «Una honda y dolorosa tristeza ha caído sobre nosotros. Danos fuerza para llevarla con entereza y dignidad. Con fe, amor y esperanza concluimos nuestra labor». Días después, las autoridades policiales pudieron anunciar que la masonería había quedado «totalmente erradicada» en Alemania.

La Gran Logia de Hamburgo fue ocupada por la Gestapo, que saqueó sus tesoros y requisó sus archivos para investigarlos. A continuación, el edificio fue destrozado por las SS en una búsqueda de pruebas ocultas que resultó tan maniaca como infructuosa.

En octubre de 1941, debido a su proximidad a la estación pecuaria de Hamburgo, la antigua casa de la masonería se utilizó como un punto de reunión en el que se retenía a la población judía de la ciudad antes de ser deportada al gueto de Lodz.

Fuera del ámbito de la masonería pocos saben que esta sufrió una opresión, a veces brutal, a manos de las dictaduras europeas del siglo XX. Las siguientes páginas cuentan la historia de esa opresión en la Italia de Mussolini, en la Alemania de Hitler y en la España de Franco. Sin embargo, estos no fueron los únicos estados europeos que tomaron medidas drásticas contra la masonería; las únicas culpables tampoco fueron las ideologías autoritarias de derechas. Y, de hecho, el antisemitismo no siempre estuvo mezclado con la antimasonería. En Rusia, el régimen soviético que subió al poder en 1917 se oponía ideológicamente a la francmasonería, pero heredó una situación en la que esta ya había sido prohibida por el zar Alejandro I en 1822, lo cual dejaba muy poco margen a los bolcheviques para que estos pudieran atacar a la masonería. En Hungría, los masones fueron reprimidos por la efímera república soviética (1919) de Béla Kun y la regencia reaccionaria de

Miklós Horthy (1920-1944). La francmasonería fue criminalizada por el dictador portugués António de Oliveira Salazar en 1935. En la Francia de Vichy, las logias también fueron asaltadas y saqueadas. La lista podría continuar.

Sin embargo, el destino de la masonería a manos del fascismo y el nazismo es el que desde entonces se ha convertido en parte integral de la memoria colectiva de la hermandad. Hoy, cuando se enfrentan a recelos, como ocurre con tanta frecuencia, los masones se inspiran en los hermanos oprimidos de la generación fascista. Por esa razón, la clausura de la Gran Logia de Hamburgo en 1935 por parte de la Gestapo ocupa un lugar especial en numerosos libros de historia masónica. Los masones cuentan la historia igual que acabo de hacerlo yo: como una breve aparición de la integridad de la masonería ante la peor adversidad, como una demostración de que la masonería y el fascismo se encuentran en polos morales opuestos. Los masones reivindican a muchos mártires a los que llorar, en especial los del nazismo, hasta doscientos mil según algunos cálculos. «Los francmasones fueron arrestados, encarcelados y exterminados», asegura una guía reciente de la masonería. Afirmaciones como esta evocan de forma inevitable las imágenes de los campos de la muerte nazis y sus esqueléticas víctimas judías.

¿Cómo se llegó a ese extremo? ¿Hasta qué punto son ciertas las conmovedoras historias que los masones narran sobre el hostigamiento que padeció su hermandad en las décadas de 1920, 1930 y 1940? ¿El cierre de la Gran Logia de Hamburgo sintetiza todo lo que debemos saber sobre cómo las dictaduras de derechas aplastaron a la masonería?

La búsqueda de respuestas empieza en Italia, el lugar de origen del fascismo.

12

Roma. Asando al pollo andrajoso

Mussolini y Gramsci

El 27 de abril de 1914, en la ciudad portuaria de Ancona, en el Adriático, el Congreso Socialista Italiano debatió la propuesta de que los masones fueran expulsados del partido. El proponente de la moción y su orador más contundente era un alborotador calvo de pecho fornido llamado Benito Mussolini: «Tal vez sea cierto que el "masonismo" tiende hacia el humanitarismo, pero ha llegado la hora de reaccionar contra el humanitarismo excesivo que se ha infiltrado en el partido».

Mussolini, la principal figura del ala revolucionaria del partido, hablaba con un ardor telegráfico. Se creía que su estilo, muy físico, lo conectaba con las masas y que con aquellas expresiones faciales tan enérgicas parecía estar sufriendo una pesadilla. El discurso de Ancona ayudó a conseguir una aplastante mayoría para la prohibición de la masonería. A través de *Avanti!*, el periódico del partido, del cual era director, Mussolini reafirmó su mensaje: «El congreso ha destruido los nidos masónicos que en los últimos años se han creado en los rincones y las penumbras del Partido Socialista». Para Mussolini, romper efusivamente con la masonería significaba rechazar cualquier forma de compromiso reformista con un sistema corrupto y burgués.

Dieciséis meses antes, el congreso de la Associazione Italiana Nazionalista, una formación de extrema derecha, había aprobado en Roma una moción en la que declaraba la guerra a la francmasonería, a la cual culpaba de las tretas mezquinas y pacifistas de la democracia que aspiraba a derrocar. El estilo italiano de antimasonería aunaba políticas antisistema tanto de derechas como de izquierdas.

La masonería formaba parte del sistema italiano y era esencial para la vida política del país que se había desarrollado en los cincuenta años anteriores. Hubo diez u once primeros ministros masones. La cúpula de la masonería italiana sentía la continua tentación de alinear a la hermandad con ciertos líderes y causas ideológicas. Sin embargo, como raras veces se sabía qué podían significar los elevados valores masónicos cuando se traducían en políticas, se demostró en repetidas ocasiones que era imposible llevar a la hermandad hacia un extremo del espectro político sin causar discrepancias entre los hermanos del otro extremo. Así pues, más que la ideología, lo que hacía pensar a los no masones que los hermanos gozaban de un acceso injustificado al poder era que, con frecuencia, la política se llevaba a cabo en las logias. En las primeras décadas posteriores a la unificación, los partidos políticos tuvieron dificultades para afianzarse en el Parlamento italiano y los ayuntamientos, así que el poder era ejercido por camarillas. Al igual que muchos otros clubes y asociaciones, las logias eran un buen sitio para hacer negocios y establecer contactos.

Comprometerse en política también ponía en peligro la reputación de la masonería, como se demostró cuando el adinerado empresario toscano Adriano Lemmi fue gran maestro (1885-1895). Lemmi era un amigo íntimo de la figura dominante de la época, el primer ministro Francesco Crispi, que también era masón. Lemmi intentó convertir el Gran Oriente en un grupo de presión para las políticas de Crispi. A consecuencia de ello, él y la masonería también se vieron envueltos en dos grandes escándalos durante el mandato del primer ministro. En 1889 trascendió que, gracias a Crispi y otros cinco francmasones del consejo, el gran maestro Lemmi había ayudado a una empresa estadounidense a la que representaba a conseguir un contrato como proveedor del monopolio del tabaco estatal durante un año. Acto seguido, la empresa en cuestión subió el precio que el Gobierno tenía que pagar y, con él, la cuantiosa comisión de Lemmi. En la masonería se rumoreaba que el dinero iría destinado a tapar agujeros en las finanzas del Gran Oriente. Seis años después, Lemmi cayó en desgracia cuando se supo que él, al igual que otros amigos y familiares de Crispi, había recibido un préstamo con unas condiciones extremadamente cómodas de un banco que se había visto envuelto en un importante caso de corrupción. La noticia ayudó a que la antimasonería saliera de los círculos católicos en los que había quedado confinada y a que ganara popularidad. A partir de entonces, periódicos importantes como *La Stampa* acusarían a los masones de injerencias secretistas en la política.

La convivencia entre la francmasonería y el Estado italiano entró en crisis en los primeros años del siglo XX. El problema no era solo que, en 1908, el Gran Oriente de Italia, una organización demócrata, viviera un cisma en el cual se escindió una gran logia de tendencia más derechista. El país estaba cambiando con rapidez; las ciudades del norte se convirtieron en centros industriales; había llegado la democracia. Mientras que en 1900 solo un 6,9 por ciento de la población tenía derecho a voto, en 1913 se celebraron las primeras elecciones generales en las que todos los hombres adultos podían tomar la palabra. Los católicos entraron en política y llevaron consigo su terrible hostilidad hacia la masonería. Los partidos políticos crecieron, y esos partidos tendían a ser enormemente contrarios a la manera establecida de hacer las cosas, desde el Partido Socialista, que contaba con una poderosa ala revolucionaria, hasta la Associazione Italiana Nazionalista. Para esos grupos, la francmasonería encarnaba todo cuanto el sistema tenía de turbio y decrépito.

La Gran Guerra desplazó la política italiana a los extremos. Pronto, Benito Mussolini saltaría de la extrema izquierda a la extrema derecha por la cuestión de la entrada de Italia en la guerra. Cuando llegó la paz, fundó el fascismo. Después de la «marcha fascista hacia Roma» de 1922, se convirtió en primer ministro. Sus opiniones latentes sobre la masonería no habían cambiado.

En la segunda mitad de 1924, el Gobierno de Mussolini se sumió en una profunda crisis cuando unos esbirros fascistas secuestraron y asesinaron al líder del Partido Socialista. Sin embargo, ante la incapacidad de la oposición para derrocar al Duce, este tomó la iniciativa. El 3 de enero de 1925 pronunció en el Parlamento un discurso amenazador en el que casi proclamó su intención de deshacerse de la democracia y sus libertades. El 12 de enero, transcurrida poco más de una semana, anunció el primer paso hacia ese objetivo: una ley para eliminar las «asociaciones secretas», esto es, la masonería. El proyecto de ley que presentó el 12 de enero incluía dos disposiciones. Una impediría que los masones ocuparan cargos públicos y la otra obligaría a las sociedades secretas a entregar sus listas de miembros y reglamentos a las autoridades, si así se lo requerían, so pena de, si no lo hacían, tener que enfrentarse a medidas severas. En los diez meses posteriores, cuando el proyecto se convirtió en ley en la Cámara de los Diputados y el Senado, sus efectos resultarían más drásticos: la total y violenta supresión de la francmasonería en Italia.

En 1925, la masonería era la víctima perfecta para Benito Mussolini por varias razones. Los masones personificaban todo lo que él pretendía erradicar a la vez que creaba su dictadura. El verano anterior, la mayoría de la oposición había abandonado el Parlamento en un gesto de protesta. En su ausencia, ahora se describía a esos políticos como corruptos, quisquillosos y taimados. En una palabra: masónicos. La ley también proporcionaría al Duce una útil herramienta para controlar a los muchos funcionarios que eran masones, lo cual reducía la capacidad de la burocracia estatal para ponerle trabas. La Iglesia estaba satisfecha con esa política; el líder fascista llevaba tiempo haciendo propuestas al Vaticano. Los diversos integrantes de la coalición del Gobierno también la aprobaban; eran católicos de derechas y exmiembros de la Associazione Italiana Nazionalista que habían convertido la «guerra contra la masonería» en su pasatiempo favorito. Varios grupos paramilitares habían golpeado a todo tipo de opositores en campos y plazas. Para ellos, la posibilidad de saquear logias masónicas y dar palizas a sus miembros era muy apetecible.

De hecho, los *squadristi* habían destrozado logias desde la primavera de 1923. La violencia fue a más a partir de enero de 1924, cuando hubo incidentes por todo el país, desde Luca, en la Toscana, hasta San Severo, en la región meridional de Apulia, donde robaron los archivos masónicos y luego los amontonaron en el suelo de baldosas blancas y negras y les prendieron fuego. Poco después, en un ataque coordinado, saquearon todo lo que pudieron en cuatro logias de Turín, en el noroeste del país. En verano de 1924 hubo más altercados, que alcanzaron su momento crítico durante el otoño con devastadores ataques a las logias de dieciocho pueblos y ciudades como Milán, Bolonia, Venecia, Bari y Marsala. Solo una carga de caballería impidió que una muchedumbre fascista irrumpiera en la sede romana del Gran Oriente. Utilizaron un ariete para intentar echar abajo la puerta principal y abrieron fuego contra el edificio. A principios de 1925, otra oleada de agresiones contra los masones y sus edificios, en toda la península, allanó el terreno para que Mussolini lanzara su proyecto de ley antimasónica. Una vez que empezó el proceso parlamentario, no hubo tregua.

El proyecto de ley fue debatido en la Cámara de los Diputados en mayo de 1925. Los oradores se turnaron para tachar a la masonería de «camorra» e «intoxicación parasitaria» de la vida pública. El único grupo contrario a la legislación era el de los pocos comunistas que, a diferencia de los otros partidos de la oposición, seguían combatiendo al fascismo en el Parlamento. Así pues, el portavoz comunista Antonio Gramsci pronunció el que fue, con diferencia, el discurso más interesante del debate, y también el más valiente: muchos de sus compañeros habían sido golpeados, encarcelados y asesinados por fascistas. Recientemente, un diputado comunista había sido agredido por un fascista en los aseos del Parlamento.

Intelectual y físicamente, Gramsci era la antítesis de la hombría propagandística de los fascistas. Una enfermedad que padecía desde la infancia le había curvado la columna vertebral y había frenado su crecimiento. Un artículo de prensa tremendamente desagradable lo describía como «un pequeño jorobado, todo pelo y gafas, que al levantarse apenas llegaba al respaldo de su asiento». Gramsci pronunció su extenso y elocuente discurso con una vocecita que el Parlamento casi no alcanzaba a oír. De hecho, era tan inaudible que muchos fascistas abandonaron sus asientos, situados a la derecha de la cámara, y abarrotaron los bancos que rodeaban al orador a la izquierda. El efecto era cuando menos intimidatorio. Sin embargo, la intención de los fascistas también era escucharlo con atención, ya que, contrariamente a lo que cabría esperar, no ignoraron a Gramsci ni intentaron callarlo a gritos. Al parecer, Mussolini aguzó el oído para no perderse ni una palabra e hizo numerosas interjecciones. Estaba claro que, si bien eran enconados enemigos políticos, Mussolini y Gramsci tenían bastante en común en cuanto a los masones.

Gramsci afirmó que la francmasonería era «el único partido verdadero y eficiente que había tenido la clase burguesa». Los débiles capitalistas de Italia, incapaces de generar los recursos necesarios para ganarse a un porcentaje sustancioso de las masas en la calle, tenían que gobernar a puerta cerrada sirviéndose del clientelismo.

El auténtico propósito del fascismo no era acabar con la masonería, apostilló Gramsci, sino ocupar su lugar como monopolizadores

Antonio Gramsci (1891-1937)

de los puestos de Gobierno para ofrecérselos a sus seguidores. Sin embargo, la masonería estaba tan integrada en el Estado italiano que, a la postre, el fascismo pactaría con ella y ambos se fusionarían. Gramsci hizo una observación profética: «La masonería se acercará en masa al Partido Fascista [...]. La masonería se convertirá en una rama del fascismo».

Mientras el pequeño líder comunista calificara a la masonería de manifestación perversa del viejo orden, el Duce le seguiría la corriente. Pero ahora Gramsci estaba diciendo que fascismo equivalía a masonería. Mussolini objetó con desdén: «¡Los fascistas quemamos las logias antes de redactar el proyecto de ley!».

Gramsci repuso que la violencia *squadrista* contra los masones era solo una fase de las negociaciones. Más tarde argumentó que, dado que el fascismo estaba destinado a cumplir el mismo papel que la masonería, el verdadero objetivo del proyecto de ley sometido a debate no eran los masones, sino los comunistas y la clase trabajadora.

El frágil Gramsci estaba ya tan agotado que tuvo que apoyarse en un servicial fascista para exponer su conclusión. Advirtió a Mussolini y a sus hombres que, aunque tal vez conquistarían el Estado, no podrían evitar la revolución proletaria que se avecinaba.

Aquel apagado grito de guerra fue un final adecuado para un discurso desalentador. Gramsci estaba discutiendo con el Duce cuál de los dos heredaría las ruinas de la democracia de Italia y cuál era más auténticamente antimasónico. Para abordar de verdad el problema de la masonería, insinuó Gramsci, un movimiento político tenía que representar a la clase trabajadora, la gran enemiga de la burguesía y su «partido» masónico.

Gramsci tenía razón en que el ataque fascista a la francmasonería era solo el comienzo; también al insinuar que muchos fascistas eran corruptos y que lo serían aún más si acaparaban poder. No obstante, su análisis era una exageración desmedida de la influencia de la masonería en el medio siglo anterior y de su capacidad para plantar cara al ataque fascista.

Lo que ignoraban Gramsci y Mussolini es que la masonería era mucho más de lo que parecía desde una óptica estrictamente política como la suya. En la cámara, aquel día nadie encontró una razón por la que la masonería mereciera sobrevivir ni percibió que la principal víctima de la legislación antimasónica de los fascistas sería un elemento de la sociedad italiana tan débil y fallido como preciado: no era la clase trabajadora, la burguesía, los comunistas o los políticos corruptos, sino la sociedad civil.

Mussolini puso fin al debate recordando su extenso historial antimasónico, que se remontaba a su época socialista. La masonería no era una montaña que hubiera que dinamitar, como había dicho Gramsci, sino una mera ampolla que había que reventar. Aquella legislación modélica demostraba que los fascistas estaban dispuestos a «hacer todo el bien que pudieran a sus amigos y causar el máximo dolor posible a sus enemigos». Luego se oyeron vítores y aplausos.

Entonces ocurrió algo muy extraño. A las ocho de la tarde, cuando llegó el momento de someter el proyecto de ley a votación, muchos miembros parecieron esfumarse. Solo quedaban doscientos seis, treinta menos de los necesarios para que pudiera celebrarse la votación. Todo el mundo sospechaba que, en una cámara ocupada en su mayoría por aliados de Mussolini, los muchos masones del Parlamento habían confirmado silenciosamente su fidelidad a la hermandad. Un par de días después, cuando los diputados ausentes fueron convocados y exhortados a ofrecer una sincera disculpa, el proyecto de ley fue aprobado por mayoría absoluta.

Lo que demostró ese pequeño gesto de protesta fue que había muchos hermanos en las filas fascistas y que, por tanto, el ataque de Mussolini a la francmasonería tuvo el beneficio añadido de imponer disciplina en su partido.

Antes de la Gran Guerra, el tradicional patriotismo de la masonería italiana había trocado en muchas logias en un nacionalismo agresivo. Después del conflicto bélico, los masones se habían acercado al incipiente fascismo por las mismas razones que otros italianos: la experiencia en las trincheras, el desprecio al bolchevismo y el anhelo de «orden». Pero, además de ese giro político, había motivos específicamente masónicos para que los altos cargos de la hermandad, incluidos los que no se afiliaron al Partido Fascista, consideraran que Mussolini podía ser un amigo valioso. Las dos fuerzas políticas más importantes de los años inmediatamente posteriores a la guerra, los socialistas y el Partido Popular Católico, se oponían sin ambages a la masonería. Los masones sabían que Mussolini sentía una instintiva inquina hacia ellos, pero parecía más maleable, y el gran número de masones que estaban con él desde la fundación de su movimiento era en ese sentido tranquilizador. Los hermanos tal vez podrían llevarlo en la dirección correcta. Por tanto, no debería sorprender que el gran maestro del Gran Oriente, Domizio Torrigiani, enviara a Mussolini un telegrama de felicitación días después de la marcha hacia Roma. En él le deseaba «ardiente y sinceramente» todo el éxito al líder fascista.

El Duce no se planteó la idea de apaciguar a los masones por mucho tiempo. Necesitaba más a los católicos, y pronto llegó a la conclusión de que la masonería era mejor como enemiga que como amiga. La jerarquía masónica esperaba poder manipular a Mussolini, pero al final este la manipuló hasta destruirla. La primera medida oficial llegó en febrero de 1923, cuando el Gran Consejo del Fascismo, el órgano de Gobierno del partido, decretó que ser masón y ser fascista eran cosas incompatibles. Alrededor de la mesa había diecinueve hombres: doce eran francmasones, de los cuales ocho votaron a favor de la moción y cuatro se abstuvieron. En toda la historia del Gran Consejo del Fascismo, sería la única decisión que no se tomó por unanimidad. Tampoco fue del todo eficaz. Muchos masones siguieron en el partido. Por extraño que parezca, había hermanos entre los camisas negras que destruyeron templos masónicos en 1924. En algunos casos —Umbría, la Romaña y puede que también la Toscana— los masones fieles a una Gran Logia participaron en actos violentos contra sus hermanos de una rama rival.

El resultado fue que las distintas variantes de la masonería, incluso las que no eran fascistas, fueron incapaces de organizar una oposición concertada a la campaña lanzada contra ellas. ¿Debían poner énfasis en su nacionalismo y declarar fidelidad al fascismo u oponerse abierta y explícitamente a él en nombre de sus valores de la Ilustración? ¿O tal vez la respuesta era negociar personalmente con Mussolini? Antes de 1925, distintos grupos masónicos probaron en varios momentos todas esas opciones, pero fracasaron.

El proyecto de ley de Mussolini debía debatirse en la cámara alta, el Senado, en noviembre de 1925. Cuando se acercaba el momento, la campaña contra la francmasonería volvió a las calles.

La muerte de la masonería en Fascistópolis

En aquel momento, el segundo hombre más poderoso de Italia era Roberto Farinacci, secretario general del Partido Fascista e infame líder *squadrista*. También era uno de los más fervientes antimasones del fascismo. Farinacci, que inició su andadura como un humilde empleado de ferrocarriles en Cremona, empezó a destacar gracias a las agresiones motorizadas y las extorsiones a otros políticos. Asimismo era un avaricioso abogado que había plagiado su tesis para obtener la titulación. En otoño de 1925 se había convertido en un hombre influyente y rico, en un maestro de los tejemanejes que mantenía lazos estrechos con financieros e industriales. Sin embargo, seguía siendo violento. Fue él quien propinó una paliza a un diputado comunista en los aseos. Más tarde perdería un brazo mientras pescaba con granadas de mano. Con el fascismo en el Gobierno, el extremismo antisistema de Farinacci provocó divisiones entre Mussolini y sus aliados conservadores. Por otro lado, al Duce le convenía presentarse como el único hombre capaz de mantener a los *squadristi* a raya. Farinacci se unió con entusiasmo a la campaña contra la masonería. En septiembre de 1925, su periódico aseguraba que los masones debían «ser ejecutados en masa por traición a la patria».

Poco después de la aparición de ese artículo, la prensa publicó documentos que confirmaban los reiterados rumores de que Farinacci había sido masón: fue iniciado en 1915 y seguía afiliado en 1921. En respuesta a ello, Farinacci aseguró que se había unido a los masones para debilitarlos desde dentro, lo cual no convenció a nadie. Probablemente se había hecho masón para entrar en círculos empresariales y políticos influyentes de Cremona, su ciudad natal. Si la verdadera intención de Farinacci era dar caza a los masones, solo tenía que mirarse al espejo. Ahora se sospechaba incluso que aún pertenecía a la fraternidad y que había sido una pieza clave en un complot reciente de unos masones fascistas para reemplazar a Mussolini. No está claro si esas sospechas eran ciertas o si eran un invento de una facción rival dentro del Partido Fascista.

Roberto Farinacci (1892-1945), fotografiado en 1925 (en el centro de la imagen).

Los *squadristi* reaccionaron con furia a lo que consideraban, muy convenientemente, una provocación masónica dirigida a su carismático jefe. Al cabo de una semana dieron comienzo los ataques contra los masones, sus templos y sus propiedades en muchas zonas del país. La violencia culminó en Florencia, que fue apodada «Fascistópolis» porque era el centro neurálgico del *squadrismo*. El 25 de septiembre se inició una cacería antimasónica mientras la policía observaba de brazos cruzados, todo ello en presencia de la numerosa población británica y estadounidense de la ciudad. Después de una breve tregua, el 3 de octubre, un semanario oficial fascista publicó lo siguiente: «La masonería debe ser destruida. Este fin justifica cualquier medio: desde la porra hasta el revólver, desde el cristal roto hasta el fuego purificador. Hay que hacerles la vida imposible a los masones». Aquella noche, cuatro *squadristi* que buscaban listas de miembros de una logia irrumpieron en casa del maestro venerable, le propinaron una paliza e intentaron secuestrarlo. Giovanni Becciolini, un joven vecino y también masón, corrió a proteger al anciano y lo ayudó a escapar por los tejados. Sin embargo, en el enfrentamiento se disparó un revólver y murió uno de los fascistas. Furiosos, los *squadristi* llevaron a Becciolini a rastras hasta su base, donde fue golpeado y torturado. Más tarde lo ejecutaron en público delante del edificio del mercado central y le llenaron el cuerpo de agujeros de bala. Ante la mirada de su viuda y su hijo pequeño, destrozaron su casa.

Después se produjo una revuelta antimasónica que se prolongó toda la noche. Los *squadristi* confiscaron dos taxis y recorrieron la ciudad eligiendo objetivos: fue un ataque a discreción a cualquier posible resistencia de la clase media y alta de la ciudad. También golpearon a gente al azar en la calle, invadieron cafés y teatros y destruyeron, saquearon y prendieron fuego a negocios y residencias privadas. Los delincuentes se unieron a la batalla campal. A la mañana siguiente, desde las colinas que rodean la ciudad podía verse cómo el humo se evaba sobre la cúpula de la catedral proyectada por Brunelleschi. La violencia no amainó hasta muy avanzado el día, y se cree que ocho personas fueron asesinadas.

Consternado por los ataques en Florencia, Domizio Torrigiani, gran maestro del Gran Oriente, cuya casa de campo, situada a cincuenta kilómetros de la capital toscana, había sido destruida y quemada hasta los cimientos, ordenó cerrar todas las logias de la ciudad. Para garantizar la seguridad de los hermanos, canceló asimismo sus cuotas.

Durante una reunión urgente del Gran Consejo del Fascismo, Mussolini reprendió a Farinacci por no controlar o condenar aquella violencia «grotesca y criminal». Fue el principio del fin del breve paso de Farinacci por la secretaría general del Partido Fascista. Puesto que

Mussolini ejercía un control cada vez mayor sobre la policía, había que imponer disciplina a los extremistas. De ese modo, la guerra contra la masonería había dado otro empujón a los planes del Duce para instaurar una dictadura y, de paso, acrecentar su control sobre el Partido Fascista.

El 4 de noviembre de 1925, a falta de solo unos días para que el Senado sometiera a votación el proyecto de ley antimasónica, Mussolini tuvo un inesperado golpe de suerte cuando un masón y político socialista llamado Tito Zaniboni intentó asesinarlo. El plan de Zaniboni estaba condenado al fracaso desde el principio, ya que le había hablado de él a un informante de la policía. Sin embargo, le permitieron llegar lo bastante lejos como para que aquello fuera un buen reclamo propagandístico. Al final fue arrestado mientras yacía en su cama de hotel con un fusil de francotirador cargado y dispuesto junto a la ventana. Al Duce le había caído del cielo la excusa perfecta para dar otro giro autoritario. El Partido Socialista fue prohibido. La «fascistización» de la prensa se aceleró. Las logias y otras propiedades de algunos exponentes de la masonería fueron ocupadas por la policía. Bandas fascistas volvieron a saquear las logias en ciudades como Brescia, Parma, Mantua, Reggio Emilia, Trieste y Forlì. Cuando por fin se celebró el debate en el Senado, aún quedaban algunas voces dispuestas a plantear dudas. Un senador protestó: «El grandioso e imponente edificio conocido como la libertad de asociación ha sido incendiado para asar al pollo andrajoso que es la masonería». No hace falta decirlo: el Senado aprobó el proyecto de ley por una amplia mayoría. Antes de que entrara en vigor, el «pollo andrajoso» ya había aceptado lo inevitable y había empezado a disolverse.

El gran maestro Domizio Torrigiani fue detenido en la primavera de 1927 y enviado al exilio interior. Ciego y gravemente enfermo a consecuencia de los maltratos que sufrió, fue puesto en libertad justo antes de morir en agosto de 1932.

13

Múnich. La estrategia de la cervecería

Protocolos y políticas

A pesar de su evidente popularidad a finales del siglo XIX y principios del XX, la idea de la conspiración judeomasónica podría haber sido nada más que una moda y, en concreto, marginal, si la comparamos con las principales corrientes de la ideología laica europea. Entonces la Gran Guerra y la Revolución rusa sumieron a gran parte del continente en el caos. La política se volvió más intransigente y violenta, y el nacionalismo más delirante en su odio hacia enemigos y cabezas de turco dentro de las propias fronteras. Cuando acabó la Gran Guerra, los planes disparatados e inquietantes en relación con los masones o los judíos resultaban más atractivos que nunca, tal y como demuestra la versión más conocida del mito judeomasónico, un libro que lo condensó en una teoría de la conspiración en toda regla. Publicado por primera vez en Rusia en 1905, *Los protocolos de los sabios de Sion* afirmaba ser un discurso pronunciado en una reunión secreta en la que los líderes judíos exponían sus planes para dominar el mundo. En realidad, era igual de falso que el paladismo de Taxil, cocinado a partir de varias novelas francesas en la década de 1890. La francmasonería era mencionada en varios momentos de los *Protocolos* y, al igual que la prensa, la economía internacional, el socialismo y casi todo lo demás, era retratada como una herramienta de la despreciable estratagema judía: «Crearemos y multiplicaremos logias masónicas libres en todos los países del mundo e integraremos en ellas a todo aquel que pueda ser o ya sea relevante en la actividad pública, pues en esas logias encontraremos nuestro principal servicio de información y nuestros medios de influencia».

Los protocolos de los sabios de Sion fue ignorado fuera de Rusia hasta que empezaron a publicarse traducciones en 1920. A partir de entonces, aun teniendo en cuenta los sólidos indicios de que era falso, desató acalorados debates en todo el mundo. En Estados Unidos, Henry Ford, el magnate de los automóviles, lo defendió a ultranza y financió una cuantiosa edición a pesar de ser masón.

En Alemania, los *Protocolos* encontraron a un público receptivo en la derecha nacionalista. Su más destacado valedor era el general y héroe de guerra Erich Ludendorff. Tras la derrota de Alemania, entró en política y difundió el mito de la puñalada por la espalda. Creía, como es de esperar, que la derrota no había sido culpa de los generales alemanes, sino de su propia nación, donde el ejército se había visto debilitado por una variada lista de traidores pertenecientes a la población civil: los judíos eran los peores, por supuesto, pero también había políticos, usureros, huelguistas, vagos, católicos, comunistas, marxistas y, por último, pero no por ello menos importante, masones. Ludendorff había identificado a muchos enemigos, y ahora todos ellos llevaban las riendas de la República de Weimar. O eso decía él.

Adolf Hitler había sido un simple cabo durante la guerra. Admiraba sobremanera al general Ludendorff y aceptó sin reservas el mito de la puñalada trapera. Ideológicamente había muy pocas cosas que los separaran: ambos eran exponentes de la versión racista del nacionalismo conocida como «ideología *völkisch*». Se conocieron en Múnich en 1922. Al año siguiente, Ludendorff, luciendo su uniforme militar y el *Pickelhaube* (casco puntiagudo), participó en el *Putsch* del Partido Nazi que tuvo su origen en una cervecería de la ciudad. Supuestamente, el golpe debía desencadenar una «marcha hacia Berlín» como la que Mussolini organizó en Roma. Cuando el golpe de Estado fracasó, el excabo Hitler fue a la cárcel. Por el contrario, la reputación del exgeneral Ludendorff lo salvó de una sentencia condenatoria.

Ludendorff, el mercachifle de teorías de la conspiración más destacado de Alemania, tenía ahora la oportunidad de asumir el liderazgo del movimiento *völkisch*, que incluía a los nazis. Pero lo estropeó todo. Estaba cayendo en el hechizo de su amante, Mathilde von Kemnitz, una pagana adoradora de la naturaleza que creía que las herramientas del judío no eran solo el capitalismo, el marxismo y la masonería, sino también el cristianismo. Aquello era demasiado incluso

Adolf Hitler (1889-1945) y, a su derecha, Erich Ludendorff (1865-1937), en el juicio que siguió al *Putsch* de Múnich en 1923.

para la mayoría de los nazis. Ludendorff fue especialmente desacertado al creer que su mensaje calaría en la Baviera católica, donde insistió en incluir a los jesuitas, el Vaticano y la jerarquía eclesial en su abultado catálogo de traidores. El Partido Nazi se dividió en facciones enfrentadas.

Entre tanto, la reputación de Adolf Hitler iba en aumento. A pesar de haber fracasado, el *Putsch*, y sobre todo el incendiario discurso que pronunció durante el juicio, aumentaron su prestigio. Este se acrecentó aún más cuando se retiró pomposamente de la política durante su encierro en la prisión bávara de Landsberg. Allí se dedicó a escribir el borrador de *Mi lucha*, las memorias-manifiesto que dieron forma definitiva a su visión del mundo. En el libro Hitler se presentaba como un firme defensor de la idea de una conspiración judeomasónica. Los judíos, aseguraba, querían «derrocar las barreras raciales y civiles» y luchaban por la tolerancia religiosa. En la francmasonería encontraron un «excelente instrumento» para ese fin: «Los círculos de Gobierno y los altos estamentos de la burguesía política y económica caen en las redes [de los judíos] gracias a los hilos de la masonería, y jamás sospechan lo que de verdad está sucediendo». Por tanto, la masonería era para Hitler un taimado instrumento del judío, un medio para impulsar el liberalismo, el pacifismo y los intereses materiales judíos.

Cuando Hitler salió en libertad en diciembre de 1924, rechazó sin rodeos que Ludendorff lo llevara a Múnich en su limusina. Semanas después, relanzó el Partido Nazi con un efectista discurso en la Bürgerbräukeller, la misma cervecería en la que había iniciado el *Putsch* de noviembre de 1923. El viernes 27 de febrero de 1925 a las ocho en punto de la tarde, tres mil personas se agolpaban bajo las pesadas lámparas de araña del cavernoso gran salón de la Bürgerbräukeller. Las galerías, en las que habían colgado estandartes con la esvástica, también estaban abarrotadas de seguidores. Los asistentes que se situaron al fondo de la sala se encaramaban a los barriles y las sillas para poder ver.

A lo largo de dos horas, Hitler resumió *Mi lucha*. El pueblo alemán, dijo, estaba sumido en una batalla racial a vida o muerte contra el mal del judaísmo. «El judío», que manipulaba la economía internacional e impulsaba el marxismo-bolchevismo, era una «plaga y una epidemia mundial», un parásito de los organismos nacionales, una bacteria que había que eliminar. Hitler era el elegido por el destino para liderar a su pueblo en un conflicto racial que solo podía tener un desenlace: «O el enemigo pasará por encima de nuestro cadáver o nosotros pasaremos por encima del suyo».

El autoproclamado Führer no mencionó a los masones, lo cual resulta curioso por varias razones. Mussolini, de quien tanto estaban aprendiendo los nazis, acababa de anunciar su exitosa ley contra la masonería. Tal y como demostraba *Mi lucha*, Hitler era un convencido antimasón. La idea de una conspiración judeomasónica no era nueva o inusual en 1925, sino un ingrediente político básico para sus seguidores. Entonces ¿por qué evitó el asunto en la Bürgerbräukeller?

La antimasonería había demostrado ser una mentalidad muy adictiva desde la Revolución francesa, en parte porque tenía argumentos para refutar cualquier objeción. Los buenos masones podían ser calificados de incautos que estaban atrapados en una fachada erigida por los grandes maestros para esconder sus oscuros planes. El hecho de que nadie descubriera inmundos secretos en las logias carecía de importancia, porque el verdadero peligro radicaba en las logias ocultas. Por alguna razón, el verdadero rostro de ese mal nunca se materializaba. A consecuencia de ello, los masones parecían aún más astutos y omnipresentes.

Para Hitler, esa virtud de la antimasonería también era una flaqueza, pues hacía que los perfiles del enemigo fueran demasiado borrosos. Debía lograr que la fantasmagórica amenaza para su también fantasmagórica raza aria pareciera real, biológica. No cabían las excusas, ni margen de duda, ni procesos complejos para distinguir a los inocentes de los culpables. Odiaba a la francmasonería, pero permitir que un ataque contra ella complicara el llamamiento a una guerra contra los judíos significaría desposeer a su ideología de su brutal simplicidad. Sus instintos políticos eran más grandes que su fanatismo, y esos instintos le decían que el odio a la masonería era una herramienta flexible que podía utilizar en la forma y en el momento en que le fuera útil para sembrar dudas y confusión. La antimasonería de Hitler ejemplificaba su capacidad para combinar fanatismo y pragmatismo: su odio generalizado y obsesivo hacia «el judío» permitía desplegar otros componentes de su ideología, en especial el anticomunismo, cuando más populares e impactantes eran.

Por eso, en lugar de hablar de la francmasonería, aquella noche en la Bürgerbräukeller Hitler hizo algunos mordaces comentarios sobre cuestiones estratégicas. Era necesario simplificar las cosas para las masas, «elegir a un solo enemigo» para que todo el mundo pudiera «ver que solo él es el culpable». Por supuesto, los judíos y el «bolchevismo judío», que Hitler consideraba su pretexto político preferido, eran el único enemigo que tenía en mente. Sin embargo, como bien sabían los nazis que acudieron a la cervecería, el comentario acerca de la estrategia y el silencio sobre la masonería eran una crítica indirecta a un hombre que no acudió aquella noche: el general Erich Ludendorff, el célebre rival de Hitler, cuya obsesión antimasónica lo había llevado a atacar contra demasiados frentes.

Tras el discurso en la Bürgerbräukeller, el líder nazi se apresuró a hacer su siguiente movimiento. Días después le tendió una trampa al general Ludendorff al elogiarlo para que sometiera su confusa ideología al voto del electorado nacional como candidato nazi a las elecciones presidenciales. El resultado fue una clara humillación: Ludendorff consiguió poco más de un 1 por ciento del voto, lo que lo relegaría al olvido político.

Al año siguiente, Ludendorff se casó con Mathilde von Kemnitz, y la pareja se abismó en un insondable océano de misticismo racial y delirios conspirativos. A la postre, Mathilde llegaría a creer que los masones, y hasta los archimaquinadores judíos, eran títeres del dalái lama, que manejaba los hilos desde un laboratorio en el Tíbet. Su marido, el antiguo héroe nacional, acabaría convirtiéndose en una vergüenza para todo el país. En 1927 publicó su obra magna sobre la hermandad, *Destrucción de la masonería mediante la revelación de sus secretos*, donde afirmaba que los rituales masónicos enseñaban a sus miembros a ser «falsos judíos» y que el motivo por el que llevaban mandiles era disimular que habían sido circuncidados. Aquello era un disparate incluso para el género literario de las revelaciones masónicas, pero ello no impidió que se vendieran miles de ejemplares; más concretamente: unos ciento ochenta mil en 1940.

Hitler, que en aquel momento se sentía legitimado para despreciar a su rival político derrotado, respondió a la publicación del libro acusando a Ludendorff de ser masón.

Masones y judíos

Huelga decir que la francmasonería alemana no podía ejercer ni remotamente la influencia que le atribuían Ludendorff y Hitler.

En 1925, cuando Hitler pronunció su discurso en la Bürgerbräukeller, había ochenta y dos mil masones en seiscientas treinta y dos logias. Los masones de Alemania solían ser abogados, profesores, funcionarios, empresarios, pastores protestantes y similares. Sin embargo, estaban aún más divididos que sus hermanos italianos y trabajaban bajo la autoridad de al menos nueve grandes logias, incluida la de Hamburgo que mencionábamos antes. Esas divisiones habían empeorado notablemente debido a la polarización política de los años veinte. La cuestión de los miembros judíos era el principal motivo de discrepancia.

Contrariamente a lo que podría hacernos creer la vertiente nostálgica de la crónica histórica de la masonería, la mayoría de los hermanos alemanes no se oponían moralmente al nazismo en nombre de la tolerancia. De hecho, cada vez apoyaban más la agenda *völkisch*. Es posible que los francmasones de la actualidad quieran creer que la hermandad defendió sus valores ante el terror de Hitler, pero la triste realidad de lo sucedido demuestra que se equivocan, tal y como han confirmado ahora los mejores historiadores de la masonería con rigor imparcial.

La historia de la relación de los judíos con la francmasonería empieza realmente a finales del siglo XVIII, cuando las comunidades de varios países europeos dieron los primeros pasos para adoptar los valores laicos de la Ilustración. Al mismo tiempo, los estados de Europa empezaron a conceder más derechos civiles a los judíos. Las logias eran un hogar de transición natural para los judíos partidarios de la asimilación debido a la actitud tolerante hacia la raza y la religión que demostraban los padres fundadores de la masonería en Gran Bretaña. Los símbolos masónicos también eran accesibles para los judíos: muchos no eran religiosos (como la escuadra y el compás) o venían del Antiguo Testamento (como el templo de Salomón).

Durante el siglo XIX, el proceso de integración de los judíos en la masonería se produjo de forma irregular en diferentes momentos y lugares. Cuando Alemania se unificó en 1871, las órdenes masónicas de los distintos estados previos a la unificación, con sus diferentes perspectivas sobre los miembros judíos, no se fusionaron. Por el contrario, instauraron un incómodo sistema para reconocerse entre ellas y convivir bajo un endeble organismo coordinador. El auge del antisemitismo y las ideas *völkisch* pusieron a prueba esa convivencia a finales de siglo.

De un lado había seis grandes logias conocidas como las grandes logias humanitarias. Los hermanos que reconocían la autoridad de estas últimas solían pertenecer al centro y centro-izquierda del espectro político y estaban abiertos a aceptar a los judíos. La Gran Logia de Hamburgo era humanitaria. Sin embargo, una gran mayoría de los masones —alrededor del 60 por ciento— se hallaban bajo los auspicios de tres grandes logias conocidas en su conjunto como «antiguas logias prusianas», que gozaban de un mayor prestigio histórico. Las antiguas logias prusianas también eran manifiestamente antisemitas y veían a sus homólogas humanitarias como peligrosos centros de pensamiento «pacifista y cosmopolita». Muchos masones de las antiguas logias prusianas eran simpatizantes de la extrema derecha *völkisch*, en la que el mito de la conspiración judeomasónica encontró su lugar natural. En mayo de 1923, una antigua logia prusiana de Múnich invitó a Ludendorff a una velada de «ilustración» para miembros de la ciudadanía. El maestro de la logia opinaba que la masonería debía tener una «base racista» y, por tanto, quería convencer a un racista como Ludendorff de que la hermandad era un amigo y no un enemigo. Este aceptó la invitación, aunque se mantenía firme en su delirio antimasónico.

En 1924, una antigua logia prusiana de Ratisbona incluyó la esvástica nazi en su insignia. A partir de 1926 —cuando aún faltaba mucho para que Hitler subiera al poder—, dos de las tres antiguas logias prusianas empezaron a plantearse reformar sus rituales, sustituyendo referencias al Antiguo Testamento sospechosamente judías por símbolos «arios» extraídos del folclore teutón. Cuando las antiguas logias prusianas eran acusadas de ser una herramienta de los judíos, respondían con orgullo que no tenían a un solo miembro de esa religión y, de ese modo, señalaban a sus hermanos de las logias humanitarias, estas más tolerantes.

Las logias humanitarias ofrecieron la deplorable respuesta de que «solo» uno de cada ocho miembros era judío. (Cabe señalar que esa cifra es unas cuatro veces superior a la proporción de judíos en la población general, aunque estos eran más numerosos entre la clase media-alta de la que solían provenir los miembros de las logias). A la sazón, cada vez más logias humanitarias mostraban lealtad a las logias prusianas antisemitas. En muchas de las logias humanitarias restantes, el clima también se volvió más nacionalista. Como es comprensible, los hermanos judíos se sentían desprotegidos y abandonaron la masonería en tropel a finales de los años veinte. En 1930 —tres años antes de la llegada de Hitler al poder—, la proporción de judíos en las logias humanitarias se había reducido de uno de cada ocho a uno de cada veinticinco.

Los nazis estaban ganando popularidad en medio de la desastrosa recesión económica que había provocado la caída de Wall Street. Aunque seguían priorizando a los judíos y sus supuestos títeres comunistas como enemigo nacional, los nazis lanzaban algún que otro mensaje intimidatorio a la masonería. En el verano de 1931, Hitler alentó a los miembros del Partido Nazi a fotografiar a los masones que se encontraran y a tomar nota de sus lugares de residencia.

Como respuesta, una antigua logia prusiana trató de abrir un canal de comunicación con la cúpula nazi a través de Hermann

Göring, cuyo hermanastro era masón. Una vez más, el objetivo era salvar a las antiguas logias prusianas sembrando dudas sobre sus homólogas humanitarias. El ardid fue un fracaso, y Göring trató con desprecio al emisario de los masones.

A pesar de ese revés, las antiguas logias prusianas estaban acercándose cada vez más a Hitler. En verano de 1932, la Gran Logia Nacional de Francmasones de Alemania publicó un comunicado que bien podría haber firmado Joseph Goebbels, el director de campaña de Hitler. «Nuestro orden alemán es *völkisch*», afirmaba, para luego censurar las «aguas fangosas» del humanitarismo y la «mezcla y degeneración de todas las culturas, formas artísticas, razas y pueblos».

Debemos ser claros con lo que estaba sucediendo en la masonería alemana. Sus miembros no solo estaban reflejando la opinión de la clase media nacional, no solo temían al comunismo y anhelaban más orden, aunque esto indudablemente forma parte de la historia, sino que muchos concebían un papel importante de su hermandad en la aplicación de las ideas *völkisch*. Querían convertir la misión ética tradicional de la masonería, consistente en crear hombres mejores, en un programa para propiciar una raza aria más pura y agresiva exenta de judíos.

Arianización

El 27 de febrero de 1933, exactamente ocho años después del mitin nazi en la Bürgerbräukeller, un albañil neerlandés llamado Marinus van der Lubbe brindó a Hitler, recién nombrado canciller (o primer ministro), la oportunidad de convertir su Gobierno de coalición en un régimen totalitario. Sin trabajo ni hogar, Van der Lubbe dio rienda suelta a sus frustraciones incendiando el Reichstag, y los nazis vendieron el incidente como el principio de un golpe de Estado comunista. Con ese pretexto se aprobó un decreto que limitaba drásticamente las libertades civiles. Poco después, una ley habilitante modificó la Constitución para permitir que Hitler implantara cualquier legislación sin consultar al Reichstag ni al presidente. La dictadura había empezado.

El principal enemigo del nazismo eran los comunistas, que fueron víctima de una oleada de palizas, torturas y asesinatos. Luego fueron los socialdemócratas y los sindicatos quienes sufrieron la ira de las SA de Hitler, un ejército nazi formado por cuatrocientos mil «soldados de asalto» con camisas pardas. Se crearon campos improvisados, unas cárceles nazis para los presos políticos. Allí no se aplicaba ley alguna y los nazis podían robar, violar, torturar sádicamente o ejecutar a los prisioneros «si trataban de escapar». El Partido de Centro, una formación católica, fue el último bastión de la oposición en ser erradicado. Entonces les llegó el turno a los nacionalistas, los aliados de la coalición de Hitler.

En cuanto hubo incapacitado a sus rivales políticos, Hitler se volvió contra cualquiera o cualquier cosa que amenazara con interponerse en la creación de una sociedad nazi, como las clínicas o los grupos de presión que defendían la higiene sexual, los anticonceptivos o los derechos de los homosexuales. Se tomaron duras medidas contra presuntos gánsteres y vagabundos. Algunos alcaldes fueron depuestos a la fuerza y se invadieron hospitales, tribunales y otras instituciones públicas. Las asociaciones que representaban los intereses de los agricultores, los empresarios, las mujeres, los profesores, los médicos, los deportistas y hasta los veteranos de guerra incapacitados se convirtieron en insulsos efluvios del Partido Nazi en los que los judíos no estaban permitidos. Se saquearon y quemaron sinagogas. Los judíos sufrían agresiones en las calles. El funcionariado fue «arianizado», lo cual supuso que los judíos perdieran sus puestos de trabajo. Profesores universitarios judíos y políticamente sospechosos fueron despedidos. Los judíos fueron expulsados de orquestas, academias de arte, emisoras de radio y productoras cinematográficas. Primero llegaban los camisas pardas y después las leyes. En el verano de 1933, Alemania era ya un país de un solo partido que había trazado la senda hacia la distopía racial de Hitler.

¿Y los masones? Desde luego, no fueron el blanco de los ataques sistemáticos de los camisas pardas, a diferencia de los enemigos izquierdistas de Hitler y la población judía, que sí los sufrieron. Hitler tenía sus prioridades, y estas no eran las mismas que las de Mussolini en 1925, una etapa equivalente de creación de la dictadura fascista. Los masones estaban muy lejos de los primeros puestos de la lista nazi. Incluso los músicos de jazz eran considerados más molestos. No obstante, en esos primeros meses hubo ataques esporádicos, aunque no tan violentos como en Italia. El 6 de marzo de 1933, cinco soldados de asalto uniformados a los que acompañaba un grupo de civiles llamaron a la puerta de una logia de Düsseldorf y exigieron ver los archivos. Cuando los masones les pidieron una identificación, los visitantes respondieron: «Las pistolas cargadas son nuestra autoridad». Acto seguido entraron a la fuerza, rompieron el candado del archivador y cargaron los documentos en un camión. Sin embargo, se retiraron en silencio cuando les indicaron que la logia estaba de luto por la muerte de un hermano. En agosto, los miembros de una logia de Landsberg an der Warthe, en Prusia, recibieron presiones para que acordaran unánimemente la entrega de todas sus posesiones a una unidad local de los camisas pardas.

Una de las amenazas más dañinas para la hermandad eran los informantes, masones que no mostraban reparos en incumplir sus juramentos fraternales para ganarse así el favor del régimen. Contaban a los nazis toda clase de historias sobre lo que acontecía en las logias. Ya fuera por entusiasmo hacia la ideología nazi o por miedo, algunos abandonaron la hermandad y los templos empezaron a guardar silencio. En Hamelín, en Baja Sajonia, el maestro de una logia sorprendió a sus miembros presentándose en una reunión con el uniforme de las SS y ordenando que la hermandad fuera disuelta. Los líderes masónicos no tardaron en perder la confianza. En la primavera de 1933, la francmasonería alemana ya empezaba a desmoronarse.

En respuesta a la crisis, las tres antiguas logias prusianas se unieron para enviar una carta a Hitler el 21 de marzo de 1933, el «día de Potsdam», cuando el régimen organizó una fiesta nacional para conmemorar la toma de poder. La carta aseguraba que las logias seguirían siendo fieles a su «tradición nacional y cristiana» e «inquebrantablemente obedientes al Gobierno nacional». Con ello esperaban intercambiar lealtad política por alguna clase de respaldo oficial. A principios de abril, los grandes maestros pudieron reunirse con Hermann Göring, pero las cosas no salieron como esperaban. Göring dio un puñetazo en la mesa y gritó: «¡Malditos cerdos, tendría que meteros a vosotros y a esa panda de judíos en una olla! [...] No hay sitio para la masonería en el Estado nacionalsocialista».

Era el principio del fin. Tarde o temprano, los nazis seguirían el ejemplo de los fascistas italianos y prohibirían la masonería.

Poco después de la reunión con Göring, una de las tres antiguas logias prusianas adoptó la esvástica como símbolo. Otra encontró una ingeniosa solución al problema dejando de ser masónica. Se deshizo de su antiguo nombre, la Gran Logia Nacional de Francmasones de Alemania, y se convirtió en la Orden Cristiana Alemana. Su Constitución estipulaba que solo podían ser miembros los «alemanes de ascendencia aria». Además, eliminaron de los estatutos cualquier referencia al simbolismo y el vocabulario judío y masónico. «Ya no somos masones», anunciaban en una circular. Las demás logias prusianas no tardaron en seguir sus pasos.

Las grandes logias humanitarias estaban menos coordinadas. Tres de ellas, situadas, respectivamente, en Darmstadt, Dresde y Leipzig, imitaron a las antiguas logias prusianas al expulsar a los judíos y dejar de calificarse como masónicas. Otra gran logia humanitaria, la Unión Ecléctica de Frankfurt, se disolvió por la misma época, pero se reformó de inmediato en una versión arianizada, puede que para evitar que les confiscaran sus inmuebles. El 12 de abril de 1933, el gran maestro de la Gran Logia del Sol, en Bayreuth, anunció que la orden se arianizaría y pidió educadamente a sus hermanos judíos que dimitieran, no sin antes darles las gracias por su gesto altruista. Transcurridos solo seis días llegó a la conclusión de que aquello era inútil, y optó por la única medida realista para mantener la dignidad masónica de su orden en aquellas circunstancias: disolvió la gran logia y pidió a sus subordinadas que hicieran lo propio.

En otoño de 1933, aunque no había sido prohibida de manera oficial por el régimen, la francmasonería alemana había quedado reducida a su esqueleto. Las grandes logias que habían sobrevivido, ahora arianizadas y reconstituidas como órdenes cristianas alemanas, continuaron sufriendo ataques y confiscaciones no coordinados. Aun así, tenían la esperanza de que el hecho de doblegarse les valiera cierto reconocimiento del Estado. Uno de los motivos por los que persistía esa esperanza y por los que los nazis tardaron mucho más que los fascistas italianos en acabar con la masonería era exactamente el mismo que había intuido Hitler en la Bürgerbräukeller en 1925 cuando decidió centrarse en un único enemigo: resultaba difícil discernir quién era masón y quién no.

Para los nazis, la creación de las órdenes cristianas alemanas podía ser la última treta de los francmasones, lo cual no afectaba solo a la cuestión de si debían prohibir la masonería. ¿Y todos los antiguos masones que andaban sueltos? Muchos también eran miembros de organizaciones que habían sido incorporadas al Estado nazi. Por tanto, ¿debían expulsarlos o prohibir que ocuparan cargos públicos? ¿Dónde había que trazar la línea? ¿Entre las antiguas logias prusianas y las antiguas logias humanitarias? ¿O entre los que habían renunciado a sus tradiciones masónicas antes de que los nazis llegaran al poder y los que habían obedecido después? En algunos lugares, los miembros de la Gestapo suspendieron conferencias antimasónicas porque creían que estaban atrayendo a seguidores no deseados del anciano general Ludendorff. La confusión aumentó, ya que las SA, las SS, la Gestapo y otras organizaciones e individuos del Estado nazi intentaban hacerse con el control de lo que vino en llamarse la «cuestión masónica» y, por tanto, con el derecho a saquear las logias. En enero de 1934, el Führer suspendió de manera temporal las medidas contra la masonería para aliviar los enfrentamientos en el seno del movimiento nazi. Leales como siempre, las antiguas logias prusianas decidieron interpretarlo como una señal de esperanza. También veían esta última en el hecho de que un exmasón llamado Hjalmar Schacht formara parte del Gobierno de Hitler como director del Banco Central y, más adelante, como ministro de Economía.

En la mente de Hitler, el cálculo político estaba anteponiéndose de manera provisional a su hostilidad hacia la masonería, igual que había ocurrido en 1925. Algunos masones vieron con más claridad que el final andaba cerca. Walter Plessing, al igual que su padre y su abuelo antes que él, era miembro de una antigua logia prusiana de Lübeck, en la costa báltica. En septiembre de 1933 dimitió para afiliarse al Partido Nazi y logró convertirse en soldado de asalto. Meses después, cuando se descubrió que había sido masón, fue obligado a abandonar el partido. En marzo de 1934, cuando se enteró de que también lo expulsarían de las SA, se suicidó y legó todo su dinero a Hitler. En la nota de suicidio protestaba por haber sido tratado como un traidor y un «alemán de tercera»; ni él ni su antigua logia tenían «ningún vínculo con los judíos o el judaísmo».

La política masónica de los nazis no quedó clara hasta julio de 1934 y la «noche de los cuchillos largos», la salvaje purga de las SA y otros enemigos políticos. A partir de entonces, las SS tomaron las riendas de la cuestión masónica. En octubre de 1934, Adolf Eichmann, reclutado hacía poco por el servicio de inteligencia de las SS, puso a prueba por primera vez sus habilidades administrativas: le pidieron que confeccionara una lista básica de masones. Una vez que hubo convencido a sus superiores de su talento, fue trasladado al departamento de las SS responsable de los judíos, donde tendría un importante papel logístico en la ejecución de la «solución final» de Hitler a la «cuestión judía».

Finalmente, en la primavera de 1935, las antiguas organizaciones masónicas recibieron la orden de disolverse por completo o tendrían que hacerlo por la fuerza. En cualquier caso, sus bienes serían confiscados. Los grandes maestros aceptaron la recomendación a condición de que la masonería fuera absuelta públicamente de todas las acusaciones de deslealtad que se habían vertido contra ella. Dicha absolución no llegó a producirse nunca. Aun así, las disoluciones voluntarias siguieron adelante durante el verano.

Lo cual nos devuelve a la triste escena con la que empezaba esta historia: el cierre definitivo de la Gran Logia de Hamburgo al son del llanto de los hermanos y *La flauta mágica* de Mozart.

Cartel nazi (1935): «Judíos – Masonería. Política global – Revolución mundial. La masonería es una organización internacional cautiva del judaísmo. Tiene un objetivo político: por medio de la revolución mundial busca el dominio judío».

La sede de Hamburgo, que durante mucho tiempo había sido el centro de una vertiente más liberal de la masonería, era una gran logia humanitaria que, por tanto, admitía a judíos. Al gran maestro Richard Bröse hay que reconocerle que antes de que los nazis llegaran al poder intentó poner freno a los ataques de Hitler. Eligió la transparencia como escudo. En agosto de 1931 escribió una carta abierta a Hitler en la que ofrecía acceso a los archivos de la gran logia a cualquier investigador que ambos hubieran acordado previamente. Asimismo, prometió cerrarla si se descubría que, en algún momento, los masones habían cometido un acto que fuera en contra del interés nacional.

El intento de Bröse estaba condenado al fracaso. La transparencia, por grande que sea, nunca tranquiliza a un teórico de la conspiración. Hitler no respondió. Esa tarea recayó en el ideólogo nazi Alfred Rosenberg, que interpretó la oferta de Bröse como el típico engaño masónico. Los nazis consideraban traidores a todos los masones, dijo con sorna.

Cuando Hitler subió al poder, Bröse traicionó los valores tolerantes de su orden tan rápido como cualquier otro gran maestro humanitario. El 12 de abril de 1933 anunció que la gran logia solo estaba abierta a «hombres alemanes de ascendencia aria y religión cristiana». La Gran Logia de Hamburgo fue clausurada en el verano de 1935 con esta forma arianizada y bajo la mirada de la Gestapo. La versión masónica de ese cierre suele omitir un penoso detalle: los miembros que aquella noche estuvieron presentes en el templo de Hamburgo ya habían abandonado cualquier vestigio de los valores de la masonería y habían adoptado el racismo nazi en un vano intento de garantizar su supervivencia como hermandad solo para cristianos. Mozart se habría retorcido en su tumba.

Ningún historiador podrá reconstruir nunca la mezcla exacta de emociones que llevaron a Bröse y a sus hermanos a derramar tantas lágrimas aquella noche de julio de 1935 en Hamburgo. Sin duda, una sensación de pérdida e injusticia. Quizá también miedo y frustración. Sin embargo, es posible que otro sentimiento les nublara la vista mientras se llevaban a cabo los últimos ritos de su hermandad: la vergüenza.

El único grupo masónico que expresó su oposición a Hitler en nombre de los valores masónicos no era una logia humanitaria ni prusiana. La Gran Logia Simbólica de Alemania se fundó en 1930 cuando unos masones decididos a enfrentarse a la oleada antisemita se escindieron de las logias humanitarias. Prácticamente solo entre los líderes de la masonería alemana, el gran maestro de la Gran Logia Simbólica, un abogado llamado Leopold Müffelmann, resistió con valentía y siguió criticando al nazismo incluso después de la toma de poder de Hitler. El 29 de marzo de 1933 declaró en público la disolución de su gran logia a la vez que tomaba medidas para cerciorarse de que continuara trabajando en secreto. Sin embargo, unas semanas después, Müffelmann tuvo que reconocer que la situación era demasiado peligrosa, así que, en una reunión secreta celebrada en junio de 1933 en Frankfurt, él y otros líderes de la Gran Logia Simbólica de Alemania decidieron trasladarse a Jerusalén e intentar sobrevivir en el exilio.

El 5 de septiembre, Müffelmann fue traicionado por un informante y detenido en Berlín. La Gestapo lo sometió a un interrogatorio y luego fue enviado al campo de prisioneros de los soldados de asalto en Sonnenburg. Allí recibió palizas y fue obligado a realizar trabajos forzados a pesar de que padecía una grave afección cardiaca. Falleció en agosto de 1934 a consecuencia de su dura experiencia.

Cabe resaltar que Müffelmann y quienes compartían su visión de la masonería eran una pequeña minoría que en su mejor momento no llegaba a dos mil personas. Es más, eran una minoría que las instituciones de la masonería convencional, tanto las grandes logias prusianas como las humanitarias, se negaban a reconocer como masones legítimos. Por tanto, como ha señalado un historiador, resulta engañoso que los masones traten a la Gran Logia Simbólica de Alemania como un «emblema de la victimización y la valerosa resistencia masónicas».

El gran maestro Müffelmann fue uno de los pocos masones que sufrió persecuciones a consecuencia de sus actividades en la hermandad. De hecho, hay mucha ambigüedad con respecto a las víctimas del nazismo que la masonería considera propias, ya fueran ochenta mil, doscientas mil o cualquier otra cifra. Tomemos como ejemplo el caso del hermano Carl von Ossietzky, que fue arrestado horas después del incendio del Reichstag. Privado de comida, fue sometido a trabajos forzados y golpeado por los guardias del campo, que le gritaban «cerdo judío» y «cerdo polaco» (lo cierto es que no era ni judío ni polaco). En noviembre de 1935, cuando lo vio un visitante de la

Cruz Roja, Ossietzky era «una criatura temblorosa y pálida como un cadáver que no parecía tener sentimientos. Con un ojo hinchado, sin dientes, arrastrando una pierna rota y mal curada [...], un ser humano que había alcanzado los límites de lo soportable». Una prueba de su resistencia es que no sucumbió hasta mayo de 1938, transcurridos dieciocho meses.

Ossietzky era masón y una víctima del nazismo, pero no fue maltratado por ser masón. Murió porque era un intelectual de izquierdas, un destacado periodista y detractor del nazismo y un pacifista que había informado a la comunidad internacional sobre el programa ilegal de rearme alemán. En 1936, mientras se encontraba en un campo de concentración, le fue concedido el Premio Nobel de la Paz.

¿Cuántos masones murieron durante el régimen nazi? Todavía no se ha llevado a cabo un estudio, pero parece muy probable que la cifra total ascendiera a doscientos mil. Ello supondría un porcentaje sorprendentemente alto del número total de masones en los países ocupados por las fuerzas alemanas durante la Segunda Guerra Mundial. Lo que está claro es que la gran mayoría de las víctimas no fueron asesinadas por su condición de masones, sino, sobre todo, porque eran judías. Austria, que pasó a formar parte del Tercer Reich con el *Anschluss* de marzo de 1938, quizá sea un caso típico. Cuando entraron las tropas nazis, había ochocientos masones en Austria. Se produjo una redada en la Gran Logia de Viena y el gran maestro fue arrestado; ya enfermo, murió en prisión preventiva. Los nazis procedieron a abolir rápidamente la masonería en el país, al igual que habían hecho en Alemania. Se ha calculado que entre ciento uno y ciento diecisiete hermanos fueron asesinados antes de 1945. Otros trece se suicidaron y quinientos sesenta y uno acabaron en el exilio. Sin embargo, esas cifras solo cobran sentido cuando nos damos cuenta de que la mayoría de los masones católicos habían dimitido antes de la llegada de los alemanes. Cientos de ellos habían abandonado la masonería a partir de 1933 debido al acoso del Gobierno católico-fascista que precedió a los nazis. Cuando estos llegaron en 1938, en las logias quedaban muchos judíos, dos tercios de ese total de ochocientos.

Aunque el Estado nazi aplastó a la masonería en Alemania, no perseguía a sus miembros con el mismo mortífero fanatismo que a otros grupos. Al fin y al cabo, *Mi lucha* había ofrecido a los masones no judíos una cláusula de excepción. Las memorias de Hitler afirmaban que los masones corrientes «no podían sospechar» que los judíos llevaban en realidad las riendas entre bastidores. Así pues, en la gran mayoría de los casos bastaba con que un hermano se retractara para evitar los abusos y el campo de concentración. Incluso la discriminación institucional contra antiguos masones fue revocada, ya que muchos hermanos con cualificaciones y aptitudes demostraron que podían ser miembros leales y útiles de la sociedad nazi.

Los motivos por los que los masones han exagerado su sufrimiento a manos de Hitler son fáciles de entender. Los nazis son los malos favoritos de Hollywood. Si se compara con la siniestra maldad que representan, la tradición masónica parece destilar más nobleza. Sin embargo, los recuerdos engañosos de la masonería sobre la represión nazi perjudican a quienes fueron atacados de manera mucho más despiadada por el régimen. Es como si la masonería intentara poner un pie en el pedestal de las víctimas más grandes de la historia.

Y lo que tal vez sea más significativo: esos relatos sobre la identidad masónica desvían la atención de un régimen que fue mucho más brutal y exhaustivo en su persecución a la masonería que la Italia de Mussolini y la Alemania de Hitler. Nos referimos a la España del general Francisco Franco.

14

Salamanca. Hienas y concubinas

¡Viva la muerte!

El asesinato en masa de hermanos masones comenzó a los pocos días del estallido de la Guerra Civil española.

El 17 de julio de 1936, las tropas coloniales españolas en Marruecos se alzaron contra una república democrática y la revuelta no tardó en cruzar el estrecho de Gibraltar hasta llegar a los cuarteles de la península. El país quedó dividido en dos. Allá donde el levantamiento militar fracasó, incluidas Madrid y Barcelona, la República conservó el control, aunque de manera caótica, ya que nadie sabía qué elementos del ejército y la policía mantendrían su lealtad, y grupos de izquierdistas revolucionarios controlaban las calles en muchos lugares. Allá donde triunfó el levantamiento, la ley marcial creó una España nacional. Un reducto de territorio nacional no tardó en expandirse en el sudoeste a medida que el ejército de África, una amalgama de soldados coloniales y mercenarios marroquíes, organizaba un avance sangriento. En septiembre de 1936, el ejército de África fue recompensado por sus éxitos cuando su comandante, el general Francisco Franco, asumió el liderazgo militar y político de la rebelión. Pronto adoptaría el título de caudillo, el equivalente español a Duce o Führer.

En la España nacional, el ejército y las patrullas derechistas impusieron un reino del terror y proclamaron sus intenciones a los cuatro vientos: «depurar» la patria de sus «impurezas políticas y culturales». Cualquiera que estuviese asociado a la República y sus instituciones, a la izquierda política e incluso a la modernidad laica podía ser arrestado, torturado y ejecutado, ya fueran sindicalistas, políticos, trabajadores, campesinos, liberales, intelectuales, mujeres emancipadas u homosexuales. Murieron decenas de miles de personas, entre ellas muchos masones.

La mayoría de las víctimas masónicas fueron ejecutadas durante los primeros meses de la Guerra Civil, cuando la violencia no estaba aún centralizada, y quedó muy poca documentación con la que los historiadores pudieran trabajar. Los nacionales acabarían ganando la guerra y, por tanto, controlaban las pruebas documentales en las que se basa una reconstrucción histórica precisa. Hoy, transcurridas más de cuatro décadas desde que se restableciera la democracia, los crímenes cometidos contra la población durante la Guerra Civil española siguen siendo una cuestión candente y polémica de investigación. La opresión contra los francmasones es un aspecto ignorado. A consecuencia de ello, no estamos cerca de alcanzar un cálculo de víctimas masónicas. Los primeros intentos de los historiadores por evaluar las atrocidades cometidas contra los masones tuvieron que esperar hasta la muerte de Franco en 1975. La primera imagen que se esbozó era incompleta, pero estremecedora. En Zaragoza, treinta hermanos pertenecientes a la logia Constancia fueron asesinados. En la ciudad de Ceuta, situada en la costa africana, la logia Hijos de la Viuda perdió a diecisiete masones. En Algeciras, en la bahía de Gibraltar, murieron veinticuatro miembros de la logia Trafalgar. Casi todos los hermanos de la logia Vicus, en Vigo, fueron asesinados. En lugares como Tetuán (Marruecos), Las Palmas (islas Canarias), La Coruña, Lugo y Zamora, los masones fueron exterminados.

La lista podría continuar, pero este panorama inicial de las atrocidades antimasónicas aún estaba contaminado por las habladurías y la propaganda de la Guerra Civil. Nadie sabía con certeza hasta qué punto era fiable. Sin embargo, determinó con suficiente claridad que la derecha española fue singularmente despiadada en su campaña contra la masonería. La persecución plantea la misma e incómoda pregunta referida a las estimaciones sobre el número de víctimas masónicas del nazismo: ¿todos los hermanos españoles fueron asesinados por ser masones o murieron por otras razones y el hecho de que también fueran masones era una simple coincidencia?

Solo se han llevado a cabo investigaciones en algunos lugares para confirmar las primeras y estremecedoras impresiones. Por ejemplo, sabemos que un 35 por ciento de los masones de Granada murieron de manera violenta. Sin embargo, las pruebas apuntan a que fueron ejecutados sobre todo por representar a partidos democráticos o a instituciones republicanas, y no por ser masones. Las investigaciones correspondientes desvelaron que, a principios de agosto de 1936, cuando las autoridades nacionales incautaron los registros de miembros de las tres logias de la ciudad, muchos de aquellos hombres ya habían sido ejecutados por otros motivos. Los hermanos supervivientes fueron encarcelados.

En Sevilla se practicaron redadas en las logias, y la prensa católica y derechista publicó listas de miembros. Se trataba de una señal para que diera comienzo la violencia de las patrullas. En este caso, los masones con más posibilidades de ser asesinados también eran los que ocupaban cargos importantes en las instituciones de la República. Para los opositores de la rebelión, ser masón podía ser un factor agravante y marcar la diferencia entre ser enviado a un campo de concentración o ser puesto frente a un pelotón de fusilamiento. Algunos, entre ellos el gran maestro regional y su hijo, fueron ejecutados por la simple razón de que eran importantes miembros de la hermandad. Por el contrario, muchos masones se apresuraron a distanciarse de la masonería y demostrar su entusiasmo por la rebelión, lo que les permitió conservar la libertad y la vida. Sevilla y Granada fueron lugares donde la violencia nacional resultó muy intensa, pero ninguna logia sufrió la erradicación de todos sus miembros.

Desde luego, no todos los masones fueron asesinados por sus actividades en la hermandad. Sin embargo, existía la creencia, compartida por las diferentes fuerzas del bando nacional, de que la influencia masónica conspirativa impregnaba de tal manera la República que casi cualquiera podía ser un instrumento de las logias. La brutalidad era caprichosa: muchas denuncias se basaban en falsos o exagerados testimonios. Algunos grupos nacionales, como la Falange, recopilaban sus listas de la muerte utilizando cualquier fuente que tuvieran a mano. El inevitable resultado fue que muchos de los asesinados por ser masones nada tenían que ver con la masonería.

Un famoso episodio que tuvo lugar en el corazón de la España nacional pone de relieve el lado humano de esta caótica tragedia. A finales de septiembre de 1936, la élite militar rebelde se reunió en Salamanca para elegir al general Francisco Franco como líder supremo. Salamanca era una buena elección como capital nacional. La ciudad, un lugar de tradiciones conservadoras que gozaba del prestigio de tener una de las universidades más antiguas del mundo, se encontraba lo bastante cerca de la frontera portuguesa para brindar a los generales rebeldes una vía de escape si la Guerra Civil les resultaba desfavorable. En señal del apoyo de la Iglesia, el obispo de Salamanca ofreció al general Franco su palacio como cuartel general. Poco después, a no más de doscientos metros de allí, se ofició una ceremonia pública bajo los arcos de piedra del gran salón de la Universidad de Salamanca para conmemorar el «descubrimiento» de América por parte de Colón y el legado imperial español. El obispo y la esposa de Franco estaban presentes. También el general José Millán-Astray, el comandante más violento del caudillo, que había perdido un brazo y un ojo en las luchas coloniales. La agresiva arenga de Millán-Astray culminó con el grito de guerra de la Legión española: «¡Viva la muerte!».

El lema sorprendió y enojó al anciano que presidía el acto: Miguel de Unamuno, uno de los grandes escritores españoles y rector de la universidad. Al principio, Unamuno había apoyado la República, pero se sintió consternado por el desorden que parecía reinar. Después respaldó la rebelión militar hasta que fue testigo de su desenfrenada violencia. Mientras continuaba el acto, Unamuno se metió la mano en el bolsillo, donde había guardado una petición de ayuda que había recibido de la esposa de un amigo suyo. El amigo en cuestión era el pastor protestante de la ciudad, que había sido arrestado por su condición de masón. Unamuno sacó la carta y tomó notas en el reverso. Era la base del que sería su último discurso, y el más memorable de la Guerra Civil.

Con asombrosa valentía, Unamuno se puso en pie y describió a Millán-Astray como un tullido que quería dejar lisiada a España. Luego advirtió al general de que los nacionales tenían la fuerza bruta de su lado, pero no la razón ni el derecho: «Venceréis, pero no convenceréis». El lema resonaría durante los largos años de la dictadura franquista.

Unamuno tuvo suerte de salir con vida de la universidad. Por su insolencia, fue despedido y sometido a arresto domiciliario. En diciembre de 1936 envió una angustiada carta a un amigo. En Salamanca, escribió, se habían producido «la más bestial persecución y asesinatos sin justificación». La que afirmaba ser una guerra contra el bolchevismo era en realidad una guerra contra el liberalismo. Cualquiera podía verse atrapado en ella: masones, judíos o miembros de la

SALAMANCA. HIENAS Y CONCUBINAS

El general Francisco Franco (1892-1975) con su hija y su mujer en Salamanca durante la Guerra Civil.

Liga Internacional por los Derechos Humanos. «Últimamente [han asesinado] al pastor protestante de aquí, por ser masón. Y amigo mío [...]. Claro está que los mastines —y entre ellos algunas hienas— de esa tropa no saben ni lo que es la masonería ni lo que es lo otro». El pastor protestante no salió airoso, ni tampoco veintinueve de sus hermanos de la logia Helmántica de Salamanca.

Destrozado, Miguel de Unamuno falleció dos semanas y media después de escribir esas palabras. Solo podemos imaginar cómo se habría sentido al saber que las atrocidades de 1936 eran solo el principio. El odio a la masonería arrastraría al caudillo y sus seguidores por un despiadado precipicio que conducía a una obsesión única en la historia de la masonería. Sin embargo, antes de seguir la trayectoria de ese descenso, debemos dar un paso atrás y preguntarnos qué llevó a la derecha española a reprimir a la masonería con más brutalidad que sus homólogos de Italia o Alemania. La respuesta simple es la Iglesia católica. Las fuerzas que apoyaron la rebelión militar en verano y otoño de 1936 heredaron todo el legado de ira y temor de la Iglesia española hacia la masonería.

Un fenómeno de revolución política perfectamente masónico

Los primeros años de la masonería en España fueron accidentados. La Inquisición se ocupó de que así fuera. Las logias no estuvieron permitidas hasta la invasión de Napoleón Bonaparte en 1808, pero fueron prohibidas de nuevo tras la restauración de la monarquía en 1814.

A partir de entonces, en España, al igual que en toda la Europa católica, la historia de la masonería formó parte de una prolongada guerra cultural entre la Iglesia y las fuerzas del liberalismo laico. En realidad, la Iglesia española tuvo bastante éxito a la hora de defenderse ante la amenaza del laicismo. Aunque se levantó la prohibición a la masonería en 1868, el catolicismo siguió siendo la religión del Estado durante la monarquía constitucional (1876-1923); la educación era católica y la expresión pública de otras religiones estaba vetada. A pesar de esa posición comparativamente privilegiada, la Iglesia española se sentía molesta por los avances que ya habían hecho los laicizadores, incluida la legalización de la francmasonería. Los católicos estaban políticamente divididos en muchos aspectos, como la controvertida cuestión de las autonomías. En cambio, estaban unidos en su desprecio a la masonería. En la década de 1880, las falsas revelaciones sobre satanismo en las logias que expuso Léo Taxil fueron traducidas deprisa al español y hubo una avalancha de publicaciones antimasónicas autóctonas.

La Iglesia no erraba del todo al identificar a la masonería con el laicismo. En el último cuarto del siglo XIX, la masonería española empezó a prosperar, aunque siguió siendo mucho más pequeña y menos poderosa que en otros países católicos como Francia e Italia. El número de miembros llegó a superar los diez mil y había ocho periódicos masónicos. Los masones se veían a sí mismos como una minoría iluminada que se oponía al fanatismo religioso de las masas. Eran activos en los periódicos anticlericales y la gestión de escuelas laicas. Sin embargo, como en otros lugares de Europa, los masones españoles estaban divididos en varias grandes logias enfrentadas y, por tanto, no podían ejercer una influencia colectiva.

En 1898 llegó un punto de inflexión con la traumática derrota militar de España a manos de Estados Unidos, que llevó a la pérdida de sus últimas posesiones en las Américas. Cuatro siglos de imperio en el Nuevo Mundo habían tocado a su fin. Los católicos atribuyeron tal humillación nacional a los masones, ya fuera en su país o en Cuba y Filipinas. La policía practicó una redada en las sedes madrileñas del Gran Oriente de España y el Gran Oriente Nacional, los dos entes rectores masónicos más importantes del país. El número de masones empezó a disminuir. A partir de 1898, el ejército desarrolló una variedad propia de antimasonería. Dos generaciones de oficiales crecerían pensando que una quinta columna de masones había provocado la derrota de España y que estaba intentando poner trabas a los intentos de conquista de nuevos territorios en Marruecos.

Más tarde, la aceleración de los cambios sociales de principios del siglo XX endureció las opiniones sobre la cuestión de la Iglesia contra el Estado, igual que muchas otras. Aunque el avance de la masonería se había frenado, el temor que sentía la Iglesia hacia ella iba en aumento, ya que, cuanto más se impregnaba el sistema de la visión de la jerarquía católica sobre una sociedad basada en la religión, las propiedades, el orden y la familia, menos capaz era de superar los retos de la modernidad y más enemigos se ganaba. Los liberales organizaron una campaña de laicización, y también acechaba la amenaza del socialismo ateo. Hubo varias revueltas anticlericales. En 1909, cuando en Barcelona se intensificó la violencia de la clase trabajadora durante lo que se dio a conocer como Semana Trágica, radicales, socialistas y anarquistas descabezaron estatuas religiosas, profanaron tumbas y quemaron iglesias. No sería el último ataque a personal y propiedades religiosos. Al final de la Gran Guerra, sectores enteros de la sociedad española odiaban a la Iglesia, en particular la clase trabajadora urbana y los maltratados campesinos de las extensas propiedades del sur. El destino de la masonería española estaba en la balanza e iba unido a la suerte que corrieran las ideas liberales, que cada vez serían tratadas con más desprecio tanto por la derecha como por la izquierda.

En 1923, en medio de huelgas, altercados y el miedo internacional a la revolución bolchevique, la dictadura militar de Miguel Primo de Rivera abandonó el Gobierno constitucional para satisfacción de muchos miembros de la Iglesia. La masonería fue acosada, pero no prohibida. *Los protocolos de los sabios de Sion*, con su crónica de una conspiración judeomasónica, fue traducido por primera vez al español durante la dictadura. A partir de entonces, los judíos fueron habituales compañeros de los masones en los complots imaginarios. Sin embargo, en parte debido a que la población judía era ínfima y casi invisible —había sido expulsada en 1492—, su amenaza era abstracta. Los masones, por el contrario, parecían demasiado reales.

La dictadura de Primo de Rivera cayó porque sus intentos por llevar a cabo una reforma conservadora solo hicieron que aumentara la oposición a ella, incluso dentro del ejército. Al caer, también se llevó consigo a la monarquía, el aliado histórico de la Iglesia. Cuando se declaró una república democrática en abril de 1931, las fuerzas de la modernidad laica tuvieron finalmente la oportunidad de orientar a España hacia el futuro y alejarla de la Iglesia. Muchos masones, fieles a las viejas simpatías constitucionales de su hermandad, tuvieron un papel protagonista. De los cuatrocientos sesenta y ocho miembros de la asamblea constituyente elegida en junio de 1931 para redactar la Constitución de la república, se cree que ciento cuarenta y nueve eran masones, es decir, algo menos de un tercio. Dicha relevancia resultaba aún más extraordinaria si tenemos en cuenta que solo había unos cinco mil masones en todo el país. Sin embargo, consideraban la república una creación suya, como dejaba claro un editorial de un boletín para miembros del rito escocés: «No se podrá producir otro fenómeno de revolución política más perfectamente masónico que el español. Todo fue templanza, justicia, orden, mesura, humanitarismo, tolerancia y piedad».

Para los católicos, incluso los que apoyaban a la República, ese triunfalismo confirmó los peores temores a un complot masónico, como también lo hizo la propia Constitución de la República. Se aprobaron el matrimonio civil y el divorcio, además de la libertad religiosa. A las órdenes de monjes, monjas y sacerdotes se les prohibió cualquier papel en la educación. «España ha dejado de ser católica», alardeó el ministro republicano Manuel Azaña en octubre de 1931. Para consternación de los católicos, Azaña sería nombrado presidente del Consejo de Ministros de la República, y más tarde presidente de la República. El Gobierno dictó provocadoras directrices que prohibían los funerales y las procesiones de carácter religioso.

Esas medidas avivaron la oposición a la República. El odio antimasónico se convirtió en un símbolo de identidad derechista que siempre arrancaba vítores entre los partidarios de las diferentes facciones enemigas del régimen. El volumen de la propaganda empezaba a ser ensordecedor. El periódico católico *El Debate* no tenía ninguna duda de que el «espectro de las logias» estaba actuando entre bastidores. Una figura destacada de los carlistas, un grupo que quería volver a una versión casi teocrática de la monarquía, afirmó en un mitin en Palencia: «Nos gobierna un reducido grupo de masones, y yo propongo que se permita cualquier medida contra ellos si siguen intentando descristianizarnos». En 1933 nació un movimiento juvenil católico con la publicación de un manifiesto que declaraba la guerra al comunismo y la masonería. La resistencia católica a la República se centró en un nuevo partido, la CEDA (Confederación Española de Derechas Autónomas), que imitaba cada vez más la retórica y el estilo del nazismo. Había un empecinamiento antimasónico en la propaganda de la formación: «El país se está marchitando en la angustia de una trágica agonía por crímenes y atrocidades cometidos por lunáticos pagados y liderados por las logias masónicas y el judaísmo internacional. Con la cooperación del sectarismo marxista, han roto los lazos sagrados entre Iglesia y Estado».

Durante un tiempo, la victoria electoral que cosechó la derecha en 1933 frenó el avance laicista. En mayo de 1935, el líder de la CEDA fue nombrado ministro de la Guerra y actuó de inmediato para prohibir a los masones en el ejército: seis generales fueron destituidos. En unas nuevas elecciones celebradas en febrero de 1936, la antimasonería se convirtió una vez más en un grito de guerra para la derecha: «¡No pasarán! ¡No pasará el marxismo! ¡No pasará la masonería!».

A pesar de esa estridencia, los resultados de los comicios de 1936 volvieron a llevar a la izquierda al poder y, con ella, a las fuerzas del anticlericalismo. La polarización de la sociedad española se aceleró de manera espectacular. Ambos bandos formaron milicias y hubo una oleada de asesinatos por venganza.

Pronto se trazaron planes para una rebelión militar contra la República. El general Emilio Mola, que lideró esos planes, creía que la República había nacido del «odio de una raza, transmitido a través de una organización hábilmente manejada. Me refiero concretamente a los judíos y la masonería». El 30 de julio de 1936, Mola dictó una larga lista de instrucciones al resto de los conspiradores de Marruecos, donde daría comienzo la revuelta. Esas instrucciones incluían lo siguiente: «Eliminar a elementos izquierdistas: comunistas, anarquistas, sindicalistas, masones, etcétera».

Cuando empezaron los combates dos semanas después, ambos

bandos se cobraron una cruel venganza. Los odios sedimentados durante décadas salieron a la superficie. En la zona republicana hubo un aluvión de asesinatos anticlericales en los que murieron casi siete mil eclesiásticos, incluidos trece obispos y doscientas ochenta y tres monjas. Esos asesinatos adoptaron a menudo una forma sádica y simbólica. En Torrijos, cerca de Toledo, el sacerdote de la parroquia fue desnudado y azotado, y más tarde lo obligaron a beber vinagre, a llevar una corona de espinas y a cargar a hombros con una viga. Al final, sus torturadores decidieron dispararle en lugar de clavarlo a una cruz. Existen pocas o ninguna prueba de que los masones intervinieran en los muchos episodios de violencia anticlerical que España presenció antes de la Guerra Civil y durante el propio conflicto. Sin embargo, poco importaba esto.

En el bando nacional, los obispos calificaban la rebelión derechista de «cruzada». Las armas de los soldados y del requeté eran bendecidas como instrumentos para la defensa de la civilización cristiana. Más de un siglo de veneno antimasónico entre los católicos convirtió a los hermanos en un objetivo, en parte de la «anti-España» a la que había que aplastar. Según afirmaba un periódico de la Falange en septiembre de 1936: «Castigo ejemplar y rápido es lo que piden los españoles para los masones, astutos y sanguinarios». Por si fuera poco, debido a una trágica coincidencia histórica, la influencia británica que había irradiado desde Gibraltar supuso que la masonería estuviera concentrada en la región sudoeste de España, alrededor de Cádiz, Huelva y Sevilla, la misma zona que sufrió la «depuración» más salvaje en los primeros meses de la guerra. Y así fue como décadas de retórica antimasónica con tintes religiosos culminaron en la brutal persecución de los masones al principio de la Guerra Civil española.

Mussolini tenía un largo historial como antimasón, pero su movimiento fascista no era una fuerza católica y, salvo en lo tocante a tácticas políticas, la religión no influyó en su antimasonería. Tampoco el antisemitismo. Aunque Hitler era manifiestamente antisemita, no era más religioso que Mussolini en lo relacionado con la antimasonería. Al igual que el Duce, el Führer era tácticamente flexible. Su animadversión hacia la masonería siempre estuvo subordinada a sus objetivos estratégicos: amasar poder, destruir a todas las fuentes de oposición real o potencial y librar una guerra racial. Por el contrario, el estilo español de fascismo bajo el liderazgo del general Franco era católico de la cabeza a los pies. La antimasonería y la persecución de los masones eran esenciales para la propaganda y las acciones de los nacionales.

Del APIS a la DERD y el TERMC

Cuando los militares se hicieron con el control del territorio nacional, los masones tenían más probabilidades de acabar en un campo de prisioneros o en una unidad de trabajo que delante de un pelotón de ejecución. Sin embargo, durante toda la Guerra Civil española siguieron recibiendo un trato cruel. Se dice que, en octubre de 1937, ochenta prisioneros fueron ejecutados en Málaga por el mero hecho de ser masones. Si esa ferocidad no era ya bastante extraordinaria, aún lo fue más la campaña represiva que comenzó durante la guerra y continuó mucho después de que esta terminara. Una vez que hubieron acabado con la hermandad como organización, ni el Duce ni el Führer fueron muy fervorosos perseguidores de los antiguos masones. El caudillo, por el contrario, era despiadado hasta terminar obsesionado.

Como católico y soldado profesional que se había forjado una carrera en las campañas marroquíes, el general Francisco Franco tenía un bagaje predecible de antimasonería. Es posible que también sintiera un rencor personal hacia la hermandad. Algunos testimonios aseguran que, en 1926 y 1932, intentó unirse a una logia con la intención de acelerar su carrera militar, pero no lo consiguió en ninguna de las dos ocasiones. Se dice que la segunda vez fue vetado por su hermano Ramón, un célebre aviador y simpatizante republicano. Ambos mantenían una relación muy tensa. Sea como fuere, Franco culpaba a los masones del ejército de impedir su ascenso en el escalafón.

Una vez que estalló la Guerra Civil, Franco puso en práctica su antimasonería antes incluso de asumir el liderazgo supremo del bando nacional. A mediados de septiembre de 1936, prohibió la masonería en el territorio que tenía bajo su jurisdicción y declaró que los miembros persistentes eran culpables del «delito de rebelión». En diciembre de 1938, anunció que todos los motivos e inscripciones masónicos que «pudieran juzgarse ofensivos para la Iglesia» serían destruidos.

Cuando las fuerzas franquistas se alzaron con la victoria, que debían sobre todo al apoyo militar alemán e italiano, el caudillo empezó a tomar medidas para depurar España de la plaga masónica. La conocida Ley de Responsabilidades Políticas, aprobada en febrero de 1939, tipificaba como delito el haber apoyado a la República y decretaba que a los culpables les fueran confiscadas sus propiedades; los masones estaban incluidos en sus disposiciones. El nuevo programa escolar publicado en 1939 incluía lecciones sobre cómo la conspiración judeomasónica había entregado el país al comunismo durante la República.

Franco adquirió el hábito de utilizar la palabra «contubernio», un término con matices sexuales, para explicar que los masones conspiraban con toda clase de elementos subversivos: significa «concubinato», una sórdida alianza como la de una concubina con su amante. Era el vocabulario de una fobia voraz. Al poco tiempo, alguien llegó a la conclusión de que había que alimentar esa exagerada aversión del caudillo.

La Guerra Civil terminó en abril de 1939. La Segunda Guerra Mundial, en la que la España franquista se mantendría neutral, estalló en septiembre. Por esa época, una red de informantes empezó a facilitar a Franco datos relevantes sobre la conspiración masónica internacional contra España. Dicha red era muy misteriosa: en los comunicados oficiales se la conocía como APIS, pero ningún historiador ha logrado descubrir qué significaban esas siglas. Lo que sí se sabe es que, durante el cuarto de siglo posterior, el caudillo leyó informes confidenciales de una calidad extraordinaria. Entre los documentos más destacados del APIS hay cartas escritas por o para Roosevelt, Churchill, Montgomery, Eisenhower y el secretario general de la OTAN. Sin embargo, aún resultaban más valioso un importante conjunto de revelaciones sobre las persistentes actividades de los masones en España y sus intentos por infiltrarse en el régimen franquista.

El caudal más importante de esa preciada información llegó por medio de tres misteriosas mujeres. La principal fuente era una mujer que tenía acceso a la estrategia masónica a los más altos niveles. Se hacía llamar A. de S. Su marido, conocido solo como R., era un importante miembro de la Association Maçonnique Internationale, una federación de grandes logias pertenecientes a muchos países. El enlace de A. de S. con la base del APIS en Madrid era la niñera de sus hijos, conocida como Elisa. Y la mujer que corregía los informes y los preparaba para el caudillo en Madrid era María Dolores de Naverán, que llevaba una segunda vida como profesora en una facultad de Magisterio. El caudillo solía comentar a su camarilla que, gracias a esos espías, disponía de información de primera mano sobre los planes masónicos.

Evidentemente confiaba en sus fuentes, lo cual fue un error, porque casi toda la información importante que proporcionó el APIS acerca de las conspiraciones masónicas era falsa.

Existen varias pistas. La Association Maçonnique Internationale desapareció en 1950, pero a la mesa del caudillo siguieron llegando informes del APIS sobre sus fechorías hasta 1965. Nunca había copias originales de los documentos en inglés que los agentes del APIS supuestamente habían robado, tan solo traducciones al español. Cuando estas citaban el original inglés para mayor efecto, a menudo contenían errores ortográficos y gramaticales de bulto. Es posible que A. de S. fuera una completa invención.

En el espionaje, el APIS fue el equivalente a la gran farsa de Taxil a finales del siglo XIX. Franco picó totalmente el anzuelo. Los investigadores que trabajan en la actualidad con los documentos no saben quién estaba detrás. Lo máximo que podemos decir es que María Dolores de Naverán, que corregía los informes, pudo estar implicada. El escenario más verosímil es que alguien, quizá perteneciente a la maquinaria de la dictadura, estuviera embaucando al caudillo para dirigir su obsesión antimasónica contra rivales políticos. Sean cuales fueren los orígenes del engaño del APIS, los masones, o los sospechosos de serlo, pagarían el precio.

Hoy, Salamanca es un lugar hermoso y tranquilo, una ciudad medieval tallada en una delicada piedra de Villamayor que reluce como la mantequilla bajo la luz del alba para deleite de los turistas que se hacen selfis y de los estudiantes extranjeros de Erasmus. Los visitantes que quieren profundizar llegan hasta un museo que se encuentra en una pequeña calle situada detrás de la catedral, al otro lado de la universidad en la que Miguel de Unamuno pronunció su último discurso. La pieza central del pequeño museo es una sala sin ventanas perteneciente a una logia masónica. O al menos pretende serlo. A la sala, organizada alrededor de un suelo de baldosas ajedrezadas, se accede por unas pesadas puertas dobles. Es un palco iluminado por lámparas y repleto de objetos masónicos: escuadras y compases, bloques de piedra, columnas y un altar engalanado con el águila bicéfala del rito escocés. En las paredes de color rojo sangre cuelgan imágenes de cabezas decapitadas, signos del zodiaco, inscripciones hebreas y lápidas negras: «Aquí yace Jubelo: la ambición lo convirtió en el asesino de Hiram Abif». Desde la pared del fondo, tres maniquíes con túnicas negras te observan con unos ojos pintados en las capuchas. El del centro lleva una calavera y unas tibias cruzadas en el pecho, y en la mesa que tiene enfrente reposa una calavera en miniatura con unos ojos luminosos. Todo está concebido para provocar escalofríos, pero la mayoría de los turistas solo demuestran sorpresa o hilaridad.

La logia de Salamanca es el último ejemplo de su clase en Europa. Fue construida con fines propagandísticos por las autoridades franquistas en los años cuarenta. Contiene objetos reales confiscados en redadas policiales practicadas en las logias. Los hombres de Franco añadieron elementos de su botín para crear el escenario más aterrador posible. No resulta muy difícil conseguir que la masonería parezca extraña.

Los nazis organizaban espectáculos similares en Alemania y en los países que ocupaban. Una vez que habían cerrado las logias, las SS colocaban esqueletos en algunas e invitaban a la ciudadanía a echar un vistazo. En toda la Europa fascista, el mensaje era que los salvadores de la nación habían derrotado finalmente a la amenaza masónica y habían desvelado sus secretos para que todos pudieran verlos.

La exposición de la logia de Salamanca se aloja en la planta baja del Archivo General de la Guerra Civil Española. Solo los investigadores pueden acceder al archivo propiamente dicho, ubicado en el primer piso. Allí, entre muchas toneladas de documentos del régimen sobre los enemigos de Franco, podemos encontrar pruebas mucho más siniestras sobre la fijación masónica del caudillo. En las paredes de una sala hay varios archivadores de madera oscura cuyos cajones están desgastados por décadas de trabajo burocrático. Encima de cada archivador hay impresas las letras T. E. R. M. C., o Tribunal Especial para la Represión de la Masonería y el Comunismo. El sistema de fichas representa la manivela de una pesada máquina de subyugación burocrática.

El núcleo original de la colección de Salamanca era el archivo privado del más furibundo de los numerosos polemistas antimasónicos que existieron a principios de los años treinta, el teólogo y sacerdote catalán Juan Tusquets Terrats. Desgarbado, rubio e hiperactivo, Tusquets creó una red de espías para descubrir los secretos de las logias y acumular documentos. En una ocasión, incluso robó papeles de una logia de Barcelona tras provocar un incendio a modo de distracción. En 1932, Tusquets escribió una exitosa crónica que culpaba a los judíos y a los masones de instaurar la República. El general Franco leía sus textos con avidez.

Una vez que Franco se hubo instalado en Salamanca, nombró a Tusquets tutor de su hija y lo puso al cargo de la sección judeomasónica del servicio secreto de la sublevación, cuyo cometido era reunir información sobre los masones utilizando el mayor número de fuentes posible.

Para Tusquets, aquello fue una licencia para dar rienda suelta a una devoradora obsesión. Estaba convencido de que podía detectar los síntomas de la afiliación masónica por cómo una persona llevaba el pañuelo doblado en el bolsillo de la americana. Su fervor era tal que no solo investigó al bando republicano. Tal y como señalaba un falangista con inquietud: «Tusquets veía masones por todas partes». A finales de 1936, Tusquets fundó, con la ayuda de Franco, la editorial Ediciones Antisectarias, que le servía como altavoz de sus hallazgos. Muchos títulos vendieron un gran número de ejemplares. Tusquets recorrió la España nacional para promocionar sus ideas, alegando que los nudistas, los vegetarianos y los esperantoparlantes formaban parte del complot masónico. Sus conferencias acababan con un llamamiento al exterminio de los masones.

En junio de 1937, las investigaciones sobre la masonería se intensificaron cuando un amigo de Franco fue puesto al mando de una unidad militarizada de investigación que se dio a conocer como Delegación del Estado para la Recuperación de Documentos (DERD).

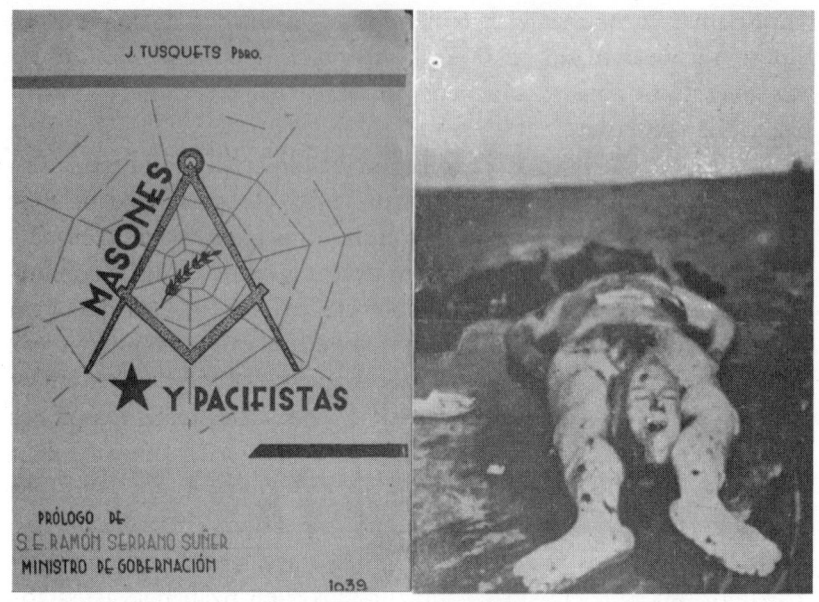

Portada de *Masones y pacifistas* (1939), una obra típica de la producción del padre Juan Tusquets Terrats (1901-1998). Esta espeluznante imagen del libro muestra el cadáver del general Eduardo López Ochoa, que fue linchado por una multitud izquierdista en 1936. Tusquets afirmaba que su muerte había sido un acto de venganza ritual masónica.

A Tusquets no le gustó que lo marginaran de esa manera, pero a la postre aceptó entregar su archivo. A finales de 1938, la DERD afirmaba haber recopilado cinco millones de documentos en el que otrora fue un orfanato del siglo XVII, el edificio de Salamanca que aún alberga la colección en la actualidad. La creciente montaña de papeles cumplió su cometido. Las autoridades franquistas depuraron al funcionariado de elementos «antiespañoles», incluidos los masones. Incluso los nacionales leales perdían su trabajo. Los prisioneros republicanos que hubieran participado en la «rebelión roja» podían ser ejecutados si se sospechaba que pertenecían a la masonería.

En marzo de 1940, más o menos por la época en que la red del APIS empezó a facilitar información al caudillo, este creó el Tribunal Especial para la Represión de la Masonería y el Comunismo. Solo una ínfima minoría de los casos juzgados por el tribunal implicarían a personas calificadas de comunistas. Según reconocían todos, los masones eran el verdadero objetivo. A partir de entonces, el archivo de Salamanca, que seguía creciendo, se utilizaría para llevar a los miembros de la masonería ante un tribunal especial de Madrid. En los doce años posteriores se dictarían más de veintiséis mil fallos contra los francmasones.

Los jueces que formaban parte del Tribunal Especial para la Represión de la Masonería eran nombrados por el régimen y daban por sentado que casi todos los acusados eran culpables. Apenas había absoluciones. La máxima condena era treinta años de cárcel, y la mínima, la muy severa sentencia de doce años y un día. Para que a un masón le rebajaran la condena tenía que renunciar de pleno a la secta, a poder ser ante un obispo. Sin embargo, era dificilísimo demostrar que la abjuración era auténtica. Al fin y al cabo, los rituales masónicos convertían en mentirosos a todos los hombres que se sometían a ellos, o eso imaginaban los jueces, absortos en las lecturas de todos los propagandistas antimasónicos desde el abad Barruel. Una manera que tenía un sospechoso de aportar credibilidad a su confesión era implicar a otros masones. Los pocos afortunados que lanzaban las acusaciones más condenatorias incluso podían eludir la cárcel y limitarse a no poder trabajar ya como empleado público. Como cabría esperar, la mayoría de los acusados confesaban, lo cual proporcionaba más pruebas a la maquinaria de documentos de Salamanca.

Buena parte de los masones juzgados por el Tribunal Especial para la Represión de la Masonería eran hombres de clase media totalmente inofensivos. Muchos eran partidarios de la causa nacional. Algunos tan solo eran miembros del Rotary Club o de la Liga de los Derechos del Hombre, que ante la ley contaban como tapaderas masónicas. Muchos de los acusados solo habían tenido encuentros fugaces con la masonería y la abandonaron deprisa porque estaban demasiado ocupados, demasiado aburridos o demasiado faltos de dinero para pagar sus cuotas. Esto siempre ha sido así en todas partes: solo una pequeña minoría de los que superan los primeros rituales llegan a ser masones comprometidos. Winston Churchill, con frecuencia reivindicado por los masones como uno de los suyos, fue uno de los que abandonaron. Sin embargo, esos hechos prosaicos no afectaban a la convicción fundamental del Tribunal Especial para la Represión de la Masonería de que España era el blanco de una conspiración internacional organizada. Lo único que demostraban era que solo habían atrapado a donnadies. Por tanto, las sentencias no eran despiadadas, al menos dentro de los severos límites que la ley estipulaba. Se calcula que un 76 por ciento de los acusados recibían la sentencia más corta. Las condenas más largas se imponían solo *in absentia* a los masones de alto rango que habían huido al exilio, llevándose consigo, supuestamente, los secretos más viles y aunando fuerzas con la cúpula conspiradora internacional para manipular a las democracias occidentales contra España.

Un caso entre los miles que existen debe servir para poner de relieve la absurda crueldad de todo el proceso. Atilano Coco Martín era el pastor protestante y amigo de Miguel de Unamuno que fue asesinado por su condición de masón mientras se hallaba detenido en Salamanca en otoño de 1936. Sin embargo, en los archivos antimasónicos de la ciudad se afirmaba falsamente que había huido tras ser puesto en libertad, de modo que seguía acumulándose documentación sobre él. En marzo de 1940, dos masones denunciaron su pertenencia a la hermandad. La policía de Madrid y la de Salamanca informaron diligentemente al Tribunal Especial para la Represión de la Masonería de que sus esfuerzos por localizar al pastor habían sido infructuosos: paradero desconocido. En 1942, el difunto fue juzgado *in absentia* por el Tribunal Especial para la Represión de la Masonería y condenado a dieciséis años de cárcel.

La masonería era una bestia escurridiza. Al parecer, los hombres que rodeaban a Franco veían su cacería como un trabajo heroico mucho más complejo que la guerra nazi contra los judíos. Mauricio Carlavilla, un investigador especializado en antimasonería, comentaba en 1945: «¡Qué suerte la de Hitler! Cuando tiene que conceder o denegar a alguien la nacionalidad, puede guiarse por la señal de una nariz aguileña o el rito talmúdico. ¡Pobres de nosotros! Para denegar a alguien la nacionalidad tenemos que recurrir a indicadores menos marcados: una confesión masónica que nunca es confesada de verdad».

Cuanto más meticulosa era la labor represiva del Tribunal Especial para la Represión de la Masonería, más aterrador se volvía el espectro de la conspiración masónica. Cuando Harry S. Truman, un conocido masón, fue elegido presidente de Estados Unidos en 1945, el caudillo lo interpretó como un importante avance para el objetivo masónico de «fusionar el máximo poder ejecutivo y los poderes masónicos supremos en la presidencia de Estados Unidos». Escribiendo bajo un seudónimo en 1951, Franco insinuaba que no habría victoria sobre la masonería antes del juicio final: «Hija del demonio, su espíritu demoniaco sobrevive a la derrota y vuelve a la vida en nuevos seres».

Al principio de la Guerra Civil había en España unos cinco mil masones. Antes de que acabara, muchos de los que no habían sido asesinados o capturados huyeron al extranjero. Nadie sabe cuántos quedaban cuando llegó la victoria nacional. ¿Un millar como mucho? Sin duda, la masonería como organización había sido destruida en territorio español. La amenaza masónica era una ilusión. No obstante, el sistema de fichas de Salamanca acabaría conteniendo el perfil de ochenta mil presuntos hermanos.

El Tribunal Especial para la Represión de la Masonería no cesó sus operaciones hasta 1964, pero el archivo de Salamanca seguía recibiendo consultas cuando había que decidir a qué prisioneros políticos se dejaba en libertad y a qué exiliados se permitía volver a casa. Franco exigió una vigilancia eterna a su enemigo imaginario.

En 1975, España era una sociedad muy distinta de la que quedó arrasada por la Guerra Civil a finales de los años treinta. Un signo del cambio fue la invasión de turistas llegados desde el norte de Europa, que inundaban las playas cada verano. Otro fue la televisión, actualmente el pasatiempo favorito de los españoles. El 1 de octubre de 1975, varios millones encendieron el televisor para ver la borrosa retransmisión de un discurso pronunciado desde el balcón del Palacio Real de Madrid por el hombre que había sido jefe de Estado durante treinta y nueve años. El general Franco, que sufría párkinson, estaba muy débil. Ocultó su tez marchita detrás de unas enormes gafas Ray-Ban y saludó tímidamente con la mano derecha. Su voz, amplificada para las masas de la plaza de Oriente, era aflautada y temblorosa. Sin embargo, el mensaje que lanzó no pudo ser más firme. Advirtió a la nación de «una conspiración masónica izquierdista en la clase política, en contubernio con la subversión socialista terrorista en lo social».

La antimasonería era un rasgo esencial del caudillo, que la integró en la estructura de su dictadura. Mientras pronunciaba el discurso, contrajo un resfriado que empeoró su estado de salud. No volvería a aparecer en público jamás. Solo los esfuerzos sobrehumanos de sus médicos lo mantuvieron con vida hasta el 20 de noviembre.

La francmasonería siguió siendo delito en España hasta el regreso de la democracia. Desde 2007, con la aprobación de la Ley de Memoria Histórica, la exposición de la logia masónica en Salamanca va acompañada de un vídeo que explica que se trata de propaganda franquista.

15

Nueva York. Un siglo de oro estadounidense toca a su fin

Novus ordo seclorum

En Estados Unidos, comenzó tras la guerra civil de la década de 1860 una época dorada de fraternalismo que perduraría hasta finales del siglo XIX. Aparte de un apagón brusco y temporal en la década de 1930, su brillo se mantendría hasta los años sesenta.

Entre 1865 y 1900 se fundó en el país la asombrosa cifra de doscientas treinta y cinco hermandades con hasta seis millones de miembros, en su mayoría hombres. Según un cálculo, ello suponía el 40 por ciento de la población masculina de más de veintiún años. La Orden Mejorada de los Hombres Rojos, los Caballeros de Pitias, la Granja Nacional de la Orden de los Patrones de la Agricultura, la Orden Benevolente y Protectora de los Ciervos, la Orden Leal de los Alces, los Leñadores del Mundo. El fervor de los fraternalistas estadounidenses podía hallar inspiración temática en casi cualquier cosa. La Tribu de Ben-Hur se fundó en Indiana en 1894 con rituales inspirados en la novela escrita por Lew Wallace en 1880 sobre los inicios del cristianismo. Esta y docenas de organizaciones más no eran masónicas, pero sin duda habían aprendido mucho de la hermandad. En 1899, *The Cyclopaedia of Fraternities* reproducía un árbol genealógico de las muchas fraternidades de Estados Unidos que situaba a la masonería, la «fraternidad madre», en sus orígenes: «Pocas personas que estén bien informadas sobre el tema negarán que la fraternidad masónica es directa o indirectamente la organización matriz de todas las sociedades secretas modernas, ya sean buenas, malas o regulares».

Esa fiebre llegó a los estamentos más bajos de la escala social. La Orden Independiente de Odd Fellows, descrita como la «masonería de los pobres», tenía más miembros que los masones a mediados de la década de 1890. También se les unieron los católicos: los Caballeros de Colón nacieron en Connecticut en 1882 como alternativa católica a la masonería, y veinticinco años después contaban con casi doscientos treinta mil miembros. Sin embargo, la masonería, que estaba creciendo con rapidez, mantuvo su lugar en el centro del mundo fraternal. Se volvió a los desfiles y a las ceremonias de inauguración de edificios de principios de la república. El 5 de agosto de 1884, el gran maestro del estado de Nueva York ofició una de esas ceremonias en la isla de Bedloe, situada en la parte alta de la bahía de Nueva York y lugar elegido para erigir la estatua de la Libertad. Se construyeron grandes logias del tamaño de catedrales en importantes puntos urbanos, como el Templo Masónico de Filadelfia, finalizado en 1873 y ubicado enfrente del ayuntamiento. Esos edificios solían incluir salas de reuniones, oficinas, salones de banquetes, bibliotecas, salas para fumadores y salones para mujeres. Los maridos de esas mujeres se habían convertido en los miembros más orgullosos de las organizaciones fraternales, hombres que prestaban juramento, lucían extravagantes atuendos y, no por casualidad, colaboraban con causas benéficas.

La filantropía, o al menos la ayuda mutua, explica en gran medida el imparable aumento del amor fraternal en Estados Unidos. Las clases medias contaban con rentas más altas que nunca, pero no tenían red de seguridad. Los masones y otras fraternidades ofrecían una sensación de estabilidad y una especie de sistema de bienestar en una época de cambios acelerados: orfanatos, asilos y seguros de vida, de salud y funerarios. Asimismo, la masonería brindaba una red nacional de amistad para una población geográficamente muy móvil. Habían aparecido logias junto a las vías ferroviarias a medida que estas avanzaban hacia el oeste. En Estados Unidos, cada oleada de migración daba pie a la creación de mutualidades y hermandades para suecos, judíos, polacos, húngaros, eslovacos, hispanos, etcétera.

Además, la masonería era divertida. En Nueva York, una mesa especial de la segunda planta de Knickerbocker Cottage, en la Sexta Avenida de Manhattan, se convirtió en un lugar habitual para juergas masónicas regadas con cerveza. Durante una comida en 1870, trece masones idearon la Antigua Orden Árabe de los Nobles del Sepulcro Místico, o *shriners*, que eran «el parque de juegos de los francmasones». Sus rituales, exagerados para deleite de sus participantes, se basaban en un pastiche de la cultura de Oriente Próximo al estilo de *Las mil y una noches*, incluidos los falsos castigos supuestamente extraídos del código penal islámico. El fez rojo era el sombrero ceremonial de la orden y su líder llevaba el título de potentado imperial. En la actualidad, los *shriners* siguen siendo la más visible de las numerosas ramas de la masonería y sus característicos coches en miniatura participan en desfiles de todo tipo. Su humor no es del gusto de todos, pero los *shriners* realizan cuantiosas donaciones a su red de hospitales infantiles. El primero se construyó en Luisiana en 1922. El emblema de los *shriners* —una amalgama de motivos orientales, entre ellos una cimitarra, una media luna, la cabeza de una esfinge y una estrella— se convirtió en uno de los más reconocibles de la afiliación fraternal en Estados Unidos.

El crecimiento de los masones y otras hermandades se mantuvo a principios del siglo XX. El rito escocés, reinventado por el general confederado Albert Pike, vivió una enorme expansión en los diez años posteriores a su fallecimiento en 1891. Pike había imaginado el rito escocés como una academia moral para una élite masónica. Sin embargo, su prestigio no pudo evitar atraer a aspirantes, y los líderes cedieron pronto a la presión. Las lecciones éticas de los treinta y tres elaborados y grandilocuentes grados de Pike, hasta llegar al famoso trigésimo tercero, originalmente eran absorbidas por cada individuo al someterse a un ritual en el templo. Ahora, esos mismos rituales eran un espectáculo celebrado ante una multitud de iniciados en un auditorio. A consecuencia de ello, el número de miembros se disparó.

Otras hermandades encontraron maneras de satisfacer las necesidades de un nuevo público. El Rotary Club, fundado en 1905, despojó a la idea masónica de sus ceremonias, atuendos y títulos; sus miembros, exclusivamente profesionales, llevaban traje y se dedicaban a reunirse y a trabajar para la comunidad. En 1915, la película *El nacimiento de una nación*, de D. W. Griffith, propició el renacer del Ku Klux Klan, la fraternidad más tristemente célebre de Estados Unidos. Sin embargo, a pesar de esas innovaciones, la rapidez con la que se generaban nuevas hermandades fue a menos. La curva de crecimiento del número de miembros masónicos también se ralentizó. El motivo era sobre todo el cambio generacional: para algunos hombres más jóvenes, los líderes de cabello gris hacían que el ambiente de las logias resultara un tanto formal.

Al igual que en Europa, las afiliaciones a la masonería se dispararon una vez más después de la Gran Guerra: en 1924, el número de masones superaba los tres millones. Ser masón se convirtió en un sello de credibilidad y honestidad para las incipientes legiones de empresarios de Estados Unidos. La logia local, y la red masónica en general, también ofrecían una posibilidad de cosechar una reputación que podía resultar útil al presentarse a las elecciones para un puesto judicial o administrativo de bajo nivel, el primer peldaño de la escalera política. Ese fue el caso de Harry S. Truman, un empresario poco próspero e hijo de un esforzado agricultor de Missouri que acabaría llegando a la presidencia de Estados Unidos, un ejemplo clásico del presidente que había sido un ciudadano de a pie. Más adelante, Truman, iniciado en 1909 a la edad de veinticinco años, sería recordado como un «buen hombre de la logia» que mantuvo siempre su amor hacia la fraternidad, los rituales, las enseñanzas espirituales y la tradición de la masonería. Su trayectoria masónica y los inicios de su carrera política progresaron a la par: en 1922 se convirtió en el juez del este del condado de Jackson, y al año siguiente fue elegido gran maestro adjunto del 59.º distrito masónico en ese mismo condado. Truman, como muchos hombres de su clase, era muy aficionado a los clubes. Además de los masones, a principios de los años treinta perteneció a la Legión estadounidense, a los Veteranos de Guerras Extranjeras, a los Alces, a las Águilas y a la Liga Internacional de Conocidos. Los Harry Truman de América estuvieron detrás de una nueva oleada de construcción de templos, y se inauguraron edificios imponentes por todo Estados Unidos. En 1926, cincuenta mil personas asistieron en Saint Louis, Missouri, a la inauguración de un templo de veinte plantas con un salón de banquetes para tres mil comensales y un exterior adornado con enormes pórticos con columnas en la base y la parte superior. Pero, más adelante, los masones de Saint Louis se vieron superados por sus hermanos de Detroit: ese mismo año, sesenta mil fueron testigos de la inauguración del edificio masónico más grande del mundo. Sus mil treinta salas ocupaban más de media manzana y sus cocinas podían atender a cinco mil personas.

Sin embargo, poco después, la Gran Depresión frenó temporalmente el crecimiento de la masonería. Debido a los problemas para poder abonar las cuotas, perdió a más de seiscientos mil miembros entre 1930 y 1935. A otras hermandades les fue aún peor y acabaron por desaparecer.

Un joven Harry S. Truman (1884-1972), futuro presidente de Estados Unidos, luce orgulloso una insignia masónica en la solapa. Foto realizada poco después de su iniciación.

Fue en ese momento de crisis cuando Estados Unidos adquirió su símbolo masónico más conocido: el ojo que todo lo ve, insertado en un triángulo y situado encima de una pirámide, que aparece al dorso del billete de un dólar. Existen dos versiones de cómo acabó en un lugar tan destacado. La primera indica que los Illuminati lo pusieron ahí porque ellos fundaron Estados Unidos y lo controlan en secreto hasta hoy. El lema en latín que vemos debajo de la pirámide, *novus ordo seclorum*, proclama el plan de los Illuminati para imponer un «nuevo orden de las eras» o «nuevo orden mundial». Esa teoría presenta un defecto potencialmente significativo: es difícil entender qué podía ganar un poder oculto como los Illuminati publicitando sus intenciones de manera tan abierta. Sin embargo, para ser justos con los defensores de la teoría, podemos suponer que todo es posible cuando puedes ejercer el control mental por medio de triángulos.

La segunda versión de los orígenes del símbolo cuenta con más pruebas que la respaldan. El ojo que todo lo ve es una manera de representar a un dios omnisciente que ha sido común a numerosas culturas durante mucho, mucho tiempo. Eso pretendían los padres fundadores de Estados Unidos cuando incorporaron el Ojo de la Providencia (como se lo llamaba entonces) al diseño del Gran Sello en 1782. La idea era mostrar a Dios observando la nueva república, representada por la pirámide (que significaba que su construcción sería duradera) con sus trece niveles (que representan los trece estados originales). En ese momento de la historia, ninguno de los muchos géneros de simbolismo masónico había dado aún al ojo que todo lo ve un significado específico para los masones. Hasta donde sabemos, teniendo en cuenta los dispersos archivos históricos, ninguno de los diseñadores de la versión definitiva del Gran Sello era masón. El diseño del reverso no se utilizó con fines oficiales a partir de entonces y fue ignorado por la mayoría.

Las partes delantera y trasera del Gran Sello no fueron incorporadas al billete de un dólar hasta un rediseño de 1935, durante la presidencia de Franklin Delano Roosevelt. Al parecer, fue idea de Henry A. Wallace, el entonces secretario de Agricultura, que se la planteó a Roosevelt, y este propuso el nuevo diseño para el dólar. Ambos eran francmasones de trigésimo segundo grado y sabían que el ojo que todo lo ve se había convertido en un símbolo masónico del Todopoderoso. Sin embargo, lo que más les atraía no eran los significados masónicos del diseño, sino el lema *novus ordo seclorum*. Para los padres fundadores, en 1782 esas palabras hacían alusión a la nueva era estadounidense inaugurada por la Declaración de Independencia. Wallace y Roosevelt creían que podía traducirse, aproximadamente, como New Deal, que, por supuesto, era el eslogan que había inventado Franklin Delano Roosevelt para su política de intervención estatal en la economía. Lejos de querer estampar a toda costa un logotipo masónico en la divisa nacional, a Roosevelt le preocupaba mucho que el hecho de utilizar el ojo que todo lo ve pudiera ofender a los votantes católicos. No dio su autorización al diseño hasta que su director general de Correos, un hombre católico, le aseguró que nadie se molestaría.

Al término de la Segunda Guerra Mundial, los soldados, marineros y aviadores que regresaban de los escenarios de Europa y el Pacífico reavivaron la pasión nacional por las logias. Desde 1945 y durante quince años, el número de miembros de la masonería aumentó en un millón y alcanzó un total de cuatro. A principios de los años sesenta, uno de cada doce varones adultos era masón. Había casi el doble de francmasones en Estados Unidos que en todo el resto del mundo. La cifra es sin duda extraordinaria, pero se antoja deslumbrante si recordamos que excluye a todas las organizaciones fraternales que habían tomado como modelo a la masonería. Además, muchos estadounidenses seguían viviendo por debajo del nivel de ingresos en el que los costes de la pertenencia a la masonería eran asequibles. De los casi ciento cuarenta millones de habitantes que tenía Estados Unidos en 1945, muchos eran originarios de países católicos europeos en los que existía una profunda tradición de hostilidad hacia la masonería, por ejemplo, los 2,3 millones de irlandeses, los 2,9 millones de polacos y los 4,5 millones de italianos. En resumen, entre los estadounidenses de clase media, varones y protestantes, los mandiles y los apretones de manos extraños eran la norma.

El Estados Unidos de los años cincuenta y principios de los sesenta le tenía miedo a muchas cosas, por ejemplo, a los rojos debajo de la cama, a las bombas atómicas rusas, a los marcianos y a los adolescentes. Sin embargo, allí, a diferencia de casi todo el resto del mundo, la francmasonería no levantaba sospechas. Sus valores fundamentales tranquilizaban a los estadounidenses por la bondad esencial de su sociedad y la universalidad de sus aspiraciones. Roosevelt, Truman, Johnson: la gente se acostumbró a tener a un masón como presidente.

La masonería tenía un papel protagonista en una nación que nunca había sido tan optimista sobre su futuro. IBM anunció el comienzo de la era de los ordenadores. Con el Proyecto Mercury, su programa de vuelos espaciales tripulados, Estados Unidos se embarcó en lo que la revista *Life* calificó como «la aventura más grande de la humanidad». Maravillas cotidianas llenaban impresionantes viviendas de nueva construcción a las afueras de las poblaciones: aires acondicionados, congeladores, bolígrafos y magnetófonos. El Estados Unidos de clase media se convirtió en una tierra de cambios de marchas automáticos y autopistas de cuatro carriles. Era la nación *googie* afectuosamente caricaturizada en la serie de dibujos animados *Los Picapiedra*, que ubicaba a una familia suburbana en un mundo de la Edad de Piedra plagado de tecnología alegremente anacrónica. Huelga decir que Pedro Picapiedra y su amigo Pablo Mármol solían escapar de sus mujeres, ambas amas de casa y adictas a las compras, e irse a la logia local de la Leal Orden de los Búfalos Mojados, un guiño a la obsesión del hombre estadounidense por la masonería.

La asombrosa popularidad de la masonería generaba confianza en uno mismo y tolerancia. *Empire State Mason*, la revista de la fraternidad de Nueva York, publicitaba símbolos de estatus que a la vez eran orgullosas muestras de afiliación: cruceros masónicos y relojes de oro con símbolos de la hermandad en la esfera. La masonería empezó a presentarse más abiertamente que nunca al mundo profano. Una logia patrocinaba a un equipo de béisbol infantil que jugaba con la palabra «masones» impresa en el pecho. En 1957, la revista *Life* publicó un elogioso retrato colectivo de los masones que incluía fotografías de rituales de iniciación nunca vistas. Al parecer, los masones ni siquiera protestaron cuando la revista anunció de forma despreocupada que iniciarse era una sabia decisión profesional: «Los masones disfrutan de la compañía mutua, y a veces les resulta útil en los negocios y es casi indispensable en la vida social». Parecía haber masones famosos por todas partes, hombres como Gene Autry, Audie Murphy, Douglas MacArthur, J. Edgar Hoover, Roy Rogers y Arnold Palmer. Norman Vincent Peale, autor de *El poder del pensamiento positivo*, una guía de autoayuda publicada en 1952 que vendió millones de ejemplares, era un masón de trigésimo tercer grado del rito escocés. El pensamiento positivo era esencial en la actividad masónica de Peale, según explicó a sus hermanos en una conferencia que formaba parte de una «muestra masónica» en Ohio. La masonería «enseña que los problemas sirven para crear grandes seres humanos»: «Un hombre afligido por una sensación de derrota en los problemas de la vida descubrirá en los confines de la masonería la fe, el carácter y la fortaleza de espíritu que lo ayudarán a comportarse como un hombre y a ser fuerte. Eso significa la masonería para mí».

La última y llamativa celebración del optimismo estadounidense de mediados de siglo XX y de la confianza de la masonería tuvo lugar en la Feria Mundial de Nueva York. Bajo la temática «Paz por medio del entendimiento», la feria fue una colosal muestra del liderazgo de Estados Unidos en cuestiones de tecnología y estilo de vida. Celebrada en el Flushing Meadows-Corona Park de Queens durante dos temporadas, de abril a octubre de 1964 y 1965, congregó a más de cincuenta y un millones y medio de personas, el equivalente a más de una cuarta parte de la población estadounidense. Los visitantes podían ver el primer televisor en color en el pabellón de RCA, o montarse en un reluciente modelo nuevo llamado Mustang en el pabellón de Ford. Bell Telephones presentó su videoteléfono. Formica® construyó la casa de la feria allí mismo; la vivienda de siete habitaciones presentaba todas las aplicaciones imaginables del plástico, incluidos los brillantes muros interiores y exteriores. En el pabellón de Chunky Candy Corporation preparaban dulces delante de los espectadores. Los «Audio-Animatronics» —robots parlantes— de Walt Disney asombraron a todos los visitantes cuando aparecieron en varios pabellones. General Motors encarnó el espíritu del acontecimiento con una atracción extensa y muy popular llamada «Futurama», un desfile de impresionantes tecnologías que asomaban en el horizonte, entre ellas vehículos oruga lunares, barrios residenciales en el espacio, hoteles submarinos y cortadores láser para talar fácilmente los bosques del mundo. El Salón de la Magia, patrocinado por General Cigar, expresaba «la magia del futuro» por medio de una máquina que lanzaba al aire anillos de humo de seis metros de diámetro.

Docenas de países de todo el mundo aprovecharon la oportunidad para enseñar sus productos en la tierra de la modernidad. Japón ofreció sus aparatos electrónicos en miniatura y, desde el pabellón suizo, los visitantes podían desplazarse por la feria en los vanguardistas teleféricos Sky Ride.

El arte y el patrimonio también estaban bien representados. Sudáfrica contaba con fascinantes bailarines zulúes y Tailandia con un templo budista. El pabellón de España combinaba bailaores de flamenco, cuadros de artistas como Velázquez y Picasso y una réplica de tamaño natural del barco que llevó a Cristóbal Colón al Nuevo Mundo. El pabellón tuvo tanto éxito que el director de la feria viajó a Europa para ofrecer al generalísimo Francisco Franco una medalla de oro a modo de felicitación. Sin embargo, incluso los españoles se vieron superados por el Vaticano, que envió la *Pietà* de Miguel Ángel desde la basílica de San Pedro. Reino Unido demostró poco esfuerzo al presentar el pub British Lion. La Unión Soviética se negó a asistir.

La feria poseía una magia innegable y viviría durante mucho tiempo en el recuerdo popular. En el centro se encontraba el Unisphere, una maqueta del planeta Tierra hecha de acero que, con sus cuarenta y dos metros de altura, se convirtió al momento en un icono. Los grandes círculos de metal que lo rodeaban hacían pensar en las rutas de los cohetes en órbita. A pocos pasos del Unisphere, frente al Sky Ride suizo y justo al lado del pub British Lion, había un edificio blanco y curvado en medio de un cuidado jardín. Era el Centro de la Hermandad Masónica, obra de la Gran Logia del estado de Nueva York.

Para acercarse a él había que franquear un arco de fibra de vidrio de cinco plantas de altura, con forma de escuadra y compás gigantes y una G dorada debajo (por supuesto, la G era una referencia a la geometría y al Gran Arquitecto del Universo). Después, los visitantes cruzaban un puente arqueado que se elevaba sobre un estanque ovalado en el que unas bombas de agua proyectaban curvas líquidas en el aire. Al centro se accedía por una puerta alta de cristal coronada por una rejilla dorada. El interior, revestido de paneles de nogal, con aire acondicionado y moquetas mullidas, estaba dominado por una estatua de mármol de tres metros de altura. En ella se representaba a George Washington, el «gran constructor» del país, con su atuendo de hermano. A los pies del gran hombre, unos masones con brillantina y brazaletes azul celeste estaban preparados para enseñar las vitrinas a sus invitados.

La historia que contaba el Centro de la Hermandad Masónica era la de una fraternidad con más de seiscientos años de antigüedad y «orígenes en siglos aún más remotos». Para demostrarlo, había manuscritos medievales sobre mamposteros e imágenes de catedrales góticas. Había incluso una maqueta del posible aspecto que pudo tener el templo de Salomón. Se exponía asimismo una primera edición de las *Constituciones* junto a la reedición de Benjamin Franklin de 1734.

Muchos de los valiosos objetos que albergaba el Centro de la Hermandad atestiguaban el papel de la francmasonería en el nacimiento y crecimiento de la nación. Estaban el mandil de George Washington, un mechón de su pelo y la biblia masónica sobre la cual juró el cargo. Las herramientas ceremoniales que utilizó el primer presidente para colocar la primera piedra del Capitolio en 1793 se encontraban debajo de un cartel que proclamaba: «Los masones son los defensores de la libertad. Por esa razón, ningún tirano o dictador tolera la masonería en su país». Había retratos de catorce presidentes masones de Estados Unidos.

El eslogan del centro figuraba en grandes letras doradas en ambos extremos del edificio: «HERMANDAD: LOS CIMIENTOS DE LA PAZ MUNDIAL». No estaba claro cómo podía lograr la paz en el mundo una organización cerrada como la francmasonería, pero resulta innegable que el mensaje estaba en sintonía con algunas de las esperanzas y los temores más profundos de Estados Unidos. Su autor era el gran maestro Harry Ostrov, un ilustre abogado y el primer judío que llegó a la cumbre de la masonería en el estado de Nueva York. Ostrov concibió el Centro de la Hermandad Masónica poco después de que la crisis de los misiles de Cuba llevara a Occidente al borde de la guerra nuclear en octubre de 1962. Tal como explicaba a sus hermanos en aquel momento: «A menos que el mundo acepte este desafío y a la hermandad como parte de su vida, desaparecerá la civilización tal y como la conocemos».

El folleto del Centro de la Hermandad situaba el amor que sentían los masones por la libertad en el contexto de la Guerra Fría: «Nuestras grandes logias y logias regulares están por todo el mundo, fuera de los telones de acero y bambú». Aquella afirmación era básicamente acertada, tal como demuestra un breve rodeo histórico desde los espectáculos del Centro de la Hermandad Masónica.

En efecto, la luz de la masonería se había apagado en todo el Imperio soviético. En muchos lugares, como Alemania oriental, Checoslovaquia y Rumanía, la masonería acababa de renacer tras la represión nazi cuando desde Moscú llegaron órdenes para, una vez más, prohibirla. Trágicamente, cuando la masonería fue ilegalizada en Hungría en 1950, el gran vigilante de la gran logia recientemente reconstituida se suicidó para no caer en manos de la policía secreta. Cuentan que él y su hermano gemelo, que era el maestro venerable de una logia, se cogieron de la mano y saltaron por una ventana al oír la temida llamada a su puerta. Según las autoridades húngaras, las logias eran «centros de reunión para los enemigos de la república comunista del pueblo, para elementos capitalistas y para los adeptos del imperialismo occidental».

En la China continental tampoco había masones. Antes de la toma de poder comunista en 1949, la masonería se había visto prácticamente limitada a la población colonial británica. En 1950 se exigió a las logias masónicas que se registraran oficialmente y que iniciaran el enrevesado proceso de traducir sus reglamentos y actas al chino. Sin embargo, en lugar de aplastar de forma activa a la masonería, parece que el presidente Mao la ignoró y dejó que se marchitara.

Curiosamente, el único Estado unipartidista y comunista que no prohibió la masonería fue Cuba, donde Fidel Castro vigilaba con atención a las logias, pero les permitía seguir trabajando. Reconocía que la masonería era importante para la cultura y la memoria histórica de la izquierda cubana. Las logias masónicas habían sido incubadoras del movimiento cubano de independencia contra España a finales del siglo XIX, y muchos masones fueron cruciales en esa lucha. José Martí, el «apóstol» de la independencia cubana que se convirtió en mártir nacional cuando murió combatiendo contra los españoles en 1895, era un ferviente masón. El régimen de Castro veneraba a Martí como heraldo de su ideología.

En la época del Centro de la Hermandad Masónica también se oprimía a la masonería en gran parte del mundo musulmán, igual que había sucedido durante largos periodos en el Imperio otomano. La antimasonería fue una importación occidental mucho más exitosa que la propia masonería, que casi siempre había estado confinada a enclaves coloniales. Francia era la potencia dominante en casi todo Oriente Próximo, y los masones franceses tendían a mostrarse más reacios a confraternizar con los autóctonos en las logias que los británicos en la India; temían que los árabes acabaran interpretando el discurso y la igualdad de la hermandad de manera excesivamente literal. Los intelectuales occidentalizadores y algunos elementos de la élite nativa solo aceptaron la masonería en algunos lugares. Ese fue el caso, por ejemplo, de muchos miembros de los Jóvenes Otomanos en el Estambul de las décadas de 1860 y 1870 y de sus sucesores, los Jóvenes Turcos, a principios del siglo XX.

Las tradiciones masónicas desaparecieron en buena parte del mundo musulmán cuando muchas antiguas colonias obtuvieron la condición de estados. El presidente Sukarno, líder de la batalla independentista de Indonesia desde Holanda, prohibió la masonería en 1961. El presidente egipcio Gamal Abdel Náser hizo lo propio en 1964. Los nacionalistas veían a los masones como agentes del imperialismo y el capitalismo occidentales. Los monarcas los veían como agentes del marxismo. Los pobres los veían como agentes de los ricos. Los clérigos islámicos los veían como agentes de Satán. Tras la fundación del Estado de Israel en 1948, casi todos los que tenían una ligera idea de quiénes podían ser los masones los veían como agentes del sionismo o de la conspiración judía internacional.

Así pues, por medio del Centro de la Hermandad Masónica, la masonería reivindicó con firmeza su condición de emblema de la libertad y la democracia. Junto a una fotografía del edificio del Capitolio, los visitantes podían ver una impresionante cohorte de masones que ocupaban cargos importantes en la política estadounidense de la época: un 42 por ciento de los congresistas y más de la mitad de los senadores y los gobernadores de Estado.

Inevitablemente, el centro también contenía extensos cuadros de honor de hermanos distinguidos pasados y presentes, desde Paul Revere y el marqués de Lafayette hasta Buffalo Bill, Ty Cobb e Irving Berlin. También se citaba a los muchos y destacados masones del mundo: Robert Burns, José de San Martín, Franz Joseph Haydn, Eduardo VII... Algunos fueron honrados con bustos (sir Walter Scott, Voltaire...) y otros con parafernalia (el mandil de Simón Bolívar, el testamento de Garibaldi, un mazo que había enviado Rudyard Kipling a su logia madre y partituras musicales escritas a mano por Wolfgang Amadeus Mozart y Jean Sibelius). Por si alguien sospechaba que los francmasones estaban anclados en el pasado, otros objetos demostraban que sus valores ancestrales eran un activo para crear al hombre necesario para la carrera espacial. Uno de los más populares era la bandera masónica que acompañó al hermano Gordon «Gordo» Cooper cuando completó dos órbitas alrededor de la Tierra en mayo de 1963, la misión más atrevida del Proyecto Mercury.

«Mississippi Goddam»

La misión del Centro de la Hermandad Masónica era otorgar a la masonería un papel protagonista en el estilo de vida estadounidense, o en lo que significaba ser un hombre estadounidense. Sin embargo, al mismo tiempo, era una llamativa demostración de cómo ese estilo de vida excluía a alrededor del 10,6 por ciento de la población, ya que los rostros que adornaban las paredes del Centro de la Hermandad Masónica eran de un blanco tan cegador como el exterior del edificio. Había muchos masones negros de renombre que podrían haber recibido un homenaje, como Booker T. Washington, Nat King Cole y Sugar Ray Robinson, por citar solo unos pocos. Por supuesto, el problema era que todos ellos eran masones Prince Hall, miembros de la tradición afroamericana de la que rehuía la masonería blanca dominante en todo Estados Unidos.

Durante la larga etapa dorada del fraternalismo, los afroamericanos habían demostrado tanto entusiasmo por la masonería como sus compatriotas blancos, protestantes y anglosajones. De hecho, habida cuenta de la discriminación y la inseguridad que sufrían en su vida cotidiana, eran muy dados a buscar redes de apoyo mutuo. Tal como escribía Fannie Barrier Williams, el activista del movimiento *settlement* afroamericano, en 1905:

> Las órdenes secretas son igual de importantes que la Iglesia negra y afectan igual a la vida social de la gente. Inciden en todos los aspectos de su vida social y representan los mejores logros de la raza en cuanto a organización [...]. En ninguna forma de organización significan tanto los términos «hermandad» y «obligaciones mutuas».

Debido a que las compañías de seguros blancas a menudo se negaban a extender pólizas a los negros, las asociaciones fraternales se convirtieron en una fuente muy importante de seguridad económica. Puesto que frecuentemente los negros tenían prohibida la entrada a los cementerios blancos, la necesidad de unirse para comprar un camposanto solía ser el acicate para la creación de una mutualidad, una Iglesia o una fraternidad.

Había fraternidades singularmente afroamericanas, como los Caballeros de Tabor, fundada en 1872. Pero muchas eran un reflejo de organizaciones equivalentes creadas solo para blancos; de ahí que existieran *odd fellows*, caballeros de Pitias, leñadores, ciervos y alces negros. Los masones Prince Hall desarrollaron su propio rito escocés y sus *shriners*, además de la Orden de la Estrella de Oriente, una organización auxiliar de la masonería proyectada por hombres para mujeres emparentadas con hermanos. Fundada en 1874, la orden Hermanas de la Estrella de Oriente Prince Hall estableció lazos mucho más estrechos e igualitarios con sus hermanos que la masonería blanca.

Al igual que ocurría con sus conciudadanos blancos, ser masón, en el caso de los afroamericanos, era un indicador de identidad burguesa. Los aspirantes a hermanos Prince Hall eran investigados exhaustivamente para averiguar si eran lo bastante respetables. A los entrevistadores les facilitaban formularios con preguntas como: «¿Es un hombre decente, virtuoso, sobrio y trabajador? ¿Tiene hábitos que tiendan a degradar su moralidad? ¿Vive con su familia y la mantiene como debe hacer un marido?». Alrededor de un tercio de los hombres incluidos en la edición de *Who's Who in Colored America* publicada en 1950 eran hermanos Prince Hall.

La batalla política era una faceta especialmente natural de la pertenencia a una fraternidad en el Estados Unidos negro. Los afroamericanos no solo hacían frente a la discriminación, la segregación y la privación de derechos en la sociedad en general, sino que las prácticas excluyentes de la masonería constituían una lamentable afrenta a los principios más sagrados de la hermandad. Siguiendo el ejemplo de su fundador abolicionista, los masones Prince Hall siempre habían estado comprometidos con la lucha por los derechos de los negros. No es casual que W. E. B. Dubois, un masón Prince Hall, fuera uno de los tres creadores del que sería el organismo más eficaz para la consecución de derechos civiles en los tribunales: la Asociación Nacional para el Progreso de las Personas de Color (NAACP, por sus siglas en inglés, 1909). La NAACP era el lugar donde mejor podía emplearse la formación de los masones afroamericanos en materia de liderazgo y su respetabilidad, un aspecto que cuidaban con esmero.

En los años sesenta, la lucha por los derechos civiles se había convertido en el elemento crucial de la política. En el sur profundo, las tradiciones masónicas, negra y blanca, dejaron muy clara su postura.

Pongamos por caso a Alabama. En 1967, los masones blancos del estado celebraron su comunicación anual (una especie de asamblea general de la fraternidad) en un hotel de Montgomery con el nombre de Jefferson Davis, el presidente de la Confederación durante la guerra civil. El gran orador pronunció un acalorado discurso que describía la «integridad racial» como un legado estadounidense que se hallaba en peligro. Invocando la necesidad de orgullo racial en ambos bandos, afirmó que las Escrituras no abogaban por el «mestizaje» y exhortaba a los padres a enseñar integridad racial a sus hijos. Cuesta imaginar algo menos masónico que un discurso así. Era un manifiesto hipócrita en favor de la segregación que, aparentando defender un estatus «separado, pero igual» para negros y blancos, en realidad era una tapadera tristemente habitual para la intolerancia impuesta por medio de la violencia. Los hermanos blancos de Alabama se pusieron en pie para brindar al gran orador una prolongada ovación.

Ese mismo año, en la Gran logia Prince Hall de la Comunicación Anual de Alabama en Mobile, el gran maestro declaró lo siguiente:

> Permitidme recalcar, hermanos, que el negro ha de ser parte integrante de la política estadounidense, que, de algún modo, debe recuperar su derecho a un ejercicio libre, eficaz e ilimitado del voto en Mississippi y en Massachusetts, y también en Arizona, en Carolina del Sur y en Nueva York [...]. En un momento en que el Gobierno (que es la política) está cada vez más preocupado por la situación económica del país, el negro sin derecho a voto pronto se quedará sin un trabajo digno y será un mero sujeto tutelado por la organización social que para sobrevivir dependerá de las migajas que caigan de las mesas abarrotadas de los grupos con más mentalidad política.

Para la última generación de masones Prince Hall, aquello no eran palabras vacías. En 1951, los grandes maestros negros se habían unido para crear el Fondo de Investigación Legal de los Masones Prince Hall, controlado por la NAACP. La histórica victoria legal de la NAACP contra la segregación en las escuelas públicas, conocida como el caso Brown contra la Junta de Educación (1954), estuvo parcialmente financiada por donaciones de los masones Prince Hall, y fue defendida en el Tribunal Supremo por Thurgood Marshall, uno de los grandes hombres de dicha rama masónica. En 1958, Marshall, que había estado muy implicado en la creación del Fondo de Investigación Legal de los Masones Prince Hall, mostró agradecimiento público a sus hermanos y dijo que, sin su ayuda, muchos debates sobre derechos civiles se habrían perdido en el Tribunal Supremo. En 1965, durante la Feria Mundial de Nueva York, Marshall fue nombrado procurador general de Estados Unidos, el primer afroamericano que ocupaba ese cargo. En 1966 habló ante un grupo de grandes maestros Prince Hall de toda la nación en una «cena de homenaje» organizada en Washington D. C. para celebrar su nombramiento como francmasón de trigésimo tercer grado. El tema de la velada fue «Thurgood Marshall: símbolo del cambio».

Thurgood Marshall (1908-1993): masón Prince Hall y defensor de los derechos civiles (el hermano Prince Hall con sombrero no ha sido identificado).

En Alabama, la secretaria de la oficina de la NAACP en Montgomery también era miembro de una organización masónica. En la actualidad, Rosa Parks es considerada la madre del movimiento en defensa de los derechos civiles y un ejemplo para los niños, y no solo en Estados Unidos. En diciembre de 1955, Parks, una mujer remilgada con gafas, se hizo famosa por iniciar el boicot contra los autobuses de Montgomery tras ser arrestada por negarse a ceder su asiento a un pasajero blanco. Era hija y nieta de masones Prince Hall y miembro activo de la Orden de la Estrella de Oriente, anexa a la masonería masculina. La Estrella de Oriente tenía en su haber un imponente historial como formadora de mujeres negras para puestos de liderazgo en iniciativas de estímulo racial.

En la época en que se concibió el Centro de la Hermandad Masónica, Medgar Evers era el secretario de la oficina de la NAACP en Mississippi, un estado en el que a un 95 por ciento de los afroamericanos les era negado el voto por medios deshonestos y violentos y en el que corrían más peligro que en ninguna otra zona de Estados Unidos de recibir palizas, de ser golpeados por la policía o de ser linchados (o incluso de desaparecer). Desde 1954, Evers había viajado por Mississippi para investigar asesinatos por motivos raciales y provocar una voluntad de resistencia colectiva. Recorrió miles de kilómetros en su Oldsmobile V8, un coche lo bastante grande para poder dormir dentro en lugares donde todos los moteles eran solo para blancos, lo bastante pesado para evitar que lo sacaran de la carretera y lo bastante rápido para poder huir. Sabía que era un objetivo.

Evers tenía un pasado característico de muchos masones Prince Hall: había combatido en la campaña de Normandía durante la Segunda Guerra Mundial y se dedicaba a la venta de seguros. Su caso también ilustra el estrecho vínculo entre la masonería negra y el movimiento de los derechos civiles. Su oficina de la NAACP se alojaba en el templo Prince Hall del número 1.072 de la calle Lynch, en Jackson. Fundado nada menos que por Thurgood Marshall en 1955, el templo fue construido para responder a la necesidad de disponer de un lugar relativamente seguro en el que los negros pudieran trabajar en cuestiones políticas. Lo mismo ocurría con algunas logias de otros estados del sur. La sucursal de la NAACP en Mississippi organizaba actos en el templo masónico de la calle Lynch, como el concierto benéfico de Lena Horne en el que Evers pronunció su último discurso: «La libertad nunca ha sido gratis. Quiero a mis hijos y a mi esposa con todo mi corazón, y no me importaría morir si ello les proporciona una vida mejor».

Evers fue tiroteado delante de su familia cinco días después. El asesino, Byron De La Beckwith Jr., era un supremacista blanco, miembro del KKK y masón. De hecho, varios testigos identificaron el coche de De La Beckwith por el característico emblema *shriner* —cimitarra, media luna, cabeza de esfinge y estrella— que llevaba en la ventanilla. Tras ser absuelto en dos ocasiones por jurados compuestos solo por blancos en los años sesenta, acabaría siendo condenado en 1994.

Después de que el cuerpo de Evers yaciera en la capilla ardiente del templo masónico durante tres días, cinco mil personas se enfrentaron a los perros de la policía y a una temperatura de treinta y nueve grados para emprender una marcha de tres kilómetros hasta la funeraria. La prensa escrita de todo el país se hizo eco de la ceremonia. «Mississippi Goddam», de Nina Simone, se inspiró en Evers, y su interpretación en el Carnegie Hall un mes antes de la Feria Mundial fue editada en formato de *single* y pronto se convertiría en un himno de los derechos civiles. «Only a Pawn in Their Game», de Bob Dylan, trataba sobre Evers y también fue editada en 1964.

Evers fue asesinado nueve meses antes de que se inaugurara la Feria Mundial en Nueva York. Es posible que su contribución a los derechos civiles y la masonería Prince Hall se les pasara por alto a los hermanos blancos que planificaron el Centro de la Hermandad Masónica, pero no ocurrió lo mismo con sus homólogos de Nueva York. En 1963, con el titular «Mártir de la libertad», la fotografía de Evers copó la portada de *Prince Hall Sentinel*, la revista de la Gran Logia Prince Hall de Nueva York. Sus miembros enviaron quinientos dólares a la viuda de Evers y sus condolencias a la Gran Logia Prince Hall de Mississippi. Después crearon el Fondo Freedom Now para apoyar la lucha. En 1964, un acto de Freedom Now celebrado en Harlem y al que asistió Martin Luther King recaudó diez mil dólares que se repartirían entre varias organizaciones de derechos civiles, incluida la NAACP. En el acto también se concedió por primera vez el Premio Medgar Evers para rendir homenaje a los hermanos masones que se habían distinguido en la lucha por los derechos civiles.

Durante sus dos años de existencia, *Prince Hall Sentinel*, que ofrecía una cobertura permanente sobre la batalla por los derechos civiles y el lugar que ocupaba en ella la masonería Prince Hall, no mencionó en una sola ocasión al Centro de la Hermandad Masónica, una organización blanca.

El último aliento de la inocencia estadounidense

La Feria Mundial de Nueva York fue descrita como «el último aliento de la inocencia estadounidense». Mientras duró la feria, el movimiento de los derechos civiles era solo un síntoma de que la inocencia que encarnaba estaba tocando a su fin. En agosto de 1964, el episodio del golfo de Tonkín supuso el comienzo de una intervención mucho más directa de Estados Unidos en la guerra de Vietnam. En 1964, un 42 por ciento de los estadounidenses eran fumadores. Sin embargo, en enero de ese año, el informe de las autoridades sanitarias sobre los peligros del tabaco fue un punto de inflexión en la actitud ciudadana. Al parecer, el tabaco no era la «magia del futuro». En agosto de 1965, seis días de disturbios en Watts, Los Ángeles, pusieron de manifiesto la segregación que provocaba el racismo en el sector inmobiliario. Por todo Estados Unidos, la construcción de carreteras para llegar a hermosos ranchos apartados había estimulado la huida de los blancos y tuvo como resultado «ciudades de chocolate y extrarradios de vainilla», como los definiría más tarde el músico de funk George Clinton.

Por más que lo intentara, la Feria Mundial de Nueva York no logró mantener a raya el tumulto. Los manifestantes protestaron contra las prácticas discriminatorias de contratación organizando piquetes frente al edificio de Naciones Unidas con pancartas que decían «Acabad con el *apartheid* en la feria» y «Pabellones africanos construidos con mano de obra blanca». El discurso del presidente Johnson el día de la inauguración fue interrumpido por agitadores que gritaban «¡Jim Crow debe desaparecer!». Un inapropiado *minstrel* en el pabellón de Luisiana fue cancelado al cabo de dos días. Doce de los bailarines zulúes del pabellón de Sudáfrica pidieron asilo y su causa *antiapartheid* fue adoptada por personalidades como Harry Belafonte y Martin Luther King. Varios refugiados de la España franquista organizaron una protesta delante del pabellón del país bajo el lema «Amnistía para todos los presos políticos».

El dominio empresarial en la feria también suscitó reproches. El crítico de arte Robert Hughes la tachó de «orgía promocional para las empresas estadounidenses [...]. Desde el momento en que entras en Flushing Meadow[s] te conviertes en un feto en el abultado útero del comercio, suspendido en un líquido amniótico de propaganda y efectismo». Muchos otros comentaristas opinaban que la feria estaba desfasada. Esa sensación fue confirmada por la oferta musical: los Beatles solo estaban presentes como pésimas figuras de cera, y los auténticos fueron reemplazados por Guy Lombardo and his Royal Canadians, que llevaban tocando la misma «música edulcorada» desde 1924.

Las dignas exposiciones del Centro de la Hermandad Masónica no podían competir con lo que la revista *Time* definió como el «relumbrón» de la Feria Mundial, su «brujería chabacana». Los masones ni se acercaron al número de visitas que recibieron las atracciones más grandes. La enorme inversión de General Motors se saldó con veintinueve millones de visitantes, y otros veintisiete millones se montaron en la cinta transportadora para ver la *Pietà* de Miguel Ángel. Pero, para la masonería, 1,25 millones de visitantes suponía una cifra muy respetable. La Gran Logia de Nueva York estaba orgullosa, y con razón, de la muestra que había organizado y de los 52.875,32 dólares que recaudó para obras benéficas solo en la primera temporada; los beneficiarios serían los niños de un orfanato masónico situado en el norte del estado. De hecho, mientras que gran parte de la feria tenía un «aspecto hortera, plástico y efímero, como si fuera una ciudad hecha de tarjetas de crédito», el Centro de la Hermandad Masónica irradiaba una estadía contemplativa. Visitarlo era sentir que el prestigioso patriotismo y la idea de la tradición que habían sustentado a la masonería durante su siglo dorado estaban destinados a alcanzar cotas aún más altas.

Sin embargo, los cambios que llegaron en los años sesenta tendrían efectos muy profundos tanto para la masonería como para Estados Unidos en general. El Centro de la Hermandad Masónica se hallaba en una cúspide a partir de la cual el número de miembros y la influencia de la hermandad se enfrentarían a un inexorable declive. Gerald Ford, el último presidente masónico hasta la fecha, ocupó el cargo en 1974. En aquel momento había 3,5 millones de masones, frente a los 4,1 de 1959. La caída fue lenta, pero imparable. En 1984, el número de afiliados no alcanzaba los tres millones y, en 1998, se redujo a menos de dos. En 2017, el último año para el que contamos con datos, el número de hermanos superaba por poco el millón, una cuarta parte de la cifra de medio siglo antes. La masonería empezaba a resultar cada vez más anticuada. Los masones Prince Hall han experimentado un declive comparable, aunque no es fácil encontrar cifras precisas. Podemos detectar la misma tendencia en muchos países. Un intento por ahondar más en los datos de la esfera anglosajona deja entrever que el punto débil más acusado era que los masones lo eran durante un periodo cada vez más breve. La masonería ha ido convirtiéndose en una etapa por la que pasan los hombres, en lugar de un compromiso a largo plazo. Los masones de toda la vida están envejeciendo y muriendo y no son reemplazados.

Los problemas que están dando lugar a la decadencia son muchos y arraigados, parte de unas tendencias también visibles en otros ámbitos de la sociedad.

La deslumbrante imagen futura del estilo de vida estadounidense que proyectaba la Feria Mundial de Nueva York era falsa. Esa imagen se apoyaba, al igual que lo hacía la francmasonería, en un supuesto tácito. Uno de los libros más comentados de la época lo definía como «la mística de la feminidad». El clásico feminista de Betty Friedan que lleva ese título, publicado en 1963, era un desguace revelador y documentado de la idea de que lo mejor que la vida podía ofrecer a una mujer era ser un ama de casa rodeada de fruslerías de consumo en un barrio residencial. Y, cabría añadir, un marido que fuera un miembro respetado de la logia local.

El Centro de la Hermandad Masónica contribuyó a propagar «la mística de la feminidad» al reivindicar a un varón con traje espacial plateado como un modelo de la virilidad estadounidense contemporánea. Gordon «Gordo» Cooper, como todos los demás astronautas, debía ser pulcro, siempre viril y entregado a su matrimonio. Su condición de masón encajaba con la imagen que la NASA buscaba. La realidad era muy distinta. Debido a sus infidelidades, él y su mujer Trudy estaban al borde del divorcio cuando se le presentó la oportunidad de participar en el Proyecto Mercury. La pareja decidió mantener la farsa de felicidad conyugal para que ambos pudieran recoger los beneficios que aportaba el estrellato espacial. Al igual que las otras esposas de astronautas, Trudy, que se había formado como piloto, sonreía ante las cámaras, rezumaba un glamour insulso y proclamaba diligentemente el orgullo que sentía por su marido. Entre tanto, Gordo mantenía aventuras con *astro-groupies* o *cape cookies*, como llamaban los héroes de la carrera espacial a sus numerosas admiradoras.

Lejos de cabo Cañaveral, los fines de semana y las noches que los hombres pasaban construyendo su lado bueno junto a sus hermanos —aprendiendo de memoria y ejecutando rituales y asimilando sus lecciones éticas, debatiendo a qué organizaciones benéficas apoyar, comiendo, bebiendo y dándose palmaditas en la espalda— se traducían en más tiempo en la cocina para sus mujeres. Aquello no duraría mucho. En las décadas posteriores, «la mística de la feminidad» se desplomó. Las mujeres volvieron a formarse y a integrarse en el mercado laboral. Se casaban más tarde. Tenían menos hijos. Se divorciaban. A principios de los años setenta hubo una oleada de rupturas matrimoniales entre los astronautas de la NASA, lo cual resulta revelador. Los hombres también cambiaron. Criar a una familia era cosa de dos. Y el patrón del trabajador que va a la oficina de nueve a cinco hasta el día en que se jubila era cada vez más infrecuente y reducía el tiempo disponible para la fraternidad. La logia también tenía que competir con un pujante sector del entretenimiento que ofrecía más diversión a cambio de menos costes económicos, embrollos y exclusividad de género: televisión, restaurantes, gimnasios y clubes deportivos, conciertos, viajes en coche y demás.

Otro cambio que empezó a afianzarse a principios de los años sesenta fue el aumento de la división generacional. Los adolescentes y los veinteañeros estaban adquiriendo una identidad propia que era distinta, e incluso opuesta, a la mentalidad de sus mayores. Escuchaban otra música, llevaban otra ropa, veían otras películas y expresaban otros valores. Todo ello sirvió para restar atractivo a la supuesta vida ideal que tanto apreciaba la masonería: el joven que sigue a su padre en la hermandad y emprende un viaje hacia la madurez y la sabiduría bajo la mirada benevolente de los masones más longevos.

También había razones prácticas para el declive de la masonería. La red de seguridad y bienestar, que constituía uno de los principales atractivos de la pertenencia a la hermandad, se volvió superflua cuando el Estado y las empresas empezaron a ofrecer cada vez más prestaciones. La cobertura de la seguridad social, por citar solo un ejemplo, fue aprobada por el presidente Johnson durante la segunda temporada de la Feria Mundial de Nueva York. En el sector privado, la seguridad económica se convirtió en uno de los sectores con mayor crecimiento en nuestra era; con frecuencia, ha suplantado directamente al fraternalismo. Varias sociedades fraternales fundadas a finales del siglo xix son ahora organizaciones de servicios financieros. Algunos ejemplos incluyen a Woodmen of the World (alias WoodmenLife), la Hermandad Luterana (alias Thrivent Insurance) y la Tribu de Ben-Hur (alias Ben-Hur Life Association).

Por todas estas razones, la historia de la masonería en Estados Unidos se convirtió en la crónica de un declive controlado.

16

Arezzo. El hombre que quería ser titiritero

Una lista de amigos

Licio Gelli parecía hecho para pasar desapercibido: de estatura media tirando a baja, con unas gafas que le daban un aire respetable y el cabello gris con una prolija raya al lado, dirigía una fábrica de ropa en la Toscana rural. Sin embargo, a finales de los años sesenta, aquel insípido hombre ejercía un control hipnótico sobre la prensa italiana. «En la galería de personalidades inalcanzables, él es una de las más inalcanzables».

Gelli vivía en una casa aislada cerca de su fábrica, a las afueras de Arezzo, y sus poderosos amigos iban a pasear con él por los jardines. A menudo se alojaba en una suite del Excelsior, un hotel de cinco estrellas ubicado en la lujosa pendiente de via Veneto, en Roma. Allí recibía a los personajes célebres que querían mantener una charla en privado.

Su poder era tan obvio como inextricable. Se sabía que apenas había recibido educación y que en su juventud había sido un fanático fascista: a los diecisiete años se presentó voluntario para combatir en el bando franquista durante la Guerra Civil española. El resto son rumores. Contaban que era amigo personal del presidente estadounidense Jimmy Carter y del dictador argentino Juan Perón. Sin embargo, algunos periodistas de investigación sospechaban que Gelli estaba implicado en fraudes bancarios, secuestros, ardides políticos y terrorismo neofascista. Lo que todo el mundo sabía con certeza era que su influencia se derivaba en cierto modo de la logia masónica conocida como Propaganda 2, o P2, de la cual era maestro venerable. P2 era a la vez famosa y desconocida, una nueva variante del secretismo masónico.

LA ORDEN

Licio Gelli (1919-2015), maestro venerable
de la logia Propaganda 2, o P2.

El 5 de octubre de 1980, el *Corriere della Sera*, el periódico más prestigioso de Italia, consiguió una primicia al publicar una entrevista en profundidad con Gelli. «¿Qué es P2?», le preguntaron. «Un centro que acoge y une solo a personas dotadas de inteligencia, un alto nivel educativo, sabiduría y, sobre todo, generosidad». Con evidente satisfacción, Gelli declaró al *Corriere* que la publicidad negativa que los rodeaba a él y a su logia solo había servido para recibir más solicitudes de ingreso. Sin embargo, no desveló nada sobre sus hermanos de la logia P2 ni cómo se comunicaba con ellos: «Un amante con clase jamás revela sus métodos para citarse con su mujer». ¿Poseía un «poder oculto»? Él nunca se había visto de esa manera, pero no podía impedir que otros imaginaran a qué se dedicaba. «Tengo muchos amigos en Italia y en el extranjero, pero una cosa es tener amigos y otra muy distinta es tener poder». Cualquier percepción sobre aquel hombre y sus misterios estaba rodeada de divagaciones masónicas, listas de nombres e insinuaciones. Solo el final de la entrevista arrojaba un destello de verdad:

—De niño, cuando le preguntaban qué quería ser de mayor, ¿qué respondía?
—Titiritero.

Italia ocupa un lugar destacado en las páginas de este libro porque en ningún otro lugar han convergido tantas ramas diferentes de la historia masónica. Como sede del papado, Italia posee una tradición de aversión antimasónica que no se ha interrumpido desde la primera vez que los masones fueron excomulgados en 1738. A principios del siglo XIX, durante los regímenes napoleónicos, la masonería se utilizó en Italia como una herramienta del Gobierno autoritario. Sin embargo, la hermandad de estilo masónico de los carboneros se convirtió en un vehículo para complots revolucionarios. Más tarde, algunas fraternidades seudomasónicas dieron lugar a la mafia. Al principio de la historia de Italia como país unificado, las logias también se convirtieron en la antesala del poder. Italia, el lugar de origen del fascismo, también fue el primer país en el que la masonería fue aplastada por un régimen totalitario.

Las innovaciones no cesaron con la caída del fascismo. En la década de 1970, un hermano creó una red de influencia tan omnipresente que era considerada una amenaza letal para la democracia italiana. Al parecer, personificaba todo aquello que habían advertido los teóricos de la conspiración más alarmistas. El nombre del hermano era Licio Gelli, y su logia era la P2.

En 1945, la francmasonería italiana resurgió tras la prohibición fascista y descubrió que el nuevo país era casi tan incómodo como el viejo. La hermandad siempre había cosechado buena parte de su prestigio manteniendo una estrecha relación con la política. Sin embargo, el escenario político de posguerra estaba dominado por dos gigantes enfrentados que cerraban el paso a la masonería: Democracia Cristiana (DC), que estaba alineada con el Vaticano y el bloque occidental capitalista, y el Partido Comunista Italiano, o PCI, la formación comunista más grande de Europa occidental, al principio alineada con la Unión Soviética. Los democristianos serían el principal componente de las coaliciones de Gobierno italianas hasta el final de la Guerra Fría. Mientras tanto, el PCI acechaba en una perpetua oposición. Durante dos generaciones, la política italiana se vio dominada y paralizada por la acuciante necesidad de mantener a los comunistas alejados del poder.

Pocas cosas unían a los democristianos y a los comunistas italianos, situados a uno y otro lado del abismo de la Guerra Fría, pero una de ellas era la desconfianza hacia la masonería. DC heredó la antimasonería histórica de la Iglesia. Para el PCI, la masonería siempre había sido una conspiración burguesa. Ninguno de los dos partidos permitía afiliados masones. Esos sentimientos quedaron reflejados en la Constitución italiana, que tanto democristianos como comunistas ayudaron a redactar. Cuando entró en vigor el 1 de enero de 1948, el artículo 18 prohibía las sociedades secretas. Ni DC ni el PCI podían permitirse incluir a la masonería en la prohibición, ya que ello habría traído molestos recuerdos del fascismo. Sin embargo, también rechazaron las propuestas para eximirla. Sin una ley que esclareciera exactamente qué era una sociedad secreta, la hermandad se encontraba en una tierra de nadie constitucional.

La masonería de la Italia de posguerra también tuvo que enfrentarse a toda una serie de problemas internos. Como parecía desfasada para su época, le costaba conseguir adeptos. Y lo que era aún peor: justo porque había sido víctima del fascismo, ahora atraía a exfascistas cínicos que querían ocultar su pasado. La masonería también estaba dividida. El más antiguo e importante de los dos linajes —que se vería atrapado en la tormenta de la logia P2— era el Gran Oriente de Italia. El otro era la Gran Logia de Italia. Las cuestiones doctrinales que separaban a las dos versiones de la masonería no deben hacer que nos detengamos. Basta con decir que ambas sufrieron cismas y que las diferencias adoptaron nuevas formas, sobre todo en 1956, cuando la Gran Logia de Italia creó una versión femenina. Ambas ramas de la jerarquía masónica aún añoraban la relevancia que atesoraba la masonería italiana a finales del siglo XIX. Algunos líderes depositaron sus esperanzas en reafirmar la vieja oposición al catolicismo. Otros buscaron la amistad y el favor de Gran Bretaña y Estados Unidos presentándose como bastiones contra la amenaza comunista. De la confusión no afloró ninguna estrategia clara.

Hasta principios de los años sesenta, la francmasonería no empezó a crecer en cifras y alcance. Los democristianos, que estaban siempre en el Gobierno, pero acusaban una continua inestabilidad, se abrieron a posibles coaliciones con los partidos de centro y centroizquierda, en los que los masones tenían una mejor acogida. Durante el papado de Juan XXIII, el Vaticano dio un giro más liberal y se entabló un cauto diálogo entre algunos intelectuales de la masonería y la Iglesia.

Al igual que en otros países en los que la masonería era mucho más fuerte, la hermandad italiana tuvo que enfrentarse a importantes transformaciones sociales en los años sesenta y setenta. En aquel momento, Italia era una potencia industrial y sus ciudades estaban llenas de inmigrantes llegados desde las zonas rurales. Los hogares estaban abarrotados de bienes de consumo, los trabajadores ansiaban parte de la creciente riqueza del país, las mujeres se mostraban ansiosas por conseguir derechos y los jóvenes empezaban a experimentar con nuevos estilos de vida e identidades políticas. La situación italiana también entrañaba ciertas peculiaridades. El Estado necesitaba una reforma con urgencia, pero los democristianos y sus socios de coalición parecían demasiado ocupados con enrevesadas negociaciones y ofreciendo cargos públicos a sus amigos como para introducir algún cambio. La ineficacia, el clientelismo, la corrupción y la influencia de la mafia penetraron aún más en las instituciones. Estallaban escándalos sin parar. En parte debido a estos, el PCI acumuló apoyos electorales y se labró una reputación de honradez. En las elecciones generales de 1963 obtuvo una cuarta parte de los votos. En 1976, con el trasfondo de una crisis económica, alcanzó su máximo histórico con más de un tercio de los votos. En el sistema proporcional italiano, ello bastaba para poder reivindicar el poder.

Mientras tanto, fuera del Parlamento la política se había vuelto mucho más inestable. A finales de los años sesenta, las tensiones sociales degeneraron en revueltas y huelgas estudiantiles. En diciembre de 1969, la vida política italiana entró en una fase aterradora y violenta cuando estalló una bomba en un banco de piazza Fontana, situada muy cerca de la catedral de Milán. Hubo dieciséis víctimas mortales. Los intentos de la policía por culpar a los anarquistas fracasaron en las semanas y meses posteriores, pero antes un presunto anarquista había muerto al caer desde el cuarto piso de la comisaría en circunstancias muy poco claras. Los periodistas de investigación no tardaron en ofrecer una explicación más plausible: la policía había ignorado de forma deliberada las pruebas de que los verdaderos culpables no eran anarquistas, sino terroristas de derechas con contactos en el servicio secreto. Aquello recordaba mucho a la «estrategia de la tensión», un plan oculto para utilizar el terrorismo como pretexto para dar un giro decisivo a la derecha, o incluso un *Putsch*. Luego llegaron otras atrocidades.

En la década posterior al atentado de piazza Fontana también hubo enfrentamientos entre militantes de izquierda y de derecha, así como varios asesinatos, sobre todo a partir de 1976. En marzo de 1978, el país se paralizó cuando un grupo terrorista conocido como las Brigadas Rojas secuestró a Aldo Moro, el ex primer ministro democristiano. Después de cincuenta y cinco días en los que Moro fue sometido a una farsa judicial y los políticos se dedicaron a debatir qué medidas tomaban, las Brigadas Rojas asesinaron a su prisionero.

El 2 de agosto de 1980, justo cuando el voto comunista empezaba a decaer y parecía que se había descartado la estrategia de tensión, fallecieron ochenta y cinco personas cuando una gigantesca bomba destruyó la estación ferroviaria de Bolonia, una ciudad gobernada por el PCI.

Así pues, la entrevista de Licio Gelli con el *Corriere della Sera*, publicada dos meses después del atentado en la estación de Bolonia, llegó en un momento desalentador y de máxima agitación. Sus sibilinas declaraciones demostraban que estaba más que dispuesto a acentuar la tensión. No ocultó que era una persona de derechas, pero eludió una pregunta sobre sus presuntos vínculos con los servicios secretos y se guardó sus opiniones sobre una desconcertante anécdota. Cuando le preguntaron qué pensaba de la democracia, recordó una conversación con Aldo Moro, el ex primer ministro ejecutado por las Brigadas Rojas dos años antes. Moro, conocido por la extrema prudencia de sus planteamientos sobre la reforma, parece que le dijo a Gelli que la democracia era como unas alubias en una olla: para cocinarlas bien, había que hacerlo muy muy lentamente. Gelli interrumpió a Moro y repuso: «Procure que las judías no se queden sin agua, porque corre el riesgo de que se quemen».

Justo cuando las instituciones democráticas italianas se hallaban en un grave peligro y la confianza en ellas se había desplomado, Gelli decidió ignorar la ancestral aversión de la masonería hacia el politiqueo y su lealtad a las instituciones de Gobierno para hacer unas turbias alusiones a la quema de la democracia. La hermandad rara vez había parecido más siniestra.

AREZZO. EL HOMBRE QUE QUERÍA SER TITIRITERO

Meses después de la célebre entrevista de Gelli en el *Corriere della Sera*, empezó a atisbarse el verdadero rostro de la logia P2 durante una investigación a Michele Sindona, un abogado tributario oriundo de Sicilia y propietario de una compleja red de bancos y entidades financieras en paraísos fiscales. Cuando su imperio se vio sumido en una situación falta de recursos, Sindona corrió más riesgos especulando con divisas y agrandando sus ambiciones. En 1972, a pesar de los rumores de que mantenía lazos con la mafia, compró una participación mayoritaria del Franklin National Bank, en aquel momento el más grande de Estados Unidos. Dos años después, cuando el banco se fue a pique, Sindona fue investigado por fraude en Estados Unidos. El Banco de Italia ordenó el cierre de sus entidades financieras y se solicitó su extradición.

Sindona estaba cada vez más desesperado por salvar su imperio y empezó a pagar grandes sumas de dinero al partido democristiano con la intención de que este pergeñara un plan de rescate. También blanqueó e invirtió una gran cantidad de narcodólares de la mafia. En julio de 1979, el administrador judicial nombrado por el Banco de Italia para que investigara los asuntos de Sindona fue ejecutado por un asesino profesional tras resistirse a varios intentos de soborno.

Poco después, Sindona desapareció en Nueva York y reapareció en Sicilia haciéndose pasar por víctima de un secuestro a manos de un inexistente Comité Proletario Subversivo para una Justicia Mejor. En realidad lo había planeado todo una red mafiosa implicada en el comercio transatlántico de heroína. Para añadir color a la disparatada farsa, Sindona pidió a un médico que lo anestesiara y le disparara en la pierna. El objetivo era ofrecer información confidencial desde su «cautividad» para chantajear a políticos con la intención de que los salvaran a él y a sus bancos, y también el dinero de la mafia. No salió bien. Manteniendo aún la farsa del secuestro, Sindona hizo que lo descubrieran, convenientemente herido y maltrecho, en una cabina telefónica de Manhattan. En 1980 fue condenado por un tribunal estadounidense a veinticinco años de cárcel por delitos financieros.

En Milán proseguían las investigaciones a Sindona, y varias pistas apuntaban a Licio Gelli y la logia P2. El diario de Sindona contenía la información de contacto de Gelli. Su lealtad a Sindona se dejaba entrever en la entrevista del *Corriere della Sera*. El maestro venerable también escribió una declaración jurada para el desdichado banquero con la intención de impedir su extradición desde Estados Unidos. Según decía, en Italia era imposible un juicio justo, porque los comunistas se habían infiltrado en la magistratura. El médico que anestesió a Sindona y le disparó en la pierna —un hombre que se definía a sí mismo como «un francmasón sentimental e internacional— había viajado entre Sicilia y la casa de Gelli durante la farsa del secuestro. Evidentemente, el maestro venerable había invertido una parte sustancial de su influencia en intentar salvar a Sindona.

Y fue así como, en marzo de 1981, rodeado de una confidencialidad hermética, un pequeño equipo de la Guardia di Finanza partió desde Milán para registrar las propiedades de Gelli en Arezzo. En las oficinas de su fábrica textil encontraron lo que buscaban; de hecho, mucho más de lo que buscaban. Al lado de la mesa había un maletín que contenía treinta y tres sobres llenos de documentos. Cada uno de ellos llevaba el sello de Gelli y nombres asociados a algunas de las grandes empresas y los escándalos políticos de los últimos años. En la caja fuerte —una vez requisada la llave a la secretaria de Gelli, que había intentado huir con ella—, había un listado de miembros de la logia P2. Como es comprensible, una carpeta con la etiqueta «GUARDIA DI FINANZA» llamó la atención de los agentes encargados de la investigación. Su contenido demostraba que cinco de sus altos mandos eran miembros de la logia P2. Es más, mientras la investigación seguía en marcha, el oficial al mando recibió un mensaje urgente para que contactara con su comandante general, la máxima autoridad de la Guardia di Finanza, que le dijo: «Sé que están ahí y que han encontrado varias listas. Deben saber que mi nombre figura en ellas. Vayan con cuidado, porque las altas esferas [del Estado] también aparecen. El cuerpo entero podría ser desmantelado». Los hombres que registraron la oficina de Gelli habían llegado en un humilde FIAT Ritmo. Pronto se dispuso todo para que ellos y su explosivo cargamento de documentos fueran escoltados hasta Milán por dos Alfa-Romeo ocupados por policías bien provistos de armas.

Los dos magistrados que se ocuparon del caso estaban tan preocupados por lo que habían leído que se apresuraron a numerar cada página y a hacer copias para guardarlas en varios lugares seguros. Después solicitaron una reunión con el primer ministro. Llegado el momento, los acompañó a la antesala de su despacho su secretario privado, un modelo de sonriente cortesía, a pesar de que era uno de los novecientos sesenta y dos hombres que aparecían en la lista de la logia P2 y ya conocía la noticia sumamente confidencial que los magistrados habían ido a exponer. Encontraron al primer ministro Arnaldo Forlani parpadeando tras la montura cuadrada de sus gafas y preparado para fingir serenidad. Según uno de los magistrados, no lo consiguió: «Intentaba decirnos algo, pero durante un par de minutos fue incapaz de mediar palabra. De su boca salían sonidos guturales que nos causaron la impresión, no confirmada, de que trataba de restar importancia al asunto, pero no podía dominar el lenguaje». Después de aquel extraño encuentro, el primer ministro Forlani decidió ganar tiempo y dejó en manos de un comité formado por tres sabios la decisión de si, según la Constitución italiana, la logia P2 era una sociedad secreta. Entre tanto, empezaron a filtrarse noticias y rumores.

Hasta el 22 de mayo de 1981, transcurridos más de dos meses desde el registro de la fábrica de Gelli en la Toscana, los lectores de los periódicos no pudieron ver la pasmosa lista de miembros de la logia P2.

Había tres ministros del actual Gobierno y unos cuarenta parlamentarios, varios de los cuales habían ocupado cargos públicos.

Mucho más inquietante que el número de políticos de la logia P2 era el alcance de esta en el aparato estatal. Los *piduisti* —como pronto los italianos empezarían a llamarlos— incluían a los jefes de todas las ramas de los servicios secretos civiles y militares, además del jefe del Estado Mayor de la Defensa y al menos ciento noventa y cinco altos mandos del ejército, la armada y las fuerzas aéreas, de los cuales noventa y dos eran generales o coroneles. Tres de los generales pertenecientes a la logia P2 habían estado implicados en un fallido golpe de Estado militar en 1970.

Las altas esferas de los distintos organismos de seguridad italianos estaban bien representadas. Además de los cinco hombres de la Guardia di Finanza, había nueve generales de los Carabinieri y dos de la policía nacional. Resultaba inquietante en extremo que, durante los cincuenta y cinco días que el primer ministro Aldo Moro permaneció retenido por las Brigadas Rojas, los ministros fueran asesorados por un comité de coordinación formado por agentes de alto rango, la mayoría de los cuales eran *piduisti*, más concretamente seis de ellos. ¿Su presencia podía explicar el trágico desenlace del secuestro?

En la lista se nombraba a sesenta altos funcionarios y nueve diplomáticos. En el Ministerio de Hacienda y los bancos nacionalizados que controlaba había sesenta y siete *piduisti*.

Gelli no solo tenía muchos «amigos» en la maquinaria del Estado, sino también en la sociedad y en las finanzas. Los empresarios incluían a un miembro de la dinastía Agnesi, dedicada a la producción de pasta, y, con el número de miembro 1.816, a un milanés de cuarenta y cinco años llamado Silvio Berlusconi, que se ganaba la vida con los negocios inmobiliarios y televisivos. También había banqueros del sector privado, como Michele Sindona, la «víctima» de un falso secuestro, que era el miembro número 501. Roberto Calvi, el discípulo y rival de Sindona, pertenecía asimismo a la logia P2 (y, según trascendería más adelante, blanqueaba dinero para la mafia a través de su Banco Ambrosiano).

Gelli tenía peligrosas conexiones internacionales, como el hombre que hasta 1979 había sido jefe de la policía secreta del sah de Irán. Más de cuarenta afiliados eran originarios de países sudamericanos o residían en ellos. El numeroso contingente argentino incluía al almirante Emilio Eduardo Massera, una importante figura del golpe de Estado de 1976. En aquel momento estaba planeando la guerra sucia de la junta militar contra opositores políticos, en la que se cree que fueron asesinadas treinta mil personas.

Entre las muchas figuras importantes de los medios de comunicación que se habían unido a la logia P2, los nombres más llamativos eran los del dueño y el director general de la empresa propietaria del *Corriere della Sera*, así como el director de la publicación y el periodista que había entrevistado al «titiritero».

Después de la publicación de la lista de la logia P2 hubo sorpresa e indignación. Los acontecimientos se sucedieron con rapidez y tuvieron repercusiones duraderas. El Gobierno cayó a causa de los titubeos de Forlani. Se creó una comisión de investigación parlamentaria sobre la logia masónica P2, que lideró la extraordinaria democristiana Tina Anselmi, una heroína de la resistencia contra los nazis y la primera mujer italiana que se convertía en ministra del Gobierno. La logia P2 no tardó en ser prohibida conforme a la denominada Ley Anselmi, que se basaba en el artículo 18 de la Constitución.

El maestro venerable huyó a Suiza, donde fue detenido más tarde. En agosto de 1983 escapó de una cárcel de Ginebra y viajó a Sudamérica con pasaporte diplomático argentino. No regresaría a Italia para enfrentarse a la justicia hasta 1988. Ya entonces había en marcha otras investigaciones sobre varios casos de corrupción y subversión derechista en los que se sospechaba la implicación de la logia P2. Los procesos legales y las polémicas públicas se prolongarían durante muchos años.

La nerviosa clase dirigente de Roma contraatacó de inmediato, o eso alegaba la izquierda política. En septiembre de 1981 se ordenó a los fiscales de Milán que habían practicado el registro en la fábrica de Gelli que entregaran la documentación a los magistrados de Roma, donde la fiscalía tenía fama de ralentizar y desactivar los casos políticamente delicados.

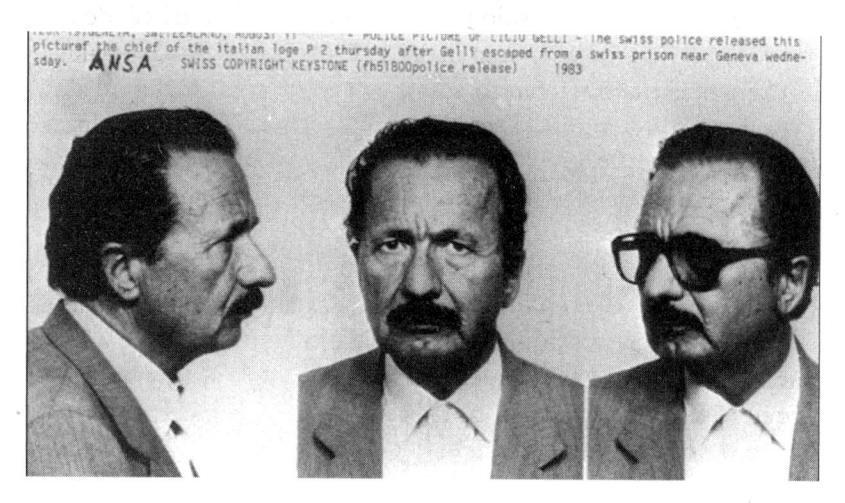

Licio Gelli, en una fotografía distribuida por la policía poco después de haber escapado de una cárcel suiza en 1983.

El escándalo de la logia P2 acabó con la protección de la que gozaba el *piduisti* Roberto Calvi. Su Banco Ambrosiano se desplomó al año siguiente y, en junio de 1982, encontraron a Calvi ahorcado bajo el puente de Blackfriars, en Londres. Todavía hoy nadie sabe con certeza si fue asesinado o si se suicidó. En 1984, Michele Sindona, la falsa víctima del secuestro, fue extraditado a Italia y más adelante juzgado y encarcelado por delitos financieros. En marzo de 1986 también fue hallado culpable de encargar el asesinato de su síndico bancario. Sindona murió en la cárcel dos días después de beber un *espresso* envenenado con cianuro. Aunque probablemente se quitó la vida, algunos especulaban con que había sido silenciado.

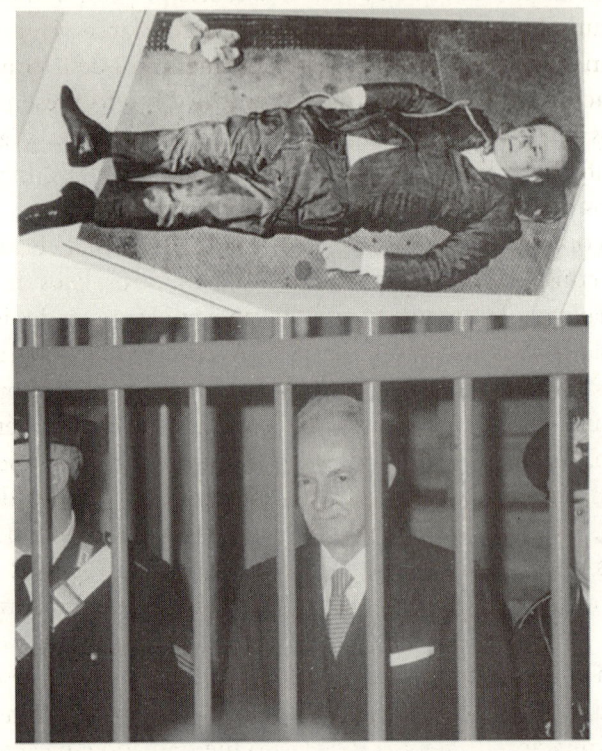

Roberto Calvi (1920-1982), cuyo cuerpo fue hallado colgando debajo del puente de Blackfriars, en Londres, y Michele Sindona (1920-1986), que bebió café con cianuro tras ser condenado a cadena perpetua por asesinato. Ambos banqueros eran miembros de la logia masónica P2.

Tras un registro en las oficinas de Gelli en Montevideo, la capital de Uruguay, encontraron, entre otras cosas, documentos sumamente confidenciales de los servicios secretos italianos. Solo una pequeña parte de ese tesoro uruguayo llegaría a manos de las autoridades de la península. Se sospechaba —como se sigue sospechando hoy— que la lista de miembros de la logia P2 descubierta en la fábrica de Gelli en Arezzo estaba incompleta y que faltarían varios cientos de personalidades.

El caso de la logia P2, que nunca se ha cerrado, está plagado de dudas como esta. En palabras de Tina Anselmi, presidenta de la comisión de investigación parlamentaria: «[La historia de la logia P2] es singularmente rica en ambivalencias y hechos con doble significado. Junto con las pruebas que apoyan una teoría [...] casi siempre aparecen circunstancias para justificar la teoría contraria». Como si pretendieran demostrar ese argumento, los miembros de la comisión de investigación no se pusieron de acuerdo y, cuando presentaron sus hallazgos en 1984, aportaron un informe mayoritario y al menos cinco informes minoritarios que discrepaban de las conclusiones.

Años después, los protagonistas y los historiadores siguen manifestando opiniones muy dispares sobre la logia de Gelli. Para algunos fue una conspiración fascista subversiva. Para otros, lejos de ser subversiva, la logia P2 fue una manera de apoyar el sistema desde dentro. Algunos perciben la sombra de la CIA en ambos escenarios. Tina Anselmi describió la logia P2 como parte de una «doble pirámide». La pirámide más baja era la logia P2, con Licio Gelli en el vértice. Sin embargo, Gelli también se situaba en la punta de una pirámide invertida, gran parte de la cual permanecía oculta dentro del Estado. Según Anselmi, los verdaderos culpables de aquella historia eran figuras escondidas en la pirámide invertida. Muchos ven la logia P2 como el verdadero rostro del poder, y el escándalo que la rodeó como la única vez en la historia de Italia en la que los ciudadanos atisbaron dónde se tomaban las verdaderas decisiones. Por contra, un eminente historiador de la francmasonería ha argumentado hace poco que no existió una conspiración de la logia P2: el caso fue tramado cínicamente por la izquierda. No hay consenso sobre si Licio Gelli manejaba los hilos o si era un títere en manos de hombres más poderosos, un jefe de una banda criminal o un embaucador cuyo poder no era más real que el del mago de Oz, un lobista ilegal o el último en un extenso linaje de masones incomprendidos.

Durante más de tres décadas, Gelli fue investigado y llevado a juicio por una larga lista de delitos: pertenencia a una organización subversiva, financiación de atentados terroristas, delitos económicos, corrupción política, difamación, obstrucción a la justicia, complicidad en un homicidio (por ordenar el ahorcamiento de Roberto

Tina Anselmi (1927-2016), que presidió la comisión de investigación parlamentaria sobre la logia P2.

Calvi bajo el puente de Blackfriars), colaboración con la mafia siciliana y la camorra napolitana, tráfico de armas y divisas y evasión de impuestos. Teniendo en cuenta el amplio arsenal legal presentado contra él y las expectativas iniciales que veían a la logia P2 como la clave para todos los misterios de la época, el total de sentencias condenatorias resultó decepcionante:

- En 1994, a Gelli le fue impuesta una condena por «difamación agravada con fines terroristas» en relación con la bomba de la estación de Bolonia en 1980. Los tribunales consideraron que Gelli había conspirado con cuatro agentes secretos para desviar la atención de las investigaciones sobre la masacre. El plan consistió en colocar de nuevo una maleta que contenía el mismo explosivo que se había utilizado en la masacre de la estación de Bolonia con la intención de implicar a terroristas extranjeros en lugar de a los neofascistas italianos, que eran los verdaderos responsables.
- En 1998, Gelli huyó después de que el Tribunal Supremo confirmara una condena de doce años de cárcel por su papel en la

caída del Banco Ambrosiano, que dirigía Roberto Calvi, conocido por su aparición bajo el puente de Blackfriars. El maestro venerable fue detenido de nuevo cuatro meses después en el sur de Francia. Llevaba barba y boina.
- Gelli también fue condenado por difamación contra los magistrados que investigaban su caso, pero el fallo fue suspendido según la ley de prescripción. Le ordenaron pagar las costas.
- Un periodista demandó al maestro venerable por difamación. Además, a Gelli le fue impuesta una condena menor por atentar contra el honor del presidente italiano.

En conjunto, esas sentencias no respaldan de forma inequívoca ninguna de las interpretaciones sobre el caso P2. Tampoco lo hace el hecho de que, en 1996, el Tribunal Supremo absolviera a Gelli y los *piduisti* de conspiración contra la Constitución y las instituciones del Estado. Muchos veían ese fallo como el producto de una tapadera de la clase dirigente, mientras que otros objetaban que conspirar contra el Estado era tan solo la teoría más disparatada de lo que la logia P2 se traía entre manos.

Nunca conoceremos toda la verdad. Lo que sigue, presentado con la debida cautela, es un intento de remontarme a los años previos al registro de la fábrica de Gelli cerca de Arezzo y contar la historia de la logia P2.

La logia oculta

La logia P2 no fue creada por Licio Gelli. Se había fundado un siglo antes en el seno del Gran Oriente de Italia con el nombre de Logia Propaganda Masónica. Sus primeros afiliados eran figuras destacadas de la década de 1880, entre ellas dos primeros ministros y Giosuè Carducci, el aclamado poeta nacional. La Logia Propaganda Masónica, ubicada en Roma, poseía un estatus especial: exoneraba a sus famosos, atareados y viajados miembros de los deberes impuestos por sus logias territoriales. Los afiliados de la logia Propaganda también disfrutaban de mucha más privacidad, ya que podían ser admitidos en la masonería directamente por el gran maestro; el procedimiento era conocido como «iniciación en el filo de la espada». El gran maestro también mantenía en secreto su identidad, o la guardaba «en el oído», según la jerga del Gran Oriente. Por tanto, se trataba de una «logia cubierta» (de nuevo, según la jerga masónica).

Todo ello demostraba lo dispuesta que estaba la masonería italiana a dar cobijo a amigos poderosos. La privacidad otorgada a sus miembros obedecía en parte a que, de ese modo, podían mantener su reputación. Ningún oportunista de una logia regular podría airear la estrecha relación que mantenían con las altas esferas del Gran Oriente.

No obstante, también había aspectos de la historia de la logia Propaganda que presagiaban problemas posteriores. La logia estaba particularmente asociada al gran maestro Adriano Lemmi, reclutado en 1877, y su buen amigo, el primer ministro Francesco Crispi, que también era miembro. Como mencioné de pasada en un capítulo anterior, su alianza política dañó la reputación de la masonería cuando se vieron envueltos en escándalos relacionados con el monopolio estatal del tabaco y un banco fallido.

Cuando la francmasonería italiana resurgió después de la Segunda Guerra Mundial, la logia Propaganda recibió el número dos como indicativo de su importancia (la logia número 1 era la más antigua del país). Con el paso del tiempo, se daría a conocer simplemente como Propaganda 2 o P2.

Licio Gelli fue iniciado en la masonería en 1965. Dos años después fue transferido a la logia P2. A finales de los años sesenta ya era un estrecho colaborador del gran maestro. Según sus conocidos, Gelli tenía encanto y hasta carisma, y llevó consigo a toda una serie de contactos reales o fruto de sus alardes, de los cuales algunos eran buenos candidatos a la iniciación masónica.

En 1970, Gelli fue puesto al mando de la logia P2 y se le otorgó autoridad para iniciar a nuevos miembros «en el filo de la espada», hasta el momento un privilegio exclusivo del gran maestro. En 1971, su papel quedó formalizado cuando le concedieron el cargo inédito de secretario de organización de la logia P2. El consejo de dirección creado para trabajar con él carecía de autoridad alguna. La logia P2 iba camino de convertirse en una propiedad personal de Gelli.

Cualquier masón de Gran Bretaña o de Estados Unidos que esté leyendo esto ya habrá arqueado las cejas al oír hablar de la logia Propaganda original del siglo XIX. Allí no ha existido nunca una logia cubierta y, sin duda, era una estructura proclive a abusos. Bajo la dirección de Licio Gelli, esos abusos se produjeron. Antes de su llegada, la logia P2 era poco más que una lista de hermanos distinguidos. Después se convirtió en un organismo parasitario dentro de la francmasonería que quedaba totalmente bajo control de Gelli. La logia Propaganda cubierta acabaría siendo la logia P2 encubierta. Para quienes sientan aprecio por los valores masónicos, lo verdaderamente asombroso de ese sistema era que Gelli puso sus cimientos con la colaboración de los líderes del Gran Oriente y la complicidad de muchos francmasones de alto rango.

Aquí, el fascinante protagonista es Giordano Gamberini, el gran maestro del Gran Oriente durante casi toda la década de 1960 y una figura de poder detrás del trono mientras estuvo ocupado por sus dos sucesores. Gamberini fue el hombre que eligió a Gelli como protegido, que le encomendó la responsabilidad de dar nueva vida a la logia P2 y que más tarde ejerció como su mecenas. Sin embargo, Gamberini era cualquier cosa menos tonto o corrupto. Era un refinado estudioso protestante con perilla y un porte aristocrático heredado de sus parientes nobles de Rávena. También era mordazmente honesto en lo tocante a los defectos de la masonería. Sus escritos analizaban cómo la historia italiana, a diferencia de la inglesa o la estadounidense, había impedido a los masones labrarse una gran tradición originada en la capacidad de la masonería para crear hombres mejores. Afirmaba sin ambages que lamentaba, pero no podía ignorar, lo política que había sido siempre la masonería desde Murat y los carboneros. Gamberini creía que la masonería debía resistirse a ser «una fuerza política, un centro de poder y una escuela ideológica». Asimismo debía abandonar sus malos hábitos de secretismo y su «inclinación por el favoritismo entre hermanos».

Es evidente que Gamberini concebía la masonería en términos diametralmente opuestos a lo que acabó siendo la logia P2, lo que aún hace más extraño que un hombre tan honesto confiara tanto poder a un personaje retorcido como Gelli. La explicación radica en otros defectos de la masonería que Gamberini fue incapaz de detectar. Como muchos masones italianos, se oponía con fuerza al comunismo. Era partidario de una batalla campal contra la intransigencia comunista, ya que eso ayudaría a purgar la masonería de «falsos hermanos» que se engañaban a sí mismos pensando que podían ser neutrales. Para Gamberini, el anticomunismo era una prueba de virilidad masónica.

LA ORDEN

El gran maestro Giordano Gamberini (1915-2003).

En todo el mundo, los masones siempre han mostrado cierta tendencia a considerarse la *crème de la crème* ética. Gamberini hacía gala de esa tendencia a espuertas; dicho llanamente, era un esnob. Además, su idea de la masonería rezumaba cierto machismo moralista. Según él, la manera que tenía la hermandad de perfeccionar el carácter no era adecuada para las mujeres, ya que ellas eran «distintas» y tenían «otro camino que recorrer». Evitaba esclarecer en qué sentido eran distintas las mujeres, si bien encontramos una pista en su desprecio hacia el feminismo. Para Gamberini, el masón ideal era un ser moralmente superior dispuesto a mantenerse firme ante los brutales antojos de la muchedumbre: «Las enseñanzas masónicas van dirigidas exclusivamente al individuo y pretenden ayudarlo a convertirse en una "persona" en el sentido más amplio de la palabra. Cuando llegue el momento en que cada individuo sea verdaderamente una persona, la multitud —con su estupidez, su crueldad y su incoherencia simiesca— dejará de existir». A Gamberini tampoco le gustaba la prensa profana, que no hacía más que difundir ideas erróneas y perjudiciales sobre la masonería.

La capacidad de Licio Gelli para introducirse en ambientes de clase alta alimentaba la arrogancia del gran maestro Gamberini. Por razones muy diferentes, ambos querían atraer a los mismos hombres:

no a los políticos, que estaban demasiado comprometidos en el juego de las distintas facciones, sino a los altos funcionarios del Estado. A juicio de Gamberini, esos eran los hombres de verdad, dotados de un sentido del deber y del orden y ajenos a los caprichos de las masas. Ese terreno común entre Gamberini y Gelli fue la base de su inicial confianza mutua. Más adelante, cuando el clima político italiano se volvió más tenso a partir de 1969, Gamberini apreciaría el desaforado anticomunismo de Gelli. Para Gamberini, la nueva vida de la logia P2 podía convertir los valores fraternales en un refuerzo moral para el manejo de asuntos públicos en una sociedad amenazada por la corrupción y la izquierda. Según él, la política debilitaba a la masonería, pero el Estado necesitaba con urgencia lo que esta podía ofrecer. En ese sentido, la masonería italiana aún podía considerarse por encima de la lucha política, como siempre habían exigido los deberes masónicos.

Así fue como el gran maestro Gamberini dio su bendición al control de Licio Gelli sobre la logia P2. A continuación, Gelli intensificó su secretismo y su orientación derechista. Dio a sus miembros nombres en clave y, en sus cartas, la logia recibía una inocua designación a modo de tapadera: «Centro de Estudios Históricos Contemporáneos». Organizaba reuniones especiales entre miembros de la logia y altos cargos de una misma rama del Estado para debatir la situación política.

Según Gelli, el peligro era que los católicos y los comunistas, viejos adversarios de la masonería, habían formado una infame entente «eclesiástico-comunista». Enumeró el programa político como sigue: «La amenaza del Partido Comunista, en connivencia con el clericalismo, que está a punto de conquistar el poder. La impotencia de la policía. La propagación descontrolada de la inmoralidad [...]. Nuestra posición en caso de que los eclesiástico-comunistas llegaran al poder. La relación con el Estado italiano». En una circular sobre estas cuestiones dirigida a los miembros de la logia P2, Gelli hablaba con pesimismo de unos «planes de emergencia» que podían ser necesarios si los «eclesiástico-comunistas» tomaban la delantera.

El 29 de diciembre de 1972, por la misma época de esas reuniones, los altos cargos de la logia P2, incluido el sucesor de Gamberini como gran maestro, se dieron cita en el Baglioni, un hotel de cuatro estrellas de Florencia. Allí, Gelli presentó un plan para gestionar la información dentro de la logia. Las noticias comunicadas por los hermanos serían evaluadas por un comité de expertos y luego remitidas a una agencia de prensa amiga. El propósito de todo esto no es ningún misterio: el chantaje.

Los masones demócratas y tradicionalistas de la logia P2 se sentían cada vez más alarmados. Habían oído a Gelli alardear de que contaba con información que podía arruinar al gran maestro. En ese mismo momento, la estrategia de tensión estaba empujando a Italia hacia una coyuntura de extremo peligro. En mayo de 1974, en la piazza della Loggia de Brescia, una bomba acabó con la vida de ocho personas y mutiló a docenas más durante una manifestación contra el terrorismo de derechas. En agosto de ese mismo año murieron otras doce personas cuando estalló un artefacto en un tren que pasaba por un puente de los Apeninos. No obstante, a pesar de ese clima y del característico regusto a argucias que emanaba de la logia P2, casi todos sus miembros y los líderes del Gran Oriente decidieron no acudir a las autoridades. El caso de la logia P2 debía llevarse en privado; era un asunto solo para masones.

En diciembre de 1974, una asamblea del Gran Oriente tomó en consideración las inquietudes de los demócratas y votó a favor de convertir la P2 en una logia regular; no habría más masonería de intriga y misterio. Sin embargo, la primavera siguiente, cuando supuestamente iba a ratificarse la decisión, esta fue revisada después de unas maniobras entre bastidores. Se cree que Gelli hizo circular documentos que implicaban al gran maestro en malas prácticas económicas. Poco después, fue nombrado maestro venerable de la logia P2 regular, que solo contaba con unos pocos miembros, mientras seguía dirigiendo su versión privada de la P2, con cientos de miembros cubiertos «en su oído». Incluso le facilitaban fajos de tarjetas de afiliación en blanco para que las cumplimentara como juzgase oportuno. El cuclillo controlaba el nido.

Es obvio que los líderes del Gran Oriente pensaban que sus maniobras constitucionales habían ofrecido una cortina de humo para aislar cualquier peligro que la logia P2 de Gelli pudiera representar para la masonería en su conjunto. Cuando fue entrevistado en 1977, en medio de una creciente preocupación por parte de la prensa, el antiguo gran maestro Giordano Gamberini afirmó con hipocresía que ahora era una logia masónica normal y no más secreta que cualquier otra.

Mientras tanto, Gelli estaba invirtiendo mucho tiempo en reuniones cara a cara en su suite de hotel en Roma, donde hizo instalar tres teléfonos, o en el bar Doney, situado en el edificio contiguo. Inició a tantos miembros «en el filo de la espada» que hubo que reestructurar la logia. Hasta ese momento, había recurrido a unos pocos colaboradores, que figuraban entre los primeros adeptos. A partir de 1979, mientras los hermanos más poderosos seguían vinculados directamente con Gelli y solo con él, repartió al resto de los miembros de la logia P2, aproximadamente la mitad, en grupos locales cuyos líderes remitirían las solicitudes a sus superiores.

Esas células formalizaron las redes en miniatura que en todo momento fueron uno de los secretos del éxito de la logia P2. El maestro venerable reclutaba a un individuo ansioso por utilizar sus contactos en la hermandad para conseguir una ventaja injusta en su carrera profesional o algo parecido. Después, ese adepto recomendaba a Gelli uno o dos aspirantes más con un perfil similar. De esta manera, se incorporaron al sistema de la logia P2 muchos grupos, algunos de ellos de tres o cuatro personas que lograban acceso a un mundo de contactos mucho más amplio. A cambio, Gelli encontraba a grupos aún más grandes que, a diferencia de la mayoría de los masones, tenían importantes favores que intercambiar y no pondrían objeciones si se les pedía que realizaran un servicio para un miembro de la logia P2 al que no conocían. El maestro venerable se estaba convirtiendo en una centralita humana de favores.

Cuando la Guardia di Finanza registró la fábrica de Gelli, encontró doscientas cartas en el archivo de la logia P2, dos tercios de las cuales eran peticiones de solidaridad masónica. En la mayoría de los casos, esa solidaridad adoptaba la forma de lo que los italianos denominan *raccomandazione*, una carta personal dirigida a un empresario para recomendar a alguien para un trabajo. Una *raccomandazione* no es lo mismo que una referencia laboral. Normalmente presentada con un lenguaje amigable y educado, la *raccomandazione* es una petición implícita de que se hagan excepciones con la persona recomendada. En ella, una figura poderosa pide a otra figura poderosa un favor a cambio de otros favores. Esas cartas eran la ocupación diaria del maestro venerable.

Gelli también supo ganarse a los líderes del Gran Oriente desviando parte del abundante caudal de solidaridad masónica y *racco-*

mandazioni de la logia P2. En la primavera de 1980, durante una reunión del Gran Oriente, el gran maestro (el tercero del reinado de Gelli) planteó más inquietudes sobre la logia P2 y expuso que «solo recurriendo a ella, es decir, al señor Gelli, pudo satisfacer las numerosas peticiones de solidaridad que le hicieron llegar varios hermanos».

Siempre que era posible, Gelli reforzaba su sistema mediante coacciones, y creó un gran archivo privado con miembros reales y posibles de la logia P2. La información era un tributo que exigía a sus hombres; cuanto más comprometedor era el material, más valioso era. Más adelante, algunos miembros afirmaban que Gelli los intimidó para que se unieran a la logia con la amenaza de hacer públicos sus secretos. Según el testimonio de un alto funcionario: «[Gelli] me hizo darme cuenta de que podía conseguir información sobre todas las cosas contrarias a la ley que yo había cometido y que solo entonces podría protegerme de forma adecuada».

La logia P2 brindaba a Gelli toda clase de opciones para sus injerencias tácticas. A veces solo necesitaba poner en contacto a dos *piduisti*. A finales de los años setenta hubo un escándalo por un plan para importar petróleo evadiendo impuestos que ascendía a cientos de miles de millones de liras. Las empresas del norte de Italia implicadas en la trama hallaron protección legal en una red de altos mandos de la Guardia di Finanza pertenecientes a la logia P2, quienes a su vez blanquearon sus beneficios con la ayuda de banqueros y se protegieron de la investigación gracias a agentes secretos, todos ellos miembros de la P2. Mediante la red de la logia P2, una iniciativa delictiva se convirtió en un sistema.

Por medio de sus contactos en la cúpula de la Guardia di Finanza, Gelli podía ofrecer protección a todo aquel que temiera una inspección de sus asuntos económicos. Al parecer, eso es lo que ocurrió cuando intervino para resolver una disputa por una deuda empresarial de cinco millones de dólares que contrajo la magnate de la construcción Anna Bonomi con el conocido Banco Ambrosiano de Roberto Calvi, miembro de la logia P2. La mediación de Gelli era una opción más rápida, barata y segura que recurrir a los tribunales, donde se exigiría una mayor transparencia.

Gelli tenía poder para convertir acuerdos comerciales en intercambios de favores entre «amigos». El Grupo Rizzoli compró el *Corriere della Sera* en 1974. Al hacerlo, acumuló una deuda descomunal y no podía conseguir más crédito para ejecutar sus planes de reestructuración por medios convencionales. Fue entonces cuando Gelli apareció en escena. Los propietarios y altos directivos de Rizzoli se afiliaron a la logia P2, y el maestro venerable facilitó el capital que necesitaban por medio de un pequeño grupo de bancos, todos ellos dirigidos por miembros de la logia. Tres de ellos estaban controlados por el Estado y, una vez más, el otro era el Banco Ambrosiano de Roberto Calvi. Según reconoció el director general de Rizzoli, el grupo pagó a Gelli una comisión de seis mil o siete mil millones de liras entre 1975 y 1980 (unos veinticinco millones de euros actuales). Por medio del Banco Ambrosiano, que también atravesaba graves problemas económicos y legales, la logia P2 se haría poco a poco con el control de Rizzoli. Umberto Ortolani, la mano derecha de Gelli en asuntos económicos, fue incluido en la junta directiva y el propio Gelli se convirtió en el representante de la empresa en Sudamérica.

Lo cual nos lleva al misterio de la política de la logia P2. Contrariamente a lo que cabría imaginar, la influencia de Gelli en el *Corriere della Sera* no supuso un cambio evidente en la línea editorial. Ni siquiera la entrevista de Gelli, alubias requemadas incluidas, parecía fuera de lugar cuando se publicó en octubre de 1980, porque formaba parte de una serie sobre las fuentes ocultas de poder en Italia. Muchos expresaron su preocupación por las palabras de Gelli, pero nadie culpó al *Corriere* de ofrecerle una plataforma. El periódico más importante de Italia podía ser muchas cosas, pero no fue un altavoz para la logia P2 entre 1975 y 1981. Para comprender el sutil juego político de Gelli tenemos que buscar en otro lado.

Renacer democrático

En verano de 1981, poco después de que saliera a la luz la lista de la logia P2 en la Toscana, la hija de Licio Gelli llegó a Roma en un vuelo procedente de Brasil. Llevaba un maletín cuyas costuras habían sido rasgadas y vueltas a coser. En un rudimentario doble fondo, los agentes de aduanas descubrieron dos tipos de documentos: el material para unas falsas alegaciones sobre cuentas suizas que pretendían desacreditar a los magistrados que investigaban el caso de la logia P2 y el «Plan para el renacer democrático», el programa de la logia que pretendía dar un giro autoritario a la política italiana.

La cuestión de la política en la logia P2 sigue siendo el aspecto más controvertido y misterioso de todo el asunto. Ahondar en el «Plan para el renacer democrático» es la mejor manera de desenmarañar los objetivos políticos que Gelli tenía en mente para su logia. Debemos recalcar para empezar que el plan no pretendía destruir por completo la democracia. Si hubiera que reducirlo a una fórmula, podría definirse más como conservador-autoritario que como fascista. El plan expone unas políticas cuyos valores de cabecera son la familia, la nación y la libertad económica. Se practicaría una rápida redada contra «matones de a pie y seudopolíticos», y la policía emplearía métodos de interrogatorio menos remilgados que los que en aquel momento estaban permitidos. El poder judicial quedaría sometido a un mayor control del Gobierno. Los medios informativos serían gestionados por una agencia de prensa estatal. Y así sucesivamente.

Los puntos más llamativos del plan no guardan relación con la política. Por el contrario, forman parte del diagnóstico que Gelli esboza sobre los errores políticos de Italia. La imagen que tenía de sus enemigos es conspirativa. El hecho de que todos los conspiradores también son teóricos de la conspiración resulta una obviedad.

El Partido Comunista Italiano (PCI) era el mayor enemigo de la logia P2. Gelli describe al PCI como un partido que, con gran cinismo, finge ser respetable, democrático, cultivado y aceptado por las clases medias. Su «verdadero rostro», por el contrario, era brutalmente «húngaro o checoslovaco» (se trata de una referencia a la represión ante una revuelta contra el Partido Comunista de Hungría en 1956, que contó con el respaldo soviético, y al aplastamiento de la Primavera de Praga mediante una invasión liderada por la URSS en 1968).

Según Gelli, los pequeños grupos militantes de izquierdas que habían criticado públicamente al PCI por no ser lo bastante izquierdista estaban pergeñando una estrategia coordinada con él. Y lo que era aún peor: la mano del KGB, la policía secreta soviética, estaba detrás de la organización de «brutales masacres» en territorio italiano para llevar al PCI al poder. La estrategia de tensión, en otras palabras, era un plan de la izquierda convencional y no de la extrema derecha.

Por tanto, el principal objetivo del plan era poner freno al PCI. Los democristianos no tenían capacidad para desarrollar ese trabajo.

Estaban demasiado ligados al Vaticano, se hallaban muy enfrentados entre distintas facciones, eran corruptos y también inmunes a las verdaderas necesidades como para poder resultar útiles.

De acuerdo con esa lógica, como había una conspiración de izquierdas en marcha, la logia P2 tenía todo el derecho a urdir una contraconspiración de derechas. El primer paso de Gelli hacia una solución sería crear un club inspirado en los rotarios y con fuertes lazos con la «masonería internacional». Sus miembros serían un grupo de treinta a cuarenta personas pertenecientes a las más altas esferas de los negocios, las finanzas, las profesiones liberales, el derecho y el funcionariado. Solo formarían parte del equipo unos cuantos políticos cuidadosamente seleccionados. Gelli nos cuenta que sus elegidos debían ser «homogéneos en su discernimiento, imparcialidad, honestidad y rigor moral». Esa organización, a la que podríamos denominar «Club Rotario», era un grupo de élite dentro de la logia P2, un comité de «avalistas» que vigilaría a los políticos encargados de ejecutar el «Plan para el renacer democrático».

La siguiente fase sería infiltrarse en el partido democristiano, que en aquel momento era la formación de Gobierno, para «rejuvenecerlo» y expulsar como mínimo a un 80 por ciento de sus líderes. Se formaría a una legión de jóvenes funcionarios y profesionales en clubes o secciones locales supervisados por el Club Rotario. Más tarde serían introducidos en las instituciones y llevarían estas en la dirección correcta. De ese modo, asegura Gelli, Italia podría llegar a una situación en la que «un poder político honesto» impusiera «directrices claras», que luego serían ejecutadas por funcionarios estatales por deber patriótico y «un espíritu de pureza rotaria».

El plan de Gelli es tan estrambótico como siniestro. Su idea de que el Rotary Club es un buen modelo para los héroes de una sigilosa toma de poder por parte de la derecha es singularmente extraña, como extraños son los intachables criterios éticos que exigía a los demás conspiradores, a quienes planeaba ofrecer un cuantioso presupuesto para comprar influencia. Supuestamente, solo los hombres con unos principios inquebrantables pueden llegar al poder a fuerza de sobornos y, aun así, tener la conciencia tranquila.

En síntesis, los pasajes del «Plan para el renacer democrático» parecen la fantasía infantil de un titiritero, como la que mencionaba el maestro venerable en su impopular entrevista con el *Corriere della Sera*.

El «Plan para el renacer democrático» también tiene un regusto típicamente masónico, o al menos la clase de regusto masónico que agradaría a alguien como el antiguo gran maestro Gamberini. Los rotarios del plan recuerdan mucho a la visión que Gamberini tenía de lo que debían ser los auténticos francmasones. Gelli quiere contar con los líderes del Gran Oriente y atraer a hombres de las instituciones a los cuales les interesen las ideas de Gamberini sobre lo que podría conseguir la masonería gracias a la logia P2. Asimismo se ganaría a algunos anticomunistas sinceros y a aquellos que pudieran simpatizar con la visión del gran maestro Gamberini, que consistía en utilizar la masonería para inyectar una renovada energía ética al Estado.

Sin embargo, ese no era el propósito último de la misión de la logia P2. De hecho, las verdaderas intenciones del plan no fueron esclarecidas. Resulta importante tener en cuenta que el plan no era muy secreto; no se trataba de un manual de instrucciones en clave enviado por un genio maligno a sus serviles cómplices. Es probable que Gelli quisiera que el contenido del maletín que llevaba su hija fuera encontrado, aunque quizá no tan pronto. Además, Gelli ya había expresado antes las ideas que contenía el plan y, en 1975, había mostrado una primera versión, conocida como «Schema R», al presidente de la República italiana. El plan no tenía por qué ser confidencial del todo, porque había mucha gente, no solo en la logia P2, sino también en las instituciones italianas, que podía ser simpatizante. Como veremos, el plan estaba enviando señales muy calculadas a los amigos y a los posibles amigos de Gelli.

Al intentar comprender el plan y el caso de la logia P2, muchas cosas dependen de si nos tomamos en serio la «amenaza roja». En la Italia de los años setenta, mucha gente temía y sentía una sincera aversión hacia cualquier asunto relacionado con el comunismo. Sin embargo, el Partido Comunista Italiano había demostrado una y otra vez sus credenciales democráticas, sobre todo al contribuir a la redacción de la Constitución del país. En la década de 1970, el PCI no suponía una amenaza «húngara» o «checoslovaca» contra los valores liberales o contra el lugar que Italia ocupaba en la alianza occidental contra el Imperio soviético.

No obstante, en el sistema italiano de posguerra, un gran sector del electorado quedaba al margen del juego de poder nacional al votar a los comunistas. Un sector más pequeño, pero aun así sustancial, quedaba fuera al votar al MSI, el partido neofascista, que era igual de inelegible que el PCI. Por tanto, restaba un centro desdibujado dominado por los democristianos para ocupar el poder por defecto. La amenaza comunista, exagerada cuando era necesario, se adecuaba a los propósitos de muchos políticos y sus amigos empresarios que actuaban en ese centro sin personalidad y carácter propios. En palabras de un historiador de la logia P2: «Durante cincuenta años, la gente se labró brillantes carreras políticas y económicas». Una de las grandes amenazas que los comunistas planteaban era que podían insistir en la reforma y en erradicar la corrupción si accedían al poder.

Otro aspecto clave en el caso P2 era la estrategia de tensión. Sin duda, había un elemento en los servicios secretos italianos de los años setenta que quería utilizar la amenaza de la subversión violenta para asustar a los votantes de modo que volvieran al centro sin personalidad y carácter propios y para dar a ese centro un empujón hacia la derecha. Varios líderes del servicio secreto habían sido condenados por lo que los italianos denominan *depistaggio*, esto es, crear pistas falsas aposta con el fin de proteger a los terroristas de derechas de cualquier investigación.

Muchos agentes del servicio secreto implicados en la estrategia de tensión eran *piduisti*. Sin embargo, la naturaleza exacta de la relación que Gelli mantenía con ellos es uno de los aspectos más turbios del caso P2. La comisión de investigación parlamentaria de Tina Anselmi detectó indicios de que Gelli mantenía una relación muy tensa con los servicios de información, que contaban con amplios informes sobre su pasado. Durante la comisión de investigación en el Parlamento trascendió que, durante la Segunda Guerra Mundial, Gelli había ejercido de oficial de enlace entre las fuerzas fascistas italianas y las SS y que participó de forma activa en la detención de activistas antinazis que más adelante fueron ejecutados. Sin embargo, también había pasado información a la resistencia comunista y, posteriormente, trabajó para el espionaje aliado, de manera que tenía un pie en cada bando; estaba minimizando riesgos. En 1950, un informe aseguraba que Gelli había sido agente del espionaje comunista de Europa del Este desde 1947. Curiosamente, esa pista fue ignorada. Y lo que aún resulta más extraño es que los servicios secretos guardaron el informe sobre Gelli y no lo remitieron a los investigadores que empezaron a indagar sobre la logia P2 a mediados de los años setenta. ¿Los agentes secretos estaban utilizando la historia de Gelli para controlarlo? ¿Estaban protegiendo a su hombre al no contar lo que sabían?

La trama se complicó en 1979, cuando el informe de Gelli fue entregado a un periodista al que había utilizado en el pasado para publicar revelaciones comprometedoras sobre otras personas. El periodista, Mino Pecorelli, empezó a difundir información de los servicios secretos sobre el maestro venerable. El dosier completo podría haber destruido la credibilidad de Gelli como anticomunista, pero Pecorelli fue asesinado antes de que pudiera publicarlo. ¿Se habían cansado los servicios secretos del maestro venerable y habían decidido acabar con él facilitando documentos a Pecorelli? ¿Por qué fue asesinado el periodista? (Hay que resaltar que Gelli no era ni mucho menos la única persona que tenía razones plausibles para desear su desaparición). Tina Anselmi se limitó a encogerse de hombros: «Podemos formular toda clase de hipótesis abstractas y ninguna conclusión es claramente absurda».

La conclusión más probable dice algo así: Licio Gelli no mostraba ningún escrúpulo con la estrategia de tensión, como demuestra su firmeza en relación con el atentado de la estación de Bolonia. Mediante el plan, y mediante sus insinuaciones sobre ollas de alubias requemadas, hizo saber que el trabajo sucio que acarreaba la cruzada anticomunista no le suponía ningún problema. Sin embargo, la estrategia de tensión no era una conspiración de la logia P2 ni el objetivo último de Gelli. Fueran *piduisti* o no, los agentes del servicio secreto que cometieron esas viles tergiversaciones de la justicia estaban haciendo lo que de todos modos habrían hecho. Según ellos, su cometido era frenar el comunismo. Gelli los ayudó, pero no era su autor intelectual.

Por el contrario, el objetivo de Gelli era apelar a hombres poderosos en el seno del amorfo centro. Para hacerlo, tenía que ser lo bastante anticomunista como para resultar creíble y lo bastante cínico como para resultar útil. El «Plan para el renacer democrático» estaba concebido para ese propósito; era una tarjeta de presentación para hacer amigos que se habían labrado «brillantes carreras políticas y económicas» en el centro sin personalidad y carácter propio. A esos hombres no les preocupaban los aspectos poco prácticos del plan, el Club Rotario y todo lo demás. Lo importante para ellos es que podían contar con los servicios de Gelli para que solucionara problemas.

De ese modo, el maestro venerable puso una intriga subversiva al servicio de su red de contactos. El objetivo era cosechar credibilidad suficiente para acumular dinero y poder organizando el intercambio de favores, muy lucrativo cuando se producía entre políticos y banqueros turbios como Michele Sindona y Roberto Calvi, o entre banqueros y empresas en apuros como el Grupo Rizzoli.

Macetas de terracota

La logia P2 se creó desarmando meticulosamente todas las precauciones anticorrupción que hacen que la francmasonería sea más difícil de utilizar con fines deshonestos de lo que podríamos pensar. Esas precauciones no son en modo alguno infalibles, pero sí importantes. Por ejemplo, los nuevos miembros deben jurar que no se afilian por objetivos egoístas y que no quebrantarán la ley. Por sí mismos, esos juramentos tal vez no disuadan a los más deshonestos, pero crean una expectativa de relaciones sinceras que hacen difícil que un masón corrupto sepa si alguno de sus hermanos es tan corrupto como él o si al menos está dispuesto a ser discreto.

La masonería cuenta con otros anticuerpos contra la corrupción. Puesto que las reuniones de la logia se celebran a puerta cerrada, mucha gente da por sentado que ello es propicio para realizar fechorías encubiertas. Es cierto que, como los miembros de cualquier logia pueden votar en contra de los aspirantes que no les gustan, dicha logia puede crear un estilo propio. En teoría, ese estilo podría ser corrupto. Sin embargo, las logias son abiertas y transparentes en un aspecto: los hermanos de otras logias pertenecientes a la misma rama de la masonería deben poder visitarlas. Los que lo hacen con mayor frecuencia son masones de alto rango cuya labor es garantizar las buenas prácticas y una gestión económica juiciosa. También sería difícil mantener una cultura corrupta en una logia, porque, siguiendo el principio de igualdad entre hermanos, los cargos de liderazgo cambian de forma periódica. Los oficiales solo se mantienen en su puesto un año y, antes de ocupar la silla de maestro venerable, un hermano ha debido tener otros cinco o seis trabajos.

La última manera, aunque no la menos importante, en que la masonería mantiene a raya a todo aquel que tenga intenciones dudosas es la gran cantidad de tiempo que se invierte en rituales, jurisprudencia masónica, recaudación de dinero para obras benéficas y simples debates. La mayoría de los asuntos de la logia son un extravagante desperdicio de energía si lo único que te interesa es llenarte los bolsillos.

Gelli despojó a la logia P2 de todos los accesorios rituales, morales y esotéricos de la masonería. Una vez que el ritual de iniciación quedó descartado, no había ceremonias en la logia P2. La dilatada tradición masónica de la democracia interna también fue eliminada; en la logia italiana no había elecciones ni constitución. Tampoco había registros de miembros. Solo Gelli sabía quiénes eran. Asimismo, no se celebró ni una sola reunión a partir de 1974, lo cual garantizó que los miembros solo pudieran conocer a otros hermanos de la logia P2 por medio del maestro venerable, que transformó la red de contactos fraternales descentralizada que imperaba en la masonería convencional en una agencia de información tremendamente centralizada.

El adepto ideal de la logia P2 era un hombre cuyas ambiciones pasaban por encima de sus principios, que quería salir adelante y vengarse de sus enemigos. A los aspirantes les entregaban un formulario en el que se pedía información sobre «injusticias (de haberlas)» sufridas durante su carrera profesional, «el perjuicio resultante» y «las personas, instituciones o entornos» a los que creyera que podía atribuirse dicho perjuicio. Gelli enviaba a los nuevos afiliados un resumen de las normas, que solo contenían una ligera pátina de devoción masónica sobre «intentar mejorar a toda la humanidad». El resto mezclaba exhortaciones a la estricta confidencialidad con una terminante exposición de los objetivos de la logia P2: «Trabajar para ayudar a amigos a conseguir un grado aún mayor de autoridad e influencia, porque, cuanto más fuerte sea cada uno de ellos, más poder acumulará para la organización en su conjunto». Poder reforzado por el secretismo: esa era la misión de la logia P2. Los métodos de Gelli convertían el difuso y sutil principio masónico del secretismo en algo que recordaba al código mafioso de la *omertà*.

Con todos esos medios a su disposición, el maestro venerable invirtió la polaridad ética de la confianza entre masones. Desarrollar una carrera en la masonería se supone que consiste en labrarse una buena reputación dedicando tiempo y esfuerzo a la vida de la logia, en aprender de hombres a los que uno respeta y, al mismo tiempo, en ser respetado por los masones más jóvenes. Por el contrario, una carrera en la logia P2 consistía en labrarse una reputación como proveedor fiable de favores y de información delicada.

Cuando Gelli convirtió la logia P2 en la criatura que tenía en mente, lo hizo aprovechando los puntos débiles históricos de la masonería italiana que el gran maestro Gamberini señalaba: su incorregible intervención en la política, el amor por los amigos poderosos, su miedo a la represión, su estatus inestable en la Constitución italiana y una mentalidad clientelista que había empeorado mucho en la cultura política cada vez más contaminada del país.

En resumen: Gelli no era un villano de James Bond. Como todos los mediadores ilícitos, al maestro venerable le interesaba exagerar sus contactos e influencia, como hizo cuando se describió a sí mismo como un titiritero en el *Corriere della Sera*. En privado, hizo gala de innumerables ejemplos de pedantería ante sus *piduisti*. La fama de la masonería italiana como un club para embaucadores no hizo sino darle más publicidad en ese aspecto. En realidad, eso era Gelli, un embaucador con una endiablada perspicacia para reconvertir la logia Propaganda y cumplir así sus propósitos.

En respuesta a la crisis de la logia P2, el Gran Oriente intentó cerrar la herida que había sufrido su reputación mediante la expulsión de Gelli. Con el tiempo, también se expulsaría al antiguo gran maestro Giordano Gamberini. No sirvió de nada. La mayoría de los italianos se mostraron absolutamente indiferentes a los matices de la relación entre el maestro venerable y la francmasonería en general, y ya habían llegado a sus propias conclusiones mucho antes de que los numerosos juicios contra Gelli alcanzaran una sentencia definitiva.

Una ecuación tan estricta como simple se apoderó de la mente de la ciudanía: P2 = conspiración = masonería. El daño ocasionado a la masonería en la península quizá no podrá repararse jamás. Licio Gelli falleció en diciembre de 2015 a los noventa y seis años de edad. Había pasado los últimos catorce años de su vida bajo arresto domiciliario en su casa de la Toscana. Varios tecnicismos legales y su avanzada edad permitieron que solo pasara unos días en una cárcel italiana. Su epitafio más elocuente tal vez sea la lista de sus activos recopilada en 1990 para uno de sus muchos juicios. Además de varias propiedades en Italia y Francia, valoradas en 5,5 millones de euros en

2019, tenía depósitos en varios bancos suizos, incluidos 250 kilos de lingotes de oro (3,5 millones de euros), 8,5 millones de dólares (7,5 millones de euros) y la descomunal cifra de 117 millones de francos suizos (125 millones de euros). A ese inventario podemos añadir los 165 kilos de lingotes de oro (2,3 millones de euros) hallados ocho años después en seis vasijas de terracota que había en la terraza de su casa de Arezzo. No se gana tanto dinero regentando una fábrica textil de tamaño medio.

17

Legados

¿Cuál es el estado de la francmasonería en la actualidad? A estas alturas debería ser obvio que nadie puede dar una respuesta definitiva a esa pregunta. La idea masónica se manifiesta de maneras tan diferentes en todo el planeta y hasta quienes se identifican como masones obedecen a códigos y organismos rectores tan dispares que, como punto de partida, sería necesaria una enciclopedia siempre actualizada con docenas de volúmenes.

No obstante, en un heroico intento por hallar una respuesta, el documentalista belga Tristan Bourlard pasó recientemente dos años viajando por el mundo. En 2017, el resultado fue un retrato del «planeta masónico» en el estimulante documental *Terra Masonica. La vuelta al mundo en ochenta logias*.

He hablado muy poco de la masonería en Sudamérica. Bourlard, en cambio, viajó a Brasil y a Argentina e incluso visitó la logia Fin del Mundo, fundada en una antigua prisión de Ushuaia, en Tierra del Fuego, tan solo mil doscientos treinta y ocho kilómetros al norte de la península antártica. Por razones de espacio, he tenido que obviar la arraigada tradición masónica exclusivamente cristiana de Escandinavia. El intrépido Bourlard llevó su cámara hasta la logia más meridional del mundo, situada en Hammerfest, Noruega, en las profundidades del círculo polar ártico. Gran parte de África ha quedado fuera de mi mapa de la historia de la masonería, pero no del de Bourlard. Al sur del Sáhara, en la república de Malí, encontró un diminuto enclave masónico en el que los miembros de la mayoría musulmana comparten relaciones fraternales con protestantes, católicos y judíos.

Bourlard es lo bastante sincero como para reconocer que no visitó la logia masónica más alejada de todas, que se encuentra a

384.400 kilómetros de la Tierra. La logia de la Tranquilidad número 2.000 fue fundada cuando el hermano Buzz Aldrin aterrizó en la Luna en julio de 1969 portando una comisión especial de la Gran Logia de Texas.

Bourlard es masón y tiene sus prejuicios. Aun así, sus extensos viajes le otorgan de sobra el derecho a crear una película sentimental. Como historiador, yo tengo unos objetivos en este último capítulo, al igual que a lo largo de todo el libro, que son menos festivos. Aspiro a cotejar la masonería en distintas regiones del mundo con sus valores fundacionales de la Ilustración. Al hacerlo, cuestiono algunas de las ideas erróneas que los profanos (los no masones) tienen sobre la masonería y también cómo los masones han tendido a relatar su pasado colectivo. Con este fin, actualizando algunas de las historias que he contado en capítulos anteriores, vuelvo a visitar fugazmente los países que han hecho historia masónica de manera más enérgica en los últimos trescientos años: Gran Bretaña y su antiguo imperio, Francia, Estados Unidos e Italia.

«La mafia de lo mediocre»

Este libro empezaba con una historia de 1743 sobre el secretismo masónico y la enorme desconfianza que la Inquisición sentía hacia ella. En la actualidad, aunque la Iglesia católica ha abandonado el potro de tortura y el *strappado* como medios de persuasión teológica, sigue oficialmente en vigor el mismo dogma sobre la francmasonería. En 1983, el cardenal Ratzinger (futuro Benedicto XVI) hacía las siguientes declaraciones como prefecto de la Congregación para la Doctrina de la Fe (como se conoce a la Inquisición hoy): «El criterio negativo de la Iglesia en relación con las asociaciones masónicas no ha cambiado [...]. Pertenecer a ellas sigue estando prohibido. Los fieles que se afilien a asociaciones masónicas se encuentran en situación de grave pecado y podrían no recibir la sagrada comunión». La excomunión continúa vigente. En 2013, el papa Francisco, el más liberal en varias décadas, habló con pesimismo en una entrevista sobre un misterioso «*lobby* masónico» que conspiraba contra la Iglesia. Existe alguna que otra voz clerical que todavía denuncia el satanismo y la perversión sexual que se practican en las logias. Para muchos, la Iglesia no tiene potestad para predicar en cuestiones de «perversión sexual».

El catolicismo no es el único hogar para la antimasonería religiosa. A principios de los años noventa, algunos grupos protestantes de Estados Unidos manifestaron una aversión antimasónica que no se veía desde la farsa de Taxil en la década de 1890. Su propaganda aducía que todos los masones de grados superiores adoraban a Baphomet, el avatar demoniaco con cabeza de cabra supuestamente reverenciado por los templarios en el siglo XIV, conforme al falso rito paladista de Taxil en el XIX. Albert Pike, general confederado y gurú del rito escocés durante la guerra civil de Estados Unidos, era descrito como el antipapa de la anti-Iglesia masónica.

Aunque la Convención Bautista del Sur decretó en 1993 que la afiliación masónica era una cuestión reservada a la conciencia de cada cristiano, la propagación de internet en años posteriores permitió que siempre hubiera un lugar para ese tipo de delirios. Por ejemplo, la extraña segunda vida de Albert Pike como estrella de las teorías de la conspiración parece destinada a continuar. Pike fue noticia hace poco, ya que, al parecer, en 1871, hizo una profecía sobre una Tercera Guerra Mundial entre el Occidente cristiano y el islam. Los periódicos sensacionalistas británicos *The Sun* y *The Star* publicaron por primera vez la noticia en 2016. A partir de entonces, una extensa lista de páginas web nos ha contado que el objetivo secreto de los Illuminati es hacer realidad la profecía de Pike, lo cual, en efecto, resulta «escalofriante», como afirmaba *The Sun*. Siempre y cuando seas ingenuo en extremo y carezcas por completo de memoria histórica.

Hay muchas zonas del mundo en las que la antimasonería es una fuerza mucho más siniestra. Desde la década de 1960, la masonería ha desaparecido en gran parte del mundo musulmán. Cuando terminó el Raj en 1947, las fraternidades sobrevivieron a la partición de la India. Sin embargo, en Pakistán, el número de miembros y logias descendió abruptamente con la migración de buena parte de la población británica blanca. Quedaban unos mil francmasones, muchos de ellos musulmanes, cuando empezó una inquietante serie de ataques en la prensa. Se acusaba a la masonería de ser un grupo del frente sionista financiado por la CIA y fue ilegalizada por el presidente Zulfikar Ali Bhutto en 1972. El templo masónico de Lahore, donde fue iniciado Rudyard Kipling, es en la actualidad un edificio estatal de uso general.

En Irán, por citar solo otro ejemplo, la masonería reapareció en 1951 como un club aristocrático con el nuevo sah, Mohammad Reza Pahleví, que lo utilizaba para impulsar la lealtad a su régimen entre las élites y las clases medias. La Revolución islámica de 1979 acabó con las logias, y muchos hermanos, en particular los próximos al sah depuesto, fueron ejecutados.

La masonería, en 2019, está prohibida en todo el mundo musulmán, salvo Líbano y Marruecos. La Carta Fundacional del Movimiento de Resistencia Islámica de Palestina, más conocido como Hamás, describe a la masonería, los Leones y el Rotary Club como «redes de espías» creadas por los judíos para «destruir sociedades y fomentar la causa sionista».

En las democracias occidentales, la fama de secretismo de la masonería sigue representando una incómoda prueba de tolerancia. Los masones tienen cierta razón al considerarse los conejillos de Indias de la libertad de asociación y el Estado de derecho. Incluso Gran Bretaña, la cuna de la masonería, es una demostración de ello.

En 1976, un joven periodista de provincias llamado Stephen Knight afirmó que una conspiración masónica era la responsable de la serie de asesinatos no resueltos de Jack el Destripador en 1888. El libro de Knight, *Jack the Ripper. The Final Solution*, fue tachado de risible. No obstante, despertó suficiente interés para que se publicaran veinte ediciones. Su influencia perduró. *From Hell* (1989), una magnífica y espeluznante novela gráfica, así como una película de terror homónima protagonizada por Johnny Depp (2001), se inspiraron en Knight.

En la época de *Jack the Ripper. The Final Solution*, la Gran Logia Unida de Inglaterra seguía la vieja política de mantener un digno silencio ante las acusaciones de conspiración. El siguiente libro de Stephen Knight, *The Brotherhood* (1983), pondría de relieve los límites de dicha política.

The Brotherhood era una mezcla extraña. Había meticulosas y aburridas declaraciones de buena fe («No deberíamos juzgar a la masonería por las acciones de unos pocos individuos») y pruebas ambiguas de fechorías rutinarias de los masones dentro del cuerpo policial. Sin embargo, también contenía afirmaciones absolutamente falsas con las que Knight había desenmascarado a altas esferas masónicas tan secretistas que ni siquiera la gran mayoría de sus miembros conocían su existencia. Basándose en un resumen de la historia de la logia P2 plagado de errores, Knight argumentaba que el espionaje soviético había organizado el complot de Gelli para desacreditar a un Gobierno enemigo. Según sus conclusiones, el «uso que el KGB hizo de la masonería en el Reino Unido para ubicar a agentes en puestos de poder» era «casi incuestionable».

El año en que se publicó *The Brotherhood*, Knight se convirtió en seguidor de Bhagwan Shree Rajneesh, líder de una secta india, y falleció dos años después tras rechazar un tratamiento médico convencional para un tumor. A pesar de su falta de rigor y de los errores de bulto del libro, *The Brotherhood* tuvo un impacto enorme. Cuando empezaron a circular teorías de la conspiración sobre la muerte de Knight, otro periodista continuó con su trabajo sobre los complots masónicos dentro de la policía y reapareció la vieja cantinela: si los masones son tan inocentes como dicen, ¿a qué viene tanto secretismo? En junio de 1988, Jeremy Corbyn, líder del Partido Laborista entre 2015 y 2020, pero en aquel momento un diputado sin cargo oficial, declaraba en el Parlamento:

> Muchos tenemos fundadas sospechas sobre la influencia de la masonería. Me opongo totalmente a ella y al efecto de otras organizaciones secretas, porque las considero una influencia enormemente corruptora para la sociedad [...]. La influencia masónica es seria [...]. La masonería es incompatible con ser agente de policía [...]. Yo digo que el poder de una logia masónica en cualquier organización es siniestro y dañino.

La ciudadanía británica estaba dispuesta a forzar mucho su credulidad en lo tocante a un cuerpo policial con una pésima reputación, sobre todo a la hora de incriminar a irlandeses por los atentados del IRA. Fueron los años de los famosos Cuatro de Guildford, los

Siete de Maguire y los Seis de Birmingham, además de la Operación Countryman (una investigación sobre la confabulación de la policía de Londres con algunos delincuentes profesionales). Esa desconfianza hacia la policía era un potente cóctel cuando se sumaba a siglos de sospechas en torno al secretismo masónico. A partir de entonces, todos los directores de periódicos iban al acecho de una interpretación masónica para cualquier noticia relacionada con delitos.

El indicio más sólido de juego sucio masónico que podía ofrecer Knight era la negativa de la Gran Logia Unida a responder a sus alegaciones. En vista de ello, los líderes masónicos ingleses revisaron a fondo su cultura del secretismo. Resultó que incluso los masones de a pie creían que debían guardar silencio sobre su afiliación, a pesar de que tal norma no existía; algunos ni siquiera se lo habían contado a su familia. En adelante, se los animó a hablar de forma abierta. Se creó el puesto de director de Comunicación. En 1985, la logia de Covent Garden abrió por primera vez sus puertas a los visitantes. Los laxos procesos disciplinarios de la masonería inglesa también se endurecieron y el número de expulsiones pasó de doce entre 1934 y 1986 a doscientas setenta y siete entre 1987 y 1996. A principios de los años noventa, los historiadores no masones empezaron a ahondar en los archivos de la Gran Logia.

Sin embargo, esa glásnost masónica no logró atenuar la desconfianza, que en 1992 llegó al Parlamento con un Comité de Investigación de Asuntos Internos formado por todos los partidos para investigar cualquier influencia que la masonería pudiera tener en el sistema penal. Se airearon todas y cada una de las insinuaciones imaginables contra la masonería y sus miembros, y los decepcionantes resultados quedaron reflejados en el informe del Comité de Investigación. Sí, algunos masones habían cometido delitos y algunos de esos masones eran policías, pero no, esos individuos no representaban a la masonería como tal y esta no influyó en sus actos. La gran mayoría de los testigos que aducían la existencia de una red de contactos masónica carecían de pruebas. El número de hermanos en la policía y el poder judicial era mucho menor de lo que se sospechaba, y estaba disminuyendo. En los rituales de los masones había cierto secretismo, pero la organización de por sí no era más secreta que un club deportivo o una entidad profesional.

Al final, todo se reducía a un problema de imagen. La desconfianza generalizada hacia la masonería británica, por infundada que fuera, minaba la confianza ciudadana en las instituciones. Por tanto, la solución era que todos los masones pertenecientes a la judicatura hicieran una declaración de intereses, según aconsejó el Comité de Investigación en 1997.

Esta última recomendación parecía bastante razonable, y el Partido Laborista intentó ponerla en práctica cuando subió al poder en 1997. Blandir la espada de la transparencia contra una institución opaca como la masonería ayudaría a justificar el adjetivo «nuevo» en Nuevo Laborismo, como había rebautizado Tony Blair al partido. A partir de 1998, los jueces estarían obligados a declarar si eran masones.

No obstante, esa política nunca logró esquivar toda una serie de inconvenientes prácticos y trabas legales. Si no había pruebas de que la masonería era una fuente de problemas, ¿por qué atacarla? ¿La política de declaración de intereses no ocasionaría prejuicios contra los masones, una presunción de culpabilidad? Si se aplicaba a los masones, ¿qué razón había para no hacerlo a otras formas de pertenencia que pudieran ser motivo de parcialidad, como las religiones o los *colleges* de Oxford? A principios de la década de 2000, el Tribunal Europeo de Derechos Humanos dictó sentencia en dos casos en Italia en los que el Gobierno local había intentado aplicar una política similar a los masones. El tribunal concluyó que la medida era discriminatoria y contraria al derecho de libre asociación. En 2009, a punto de perder el poder, el Gobierno laborista abandonó muy discretamente el plan tras reconocer que no había conseguido nada.

Por otro lado, hacía mucho tiempo que entre la ciudadanía había calado la idea de que la masonería era «la mafia de los mediocres», una camarilla de barrigones que buscaban ascensos profesionales y protección frente a posibles investigaciones. Los británicos seguimos siendo muy aficionados a las leyendas urbanas sobre las turbias actividades masónicas. Algunos recientes titulares han alegado que los masones fueron responsables de una cortina de humo en la investigación sobre el hundimiento del Titanic en 1912 y de ocultar la espantosa mala praxis de la policía en el desastre del estadio de fútbol de Hillsborough, que provocó la muerte de noventa y seis aficionados del Liverpool en 1989. Esas «revelaciones» normalmente aportan pocas pruebas, o ninguna, y mueren con el primer titular. En ambos casos, la interpretación de la conspiración resulta endeble incluso en una segunda ojeada superficial. La cúpula de la marina británica en 1912 y la policía de Yorkshire del Sur en 1989 tenían motivos apremiantes para ocultar sus errores y buscar chivos expiatorios, respectivamente, el capitán del Titanic y una masa de aficionados futbolísticos inocentes. No hay cabos sueltos en la teoría de la conspiración masónica, pero esas historias suelen esquivar el detector de memeces de los periódicos serios.

Gotha

En ninguna de las democracias occidentales está más generalizada la hostilidad hacia la masonería que en Italia, y en ningún otro lugar se ha visto tan mancillada por la corrupción. Ahora, en la región más pobre de Italia ha cobrado fuerza la convicción de que los masones están conchabados con la mafia, esa rama bastarda de la tradición fraternalista.

Calabria, la zona situada en la «punta» de la «bota» italiana, es el hogar de la 'ndrangheta. De todas las fraternidades de gánsteres del mundo, la 'ndrangheta es la que más puede jactarse de ser global: tiene colonias en el norte de Italia, el norte de Europa, América del Norte y Australia. Durante décadas, los gobiernos regionales y locales se han visto asolados por la influencia del crimen organizado, y las ruinosas comunidades rurales de Calabria albergan a algunos de los mayores narcotraficantes de Europa. La 'ndrangheta no es una mafia mediocre.

En octubre de 2011, en una granja de una de esas comunidades rurales, los dispositivos de escucha de la policía grabaron a Pantaleone Mancuso, alias Tío Luni y jefe de la 'ndrangheta local: «¡La 'ndrangheta ya no existe! [...]. La 'ndrangheta forma parte de la masonería [...]. Digamos que está dominada por la masonería. Pero tienen las mismas normas [...]. ¡Antes, la 'ndrangheta pertenecía a los ricos! ¡Luego se la dejaron a los pobres desgraciados, a los patanes, y crearon la masonería!». Si acaso, las palabras de Tío Luni son un testimonio de que la historia de la idea masónica todavía sigue viva en Calabria. Limbadi, donde se realizó la grabación, se encuentra a unos veinticinco kilómetros en línea recta de Pizzo, el lugar en el que Joachim Murat pronunció sus famosas últimas palabras: «Respetad mi rostro, apuntad a mi corazón... [¡Fuego!]».

Hace poco, se ha hablado mucho en Calabria de la relación entre la masonería y la 'ndrangheta. No todo es fácil de interpretar, pero sí muy preocupante. Pongamos por caso el testimonio de Giuliano Di Bernardo, el profesor universitario que, entre 1990 y 1993, fue el gran maestro del Gran Oriente, la orden masónica más importante y prestigiosa de Italia. En junio de 2019, luciendo una barba que le hacía parecer un Karl Marx vestido de Armani, Di Bernardo prestó declaración ante un tribunal calabrés y recordó su sorpresa cuando, en su condición de gran maestro, indagó en el estado de la masonería en Calabria: «Descubrí que veintiocho de las treinta y dos logias estaban gobernadas por la 'ndrangheta. En ese momento decidí abandonar el Gran Oriente».

Calabria ha aportado mucho combustible para titulares de prensa conspirativos que resultan tan confusos como incendiarios; por ejemplo: «El jefe de la mafia dice: "¡Los masones dirigen la 'ndrangheta!"» o «Un antiguo gran maestro confiesa: "¡La 'ndrangheta dirige a los masones!"».

El 1 de marzo de 2017, por orden de la comisión de investigación del Parlamento, la policía practicó redadas en las oficinas de las cuatro órdenes masónicas más importantes y confiscó sus listas de miembros. La búsqueda se centró en la masonería de Calabria y Sicilia, los semilleros mafiosos más conocidos de Italia. Las redadas de la comisión de investigación del Parlamento trajeron a la mente de los masones recuerdos de otras similares que se habían producido veinticinco años antes. En aquel momento, una gran investigación intentó localizar a cientos de redes de delincuentes y de embaucadores en la imposible maraña de diferentes órdenes, logias y ritos masónicos, tanto regulares como irregulares, abiertas y cubiertas. En 1993 se filtraron las listas de miembros confiscadas y los masones de Italia fueron citados en muchos periódicos. Algunos hermanos afirmaron haber recibido amenazas anónimas y otros dijeron que sus amigos les habían dado la espalda (curiosamente, las listas publicadas por la prensa solo mencionaban a una ínfima minoría de las masonas pertenecientes a órdenes mixtas). Finalmente, en 2000, un tribunal de Roma interrumpió la investigación, con la excusa de que esta obedecía más al «imaginario colectivo» sobre la masonería que a indicios de que los masones estuvieran infiltrándose en las instituciones públicas con fines ilícitos. Muchos consideraron que el dictamen era una cortina de humo. Los masones estaban resentidos.

Teniendo en cuenta esta historia, en 2017 se produjo una ruptura total de la confianza entre los miembros de la comisión de investigación y los líderes masónicos. El informe de la comisión los acusaba de negar la infiltración de la mafia y de no ser «transparentes» y no estar «dispuestos a ayudar»; cuatro grandes maestros se habían negado a entregar sus listas de miembros. Poco después, el gran maestro del Gran Oriente publicó un folleto que comparaba a la comisión parlamentaria con la Inquisición (casualmente, las vistas de la comisión se celebran en el mismo palacio romano en el que Galileo fue obligado a retractarse de sus hallazgos científicos).

Como he pasado más de cinco años investigando la historia de la masonería y aún más la de la 'ndrangheta, puede que tenga una ínfima posibilidad de ver algunas figuras con sentido entre las nieblas de esta polémica. Así pues, en el verano de 2018 acepté una invitación para intervenir en una reunión de masones celebrada en las montañas calabresas, a ochocientos metros de altitud. El lugar era un cavernoso hotel de una sola planta rodeado de bosque, con sus muros pintados en una repugnante combinación de color mandarina, terracota y carne de cerdo fresco. Sin embargo, la acogida, como he experimentado siempre en compañía de masones de todo el mundo, fue abierta y calurosa. A aquellos cuya reacción automática frente a la hermandad sea una sonrisa de suficiencia o una mirada de desdén les recomiendo que se sienten con un masón y que le pregunten en qué consiste todo. Nunca me he topado con reticencias, en la mayoría de veces en que lo he intentado. Además, con frecuencia, y casi al iniciar sus explicaciones, a un masón se le llenan los ojos de lágrimas y le empiezan a temblar los labios.

Mientras disfrutábamos de un bufé, un nervioso veinteañero me habló con una vehemente sinceridad en sus ojos. Hacía unos años que había estado a punto de morir a causa de un linfoma de Hodgkin, un cáncer de la sangre que también afectó a su idea de lo que quería en la vida. Cuando hubo pasado la amenaza para su salud, emprendió una búsqueda de respuestas existenciales que solo finalizaron cuando se convirtió en masón. En la hermandad encontró la camaradería de hombres más mayores y sabios y un entorno único en el que podían escuchar su historia y compartir sus experiencias vitales. Con ellos pudo comenzar a canalizar sus energías hacia la sociedad en su conjunto.

La mezcla de ritual, instrucción moral y camaradería masculina de los masones aún puede impartir dignidad y un plan para la autosuperación que va más allá del ego. Solo los cínicos más perezosos se burlarían del objetivo masónico de «hacer mejores a los hombres buenos», incluso en Calabria, una región que necesita desesperadamente organizaciones de la sociedad civil como los francmasones.

Aparte de la decoración del hotel y la calidez de la bienvenida, me sorprendió la rabia colectiva, al menos entre los hermanos más dados a expresar sus opiniones. Uno acusó a la comisión parlamentaria de malgastar dinero público en una campaña para destruir a la masonería. El episodio activó «una alarma para la libertad y la democracia».

Mi viaje a Calabria me llevó a la firme conclusión de que la disputa de la masonería con la comisión de investigación se vio alimentada por alardes políticos de ambas partes. Cabe recordar que los masones de mayor rango son cargos electos; son los primeros ministros y presidentes de sus pequeñas democracias. Denunciar prejuicios antimasónicos y evocar la memoria de los mártires de la masonería siempre han sido gritos de guerra entre los hermanos y, por tanto, una útil maniobra electoral. Del otro lado, habría sido necesario un parlamentario tenaz en la comisión de investigación para encarar la hostilidad ciudadana contra la masonería. En febrero de 2017, por ejemplo, la principal revista de actualidad italiana incluía el titular de portada «Acabemos con la masonería». Una de las políticas del Movimiento 5 Estrellas, una formación populista que llegó al poder en junio de 2018, es expulsar a los masones de sus filas, y estos figuran a menudo entre los enemigos de sus dirigentes.

Entre tantos malentendidos y fanfarronerías, nuestra máxima esperanza para llegar a la verdad radica en los jueces que presiden un caso de gran envergadura conocido como «el juicio de Gotha», actualmente en los tribunales calabreses. Ya ha consumido miles y miles de páginas de pruebas y argumentos legales en un esfuerzo por despejar la confusión.

Cuando volví de Calabria me aguardaba una ardua lectura: las dos mil quinientas páginas que redactaron los jueces para explicar su fallo en una parte pequeña, pero relevante, del juicio de Gotha. La sentencia ha sido apelada, así que aún nos encontramos bastante lejos de una verdad jurídica definitiva. Con todo, dejando al margen la culpabilidad o la inocencia de los implicados (ni siquiera los nombraré aquí), el dictamen ofrece una crónica plausible de lo que en verdad ha sucedido. Como veremos, recuerda mucho a la historia de la masonería.

La 'ndrangheta es una organización peculiar con un número de miembros que duplica con creces a los de la Cosa Nostra siciliana y con una estructura mucho más compleja. Por ejemplo, cada fase de la escala profesional de un *'ndranghetista* está marcada por un nuevo rango con su elaborado ritual de iniciación. La mafia de Calabria es un espejo mafioso de la masonería que aúna autonomía local para las logias con un control de «marca» nacional e internacional. Lo que podríamos denominar la marca o franquicia de la 'ndrangheta —esto es, sus normas, rangos y rituales— está controlada de forma centralizada por un organismo denominado il Crimine. Incluso cuando residen fuera de Calabria, los *'ndranghetisti* piden autorización a il Crimine para crear nuevas células. Sin embargo, la 'ndrangheta también está descentralizada, en el sentido de que sus clanes y células individuales llevan a cabo toda clase de actividades delictivas por su cuenta. Por ejemplo, nadie responde ante il Crimine cuando se organiza una entrega de estupefacientes.

Las cosas empezaron a cambiar en los años setenta, cuando la 'ndrangheta se enriqueció mucho con los beneficios obtenidos con los secuestros, los narcóticos y la obtención de contratos de obras públicas. A medida que llegaba dinero, la estructura de la hermandad delictiva evolucionó. Sin que la gran mayoría de los miembros tuvieran constancia de ello, se inventaban cada vez más rangos superiores. Al crearlos, la mayoría de los jefes estaban intentando monopolizar el acceso al dinero derivado de las obras públicas, y, al hacerlo, conseguir mantener la paz entre ellos. Sin embargo, nunca acordaron una fórmula definitiva, al igual que en varios momentos de la historia de la masonería existió un ingente número de grados y rituales y una pugna por quién podía autorizarlos. Esas disputas internas fueron uno de los motivos que provocaron las violentas guerras civiles que la 'ndrangheta libró en los años setenta y ochenta.

Hacia 2001, una alianza de los jefes más poderosos fundó un grupo independiente y sumamente secreto dentro de la 'ndrangheta, o al menos eso creen los investigadores. Sus miembros incluyen a hombres con las dotes administrativas y políticas necesarias para mediar en acuerdos corruptos con las empresas y el Estado, mientras los jefes gozan de libertad para aprovechar al máximo sus habilidades menos especializadas. Los micrófonos ocultos han grabado a algunos jefes que conocían la existencia de ese grupo y utilizaban varios nombres para describirlo; por ejemplo, «los invisibles». Y como, al igual que a todo el mundo, a los gánsteres calabreses les encanta ver a los francmasones como la última palabra en cuanto a poder oculto, también describen al nuevo grupo, según un confidente, como «algo parecido a la masonería».

Eso estaba haciendo el jefe de la 'ndrangheta Pantaleone Mancuso, alias Tío Luni, cuando fue grabado en 2011 diciendo que los masones habían tomado las riendas de la organización. Estaba utilizando una metáfora, algo que casi nadie mencionó cuando sus palabras fueron publicadas por la prensa.

Sin embargo, ahora no es el momento de que los masones de Italia expresen su indignación por cómo su reputación se ha visto atacada por una simple metáfora. El juicio de Gotha aún podría deparar sorpresas incriminatorias. También es crucial comprender que cuando los *'ndranghetisti* hacen referencia a la masonería no solo están utilizando metáforas. Las logias masónicas —las reales— forman parte del generalizado sistema de contactos de la mafia calabresa.

Así creen los jueces que funciona. A la 'ndrangheta le encanta hacerse con contratos públicos para la recogida y eliminación de residuos, para la construcción y mantenimiento de carreteras y hospitales, etcétera. Los *'ndranghetisti* utilizan mediadores para conseguir esos contratos: políticos, administradores, empresarios y abogados. De hecho, las organizaciones mafiosas son tan fuertes como los mediadores con los que puedan contar; muestran un ansia permanente por incorporar a gente nueva y utilizarán cualquier mezcla de sobornos, chantajes e intimidaciones para hacerlo. Ahí es donde encajan las logias masónicas.

Sobre todo desde el escándalo de la logia P2, la masonería ha atraído a hombres sin escrúpulos con la misma formación profesional que los masones honrados a los que conocí en Calabria, la mayoría de los cuales eran médicos y abogados. Muchos de esos recién llegados con pocos escrúpulos se aburren y se van a otra parte cuando se dan cuenta de lo que realmente hacen los masones honrados. Sin embargo, en el confuso mundo de la masonería hay muchos ámbitos en los que algunos grupos pueden encontrar una base. Buena parte de las logias citadas en la sentencia judicial del caso Gotha son la clase de logias «cubiertas» o «irregulares» que no están autorizadas por las principales órdenes nacionales. Actúan como agencias de contactos, conectando a *'ndranghetisti* con mediadores de las clases profesionales, y pueden ofrecer una vía hasta lo más alto de la zona gris en la que el submundo de la delincuencia se encuentra con el de la política y los negocios. Pero las logias regulares también corren peligro: al aceptar un favor banal de un hermano que está conchabado en secreto con la 'ndrangheta, incluso un masón honrado puede verse arrastrado a una red de extorsiones.

Si el primer fallo del juicio de Gotha es correcto, existe una manera obvia en que los intereses de la masonería podrían armonizar con la lucha contra la mafia. Las principales órdenes masónicas podrían pedir ayuda a las fuerzas del orden para controlar el límite entre las variantes regulares e irregulares de la masonería. Lamentablemente, un sistema de esa índole no se adoptará en breve. Hay muy poca gente de ambos bandos que muestre interés en colaborar. La masonería y la antimasonería parecen condenadas a perpetuar su ancestral intercambio de insultos.

Una hermana con cincuenta mil hermanos

La experiencia de las mujeres en la masonería es rica y dice mucho de las formas de realización personal que han podido conseguir dentro de las tremendas limitaciones de su época y lugar, como he intentado demostrar al hablar de las logias de Adopción en la Francia del siglo XVIII. Desde el final de la Segunda Guerra Mundial, inspirándose en parte en el ejemplo de las logias de Adopción, han aparecido ramas masónicas más mixtas o exclusivas para mujeres.

No obstante, si este libro no ha abordado con más profundidad la historia de la masonería femenina es porque las mujeres pertenecientes a la hermandad siempre han sido la excepción que confirma la regla histórica: para ser masón tienes que ser hombre. Ya sea en las logias de Adopción o en los diversos organismos para mujeres, como la Orden de la Estrella de Oriente en Estados Unidos (a la cual las mujeres solo pueden acceder si son familiares de masones), la mayoría solo han podido integrarse en ramas subordinadas con un papel circunscrito o segregado en la vida masónica. Las logias que han dado a las mujeres pleno estatus masónico en varios momentos de la historia suelen pertenecer a ramas minoritarias no reconocidas por las grandes instituciones de la masonería.

Asimismo, los papeles que han reservado la mayoría de las variedades de masonería a las mujeres reproducen estereotipos sexistas. Esposas solícitas. Tótems de respetabilidad masculina. Ángeles compasivos. Viudas merecedoras de caridad. Asistentes a espectáculos de disfraces masculinos. Los hombres siguen monopolizando el poder en la masonería como institución. En la medida en que la masonería tenga influencia en la sociedad, los hombres también la monopolizan.

Puesto que la masonería ha sido y sigue siendo una sociedad exclusivamente masculina en casi todo el mundo, su historia nos cuenta cosas importantes y, en ocasiones, poco halagadoras sobre la identidad de los hombres. Parece muy improbable que una forma verdaderamente mixta de francmasonería hubiera podido dar lugar al engreimiento de la masonería imperial británica o a la espantosa alteración de los ideales masónicos que supuso la logia P2. También merece la pena reflexionar sobre el hecho de que casi siempre son hombres los que elaboran fantasías sobre complots masónicos. Según conjetura un estudio reciente, «las teorías de la conspiración podrían ser histerismo para hombres». Mi historia de la masonería tal vez merezca el provocador subtítulo de «Cuatro siglos de excentricidad masculina».

Por tanto, en 2010 se produjo un momento extraordinario cuando, por primera vez en dos siglos y medio, el Gran Oriente de Francia aceptó a mujeres como hermanas con el mismo estatus masónico que sus hermanos y convirtió las logias mixtas en la norma. En el pequeño mundo de la masonería, aquello supuso una revolución, y una revolución encarnada en una mujer. En septiembre de 2019, visité la sede central del Gran Oriente para conocerla.

El restaurante situado en la séptima planta del Gran Oriente ofrece unas magníficas vistas de París y una carta con los clásicos platos franceses. Me decidí por una apetecible *andouillette* con patatas salteadas.

No se hacen esas concesiones a los apetitos de la carne en el lúgubre Templo Masónico de Londres. Disfrutando de una larga y afectuosa comida estaba Olivia Chaumont, una arquitecta casi septuagenaria que se muestra alegre, satisfecha de sí misma y entusiasmada con su actividad masónica. La suya es una visión progresista y laica de la masonería que solo encontró un hogar en los valores republicanos del Gran Oriente francés y su libertad de dogmas religiosos (es célebre por haber abolido en 1877 el deber masónico de creer en un Gran Arquitecto del Universo). «Soy bastante libertaria en mi forma de ver el mundo», afirma. También ha sido activista de los derechos LGBT durante años. Según Olivia, las logias ofrecen a sus miembros un espacio en el que poner en práctica los valores universales de *liberté, egalité* y *fraternité* y después actuar como estímulo para el resto de la sociedad.

Por tanto, para Olivia, cuando el Gran Oriente la convirtió en su primera hermana con pleno estatus masónico en febrero de 2010 fue el momento en que la hermandad empezó a estar a la altura de sus principios. Solo unos meses después, en septiembre de 2010, sus hermanos de la logia L'Université Maçonnique eligieron a la primera mujer que se ha sentado en el trono de un maestro. Muchas otras han seguido el camino que ella abrió. «Actualmente hay cincuenta y cuatro mil miembros, y dos mil, o puede que dos mil quinientas, son mujeres. No lo sé con exactitud. No es mucho, pero no está mal». Algunas de esas nuevas hermanas insistieron en dar las gracias a Olivia. «Había mujeres que soñaban con unirse a la masonería, pero no lo hacían porque solo deseaban ingresar en el Gran Oriente. Recibí mensajes muy cariñosos y conmovedores de hermanas que decían que les había cambiado la vida». En parte debido a ese cambio, me cuenta Olivia, la masonería del Gran Oriente francés no tiene los problemas para atraer a jóvenes adeptas que sí acusan la masonería británica y estadounidense. De los candidatos a la iniciación cuyas fotos vi en el vestíbulo donde me encontré con Olivia, alrededor de un 20 por ciento eran mujeres. Según me dice, los problemas de la masonería en el mundo anglófono están condenados a empeorar:

> Cuantas más relaciones igualitarias existan entre hombres y mujeres en la sociedad, más clubes habrá que se limiten a prácticas masculinas y se atrincheren detrás de un muro para permitir que sus

miembros salvaguarden el privilegio de estar solo entre hombres. Eso es lo que ocurre con la masonería inglesa [...]. No quieren dejar que Eva entre en su paraíso.

Algunos de mis encuentros corroboran el pesimismo de Olivia. Un veterano masón estadounidense me expuso su idea de que la masonería es una defensa contra la «feminización de la cultura» y contra el exceso de sobreprotección «burdamente femenino» de las costumbres contemporáneas. Existe el riesgo de que, cuanto más excluya la masonería a las mujeres, más tiempo dure su declive en algunos países y más concentrado sea su sexismo. Después de ser un club para hombres durante casi toda su historia, una masonería en crisis podría convertirse en un club para misóginos.

Olivia es feminista y cree que la identidad de género masculina a menudo se ha construido de una manera perjudicial que condena a las mujeres y a los homosexuales a un lugar inferior en la sociedad. La masonería mixta puede ayudar en esto, argumenta, introduciendo otros «cánones de conducta» en el espacio controlado de la logia, lo cual ayudaría a los masones varones a «emanciparse del mito del héroe viril». Es la misión original masónica de crear hombres mejores actualizada mediante la causa de la igualdad sexual.

Olivia sabe bastante de crear identidades masculinas, ya que pasó casi cincuenta años construyéndose una identidad artificial para ella. Cuando fue iniciada en la masonería en 1992, era biológicamente un hombre y se sentía forzada a seguir así por una sociedad en la que las mujeres *trans* solo podían ser ellas mismas al precio de convertirse en artistas de cabaret o prostitutas. Así que mantuvo oculta su verdadera identidad hasta que se sintió preparada para hacer la transición en 2002, a la edad de cincuenta y un años. El proceso concluyó con una operación en Tailandia en 2007 y con el proceso judicial que cambió su estatus civil de hombre a mujer en 2009. Le pregunté por qué, como mujer *trans*, se sintió atraída por una fraternidad solo para hombres. Me explicó que, antes de hacer la transición, era como cualquier otra mujer atraída por los valores de la masonería del Gran Oriente mientras seguía siendo solo masculina, con la diferencia de que ella estaba biológicamente cualificada para afiliarse: «Por una vez, tener cuerpo de hombre me resultó útil». Como cabría esperar, cuando menciono a la caballera D'Éon, la espía travestida del siglo XVIII,

Olivia sonríe. Está orgullosa de que «una de las primeras mujeres *trans* documentadas en la historia» perteneciese a la masonería.

El momento más conmovedor de la autobiografía de Olivia, *D'un corps à l'autre*, relata cómo se confesó ante los hermanos de su logia en 2007. Tras un silencio de estupefacción, no hubo más que un caluroso apoyo, aunque muchos de los allí presentes apenas sabían lo que era un transexual. «Me habían aceptado como hermano, y seguirían aceptándome como hermana. Y les importaba poco que, al tratarse de una logia mixta, fuera ilegal [de acuerdo con la ley del Gran Oriente]». Hasta el último de los miembros de la logia de Olivia prometió apoyarla en la disputa que inevitablemente sobrevendría cuando la noticia llegara al Consejo del Gran Oriente. Durante tres años, Olivia y el Gran Oriente tuvieron que resolver una gran cantidad de cuestiones. La jerarquía masónica intentó convencerla de que optara por una orden fraternal que admitiera a mujeres, pero ella se negó. Aunque estaban legalmente obligados a reconocer su estatus como mujer, además de su estatus como masón, esperaban poder tratar su caso como una excepción, justificándose con el argumento de que, como había sido iniciada como hombre y seguía siéndolo genéticamente, no era necesario ningún cambio en la ley masónica para darle cabida. El clímax de la batalla se produjo en 2010, cuando la logia de Olivia la eligió como representante en la convención anual del Gran Oriente en Vichy. Aunque se temían reacciones de indignación y hasta un enfrentamiento físico, cuando habló ante los otros mil doscientos delegados fue bien recibida. Poco después, la convención votó a favor de permitir que cualquier logia, si así lo deseaba, iniciara a mujeres.

Olivia no demuestra una actitud triunfal por lo que ha conseguido. Muchas logias provinciales todavía se resisten a admitir a mujeres y desean mantenerlas confinadas al nivel de las logias y lejos de los altos cargos del Gran Oriente: «El techo de cristal es peor que en la sociedad profana [no masónica]».

El espléndido Musée de la franc-maçonnerie, situado en la planta baja del edificio del Gran Oriente, pone de manifiesto una vergüenza colectiva por lo que Olivia ha hecho. Se dedica mucho espacio a las logias de Adopción del siglo XVIII. Por ejemplo, se expone un hermoso mandil femenino con el árbol del conocimiento y la serpiente impresos en su seda ligera y desteñida. También hay una vitrina que explica la decisión de admitir a ateos en 1877. Sin embargo, la decisión aún más relevante de admitir a mujeres en 2010 se despacha con dos breves frases, sin ilustraciones ni explicaciones; solo los visitantes más exhaustivos del museo repararán en ello. No se menciona a Olivia y, por supuesto, no hay ninguna foto de ella. Por lo visto, aun cuando la masonería cambia, es reacia a alterar su historia.

Monumentos

En 2009, las grandes logias de Estados Unidos se hallaban en un estado de fibrilación. Seis años antes, *El código Da Vinci* de Dan Brown, un *thriller* de intriga y misterio sobre las asombrosas verdades que supuestamente oculta la Iglesia católica, había vendido al mismo nivel que *Harry Potter* y había tenido una exitosa adaptación cinematográfica. La secuela de Brown, *El símbolo perdido*, era inminente. Ambientada en Washington D. C., su temática serían los secretos de la masonería y la primera edición tendría la cifra récord de seis millones y medio de ejemplares. El temor era que, igual que el Vaticano se había visto asediado por personajes extraños después de la publicación de *El código Da Vinci*, los dirigentes masónicos fueran responsabilizados de las portentosas memeces que Dan Brown hubiera inventado en esta ocasión. Incluso antes de la salida al mercado de *El símbolo perdido*, la sede del rito escocés en Washington D. C. se veía obligada a denunciar con regularidad algunas cartas amenazadoras a la policía (por su parte, el Templo Masónico de Londres desviaba el correo proveniente de excéntricos a un archivo llamado «Chiflados»).

El símbolo perdido vendió un millón de ejemplares el primer día, pero aquello fue una falsa alarma. Al cabo de pocas semanas, el interés por la francmasonería había vuelto a sus niveles normales. Esto se explica en parte por las decepcionantes mentiras que cuenta la novela. Sean cuales fueren sus defectos, que en su momento los críticos resaltaron con regocijo, *El símbolo perdido* alimenta de una manera inteligente nuestra imperecedera obsesión con el secretismo masónico sin hacer demasiadas concesiones a los mitos más estúpidos. Al final, el único que cree que los masones custodian misterios trascendentales es el villano iluso y psicópata de la novela. Por el contrario, el héroe, un profesor «experto en simbología» llamado Robert Langdon, ofrece a los hermanos una entusiasta publicidad: «Sepa usted, señora, que toda la filosofía masónica se basa en la honestidad y la integridad. Los masones son algunas de las personas más dignas de confianza que puede llegar a conocer». La auténtica estrella de *El símbolo perdido* es Washington D. C., reconvertida en un laberinto masónico de túneles ocultos, laboratorios de alta seguridad, santuarios subterráneos e inscripciones en clave.

En el mundo real, el Washington masónico tiene mucha historia. Sin embargo, dista mucho de estar oculto y apenas podría decirse que sea ostentoso. Consiste sobre todo en los enormes monumentos de la época dorada en la que la masonería resultaba esencial para la vida masculina en toda la nación. Más que cualquier otro grupo de masones del mundo occidental, los de Estados Unidos tienen un gran patrimonio arquitectónico que administrar.

El edificio masónico más magnífico de la capital es la Casa del Templo (1915), sede del rito escocés (jurisdicción sur). Con su tejado de zigurat mesopotámico y una fachada con columnas custodiada por esfinges, está inspirada en el Mausoleo de Halicarnaso —una de las siete maravillas del mundo antiguo—, concebido para infundir estatus de deidad a un sátrapa imperial persa. El hombre inmortalizado en la Casa del Templo es el general confederado Albert Pike y sus cenizas están guardadas junto a un altar dedicado a grandes donantes. El corazón del edificio es la Cámara del Templo, el sanctasanctórum de la masonería del rito escocés. Se trata de un amplio salón cuadrado de mármol negro, terciopelo púrpura, nogal ruso y bronce, espectacularmente iluminado por unos ventanales altos y una claraboya. La casa está abierta a los visitantes.

Sobre una colina situada en la otra orilla del Potomac, yendo en metro hasta Alexandria, Virginia, encontramos el Monumento Nacional Masónico a George Washington (1932), que se eleva en el lugar donde el gran hombre era miembro de la logia local. También es una copia de una las siete maravillas del mundo antiguo, en este caso el faro de Alejandría, en Egipto. En el atrio hay una titánica estatua de bronce de más de cinco metros de altura del primer presidente, el hermano George Washington, con su mandil, que fue presentada en 1950 por el trigésimo tercer presidente, el hermano Harry S. Truman.

En la actualidad, los masones tienen un perfil menos heroico que los monumentos dedicados a ellos por generaciones anteriores. Ante el declive de la masonería, ahora casi parecen avergonzarse de la grandilocuencia que los rodea. La Casa del Templo es una gigantesca carga económica para el rito escocés. A lo largo de una década se han recaudado cuarenta y cinco millones de dólares para reformarla, pero se necesita mucho más para costear las continuas obras de mantenimiento. El Monumento Nacional Masónico a George Washington está abandonado, tratando de encontrar un fin. Aunque alberga uno o dos objetos auténticos de la vida del gran hombre, casi todo son vestigios del culto masónico a la personalidad de Washington. Cuando lo visité, el director me contó que «el noventa por ciento de lo que se expone en ese edificio es artificial; es falso». Además, añadió que no había intención de engañar. Los objetos gustaban porque eran como «recuerdos de familia».

Irónicamente, el cine es importante para la supervivencia de esos edificios; son escenarios evocadores para películas y anuncios, y los ingresos recaudados ayudan a pagar las facturas de mantenimiento. Aunque el rodaje de una película basada en *El símbolo perdido* ha quedado suspendido, cuesta imaginar que se ambientara en otro lugar que la Casa del Templo. La escena culminante del libro, el clásico batiburrillo browniano de códigos, cristales rotos y palas de helicóptero, se desarrolla en la Cámara del Templo.

El monumento masónico que más ganas tenía de ver cuando viajé a Washington hace poco era mucho menos grandilocuente que la Casa del Templo o el Monumento Nacional Masónico a George Washington. A nadie se le ocurriría ambientar un anuncio en la Gran Logia Prince Hall del Distrito de Columbia (1929). Es un cubo gris de cinco plantas con una hilera de símbolos masónicos grabados en la parte superior. Una farmacia ocupa gran parte de la planta baja. Tal y como demuestra su arquitectura, los masones afroamericanos nunca han podido acceder a los mismos recursos que sus hermanos blancos.

La Gran Logia Prince Hall nos habla de un concepto muy característico de lo que es la masonería. Se encuentra en el centro de U-Street y constituía el eje de la comunidad negra de la cual dicha calle era sinónimo. Tras empezar como un cuartel provisional de esclavos liberados después de la guerra civil, la zona de U-Street era una ciudad dentro de otra durante la época de la segregación. En un momento en el que se les negaba el capital blanco a las empresas afroamericanas, la financiación corría a cargo del Banco Industrial. Creado en 1934 por el venerabilísimo ex gran maestro Jessie H. Mitchell, estaba y sigue estando justo enfrente de la Gran Logia. En su día, U-Street era conocida como el «Broadway negro» y actuaba allí gente como el hermano Cab Calloway. El hermano Duke Ellington se sentía como en casa; era miembro de la logia Social número 1 que se reunía (y sigue haciéndolo) en el edificio de la Gran Logia. A unas manzanas de distancia, la Universidad Howard formaba a la élite intelectual negra. El hermano Thurgood Marshall se licenció en su facultad de Derecho en 1933. Es más, los derechos civiles formaban parte del tejido de la Gran Logia de U-Street. El plan para el edificio fue propuesto por el hermano Booker T. Washington cuando asistió a dar una charla en 1912. Las plantas bajas contendrían un gran salón-comedor y tiendas que podían alquilarse para obtener una financiación sostenible para las actividades masónicas de los pisos superiores; de ahí la farmacia. Aún hoy, al final de un pasillo del edificio de la Gran Logia podemos encontrar una puerta custodiada por columnas acanaladas y revestida de plástico reflectante. En ella se lee «NAACP rama Washington D. C.».

Sin embargo, U-Street ya no tiene la fuerza de antaño. A la comunidad le arrancaron el corazón en 1968 cuando estalló una desesperada revuelta tras el asesinato de Martin Luther King. Han cambiado muchas cosas en la vida de los afroamericanos. U-Street ha protagonizado una lenta recuperación, impulsada por la gentrificación de los últimos años; actualmente vive de su legado. Las logias de Prince Hall tampoco pasan por su mejor momento. En la masonería de Estados Unidos, tanto blancos como negros coinciden en la longevidad de sus miembros.

Fui a Washington en gran medida para indagar en la continuada división racial que impera en la francmasonería estadounidense. El anciano Alton G. Roundtree, antiguo gran historiador y archivista de la Gran Logia Prince Hall de la ciudad, ha hecho más que nadie para trazar su historia. Se licenció en Howard y, como tantos otros masones a los que conocí en Estados Unidos, había sido militar. Su tono de llamada, que en ocasiones interrumpe nuestra conversación entre las polvorientas carpetas del archivo de la Gran Logia, es el tema de la película *Shaft*.

Alton me explica que no se contempla una fusión entre la masonería blanca y la negra. El sueño de que algún día formen una única hermandad multirracial, tal y como prescriben los valores masónicos, ha muerto. Las dos ramas tienen una historia de independencia demasiado dilatada como para plantearse una unificación. Existen muchísimos intereses creados en ambas partes, y los masones Prince Hall, que son inferiores en número, no sienten el menor deseo de verse inmersos en una fraternidad en su mayoría blanca. Más que la unificación, la cuestión es el reconocimiento de unos y otros como masones legítimos. El reconocimiento también podría hacerse extensible a las visitas mutuas, de modo que los hermanos de una orden puedan asistir a reuniones celebradas bajo los auspicios de la otra. Esta clase de relación forma parte de la diplomacia masónica en todo el mundo. Solo en Estados Unidos se ve condicionada por las dinámicas firmemente arraigadas y sutiles de las relaciones raciales y la larga sombra de la esclavitud. Algunas iglesias estadounidenses, en especial los metodistas, tienen una historia muy similar de división racial.

Tanto la masonería Prince Hall como la mayoritaria (esto es, la predominantemente blanca) están organizadas en el ámbito estatal, de modo que cualquier acción para el reconocimiento es llevada a cabo necesariamente, estado por estado, por las grandes logias. Hasta 1989, transcurridos más de doscientos años desde el cisma original, no llegó el primer reconocimiento mutuo en Connecticut. A partir de entonces, el avance fue lento. En 2006 había once estados en los que la masonería blanca no había reconocido a su equivalente negra. No es casual que fueran los mismos once estados del sur que formaban la Confederación durante la guerra civil estadounidense. En 2019, siete grandes logias blancas se seguían resistiendo. Alton ofrece una nota de resignación a modo de conclusión:

> La situación resulta vergonzosa. Los antiguos estados esclavistas llegan tarde al reconocimiento de la masonería Prince Hall. Habiéndome criado en medio de la segregación y, lo que es aún peor, en una familia de aparceros, no espero mucho. El cambio solo ha llegado cuando algunos de los masones blancos más longevos de los antiguos estados esclavistas han fallecido. Los hermanos blancos que se criaron después de la aprobación de la ley de integración [1965] suelen tener una visión distinta sobre el reconocimiento de la masonería Prince Hall. Aun así, están librando una dura batalla.

Los líderes de la masonería mayoritaria a los que visité en Washington D. C. y Charleston, Carolina del Sur (un estado en el que todavía no existe reconocimiento mutuo), compartían sentimientos similares. Son conscientes de que los motivos «técnicos» que ideó Albert Mackey para evitar reconocer a la masonería Prince Hall eran solo un pretexto para el racismo. Sin embargo, consideran que intentar convencer a los ancianos, que constituyen las bases de la masonería en los antiguos estados esclavistas, es una causa perdida. Un importante masón blanco, al que le gustaría que el reconocimiento mutuo fuera universal, bromeaba: «Solo necesitamos unos cuantos funerales masónicos más».

También hay indicios optimistas. Cuando me reúno con el venerable gran maestro Quincy G. Gant en la Gran Logia de U-Street, acababa de asistir como invitado de honor a un concierto de música masónica de Mozart organizado por la tradición mayoritaria de los masones. Las dos grandes logias, tanto la blanca como la negra, se habían asociado hacía poco para patrocinar los Special Olympics en Washington. «La situación es buena en D. C.», me dijo.

Durante mi estancia en Washington degusté una comida tailandesa con Oscar Alleyne, un epidemiólogo que trabaja en programas de salud pública, historiador masónico, carismático conferenciante y el primer hombre de color que fue elegido para un puesto de liderazgo en la Gran Logia de Nueva York desde su fundación en 1782. Actualmente es gran vigilante adjunto. Con un poco de suerte, la misma gran logia que organizó el Centro de la Hermandad Masónica, un lugar manifiestamente blanco, en la Feria Mundial de Nueva York de 1964 y 1965, podría tener pronto a un hombre negro como gran maestro. Oscar describió las alegres escenas que se produjeron cuando fue elegido por mayoría como un «pandemónium [...]. Hubo lágrimas. La sensación en la sala fue que había llegado la hora».

Luces y sombras

Ninguna fuerza ha sido tan responsable de la creación de la *Terra Masonica* que homenajea el documental de Bourlard como el Imperio británico. Por tanto, el tema más apropiado para terminar quizá sea el legado del imperio en la masonería.

En otoño de 2019, durante un almuerzo cerca del Templo Masónico de Londres, comenté el estado actual de la masonería en la India con un hermano de alto rango que estaba de visita. Bharat V. Epur irradia una calma interior que resulta apropiada para un hombre que ha ocupado varios cargos destacados en la Gran Logia de la India, incluido el de gran maestro regional de la India oriental. Oriundo de Chennai (Madrás en la época imperial) e iniciado en la masonería en 1998, Bharat vendió su compañía de seguros hace unos años y ahora viaja por todo el mundo realizando actividades masónicas. También encontró tiempo para escribir *The Penguin India Quiz Book*. Él ve la masonería como la «sabiduría destilada de todos los tiempos presentada de una forma estratificada». Sus rituales, que él califica de «teatro para aficionados», se derivan de la experiencia occidental, pero sus verdades más profundas tienen orígenes indios.

Bharat es moralista en su masonería, pero ofrece una valoración sensata del estado de la hermandad en su país: «Andamos perdidos». En comparación con los primeros días de la Gran Logia de la India, las logias regulares ya no atraen a las «más altas esferas» de la sociedad. A consecuencia de ello, el dinero también constituye un problema. Los edificios de las logias indias a menudo denotan sus orígenes en la infraestructura del imperio: se encuentran en tierras con arrendamientos de larga duración pertenecientes a los ferrocarriles o el ejército. El valor de muchos de esos terrenos se ha disparado a medida que la India prosperaba. Cuando hay que renovar los alquileres, los hermanos se enfrentan a grandes dificultades para continuar en sus hogares colectivos.

También acechan los problemas de reclutamiento. Muchos jóvenes con formación académica no tienen tiempo para los asuntos de la logia. Los que ejercen su profesión en el pujante sector informático trabajan muchas horas, a menudo siguiendo los horarios estadounidenses o europeos, en instalaciones situadas lejos de los centros históricos de las ciudades, que es donde se encuentran los templos.

Una cosa que sin duda no resulta un problema para la masonería india es la intolerancia. El primer gran maestro elegido durante la fundación de la Gran Logia de la India en 1961 era musulmán. Otros grandes maestros recientes han incluido a un sij y un parsi, y el actual director de la región del sur es un cristiano sirio. Todas las logias indias reconocen al menos cinco libros de la ley sagrada: la Bhagavad-gītī, el Corán, la Biblia, el Gurú Granth Sahib (para los sij) y el Zend-Avesta (para los zoroastrianos). Bharat incluso tiene palabras de comprensión para Rudyard Kipling, autor de «Mi logia madre», cuyo racismo, según él, no era más que «un reflejo de la época». De hecho, el retrato de Kipling adorna la página de inicio de la web de la Gran Logia de la India junto al de Motilal Nehru, su hermano de los tiempos de Allahabad.

Por tanto, al menos en el país asiático, el legado de la masonería en el Imperio británico es bastante positivo. En otros lugares, a los masones les resulta más difícil aceptar las sombras de su pasado. Australia es un ejemplo de ello. Uno de los muchos aspectos problemáticos del trato inhumano que recibieron los pueblos aborígenes desde la llegada de los primeros blancos en 1788 son los saqueos de los cementerios, que todas las naciones aborígenes consideran esenciales para su vínculo con el paisaje. Identificar y volver a enterrar restos ancestrales es una causa que llevan a cabo con pasión estos grupos. En 2002, tras una amnistía, los masones entregaron al Museo de Melbourne una colección extensa, pero no catalogada, de restos indígenas, «en general cráneos y huesos de brazos o piernas». Durante muchos años, las logias del estado de Victoria habían utilizado emblemas de mortalidad robados en tumbas aborígenes. Un miembro del Comité Asesor Indígena del museo hablaba consternado:

> Este material ha aparecido sin información sobre la fuente de esos restos o por qué fueron recogidos. Resulta escandaloso que tantos antepasados nuestros estuvieran en manos de los francmasones, pero todo empeora por el hecho de que estos no pueden decirnos de dónde provienen. ¿Cómo vamos a enterrar de nuevo a nuestros antepasados si no sabemos de dónde vinieron?

No es de extrañar que la masonería haya sido llamada a explicar su papel en la colonización por uno de los artistas más importantes de Australia mediante una obra que ahora figura en la National Gallery del país. *From Rite to Ritual*, de Danie Mellor, retrata una logia masónica y sus símbolos asociados: columnas, suelo ajedrezado, ataúd, cráneo y tibias cruzadas. La escena está pintada con el azul típico de la cerámica Willow y decorado con escenas cursis de inspiración china. Este artículo de consumo, que empezó a producirse en Gran Bretaña a finales del siglo XVIII, era habitual en la economía imperial en una época en la que la masonería estaba extendiéndose por todo el planeta. Al fondo destacan de manera incongruente unos animales australianos de colores, tales como koalas, canguros y loros de ala roja. En el centro del suelo del templo vemos a aborígenes fantasmagóricos bailando una danza ceremonial. El cuadro nos recuerda que la masonería ofreció una tapadera solemne y armoniosa al negocio letal y avaricioso de la creación de las colonias.

Sin embargo, Danie Mellor es consciente de las persistentes contradicciones de la masonería. No solo es exmasón, sino de ascendencia indígena y europea. Según me dijo: «Es correcto que haya inclusividad en la masonería, y mi sensación mientras formé parte de la organización es que la esencia de tolerancia y de reconocimiento de pertenencia a una "familia humana" era real». *From Rite to Ritual* también aborda el frágil terreno común entre la francmasonería occidental y las culturas aborígenes australianas, sobre todo el conocimiento arraigado en las ceremonias, y la muerte es considerada fundamental para la experiencia del ser humano.

Los masones australianos señalan a algunos líderes de la comunidad aborigen que han pertenecido a la masonería, como sir Douglas Nicholls, el futbolista, activista y gobernador del sur de Australia a mediados de los años setenta. Una mirada a la prensa nativa indica que Nicholls no es un caso aislado. Históricamente, es posible que los masones se hayan apropiado de símbolos de otras culturas para utilizarlos en sus ceremonias, pero las logias han demostrado una y otra vez que son cunas para el diálogo cultural.

El sentido de la historia siempre ha sido crucial para la masonería. Sin embargo, con excesiva frecuencia, como he intentado resaltar aquí, los masones han envuelto esa historia en relatos identitarios de color de rosa. Al igual que Danie Mellor, creo que sería más fiel a sus valores el que estudiaran maneras de escribir su historia con algo menos de armonía masónica y algo más de tensión social. En el pasado de la masonería hay tantas luces y sombras como en el suelo de una logia.

Incluso aquellos que jamás soñaríamos con ser iniciados podemos aprender lecciones al ver la historia a través de un cristal masónico. La globalización e internet están obligándonos a replantear y a reinventar una necesidad humana fundamental: la comunidad. En un momento así, a nuestra búsqueda del bienestar le iría bien contemplar la historia tragicómica de cómo una forma de comunidad nacida en una época global anterior intentó poner en práctica algunos de sus ideales más valiosos.

Bibliografía con breves notas y citas

En un intento de que *La orden* fuera lo más accesible posible, no he utilizado notas al pie ni al final. Los que somos profesores universitarios y, por tanto, lo bastante afortunados para ganarnos la vida leyendo, olvidamos con excesiva facilidad los esfuerzos que tiene que hacer mucha gente para encontrar tiempo para leer, y en especial para leer no ficción. Quizá lo menos que podemos hacer para encontrarnos con esos lectores a medio camino sea crear relatos que no se vean dificultados por referencias, guiños a intrincados debates académicos y listas de nombres de aliados y adversarios académicos.

Dicho esto, las notas al pie pueden cumplir muchas funciones y ofrecer numerosas alegrías. Las siguientes páginas pueden ser un pobre sustituto. Mi esperanza es que al menos sirvan de estímulo para leer más, que sean un reconocimiento a muchas deudas intelectuales, un indicador de las fuentes que he utilizado para formular y apoyar mis argumentos y una pista sobre temas interesantes que no tuve tiempo de investigar o de tratar de manera completa. Cualquier estudioso que sienta curiosidad por saber más sobre mis fuentes puede contactarme por correo electrónico.

He utilizado la siguiente abreviación: *AQC* = *Ars Quatuor Coronatorum*.

1. Lisboa. Los secretos de John Coustos

R. Beachy, «Club Culture and Social Authority. Freemasonry in Leipzig, 1741-1830», en F. Trentmann (ed.), *Paradoxes of Civil Society. New Perspectives on Modern German and British History*, 2.ª ed., Nueva York, 2003.

F. Braggion, «Managers and (Secret) Social Networks. The Influence of the Freemasonry», *Journal of the European Economic Association*, 9, 6 (2011).

R. Burt, «Freemasonry and Business Networking during the Victorian Period», *The Economic History Review*, 56, 4 (2003).

BIBLIOGRAFÍA CON BREVES NOTAS Y CITAS

G. M. Cazzaniga, «Il complotto. Metamorfosi di un mito», en G. M. Cazzaniga (ed.), *Storia d'Italia. Annali, 21. La Massoneria*, Turín, 2006.
J. Coustos, *The Sufferings of John Coustos, for Free-Masonry, and for His Refusing to turn Roman Catholic, in the Inquisition at Lisbon*, Londres, 1746.
J. A. Ferrer Benimeli, *Masonería, Iglesia e Ilustración. Un conflicto ideológico-político-religioso*, Madrid, 1976, vol. 2. Para los juicios de la Inquisición en Lisboa, pp. 133-194, en esp. pp. 183-191, para Coustos.
—, «Origini, motivazioni ed effetti della condanna vaticana», en G. M. Cazzaniga (ed.), *Storia d'Italia. Annali, 21. La Massoneria*, Turín, 2006.
J.-C. Flachat, *Observations sur le commerce et sur les arts d'une partie de l'Europe, de l'Asie, de l'Afrique, et même des Indes Orientale*, vol. 1, Lyon, 1766, p. 420; sobre el odio a los masones en el Imperio otomano.
W. McLeod, «John Coustos. His Lodges and His Book», *AQC*, 92 (1979).
G. Simmel, «The Sociology of Secrecy and of Secret Societies», *American Journal of Sociology*, 11, 4 (1906).
G. Tarantino, «The mysteries of popery unveiled. Affective language in John Coustos's and Anthony Gavin's accounts of the Inquisition», en S. Broomhall (ed.), *Spaces for Feeling. Emotions and Sociabilities in Britain 1650-1850*, Londres, 2015.
S. Vatcher, «John Coustos and the Portuguese Inquisition», *AQC*, 81 (1968). Contiene una traducción del interrogatorio a Coustos y otros documentos. «En [nuestra] fraternidad no está permitido hablar de asuntos religiosos», p. 56.

2. En ningún lugar. La extraña muerte de Hiram Abif

Anónimo, *The Scottish Ritual of Craft Freemasonry. With Tracing Boards*, Edimburgo, s. f. Consulté los rituales que siguió mi abuelo en 1919 en mi resumen de las ceremonias masónicas.
L. Corsi, *Tommaso Crudeli, Il calamaio del Padre Inquisitore*, Údine-Florencia, 2003. Ritual de la masturbación, p. 121.
M. C. Duncan, *Duncan's Masonic Ritual and Monitor*, Nueva York, 1866. La fuente de todas las imágenes de este capítulo.
S. Vatcher, «John Coustos and the Portuguese Inquisition», *AQC*, 81 (1968): «El sol da luz al día», p. 71. «Sea reconocido en cualquier lugar del mundo», p. 48. «Colocando el pulgar en el primer nudillo del dedo índice», p. 62. «[Coustos] dijo que el único fin [de los rituales]», p. 54. «Breve, esquiva y engañosa», p. 73. «Llevarse la mano derecha a la garganta como si fueras a degollarte», p. 48.

M. Vigilante, «Crudeli, Tommaso», *Dizionario Biografico degli Italiani*, 31, Roma, 1985.

3. EDIMBURGO. EL ARTE DE LA MEMORIA

D. Allan, «Moray, Sir Robert (1608/1699?-1673)», *Oxford Dictionary of National Biography*, Oxford University Press, 2004, edición online, octubre de 2007, <http://www.oxforddnb.com/view/article/19645>, visitada el 23 de febrero de 2017.
P. Beal, «Dicsone [Dickson], Alexander (bap. 1558, d. 1603/4), philosophical writer and political agent», *Oxford Dictionary of National Biography*, consultado online el 21 de febrero de 2017.
I. Campbell y A. MacKechnie, «The "Great Temple of Solomon" at Stirling», *Architectural History*, 54 (2011). Primer edificio renacentista de su clase en Gran Bretaña, p. 91. «El gran templo de Salomón», citado en la p. 110.
H. Carr y J. R. Dashwood, *The Minutes of the Lodge of Edinburgh, Mary's Chapel, no. 1, 1598-1738*, Masonic Reprints, vol. XIII, Londres, 1962. Iniciación de oficiales de la guerra civil en Edimburgo, pp. 118-119.
I. B. Cowan y D. Shaw (eds.), *The Renaissance and Reformation in Scotland*, Edimburgo, 1983.
P. Croft, *King James*, Basingstoke, 2003.
T. De Moor, «The Silent Revolution. A New Perspective on the Emergence of Commons, Guilds, and Other Forms of Corporate Collective Action in Western Europe», *International Review of Social History*, 53, 16 (2008).
S. Epstein, «Guilds and Metiers», en J. R. Strayer (ed.), *Dictionary of the Middle Ages*, Nueva York, vol. 6, 1985.
W. Fraser, *Memorials of the Montgomeries, Earls of Eglinton*, vol. 2, Edimburgo, 1859, pp. 239-244. Contiene el texto de los estatutos de Schaw. «Prueba del arte y la ciencia de la memoria», p. 243.
D. Harrison, *The Genesis of Freemasonry*, Addlestone, 2014.
M. Hunter, «Ashmole, Elias (1617-1692)», *Oxford Dictionary of National Biography*, Oxford University Press, 2004, edición online, mayo de 2006, <http://www.oxforddnb.com/view/article/764>, visitada el 23 de febrero de 2017.
G. P. Jones, «Building in stone in medieval Western Europe», en M. M. Postan y E. Miller (eds.), *The Cambridge Economic History of Europe*, vol. II: *Trade and Industry in the Middle Ages*, 2.ª ed., Cambridge, 1987.
C. H. Josten, «Elias Ashmole, FRS (1617-1692)», *Notes and Records of the Royal Society of London*, vol. 15, julio de 1960.

BIBLIOGRAFÍA CON BREVES NOTAS Y CITAS

— (ed.), *Elias Ashmole (1617-1692), His Autobiographical and Historical Notes, his Correspondence, and Other Contemporary Sources Relating to his Life and Work*, Oxford, Clarendon Press, vol. IV, 1966. «Yo era el miembro más veterano de todos», p. 1701.

A. L. Julhala, «The Household and Court of King James VI of Scotland», tesis de doctorado, Universidad de Edimburgo, 2000.

D. Knoop y G. P. Jones, *The Genesis of Freemasonry*, Mánchester, 1947.

—, *The Mediaeval Mason. An Economic History of English Stone Building in the Later Middle Ages and Early Modern Times*, Mánchester, 1967.

— (eds.), *The Early Masonic Catechisms*, Mánchester, 1963. «Secretos que nunca deben ser escritos», citado en p. 5. «Ser enterrado bajo la línea de la marea en un lugar que nadie conozca», citado en p. 36. Una «Hermandad de libres costureras», reproducido en pp. 226-230.

M. Lynche (ed.), *Oxford Companion to Scottish History*, Oxford, 2001. Véase la entrada sobre la corte real.

D. MacCulloch, *Reformation. Europe's House Divided, 1490-1700*, Londres, 2003. Para un resumen sobre la reforma escocesa, véanse las pp. 291-295 y *passim*.

A. MacKechnie, «James VI's Architects and Their Architecture», en J. Goodare y M. Lynch (eds.), *The Reign of James VI*, Edimburgo, 2000.

E. Miller y J. Hatcher, *Medieval England. Towns, Commerce and Crafts 1086-1348*, Londres, 1995.

R. Plot, *Natural History of Stafford-shire*, Oxford, 1686. Crónica de la Aceptación citada aquí, pp. 316-318.

L. F. Salzman, *Building in England Down to 1540. A Documentary History*, Oxford, 1967.

M. D. J. Scanlan, «Freemasonry and the mystery of the Acception, 1630 to 1723 – a fatal flaw», en R. W. Weisberger *et al.* (eds.), *Freemasonry on Both Sides of the Atlantic*, Nueva York, 2002. Este importante estudio también contiene la mejor explicación sobre el significado del término *freemason*.

—, «The origins of Freemasonry. England», en H. Bogdan y J. Snoek (eds.), *Handbook of Freemasonry*, Leiden, 2014. «Uno de los más antiguos mamposteros y FRANCMASONES de Inglaterra», p. 77.

M. K. Schuchard, *Restoring the Temple of Vision. Cabalistic Freemasonry and Stuart Culture*, Leiden, 2002. Sobre el hermetismo y la corte escocesa, pp. 200-206.

D. Stevenson, *The Origins of Freemasonry. Scotland's Century, 1590-1710*, Cambridge, 1988. He consultado extensamente este estudio clásico a lo largo de este capítulo. Para la cifra del 80 por ciento de logias Schaw que existen en la actualidad, véase la p. 216. Para la cifra de treinta logias Schaw en toda Escocia en 1730, véase la p. 213. «Un signo secreto entregado de mano en mano», citado en p. 143.

—, «Schaw, William (1549/1550-1602)», *Oxford Dictionary of National Biography*, Oxford University Press, 2004, <http://www.oxforddnb.com/view/article/24799>, consultada el 21 de febrero de 2017.

—, «Four Hundred Years of Freemasonry in Scotland», *The Scottish Historical Review*, XC, 2 (2011), p. 230.

H. Swanson, *Medieval Artisans. An Urban Class in Late Medieval England*, Oxford, 1989.

S. L. Thrupp, «The gilds», en M. M. Postan, E. E. Rich y E. Miller (eds.), *The Cambridge Economic History of Europe*, vol. III: *Economic Organization and Policies in the Middle Ages*, Cambridge, 1963.

E. M. Veale, «Craftsmen and the economy of London in the 14th century», en R. Holt y G. Rosser (eds.), *The Medieval Town, 1200-1540*, Londres, 1990.

F. A. Yates, *The Art of Memory*, Londres, 1966. [Hay trad. cast.: *El arte de la Memoria*, Madrid, Siruela, 2011]. El estudio clásico del arte de la memoria y sus adaptaciones renacentistas.

El texto y la traducción del *Poema regius* están disponibles en <http://www.freemasonsfreemasonry.com/regius.html>, consultada el 3 de abril de 2017.

4. Londres. En el cartel de The Goose and Gridiron

J. Anderson, *The constitutions of the Freemasons. Containing the history, charges, regulations, etc. of that... fraternity*, Londres, 1723. [Hay trad. cast.: *Constituciones de los franc-masones (1723): Constituciones de Anderson*, Kindle, 2021].

—, *The New Book of Constitutions of the... Fraternity of Free and Accepted Masons... collected and digested, by order of the Grand Lodge, from their old records... and lodge-books*, Londres, 1738 (reed., Londres, 1746). Las citas sobre la destrucción de documentos en 1720 corresponden a las pp. 105 y 111. El desfile del 28 de abril de 1737 se describe en la p. 136.

Anónimo, «Cunningham, James, fourteenth Earl of Glencairn (1749-91)», *The Burns Encyclopedia*, consultada online, <http://www.robertburns.org/encyclopedia/CunninghamJamesfourteenthEarlofGlencairn174915191.255.shtml>, el 14 de abril de 2017. «Primer y más querido mecenas y benefactor».

R. Beachy, «Masonic apologetic writings», en M. Fedelma Cross (ed.), *Gender and Fraternal Orders in Europe, 1300-2000*, Basingstoke, 2010.

F. Benigno, «Assolutezza del potere e nascita della sfera pubblica. Critica di un modelo», en M. Rospocher (ed.), *Oltre la sfera pubblica. Lo spazio della politica nell'Europa moderna*, Bolonia, 2013.

R. A. Berman, «The Architects of Eighteenth-Century English Freemasonry, 1720-1740», tesis doctoral de la Universidad de Exeter, 2010. Especialmente sobre Desaguliers y las redes *whig*. «Muchos masones de Londres representaban precisamente a los hombres a los que el Gobierno *whig* habría favorecido», p. 155.

—, *The Foundations of Modern Freemasonry. The Grand Architects, Political Change and the Scientific Enlightenment, 1714-1740*, Brighton, 2012.

J. Black, *Eighteenth-Century Britain, 1688-1783*, 2.ª ed., Basingstoke, 2008.

M. Blackett-Ord, *Hell-Fire Duke. The Life of the Duke of Wharton*, Shooter's Lodge, 1982.

«Boniface Oinophilus» (seudónimo de A.-H. de Sallengre), *Ebreitatis Encomium, or The Praise of Drunkenness*, Londres, 1812. «Este vino, oh masones, os hará libres», p. 83.

A. T. Carpenter, *John Theophilus Desaguliers. A Natural Philosopher, Engineer and Freemason in Newtonian England*, Londres, 2011. Walpole como masón, p. 104.

W. J. Chetwode Crawley, «Notes on Irish Freemasonry, n.° VI, The Wesleys and Irish Freemasonry», *AQC*, 15 (1902).

J. C. D. Clark, *English Society 1660-1832*, Cambridge, 2000.

P. Clark, *British Clubs and Societies 1580-1800*, Oxford, 2000. La autoridad en el tema, la cual he consultado en numerosos casos. Sobre la red de contactos de Burns, pp. 230-231. Dos mil cafés, p. 163.

R. Clutterbuck, *The History and Antiquities of the County of Hertford; compiled from the best printed authorities and original records preserved in public repositories and private collections. Embellished with views of the most curious monuments of antiquity, and illustrated with a map of the County*, vol. 1, Londres, 1815. Sobre los Strong, pp. 166-170.

H. T. Dickinson, «Whiggism in the eighteenth century», en J. Cannon (ed.), *The Whig Ascendancy. Colloquies on Hanoverian England*, Londres, 1981.

K. Downes, *Christopher Wren*, Londres, 1971. Para una esquela que menciona a la masonería, p. 182.

P. Elliott y S. Daniels, «The "school of true, useful and universal science"? Freemasonry, Natural Philosophy and Scientific Culture in Eighteenth-Century England», *The British Journal for the History of Science*, 39, 2 (2006).

A. Everitt, «The English Urban Inn, 1560-1760», en A. Everitt (ed.), *Perspectives in English Urban History*, Londres, 1973.

M. Goldie, «The English system of liberty», en M. Goldie y R. Wokler (eds.), *The Cambridge History of Eighteenth-Century Political Thought*, Cambridge, 2006.

J. Habermas, *The Structural Transformation of the Public Sphere. An Inquiry into a Category of Bourgeois Society*, Cambridge (Massachusetts), 1989.

D. G. Hackett, *That Religion in Which All Men Agree. Freemasonry and American Culture*, Berkeley (California), 2014. Otro estudio fundamental. Crónicas de la procesión masónica en Charleston citadas en la p. 19. El libro también contiene un excelente capítulo sobre la masonería afroamericana.

E. Hatton, *New View of London. Or an Ample account of that City*, Londres, 1708. Una «fraternidad de numerosos nobles y aristócratas», p. 611.

C. Hobson, «Valentine Strong – Cotswold Stonemason», *Fairford History Society Occasional Paper*, 3 (2006).

M. C. Jacob, *Living the Enlightenment. Freemasonry and Politics in Eighteenth-Century Europe*, Oxford, 1991. Un estudio innovador al que he recurrido en los capítulos sobre Londres y París. Para la masonería como «fantasma» de la libertad véase la p. 203.

—, *The Origins of Freemasonry. Facts & Fictions*, Filadelfia (Pennsylvania), 2006.

L. Jardine, *On a Grander Scale. The Outstanding Career of Sir Christopher Wren*, Londres, 2002.

D. Knoop y G. P. Jones, *The London Mason in the Seventeenth Century*, Mánchester, 1935.

B. Krysmanski, «Lust in Hogarth's Sleeping Congregation – Or, How to Waste Time in Post-Puritan England», *Art History*, 21 (3 de septiembre 1998); sobre una tira cómica de Desaguliers pronunciando un sermón aburrido.

J. M. Landau, «Muslim Opposition to Freemasonry», *Die Welt des Islams*, 36, 2 (1996).

J. Lane, *Masonic Records 1717-1894*, 2.ª ed., Londres, 1895.

J. Lang, *Rebuilding St Paul's after the Great Fire of London*, Oxford, 1956.

N. Leask, «Robert Burns», en G. Carruthers y L. McIlvanney (eds.), *The Cambridge Companion to Scottish Literature*, Cambridge, 2012.

J. H. Lepper, «The Earl of Middlesex and the English Lodge in Florence», *AQC*, 58 (1945).

J. Macky, *A Journey Through England in Familiar Letters from a Gentleman Here, to his Friend Abroad*, 2.ª ed., Londres, 1722. «Infinidad de CLUBES o SOCIEDADES», p. 287.

R. K. Marshall, «Davison [Davidson], Jeremiah (hacia 1695-1745)», *Oxford Dictionary of National Biography*, Oxford, 2008. Versión online consultada el 23 de abril de 2017.

H. Morrison, «"Making Degenerates into Men" by Doing Shots, Breaking Plates, and Embracing Brothers in Eighteenth-Century Freemasonry», *Journal of Social History*, 46, 1 (2012). Relata las fiestas de Mozart y Haydn en su logia.

Mulvey Roberts, *British Poets and Secret Societies*, Londres, 1986; sobre Burns.

A. Newman, «Politics and Freemasonry in the Eighteenth Century», *AQC*, 104 (1991).

R. Péter, «The "Fair Sex" in a "Male Sect". Gendering the Role of Women in Eighteenth-Century English Freemasonry», en M. Fedelma Cross (ed.), *Gender and Fraternal Orders in Europe, 1300-2000*, Basingstoke, 2010.

A. Pink, «Robin Hood and Her Merry Women. Modern Masons in an Early Eighteenth-Century London Pleasure Garden», *Journal for Research into Freemasonry and Fraternalism*, 4, 1-2, número único (2013).

M. G. H. Pittock, *Inventing and Resisting Britain. Cultural Identities in Britain and Ireland, 1685-1789*, Basingstoke, 1997.

W. Read, «Let a man's religion... be what it may», *AQC*, 98 (1985). Cita el caso del primer gran maestro católico de la francmasonería inglesa.

C. Révauger, «Les femmes et la franc-maçonnerie, des origines a nos jours», *REHMLAC: Revista de Estudios Históricos de la Masonería Latinoamericana y Caribeña*, 4, 2 (diciembre de 2012-abril de 2013). Sobre algunos de los primeros casos excepcionales de las masonas.

M. D. J. Scanlan, «Freemasonry and the mystery of the Acception, 1630 to 1723–a fatal flaw», en R. W. Weisberger *et al.* (eds.), *Freemasonry on Both Sides of the Atlantic*, Nueva York, 2002. «Una gran convención de la Fraternidad de Masones Aceptados celebrada en San Pablo», citado en p. 171.

S. Schaffer, «The Show That Never Ends. Perpetual Motion in the Early Eighteenth Century», *The British Journal for the History of Science*, 28, 2 (1995). Muy útil para Desaguliers.

J. M. Shaftesley y M. Rosenbaum, «Jews in English Regular Freemasonry, 1717-1860», *Transactions & Miscellanies* (Jewish Historical Society of England), 25 (1973-1975).

—, «Jews in English Freemasonry in the 18th and 19th Centuries», *AQC*, 92 (1979).

D. S. Shields, «Franklin and the republic of letters», en C. Mulford (ed.), *The Cambridge Companion to Benjamin Franklin*, Cambridge, 2008.

Ev. Ph. Shirley, «Remarkable Clubs and Societies, 1748», *Notes and Queries*, 27 de julio de 1878. Para nombres de clubes extraños, p. 65.

L. B. Smith, «Wharton, Philip James, duke of Wharton and Jacobite duke of Northumberland (1698-1731)», *Oxford Dictionary of National Biography*, Oxford, 2008. Versión online consultada el 3 de mayo de 2017.

W. Speck, «Whigs and Tories dim their glories. English political parties under the first two Georges», en J. Cannon (ed.), *The Whig Ascendancy. Colloquies on Hanoverian England*, Londres, 1981.

D. Stevenson, *The Origins of Freemasonry: Scotland's Century, 1590-1710*, Cambridge, 1988. «Una célula exclusiva dentro de la Compañía de Londres», p. 281. «Mil posturas y muecas ridículas», citado en p. 137.

—, «James Anderson, Man and Mason», *Heredom. Transactions of the Scottish Rite Research Society*, 10 (2002).

P. Sugden, «Veil, Sir Thomas de (1684-1746)», *Oxford Dictionary of National Biography*, Oxford, 2004. Versión online consultada el 1 de mayo de 2017.

A. Tinniswood, *His Invention So Fertile. A Life of Christopher Wren*, Londres, 2001.

A. Vickery, *The Gentleman's Daughter. Women's Lives in Georgian England*, New Haven (Connecticut), 1998.

E. Ward, *A Compleat and Humorous Account of All the Remarkable Clubs and Societies in the Cities of London and Westminster*, Londres, 1756. «Crepitaciones», p. 31.

S. Wren (ed.), *Parentalia Or Memoirs of the Family of the Wrens Viz. of Mathew Bishop of Ely, Christopher Dean of Windsor... But Chiefly of --- Surveyorgeneral of the Royal Buildings... Now Published by Stephen Wren*, Londres, 1750. Para el relato de la ceremonia de inauguración, p. 293.

J. Wright, *Phoenix Paolina. A Poem on the New Fabrick of St Paul's Cathedral*, Londres, 1709.

5. Paris. Guerra contra Cristo y su secta; guerra contra los reyes y todos sus tronos

L. Aimable, *Une Loge Maçonnique d'avant 1789. Les Neuf Soeurs*, París, 1897.

Anónimo, *L'adoption ou La maçonnerie des femmes*, París (?), 1775. La cita inicial, de las pp. 10 y ss., ha sido reorganizada para que resulte más clara en este contexto.

P. Barbier y F. Vernillat, *Histoire de France par les Chansons*, vol. 4, *La Révolution*, París, 1957. «Los masones tenemos un hermano ferviente», pp. 20-21.

A. Barruel, *Mémoires pour servir à l'histoire du jacobinisme*, 5 vols., Londres, 1798-1799. «En la Revolución francesa, todo, incluso los hechos más espantosos, estaba previsto», vol. 1, p. VIII. «Si triunfa el jacobinismo», vol. 1, p. 3. «Guerra contra Cristo y su secta», vol. 2, p. 280. Las últimas fases de la convergencia de la conspiración en vol. 4, cap. XI. Sobre la pérdida de cartas incriminatorias, vol. 2, p. 465. «Ángel exterminador», vol. 2, p. 468.

P.-Y. Beaurepaire, *L'autre et le frère. L'étranger et la Franc-Maçonnerie en France au XVIII siècle*, París, 1998; «Todos los profanos [es decir, los no masones] que tengan el infortunio de ser judíos», citado en p. 566.

R. Berman, *The Foundations of Modern Freemasonry. The Grand Architects, Political Change and the Scientific Enlightenment, 1714-1740*, Brighton, 2012.

J. H. Bloch, «Women and the reform of the Nation», en E. Jacobs *et al.* (eds.), *Woman and Society in Eighteenth-Century France*, Londres, 1979.

C. Brinton, «Revolutionary Symbolism in the Jacobin Clubs», *The American Historical Review*, 32, 4 (1927).

J. M. Burke, «Through Friendship to Feminism. The Growth in Self-Awareness Among Eighteenth-Century Women Freemasons», *Proceedings of the Annual Meeting of the Western Society for French History*, 14 (1987).

—, «Freemasonry, Friendship and Noblewomen. The Role of the Secret Society in Bringing Enlightenment Thought to Pre-revolutionary Women Elites», *History of European Ideas*, 10, 3 (1989). «Fue encarcelada y ejecutada sumariamente», p. 289.

—, «Leaving the Enlightenment. Women Freemasons after the Revolution», *Eighteenth-Century Studies, Colonial Encounters*, 33, 2 (invierno de 2000). «No cabe duda de que en las logias [de Adopción] había empezado a fraguarse un tipo de feminismo incipiente», p. 256.

—, y M. C. Jacob, «French Freemasonry, Women, and Feminist Scholarship», *The Journal of Modern History*, 68, 3 (1996).

S. Burrows, J. Conlin, R. Goulbourne, V. Mainz (eds.), *The Chevalier D'Eon and his Worlds. Gender, Espionage and Politics in the Eighteenth Century*, Londres, 2010.

G. Casanova de Seingalt, *Histoire de ma vie. Suivie de textes inédits*, París, 1993. [Hay trad. cast.: *Historia de mi vida*, Girona, Atalanta, 2020]. «En los tiempos que corren, cualquier joven», t. I, vol. 3, cap. VII, p. 553. «Excelentes cenas en compañía de chicas hermosas», t. III, vol. 12, cap. VI, p. 957.

R. Chartier, *The Cultural Origins of the French Revolution*, Londres, 1991. [Hay trad. cast.: *Los orígenes culturales de la Revolución francesa*, Barcelona, Gedisa, 2015]. Para la masonería y la laicización, pp. 92-110.

E. Chaussin, «D'Éon and Tonnerre», en S. Burrows, J. Conlin, R. Goulbourne y V. Mainz, 2010, *op. cit.* «A pesar de su transformación [en mujer]», p. 78.

W. J. Chetwode Crawley, «The Chevalier d'Éon», *AQC*, 16 (1903). «Si nos permitimos conjeturar», p. 251.

P. Chevallier, *Les Ducs sous l'Acacia. Les premiers pas de la Franc-Maçonnerie française, 1725-1743*, París, 1964.

—, *Histoire de la Franc-Maçonnerie Française. Tome I. La Maçonnerie. École de l'Égalité, 1725-1799*, París, 1974. «Caos inextricable», Gaston Martin citado en p. 185. «"Selva tropical" de grados», p. 94.

L. F. Cody, «Sex, Civility, and the Self. Du Coudray, D'Éon, and Eighteenth-Century Conceptions of Gendered, National, and Psychological Identity», *French Historical Studies*, 24, 3 (2001).

R. Darnton, *Mesmerism and the End of the Enlightenment in France*, Londres, 1968.

—, «Cherchez la Femme», *The New York Review of Books*, 10 de agosto de 1995. Reseña de *Monsieur d'Éon is a Woman. A Tale of Political Intrigue and Sexual Masquerade* de G. Kates.

S. Desan, «What's After Political Culture? Recent French Revolutionary Historiography», *French Historical Studies*, 23, 1 (2000).

C. Francovich, «Balsamo, Giuseppe», *Dizionario biografico degli Italiani*, vol. 5, Roma, 1963.

P. Friedland, *Seeing Justice Done. The Age of Spectacular Capital Punishment in France*, Oxford, 2012.

G. Giarrizzo, *Massoneria e illuminismo*, Venecia, 1994.

D. Goodman, *The Republic of Letters. A Cultural History of the French Enlightenment*, Ithaca (Nueva York), 1994. Para la actividad masónica de Guillotin, *passim*.

R. F. Gould, *The Concise History of Freemasonry*, revisado por F. J. W. Crowe, Nueva York, 2007 [1920].

R. Halévi, «Les origins intellectuelles de la Révolution française. De la Maçonnerie au Jacobinisme», en É. François (ed.), *Sociabilité et société bourgeoise en France, en Allemagne et en Suisse, 1750-1850*, París, 1986.

G. Hivert-Messeca e Y. Hivert-Messeca, *Comment la Franc-Maçonnerie vint aux femmes. Deux siècles de Franc-Maçonnerie d'adoption féminine et mixte en France, 1740-1940*, París, 1997. Un 82 por ciento de las mujeres de la logia de Adopción eran aristócratas, pp. 115-121.

R. Hofstadter, «The Paranoid Style in American Politics», *Harper's Magazine*, noviembre de 1964.

O. Homberg y F. Jousselin, *Un aventurier au XVIIIe siècle. Le Chevalier d'Éon (1728-1810)*, París, 1904. «Adjunto invitación a esta ceremonia», de los documentos inéditos de D'Éon, citados en p. 279. «Tiene la barbilla adornada», citado en p. 206.

S. J. Horowitz, «What's Behind Hip Hop's Illuminati Music Obsession?», <http://www.complex.com/music/hip-hop-illuminati-obsession>; consultada el 2 de marzo de 2017.

J. I. Israel, *Democratic Enlightenment. Philosophy, Revolution, and Human Rights 1750-1790*, Oxford, 2011. «Traidores y hostiles a la religión», citado en p. 842.
A. Joly, *Un mystique Lyonnais et les secrets de la Franc-Maçonnerie, 1730-1824*, Mâcon, 1938. Sobre Willermoz.
C. Jones, *The Great Nation. France from Louis XV to Napoleon, 1715-99*, Londres, 2002.
F. Jupeau Réquillard, *L'initiation des femmes, ou, Le souci permanent des francs-maçons français*, Mónaco, 2000. «¡Oh, hermanas mías! ¡Qué dulce es para mí pronunciar ese nombre!», citado en p. 300.
G. Kates, «The Transgendered World of the Chevalier/Chevalière d'Éon», *The Journal of Modern History*, 67, 3 (1995).
M. L. Kennedy, *The Jacobin Clubs in the French Revolution. The First Years*, Princeton (New Jersey), 1982.
R. Le Forestier, *Les Illuminés de Bavière et la Franc-Maçonnerie Allemande*, París, 1914.
—, *La Franc-Maçonnerie templière et occultiste aux XVIIIe et XIXe siècles*, París, 1970.
E. Lever, *Philippe Égalité*, París, 1996.
D. Ligou (ed.), *Chansons Maçonniques 18e et 19e siècles*, París, 1972.
—, *Dictionnaire universel de la Franc-Maçonnerie*, París, t. 2, 1974. Entre mis fuentes sobre las extrañas variedades de ritos y grados, pp. 1105-1131.
— (ed.), *Dictionnaire de la Franc-maçonnerie*, París, 1987. Para Chaillon de Jonville, pp. 209-210. Para Orléans Égalité, pp. 874-875. Para Condorcet, p. 289. Para Guillotin, p. 550. Para la esposa y hermana de Égalité, p. 154.
—, et al., *Histoire des francs-maçons en France 1725-1815*, Toulouse, 2000.
K. Loiselle, *Brotherly Love. Freemasonry and Male Friendship in Enlightenment France*, Ithaca (Nueva York), 2014. Para las abundantes sospechas de sodomía que rodeaban a la masonería francesa, pp. 94-95. Para el uso de términos masónicos en la subcultura gay, pp. 94-98; 1777, procedimientos de la Adopción utilizados como pretexto para invitar a prostitutas a las logias, p. 99.
S. Mandelbrote, «Ramsay, Andrew Michael [Jacobite Sir Andrew Ramsay, baronet] (1686-1743)», *Oxford Dictionary of National Biography*, Oxford, 2004, ed. online, consultada el 21 de julio de 2017.
D. M. McMahon, *Enemies of the Enlightenment. The French Counter-Enlightenment and the Making of Modernity*, Oxford, 2001. «El maravilloso relato», citado en p. 113.
P. McPhee, *The French Revolution, 1789-1799*, Oxford, 2002. [Hay trad. cast.: *La Revolución francesa, 1789-1799. Una nueva historia*, Madrid, Austral, 2013].

D. Menozzi, «Cattolicesimo e massoneria nell'età della Rivoluzione francese», en G. M. Cazzaniga (ed.), *Storia d'Italia. Annali*, 21. *La Massoneria*, Turín, 2006.

P. Négrier (ed.), *Textes fondateurs de la tradition maçonnique 1390-1760. Introduction à la pensée de la franc-maçonnerie primitive*, París, 1995. Discurso de Ramsay reproducido en pp. 303-335.

C. Porset, «Cagliostro e la massoneria», en G. M. Cazzaniga (ed.), *Storia d'Italia. Annali*, 21. *La Massoneria*, Turín, 2006.

J. Quéniart, *Culture et Société Urbaines dans la France de l'Ouest au XVIIIe siècle*, París, 1978. Sobre los sacerdotes y coadjutores como masones en Angers y Mans, p. 450.

M. Rapport, «The international repercussions of the French Revolution», en P. McPhee (ed.), *A Companion to the French Revolution*, Oxford, 2013.

M. Riquet, A*ugustin De Barruel: Un jésuite face aux Jacobins francs-maçons, 1741-1820*, París, 1989.

H. G. Riqueti, comte de Mirabeau, *De la monarchie Prussienne sous Frederic le Grand*, t. 5, Londres, 1788. «Rarezas, contradicciones y misterios» y otras citas sobre la masonería alemana, pp. 64-69.

J. M. Roberts, *The Mythology of the Secret Societies*, Londres, 1972. La historia clásica, que he consultado en repetidas ocasiones en los capítulos de este libro dedicados al siglo XVIII y principios del XIX. Para Shelley y Barruel, pp. 211-213.

J. Robison, *Proofs of a Conspiracy against all the Religions and Governments of Europe, carried on in the secret meetings of Freemasons, Illuminati and Reading Societies*, Nueva York, 1798 [1797].

D. Roche, «Sociabilitiés et politique de l'Ancien Régime a la Révolution», *French Politics and Society*, 7, 3 «Commemorating the French Revolution» (verano de 1989).

J. M. J. Rogister, «D'Éon de Beaumont, Charles Geneviève Louis Auguste André Timothée, Chevalier D'Éon in the French nobility (1728-1810)», *Oxford Dictionary of National Biography*. Versión online con fecha del 4 de octubre de 2012, consultada el 4 de agosto de 2017.

J. Smith Allen, «Sisters of Another Sort: Freemason Women in Modern France, 1725-1940», *The Journal of Modern History*, 75, 4 (diciembre de 2003). Sobre las dificultades para calcular el número de masonas, p. 803.

J. Snoek, *Initiating Women in Freemasonry. The Adoption Rite*, Leiden, 2012.

—, «The Adoption Rite, its Origins, Opening up for Women, and its "Craft" Rituals», *REHMLAC: Revista de Estudios Históricos de la Masonería Latinoamericana y Caribeña*, 4, 2 (diciembre de 2012-abril de 2013).

W. R. H. Trowbridge, *The Splendour and Misery of a Master of Magic*, Londres, 1910. Para la iniciación de Cagliostro, pp. 111 y ss.

R. Van Dülmen, *The Society of the Enlightenment. The Rise of the Middle Class and Enlightenment Culture in Germany*, Cambridge, 1992. Sesenta y cuatro de los cuatrocientos cincuenta y cuatro miembros eran clérigos o teólogos, p. 109. «Los príncipes y las naciones desaparecerán», citado en p. 113.

J. Van Horn Melton, *The Rise of the Public in Enlightenment Europe*, Cambridge, 2001.

R. W. Weisberger, *Speculative Freemasonry and the Enlightenment. A study of the Craft in London, Paris, Prague, and Vienna*, Nueva York, 1993.

R. A. Wells, *The Rise and Development of Organised Freemasonry*, Londres, 1986.

W. D. Wilson, «Weimar Politics in the Age of the French Revolution. Goethe and the Spectre of Illuminati Conspiracy», *Goethe Yearbook*, 5 (1990).

G. S. Wood, «Conspiracy and the Paranoid Style. Causality and Deceit in the Eighteenth Century», *The William and Mary Quarterly*, 39, 3 (1982).

<https://vigilantcitizen.com/>, «Symbols Rule the World», consultada el 4 de agosto de 2019.

6. Nápoles. Una enfermedad delirante

J.-C. Bésuchet de Saunois, *Précis historique de l'ordre de la franc-maçonnerie. Depuis son introduction en France jusqu'en 1829*, París, 1829, vol. 2: «Puede que no existiera nunca una logia de Adopción», p. 153.

J. H. Billington, *Fire in the Minds of Men. Origins of the Revolutionary Faith*, Londres, 1980. «La tradición revolucionaria moderna», p. 87.

D. Bocchini, «Breve storia filosoficha delle sette del Regno di Napoli», en Archivio di Stato di Napoli, Archivio Tommasi, sobre XI. Ahora reproducido en Gin, *L'aquila, il giglio e il compasso*. Veintitrés mil trinitarios, p. 204.

M. A. Caffio, *Il gioco delle appartenenze. Strategie associative e pratiche del potere in Terra d'Otranto (1760-1821)*, Bari, 2007.

A. Capece Minutolo (príncipe de Canosa), *Abbozzo riservato di un piano politico-morale onde neutralizzare il Sistema massonico, paralizzarne i progressi e farlo divenire utile ai sovrani, alla religione cattolica ed ai stati*, en Carte Canosa, Archivio di Stato di Napoli, Archivio Borbone, vol. 729, «Memorie ed opuscoli antirivoluzionari ed anti liberali (1797-1832)».

«Career», entrada de *The New Shorter Oxford English Dictionary*, Oxford, 1993.

C. Cassani, «De Attellis, Orazio», en *Dizionario Biografico degli Italiani*, vol. 33, 1987.

BIBLIOGRAFÍA CON BREVES NOTAS Y CITAS

N. Castagna, *La sollevazione d'Abruzzo nell'anno 1814*, Roma, 1884.

G. M. Cazzaniga, «Origini ed evoluzioni dei rituali carbonari italiani», en G. M. Cazzaniga (ed.), *Storia d'Italia. Annali, 21. La Massoneria*, Turín, 2006.

E. M. Church, *Chapters in an Adventurous Life. Sir Richard Church in Italy and Greece*, Londres, 1895.

Z. Ciuffoletti, «La Massoneria napoleonica in Italia», en Z. Ciuffoletti y S. Moravia, *La Massoneria. La storia, gli uomini, le idee*, 2.ª ed., Milán, 2016.

F. Collaveri, *La franc-maçonnerie des Bonaparte*, París, 1982.

P. Colletta, *Storia del Reame di Napoli dal 1734 al 1823*, t. III, Capodelago, 1834. Entrada de Murat en Nápoles en 1808, p. 93. «Respetad mi rostro, apuntad a mi corazón... [¡Fuego!]», p. 53. «Si los acusados son carbonarios», pp. 63-64.

F. Conti, «La Massoneria e la costruzione della nazione italiana dal Risorgimento al Fascismo», en Z. Ciuffoletti y S. Moravia, *La Massoneria. La storia, gli uomini, le idee*, 2.ª ed., Milán, 2016.

N. Cortese, «Le prima condanne murattiane della Carboneria», Archivio Storico per le Province Napoletane, 34 (1955). «Fomentando principios democráticos», citado en p. 234. «Esas uniones clandestinas utilizan el amor fraternal», citado en p. 306.

—, «Il Murat e la Carboneria napoletana nella prima metà del 1814», *Studi Storici in onore di Gioacchino Volpe*, vol. 1, Florencia, 1958.

J. A. Davis, *Naples and Napoleon. Southern Italy and the European Revolutions (1780-1860)*, Oxford, 2006.

M. Dayet, «Pierre-Joseph Briot. Lucien Bonaparte et les Carbonari», *Annales Historiques de la Révolution Française*, 1 (1953).

A. De Francesco, *Vincenzo Cuoco. Una vita politica*, Roma-Bari, 1997. Caroline Bonaparte creía que Maghella estaba detrás de la creación de los *carbonari*, p. 115.

—, «La Carboneria in Sicilia. Notabilato politico o politica notabilare», en G. Berti y F. Della Peruta (eds.), *La Carboneria. Intrecci veneti, nazionali e internazionali*, Rovigo, 2004.

C. De Nicola, *Diario napoletano dal 1798 al 1825*, Archivio Storico per le Province Napoletane, 1906.

J. Dickie, *Cosa Nostra. A History of the Sicilian Mafia*, Londres, 2003. [Hay trad. cast.: *Cosa nostra. Historia de la mafia italiana*, Barcelona, Debate, 2006]. «Una secta intangible cuya organización», citado en p. 69.

O. Dito, *Massoneria, Carboneria e altre società segrete nella storia del Risorgimento italiano*, Turín-Roma, 1905.

J.-P. Garnier, *Murat. Roi de Naples*, París, 1959.

F. Giampietri, «Rapporti Giampietri al Re», Archivio di Stato di Napoli,

Ministero di Grazia e Giustizia, 2083. «Rapporti su carbonari fra popolani e carcerati, e massoni», *ibid.*, 2080. «Hombres endurecidos por la senda del delito», Giampietri a King, 8 de junio de 1818 en sobre 2083.

J.-C. Gillet, *Murat 1767-1815*, París, 2008.

E. Gin, *Sanfedisti, Carbonari, Magistrati del Re. Il Regno delle Due Sicilie tra Restaurazione e Rivoluzione*, Nápoles, 2003. «Lista para zambullirse ella misma en el terror anárquico», citado en p. 53.

—, *L'aquila, il giglio e il compasso. Profili di lotta politica ed associazionismo settario nelle Due Sicilie (1806-1821)*, Salerno, 2007. «Os lo volveré a decir, señor», citado en p. 67. Murat se planteó matar a los líderes, p. 75.

V. Haegele, *Murat. La solitude du cavalier*, París, 2015.

Y. Hivert-Messeca, *L'Europe sous l'Acacia. Histoire des franc-maçonneries européennes du XVIIIe siècle à nos jours, 2: Le XIXe siècle*, París, 2014.

R. Lansdown, «Byron and the Carbonari», *History Today*, vol. 41, 1991. «Los c[arbonari] no parecen tener un plan», citado en p. 24.

D. Laven y R. Riall (eds.), *Napoleon's Legacy. Problems of Government in Restoration Europe*, Oxford, 2000.

F. M. Lo Faro, «Maghella, Antonio», *Dizionario biografico degli Italiani*, vol. 67, Roma, 2006. Para descripciones de Maghella como «incansable» y «enigmático», véase *passim*.

A. Lucarelli, *Il brigantaggio politico del Mezzogiorno d'Italia*, Bari, 1942. «Una enfermedad delirante», citado en p. 153. Descripciones de Ciro Annicchiarico citadas en p. 107. Seis mil caldereros en 1815, p. 24.

B. Marcolongo, «Le origini della Carboneria e le Società segrete nell'Italia Meridionale dal 1810 al 1820», *Studi Storici*, Pavía, vol. XX, nueva serie, vol. II, Pavía, 1911-1912.

G. Masi, «Federici, Vincenzo, detto Capobianco», en *Dizionario biografico degli Italiani*, vol. 45, Roma, 1995.

F. Mastroberti, *Pierre Joseph Briot. Un giacobino tra amministrazione e política (1771-1827)*, Nápoles, 1998.

W. Maturi, *Il principe di Canosa*, Florencia, 1944. «Por las diferentes sectas y por una filosofía aviesa», citado en p. 3.

C. Porset y C. Révauger (eds.), *Le Monde maçonnique des Lumières*, vol. 1, París, 2013. Para Josefina y la masonería, pp. 289-293.

A. Postigliola, «Capece Minutolo, Antonio, principe di Canosa», *Dizionario Biografico degli Italiani*, vol. 18, Roma, 1975.

A. M. Rao, «La massoneria nel Regno di Napoli», en G. M. Cazzaniga (ed.), *Storia d'Italia. Annali, 21. La Massoneria*, Turín, 2006.

R. J. Rath, «The Carbonari. Their Origins, Initiation Rites, and Aims», *The American Historical Review*, 69, 2 (1964); para un cálculo de las cifras de carboneros en su apogeo.

G. Rota, «Società politica e rivoluzione nel Mezzogiorno. La Carboneria palermitana, 1820-22», *Rivista Italiana di Studi Napoleonici* (1991).
A. Scirocco, *L'Italia del Risorgimento*, Bolonia, 1990.
J. Smyth, «Freemasonry and the United Irishmen», en *The United Irishmen. Republicanism, Radicalism and Rebellion*, D. Dickson et al. (eds.), Dublín, 1993.
R. Sóriga, «Gli inizi della Carboneria in Italia secondo un rapporto segreto del Generale Giuseppe Rossetti», en *Le società segrete, l'emigrazione politica e i primi moti per l'indipendenza*, Módena, 1942.
—, «Le società segrete e i moti del 1820 a Napoli», en *Le società segrete, l'emigrazione politica e i primi moti per l'indipendenza*, Módena, 1942.
J. Tulard, *Murat. Ou l'éveil des nations*, París, 1983.
A. Valente, *Gioacchino Murat e l'Italia meridionale*, Turín, 1965.
A. Zazo, «Il principe Canosa e le sette nel Regno di Napoli (1815-1818)», *Samnium*, VIII, 3-4, 1935.

7. WASHINGTON. UNA LOGIA PARA LAS VIRTUDES

C. L. Albanese, *Sons of the Fathers. The Civil Religion of the American Revolution*, Filadelfia (Pennsylvania), 1976.
A. Allyn, *Ritual of Freemasonry*, Filadelfia (Pennsylvania), 1831. Versión de la ceremonia del Arco real, pp. 127-128.
Anónimo, *An account of the reception of General Lafayette in Savannah*, Savannah (Georgia), 1825.
G. J. Baldasty, «The New York State Political Press and Antimasonry», *New York History*, 64, 3 (1983). A finales de 1827 había veintidós periódicos antimasónicos en el estado de Nueva York; p. 266.
D. Bernard, *Light on Masonry*, Útica (Nueva York), 1829. Versión de la ceremonia del Arco real, p. 130. «Prometo y juro [...] que favoreceré la carrera política de un compañero masón del A[rco] r[eal]», *ibid*.
K. R. Bowling, *The Creation of Washington, DC. The Idea and Location of the American Capital*, Fairfax (Virginia), 1991.
F. M. Brodie, *No Man Knows My History. The Life of Joseph Smith*, 2.ª ed., Nueva York, 1995. Dos mil repeticiones de «y he aquí» [«and it came to pass»], p. 63. Número de esposas de Smith, pp. 334-247. «¿No hay ayuda para el hijo de la viuda?», citado en pp. 393-394.
J. L. Brooke, *The Refiner's Fire. The Making of Mormon Cosmology, 1644-1844*, Cambridge, 1996. Para las conexiones masónicas de la familia Smith y otros vínculos con sus primeros seguidores véanse las pp. 140-144 y pp.

157-159. Para las influencias masónicas y de otra índole en la descripción de las bandas de Gadiantón, pp. 149-183.

H. Brown, *A Narrative of the anti-Masonick Excitement*, Batavia (Nueva York), 1829. «Los masones vestidos como la realeza», citado en p. 151.

S. M. Brown, *In Heaven as it is on Earth. Joseph Smith and the Early Mormon Conquest of Death*, Oxford, 2012. Para el matrimonio de Smith con la viuda de Morgan, p. 11.

D. J. Buerger, «The Development of the Mormon Temple Endowment Ceremony», *Dialogue. A Journal of Mormon Thought*, 20, 4 (1987). Para las ceremonias masónicas como una copia de las de los mormones, p. 92.

S. C. Bullock, *Revolutionary Brotherhood. Freemasonry and the Transformation of the American Social Order, 1730-1840*, Chapel Hill (Carolina del Norte), 1996. Un estudio fundamental al que he recurrido a menudo en este capítulo. «El primer templo dedicado a la soberanía del pueblo», citado en pp. 137-138. Había más logias en Estados Unidos de las que habían existido en el resto del mundo, p. 138. Para las cifras de la expansión de la masonería en el estado de Nueva York antes de 1825, pp. 187-188.

R. L. Bushman, *Joseph Smith. Rough Stone Rolling*, Nueva York, 2006.

E. Bussiere, «Trial by Jury as "Mockery of Justice". Party Contention, Courtroom Corruption, and the Ironic Judicial Legacy of Antimasonry», *Law and History Review*, 34, 1 (2016).

J. A. Carroll y M. W. Ashworth, *George Washington*, vol. VII: *First in Peace*, Londres, 1957. Funeral de George Washington, pp. 627-631.

J. J. Ellis, *His Excellency George Washington*, Nueva York, 2004. Para las creencias religiosas de George Washington, p. 45.

R. P. Formisano y K. Smith Kutolowski, «Antimasonry and Masonry. The Genesis of Protest, 1826-1827», *American Quarterly*, 29, 2 (1977).

K. W. Godfrey, «Joseph Smith and the Masons», *Journal of the Illinois State Historical Society*, 64, 1 (1971). En 1843, más masones mormones que no mormones, p. 89.

Libro de Mormón, <https://www.churchofjesuschrist.org/study/scriptures/bofm/>, consultado el 15 de noviembre de 2017. «Y he aquí que [los ladrones de Gadiantón]». Libro de Helamán, cap. 6, vv. 22 y 24. «Ocupaban los asientos judiciales, habiendo usurpado el poder y la autoridad del país», Libro de Helamán, cap. 7, v. 4. «Una piel de cordero alrededor de los lomos», 3 Nefi, cap. 4, v. 7.

P. Goodman, *Towards a Christian Republic. Antimasonry and the Great Transition in New England, 1826-1836*, Oxford, 1988. Para los orígenes religiosos de la antimasonería, pp. 54-79. Para la evolución de la política antimasónica, pp. 105-119.

D. G. Hackett, *That Religion in which All Men Agree. Freemasonry in American*

BIBLIOGRAFÍA CON BREVES NOTAS Y CITAS

Culture, Berkeley (California), 2014. Un estudio clave que he consultado en repetidas ocasiones aquí. Un 42 por ciento de los generales de George Washington, p. 287. En el primer cuarto del siglo XIX las cifras se triplicaron con creces, p. 72.

C. M. Harris, «Washington's Gamble, L'Enfant's Dream. Politics, Design, and the Founding of the National Capital», *The William and Mary Quarterly*, 56, 3 (1999).

S. Hayden, *Washington and His Masonic Compeers*, Nueva York, 1869. «Mirad a Washington, él lidera la procesión», citado en p. 51. «Con un placer indescriptible lo felicitamos», citado en p. 132. «El tejido de nuestra libertad reposa», p. 135. «Un refugio para hermanos y una logia para las virtudes», citado en p. 165. Funeral de George Washington, pp. 197-208.

M. W. Homer, *Joseph's Temples. The Dynamic Relationship between Freemasonry and Mormonism*, Salt Lake City (Utah), 2014.

H. B. Hopkins, *Renunciation of Freemasonry*, Boston (Massachusetts), 1830. «Con el apoyo de los hombres más sabios de todas las épocas», y para la exaltación del Arco real de Hopkins, pp. 5-8.

G. E. Kahler, *The Long Farewell. Americans Mourn the Death of George Washington*, Charlottesville (Virginia), 2008. «Genio de la Masonería», pp. 86-104.

O. Lohrenz, «Thomas Davis, Jr. Officiating Clergyman at the Funeral and Burial of President George Washington», *Anglican and Episcopal History*, 73, 2 (2004).

P. K. Longmore, «The Enigma of George Washington: How Did the Man Become the Myth?», *Reviews in American History*, junio de 1985.

—, *The Invention of George Washington*, Berkeley (California), 1988.

W. D. Moore y J. D. Hamilton, «Washington as the Master of his Lodge. History and Symbolism of a Masonic Icon», en B. J. Mitnick (ed.), *George Washington. American Symbol*, Nueva York, 1999.

S. P. Newman, *Parades and the Politics of the Street. Festive Culture in the Early American Republic*, Filadelfia (Pennsylvania), 1997.

B. E. Park, «Joseph Smith's Kingdom of God. The Council of Fifty and the Mormon Challenge to American Democratic Politics», *Church History*, 87, 4 (2018). «Que esta honorable asamblea reciba desde este momento», citado en p. 1048.

D. Persuitte, *Joseph Smith and the Origins of the Book of Mormon*, Jefferson (Carolina del Norte), 2000. Para préstamos sobre el caso Morgan, pp. 192-198.

J. H. Pratt, *An authentic account of all the proceedings on the fourth of July, 1815, with regard to laying the corner stone of Washington monument*, Baltimore (Maryland), 1815. «Honorable señor, en nombre de los masones libres y aceptados de este estado», p. 15.

S. Pruitt, «Contents of Boston Time Capsule Buried by Samuel Adams and Paul Revere Unveiled», 7 de enero de 2015, <http://www.history.com/news/contents-ofboston-time-capsule-buried-by-samuel-adams-and-paul-revere-unveiled>, consultada el 7 de agosto de 2017.

S. J. Purcell, *Sealed with Blood. War, Sacrifice, and Memory in Revolutionary America*, Filadelfia (Pennsylvania), 2002. Para la gira de Lafayette, pp. 171-209.

E. L. Queen II et al. (eds.), *The Encyclopedia of American Religious History*, Nueva York, 2009. Una entrada sobre la Iglesia de Jesucristo de los Santos de los Últimos Días, pp. 127-128, incluye la cifra de dieciséis millones de miembros.

D. M. Quinn, *Early Mormonism and the Magic World View*, Salt Lake City (Utah), 1998.

C. Raible, «"The threat of being Morganized will not deter us". William Lyon MacKenzie, Freemasonry, and the Morgan Affair», *Ontario History*, primavera de 2008. «Ejecutara con crueldad salvaje», citado en p. 18.

K. L. Riley, *Lockport. Historic Jewel of the Erie Canal*, Charleston (Carolina del Sur), 2005. Para la ceremonia en el canal, p. 46.

K. Smith Kutolowski, «Freemasonry and Community in the Early Republic. The Case for Antimasonic Anxieties», *American Quarterly*, 34, 5 (1982).

—, «Antimasonry Reexamined. Social Bases of the Grass-Roots Party», *The Journal of American History*, 71, 2 (1984).

—, «Freemasonry revisited. Another look at the grassroots bases of antimasonic anxieties», en R. W. Weisberger et al. (eds.), *Freemasonry on Both Sides of the Atlantic*, Nueva York, 2002. Para el perfil social y religioso de los masones en el condado de Genesee, pp. 589-592.

F. Somkin, *Unquiet Eagle. Memory and Desire in the Idea of American Freedom, 1815-1860*, Ithaca (Nueva York), 1967. Para la gira de Lafayette, pp. 131-174.

H. G. Spafford, *A Gazetteer of the State of New York*, Albany (Nueva York), 1824. «Mediterráneo estadounidense», p. 102.

W. L. Stone, *Letters on Masonry and Anti-Masonry*, Nueva York, 1832. La crónica contemporánea más importante. «Morgan es considerado un estafador», citado en p. 133. «Dos pedreros, quince o veinte rifles y varias pistolas», p. 153. Comentarios del juez Enos T. Throop, p. 201. «Profesores charlatanes antimasónicos», p. 294. «Lo mismo podían barajar la posibilidad de instaurar el islamismo», p. 563. Todos menos dos de los condenados eran masones del Arco real, p. 414.

L. Travers, «"In the greatest solemn dignity". The Capitol cornerstone and ceremony in the early Republic», en D. R. Kennon (ed.), *A Republic for the Ages. The United States Capitol and the Political Culture of the Early*

Republic, Charlottesville (Virginia), 1999. La mejor crónica de la ceremonia. «Cloroformo impreso», p. 127.

W. P. Vaughn, *The Antimasonic Party in the United States, 1826-1843*, Lexington (Kentucky), 1983. «La orden de la masonería tiene las manos manchadas de sangre», y para la antimasonería religiosa, pp. 14-24. Para el descenso en el número de miembros de la masonería, p. 52 y *passim*.

D. Vogel, «Mormonism's "Anti-Masonick Bible"», *The John Whitmer Historical Association Journal*, 9 (1989).

Watch Tower, Cooperstown (Nueva York). Para artículos de prensa antimasónicos sobre el caso Morgan. «Una profanación y una burla a las ordenanzas sagradas», artículos sobre la convención antimasónica celebrada en Cooperstown, en el condado de Otsego, el 14 de julio de 1828. «La mano de una providencia dominante», 29 de octubre de 1927.

T. S. Webb, *The Freemason's Monitor; or, Illustrations of Masonry*, Salem (Massachusetts), 1818. «Infinitamente más prestigioso, sublime e importante», p. 127.

G. S. Wood, *The Creation of the American Republic, 1776-1787*, Nueva York, 1993 [1969].

—, *Empire of Liberty. A History of the Early Republic, 1789-1815*, Oxford, 2009.

Véase <http://www.mormonthink.com/temple.htm#didthemasons>, consultada el 16 de noviembre de 2017, para una tabla detallada de paralelismos entre el mormonismo y la masonería y los cambios realizados en 1990 en la ceremonia del templo.

8. CHARLESTON. LOS AFRICANOS FUERON LOS CREADORES DE ESTA MISTERIOSA Y BELLA ORDEN

T. Adeleke, «Martin R. Delany's Philosophy of Education. A Neglected Aspect of African American Liberation Thought», *The Journal of Negro Education*, 63, 2 (1994).

—, «Race and Ethnicity in Martin R. Delany's Struggle», *Journal of Thought*, 29, 1 (1994).

—, «"Much learning makes men mad". Classical Education and Black Empowerment in Martin R. Delany's Philosophy of Education», *Journal of Thought*, 49, 1-2 (2015).

K. Allerfeldt, «Murderous Mumbo-Jumbo. The Significance of Fraternity to Three Criminal Organizations in Late Nineteenth-Century», *Journal of American Studies*, 50, 4 (2016).

T. Anbinder, *Nativism and Slavery. The Northern Know Nothings and the Politics of the 1850's*, Nueva York, 1992.

N. L. Bailey, et al. (eds.), *Biographical Directory of the South Carolina Senate, 1776-1985*, Columbia (Carolina del Sur), 1986, vol. I. Entrada sobre Gleaves.

R. Blackett, «In Search of International Support for African Colonization. Martin R. Delany's Visit to England, 1860», *Canadian Journal of History/Annales Canadiennes d'Histoire*, 10, 3 (1975).

W. L. Brown, *A Life of Albert Pike*, Fayetteville (Arkansas), 1997.

The Builder, diciembre de 1922, reproducido en <http://www.masonicdictionary.com/mackey.html>, consultada el 29 de abril de 2018. Sobre Mackey: «Se ganó enemigos», «no perdonaba».

M. C. Carnes, *Secret Ritual and Manhood in Victorian America*, New Haven (Connecticut), 1989.

G. M. Cazzaniga, «Nascita del Grande Oriente d'Italia», en G. M. Cazzaniga (ed.), *Storia d'Italia. Annali, 21. La Massoneria*, Turín, 2006.

M. R. Delany, *The Condition, Elevation, Emigration, and Destiny of the Colored People of the United States* (1852), Nueva York, 1968.

—, *The Origin and Objects of Ancient Freemasonry. Its Introduction into the United States, and Legitimacy among Colored Men: A Treatise Delivered Before St. Cyprian Lodge No. 13 June 24th AD 1853-AL 5853*, en R. S. Levine, *Martin R. Delany. A Documentary Reader*, Chapel Hill (Carolina del Norte), 2003. «Los africanos fueron los creadores de esta misteriosa», p. 55. «Instruido en la sabiduría de los egipcios», p. 53. «Todos los hombres, sea cual sea su país, su clima, su color y su condición», p. 57. «¿Se negará que el hombre que apareció ante el faraón?», p. 64.

—, *Blake; or, The Huts of America*, J. McGann (ed.), Cambridge (Massachusetts), 2017 [1861-1862].

P. L. Dunbar, «Hidden in Plain Sight. African American Secret Societies and Black Freemasonry», *Journal of African American Studies*, 16, 4 (2012).

R. L. Duncan, *Reluctant General. The Life and Times of Albert Pike*, Nueva York, 1961.

L. F. Emilio, *A Brave Black Regiment. The History of the 54th Massachusetts, 1863-1865*, Boston (Massachusetts), 1894. Para una crónica de la reunión de la logia después del ataque a Fort Wagner, pp. 129, 313. «La primera unidad de color organizada en el norte», citado en p. XI. «Fort Wagner se convirtió en un montículo de fuego», p. 80. «Debéis recordar que no habéis demostrado ser soldados», citado en p. 130. Descripción de Montgomery, p. 40.

M. W. Fitzgerald, *Splendid Failure. Postwar Reconstruction in the American South*, Chicago, 2007.

E. Foner, *Reconstruction. America's Unfinished Revolution, 1863-1877*, Nueva York, 1988. «Una masa de barbarie negra», de J. S. Pike, *The Prostrate State*, citado en p. 525.
—, «South Carolina's black elected officials during Reconstruction», en J. L. Underwood y W. L. Burke Jr. (eds.), *At Freedom's Door. African American Founding Fathers and Lawyers in Reconstruction South Carolina*, Columbia (Carolina del Sur), 2000.
W. L. Fox, *Lodge of the Double-Headed Eagle. Two Centuries of Scottish Rite Freemasonry in America's Southern Jurisdiction*, Fayetteville (Arkansas), 1997. Para las jurisdicciones norte y sur del rito escocés, pp. 30-31. Para la afiliación masónica de oficiales en Fort Sumter, p. 70. «Queremos que la raza blanca, y solo esa raza, gobierne este país», citado en p. 439. Sobre Pike y el KKK, pp. 81-83. Traslado de Pike a Washington, D. C., pp. 99-103.
R. Freke Gould, *A Concise History of Freemasonry*, Londres, 1904. Para Puerto Príncipe, p. 507, y para la propagación del rito escocés en todo el mundo, *passim*.
P. Gilroy, *The Black Atlantic. Modernity and Double Consciousness*, Cambridge (Massachusetts), 1993.
C. E. Griffith, *The African Dream. Martin R. Delany and the Emergence of Pan-African Thought*, University Park (Pennsylvania), 1975.
J. L. Hairston, *Landmarks of Our Fathers. A critical analysis of the start and origin of African Lodge no. 1*, Seattle, Washington, 2016. Desearía dar las gracias a Oscar Alleyne por indicarme esta pequeña joya de la erudición masónica.
R. B. Harris, *Eleven Gentlemen of Charleston. Founders of the Supreme Council, Mother Council of the World, Ancient and Accepted Scottish Rite Freemasonry*, Washington, D. C., 1959.
W. C. Hine, «Black Politicians in Reconstruction Charleston, South Carolina. A Collective Study», *Journal of Southern History*, 49, 4 (1983).
T. Holt, *Black over White. Negro Political Leadership in South Carolina during Reconstruction*, Urbana (Illinois), 1977. Para el trabajo de Mackey como aduanero del puerto, pp. 117-118.
W. L. Jenkins, *Seizing the New Day. African Americans in Post-Civil War Charleston*, Bloomington (Indiana), 1998. Para el papel de Delany imponiendo calma tras el asesinato de Lincoln, p. 40.
R. M. Kahn, «The Political Ideology of Martin Delany», *Journal of Black Studies*, 14, 4 (1984).
S. Kantrowitz, «"Intended for the better government of man". The Political History of African American Freemasonry in the Era of Emancipation», *The Journal of American History*, 96, 4 (2010).

BIBLIOGRAFÍA CON BREVES NOTAS Y CITAS

—, *More than Freedom. Fighting for Black Citizenship in a White Republic, 1829-1889*, Nueva York, 2012. Sobre Gleaves y la Gran Logia Nacional, pp. 376-382.

—, «Brotherhood denied. Black freemasonry and the limits of reconstruction», en P. Hinks y S. Kantrowitz (eds.), *All Men Free and Brethren. Essays on the History of Africa American Freemasonry*, Ithaca (Nueva York), 2013. Para las acusaciones contra Gleaves, pp. 1019-1020.

S. Kaplan y E. Nogrady Kaplan, *The Black Presence in the Era of the American Revolution*, ed. rev., Amherst (Massachusetts), 1989. Para una biografía de Prince Hall, pp. 202-214. «En las entrañas de un país libre y cristiano», citado en p. 202. «Se avergüenzan de estar en pie de igualdad con los negros», citado en p. 212. «Nos impone que seamos súbditos pacíficos», citado en p. 205.

A. M. Kass, «Dr Thomas Hodgkin, Dr Martin Delany, and the "return to Africa"», *Medical History*, 27 (1983).

E. J. Kytle, «African dreams, American realities. Martin Robison Delany and the emigration question», en *Romantic Reformers and the Antislavery Struggle in the Civil War Era*, Nueva York, 2014.

P. D. Lack, «An Urban Slave Community. Little Rock, 1831-1862», *The Arkansas Historical Quarterly*, 41, 3 (1982).

R. S. Levine, *Martin Delany, Frederick Douglass, and the Politics of Representative Identity*, Chapel Hill (Carolina del Norte), 1997.

—, *Martin R. Delany. A Documentary Reader*, Chapel Hill (Carolina del Norte), 2003. «Sentido casi místico de su potencial como líder negro», p. 9.

D. Ligou, *Histoire des francs-maçons en France*, vol. 1, 1725-1815, Toulouse, 2000. Sobre de Grasse-Tilly, pp. 230-232.

A. Mackey, *The Principles of Masonic Law. A Treatise on the Constitutional Laws, Usages and Landmarks of Freemasonry*, Nueva York, 1856. «El esclavo, o incluso el hombre nacido en condiciones de servidumbre», cap. I: «Of the Qualifications of Candidates».

—, *The Voice of Masonry*, debate sobre la cuestión del color, moderado por Mackey, enero-junio de 1876. «La masonería no hace distinciones»; «Y con esto me despido del tema», junio de 1876, pp. 424-425.

—, *An Encyclopedia of Freemasonry and Its Kindred Sciences. Comprising the Whole Range of Arts, Sciences and Literature as Connected with the Institution*, nueva ed. rev., Filadelfia (Pennsylvania), 1884.

The News and Herald, Winnsboro (Carolina del Sur), «In the toils», 11 de junio de 1877. Entre muchos periódicos que informan sobre el juicio de Gleaves.

[A. Pike], *Thoughts on Certain Political Questions by A Looker On*, Washington, D. C., 1859. «En su mejor versión, el negro», pp. 31-32.

BIBLIOGRAFÍA CON BREVES NOTAS Y CITAS

A. Pike, «The Ku-Klux Klan», *Memphis Daily Appeal*, 16 de abril de 1868.

—, *Morals and dogma of the Ancient and accepted Scottish rite of freemasonry. Prepared for the Supreme council of the thirty-third degree, for the Southern jurisdiction of the United States, and published by its authority*, Charleston (Carolina del Sur), 1871. «Las manifestaciones importantes del ocultismo coinciden», p. 823.

[A. Pike], *Liturgy of the Ancient and Accepted Scottish Rite of Freemasonry for the Southern Jurisdiction of the United States*, parte IV, Nueva York (Nueva York), 1878. «Cualquier cosa que merezca la pena hacer en este mundo merece la pena hacerla bien», p. 247. «Ser sincero, justo y honesto es la base de toda virtud», p. 243. Final del grado de caballero Kadosh en «No llevan mandil», p. 231.

A. Pike, *Foulhouzeism and Cerneauism scourged. Dissection of a manifesto*, Nueva York, 1884.

—, *Indo-Aryan Deities and Worship as Contained in the Rig Veda* (1872), Washington, D. C., 1930.

J. Porter, *Native American Freemasonry. Associationalism and Performance in America*, Lincoln (Nebraska), 2011. Para las similitudes entre la francmasonería y los sistemas de creencias de los nativos americanos, pp. 140-152. «A la vanguardia de un movimiento histórico predeterminado», p. 179.

B. E. Powers Jr, *Black Charlestonians. A Social History, 1822-1885*, Fayetteville (Arkansas), 1994. Regimiento 54.º pagado en la ciudadela y fundación de la escuela, p. 139. Consulta médica de Delany, p. 171.

L. Reece, «Righteous lives. A comparative study of the South Carolina scalawag leadership during Reconstruction», en M. B. Bonner y F. Hamer (eds.), *Southern Carolina in the Civil War and Reconstruction Eras*, Columbia (Carolina del Sur), 2016.

F. A. Rollin, *The Life and Public Services of Martin R. Delany*, Boston, 1883. «Entré en una ciudad que, desde mi más tierna infancia», citado en pp. 197-198.

A. G. Roundtree y P. M. Bessel, *Out of the Shadows. The Emergence of Prince Hall Freemasonry in America – Over 225 Years of Endurance*, Camp Springs (Maryland), 2006.

A. G. Roundtree, «Richard Howell Gleaves», *The Phylaxis*, XLV, 1 (2018).

H. Rubin III, *South Carolina Scalawags*, Columbia (Carolina del Sur), 2006. Para la «asamblea de negros» y Mackey como estafador avaricioso y alcohólico, pp. 26-30.

T. Shelby, «Two Conceptions of Black Nationalism. Martin Delany on the Meaning of Black Political Solidarity», *Political Theory*, 31,5 (2003).

T. D. Smith, «Indian territory and Oklahoma», en F. E. Hoxie (ed.), *The Oxford Handbook of American Indian History*, Oxford, 2016.

D. Sterling, *The Making of an Afro-American. Martin Robison Delany – African Explorer, Civil War Major, & Father of Black Nationalism*, Nueva York, 1971. «El ascenso moral del afroamericano», p. 81. «Maldito negrata demócrata», citado en p. 312.

W. H. Upton, *Negro Masonry. Being a Critical Examination of Objections to the Legitimacy of the Masonry Existing Among the Negroes of America*, Cambridge (Massachusetts), 1902. Opiniones de Pike sobre la «masonería negra» desde 1875 citadas en pp. 214-215.

W. C. Wade, *The Fiery Cross. The Ku Klux Klan in America*, Nueva York, 1987. Sobre Pike como comandante en funciones del KKK en Arkansas, p. 58.

C. D. B. Walker, *A Noble Fight. African American Freemasonry and the Struggle for Democracy in America*, Chicago (Illinois), 2008. Para Blake y la influencia del modelo masónico, pp. 107-115.

J. A. Walkes Jr, *Black Square and Compass. 200 Years of Prince Hall Freemasonry*, edición privada, 1979. Para la biografía de Vogelsang, pp. 46-49.

M. O. Wallace, «"Are we men?". Prince Hall, Martin Delany, and the black masculine ideal in black Freemasonry, 1775-1865», en *Constructing the Black Masculine. Identity and Ideality in African American Men's Literature and Culture, 1775-1995*, Durham (Carolina del Norte), 2002.

C. H. Wesley, *The History of the Prince Hall Grand Lodge of the State of Ohio 1849 to 1971*, Washington, D. C., 1972.

9. ROMA-PARÍS. EL DIABLO EN EL SIGLO XIX

J. Bernauer y R. A. Maryks (eds.), *«The Tragic Couple». Encounters Between Jews and Jesuits*, Leiden-Boston, 2014.

M. Borutta, «Anti-Catholicism and the culture war in Risorgimento Italy», en S. Patriarca y L. Riall (eds.), *The Risorgimento Revisited. Nationalism and Culture in Nineteenth-Century Italy*, Basingstoke-Nueva York, 2012.

A. Bresciani, *Della Repubblica Romana. Appendice a L'Ebreo di Verona*, 2 vols., Milán, 1855.

—, *L'Ebreo di Verona*, 2 vols., Nápoles, 1861. [Hay trad. cast.: *El hebreo de Verona*, Nabu Press, 2011]. «El pandemónium de las sociedades secretas», vol. 1, p. 74. Muerte de Babette d'Interlaken, vol. 2, p. 52. «En su pérfida Iglesia», vol. 1, p. 84.

—, *Lionello*, 3 vols., Milán, 1877.

The Catholic Times and Catholic Opinion, «Leo Taxil interviewed», 31 de julio de 1885. «Sobrenatural cambio de opinión», p. 5.

La Civiltà Cattolica, Roma. «Le logge israelitiche segrete pienamente illus-

trate», 1896: «Serían un honor para el historiador más erudito», p. 160.
«Le mopse. Origini, riti, gradi, educazione rituale», 1896: Diana como instrumento de la providencia, p. 684. Negación de haber caído en la farsa y «gran serenidad» del papa, «Cronaca», 8 de mayo de 1897, p. 30ff.

C. Clark y W. Kaiser (eds.), *Culture Wars. Secular-Catholic Conflict in Nineteenth-Century Europe*, Cambridge, 2004.

Concilio Vaticano de 1870 sobre la infalibilidad, consultado el 25 de noviembre de 2019 en <http://traditionalcatholic.net/Tradition/Council/Vatican/Fourth_Session,_Chapter_4.html>; «Posee esa infalibilidad».

F. Conti, *Storia della massoneria italiana: dal Risorgimento al fascismo*, Bolonia, 2003. «Sífilis sacerdotal», Adriano Lemmi citado en p. 143.

—, «Massoneria e sfera pubblica nell'Italia liberale, 1859-1914», en G. M. Cazzaniga (ed.), *Storia d'Italia. Annali, 21. La Massoneria*, Turín, 2006.

J. Dickie, «Antonio Bresciani and the Sects. Conspiracy Myths in an Intransigent Catholic Response to the Risorgimento», *Modern Italy*, 22, 1 (2017).

R. Gildea, *Children of the Revolution. The French, 1799-1914*, Londres, 2008.

The Glasgow Herald, 26 de julio de 1870, «Para muchas mentes supersticiosas, la tormenta». *Humanum genus*. Texto consultado el 25 de noviembre de 2019 en <http://www.vatican.va/content/leo-xiii/en/encyclicals/documents/hf_l-xiii_enc_18840420_humanumgenus.html>.

A. Halpern, «Freemasonry and Party Building in Late Nineteenth-Century France», *Modern & Contemporary France*, 10, 2 (2002).

D. Harvey, «Lucifer in the City of Light. The Palladium Hoax and "Diabolical Causality" in Fin de Siècle France», *Magic, Ritual, and Witchcraft*, 1 (2008).

M. Jarrige, *L'Église et les Francs-maçons dans la tourmente. Croisade de la revue La Franc-maçonnerie démasquée*, París, 1999.

W. R. A. Jones, «Palladism and the Papacy. An Episode of French Anticlericalism in the Nineteenth Century», *Journal of Church and State*, 12, 3 (1970).

D. Kertzer, «Religion and society, 1789-1892», en J. A. Davis (ed.), *Italy in the Nineteenth Century*, Oxford, 2000.

—, *Prisoner of the Vatican. The Popes' Secret Plot to Capture Rome from the New Italian State*, Boston, 2004.

H.-C. Lea, *Léo Taxil, Diana Vaughan et L'église romaine. Histoire d'une mystification*, París, 1901.

O. Logan, «A journal. La Civiltà Cattolica from Pius IX to Pius XII (1850-

1958)», en R. N. Swanson (ed.), *The Church and the Book*, Woodbridge, 2004 (*Studies in Church History*, 38).

G. Miccoli, «Leo XIII e la massoneria», en G. M. Cazzaniga (ed.), *Storia d'Italia. Annali, 21. La Massoneria*, Turín, 2006. Sobre Taxil y Vaughan supuestamente asesinados antes de la rueda de prensa, p. 236.

A. Mola, «Muratori del Belpaese», en *Storia e Dossier*, agosto de 1994. Cifras de logias italianas, p. 94.

P. Nord, *The Republican Moment. Struggles for Democracy in 19th-Century France*, Cambridge (Massachusetts), 1995. Alrededor de un 40 por ciento de los ministros de la Tercera República pertenecían a la francmasonería, pp. 15-30.

A. Pike, *A Reply for the Ancient and Accepted Scottish Rite of Free-Masonry to the Letter «Humanum Genus» of Pope Leo XIII*, Charleston (Carolina del Sur), 1884. «Declaración de guerra contra la raza humana», p. 28.

J. F. Pollard, *Money and the Rise of the Modern Papacy. Financing the Vatican, 1850-1950*, Cambridge, 2005.

—, *Catholicism in Modern Italy. Religion, Society and Politics since 1861*, Londres, 2008.

T. Rouault, *Léo Taxil et la Franc Maçonnerie satanique. Analyse d'une mystification littéraire*, Rosières-en-Haye, 2011. Reproduce artículos sobre la última rueda de prensa en la historia de Taxil, en los cuales me he basado para mi crónica.

La Semaine religieuse du diocèse de Rouen, 15 de marzo de 1887.

Syllabus Errorum, texto consultado el 25 de noviembre de 2019 en <http://www.papalencyclicals.net/pius09/p9syll.htm>.

L. Taxil, *La chasse aux corbeaux*, París, 1879. Recopilación de artículos periodísticos.

—, *Les soutanes grotesques*, París, 1879.

—, *Le Fils du Jésuite, précédé de Pensées Anti-Cléricales*, 2 vols., con introducción de G. Garibaldi, París, 1879.

—, *Les amours secrètes de Pie IX*, París, 1881.

—, *La Bible amusante. Pour les grands et les petits enfants*, París, 1881.

—, *La vie de Jésus*, París, 1882.

—, *Un Pape femelle (Roman historique)*, París, 1882.

—, *Calotte et Calotins. Histoire illustrée du clergé et des congregations*, vol. 1, París, 1885.

—, *Révélations complètes sur la Franc-Maçonnerie*, vol. 1, Les Frères Trois-Points, París, 1885. [Hay trad. cast.: *Los misterios de la francmasonería*, Librerías París-Valencia, 1996]. Rituales «grotescos y odiosos», p. 4. Para la cifra de 1.060.005 hermanos en total, véase p. 119. «No os riais. No os toméis la masonería a broma», p. 254.

—, *Les soeurs maçonnes*, París, 1886.
—, *Confessions d'un ex-libre penseur*, París, 1887. [Hay trad. cast.: *Confesiones de un exlibrepensador*, Nabu Press, 2011]. «Intrincado laberinto del mal», p. 8.
—, *Les Assassinats maçonniques*, París, 1890.
—, *Y a-t-il des femmes dans la Franc-Maçonnerie?*, París, 1891. «La encarnación del satanismo, como si la sangre de Lucifer corriera por sus venas», p. 390.
—, *Révélations complètes sur la Franc-Maçonnerie*, vol. 3, *Les Soeurs maçonnes*, París, 1895. [Hay trad. cast.: *La Francmasonería. Descubierta y explicada*, Valladolid, Maxtor, 2021]. «¡Madres francesas, encerrad a vuestras hijas!», p. 9.
— (como doctor Bataille), *Le diable au XIXe siècle ou les mystères su spiritisme*, 2 vols., París, 1896. «El diablo se ha convertido en bacteriólogo», vol. 1, p. 543. «La Arcula Mystica no es más que un teléfono diabólico», vol. 1, p. 392. «Pasmosa credulidad», vol. 1, p. 710.
— (como Diana Vaughan), *Le 33e Crispi. Un Palladiste Homme d'État Démasqué*, París, 1896.
— (como Diana Vaughan), *Mémoires d'une ex-Palladiste, parfaite Initiée, Indépendante*, París, 1895-1897. «La bisabuela del Anticristo», p. 284.
—, y K. Milo, *Les débauches d'un confesseur*, París, 1883.
—, y K. Milo, *Les Maîtresses du Pape. Roman historique anti-clérical*, París, 1884.
R. Tombs, *The Paris Commune 1871*, Harlow, 1999.
L'Univers, «Léo Taxil», 14 de julio de 1885 y 25 de julio de 1885.
E. Weber, *Satan Franc maçon. La mystification de Leo Taxil*, París, 1964. La crónica clásica, la cual he consultado en repetidas ocasiones. Reproduce muchos documentos fundamentales del caso, sobre todo el discurso en el que Taxil desveló su farsa y que ofrece un relato de los acontecimientos.
—, «Religion and Superstition in Nineteenth-Century France», *The Historical Journal*, 31, 2 (1988).

10. Allahabad. Logias madre del imperio

(Para los títulos de Rudyard Kipling he consultado en la mayoría de los casos la edición online de la Kipling Society de muchas de sus obras, que contiene notas muy útiles. Por ejemplo, «Mi logia madre», <http://www.kiplingsociety.co.uk/poems_motherlodge.htm>, y «Ciudades, tronos y poderes», <http://www.kiplingsociety.co.uk/poems_cities.htm>).

BIBLIOGRAFÍA CON BREVES NOTAS Y CITAS

Anónimo, *Resumé of the History of the District Grand Lodge of Barbados 1740-1936*, Bridgetown, Barbados, 1937.

—, «Chronicle». Breve crónica de una reunión de la Logia Estrella Naciente en Bloemfontein, *AQC*, 14 (1901). «Nos complace informar de que no solo había numerosos hermanos bóeres», pp. 95-96.

S. R. Bakshi, *Indian Freedom Fighters. Struggle for Independence – Vol. 10: Motilal Nehru*, Nueva Delhi, 1990.

S. Basu, *For King and Another Country. Indian Soldiers on the Western Front, 1914-18*, Nueva Delhi, 2015.

C. A. Bayly, *The Local Roots of Indian Politics. Allahabad 1880-1920* (1975), en *The C. A. Bayly Omnibus*, Oxford, 2009. Un 3 por ciento de la población, p. 52. Sobre la logia masónica como una de las pocas instituciones integradas, p. 56.

J. Beamish Saul, *Historical Sketch of the Lodge of Antiquity*, Montreal, 1912.

Lord Birkenhead, *Rudyard Kipling*, Londres, 1980. El amor de Kipling por todo lo relacionado con la masonería y con la exclusividad era tal que durante su estancia en Bloemfontein intentó que sus compañeros periodistas crearan una hermandad con un rito bastante similar al de los masones, pp. 209-210.

J. M. Brown, «India», en J. Brown y W. R. Louis (eds.), *The Oxford History of the British Empire*, vol. IV: *The Twentieth Century*, Oxford, 1999.

Caribbean Disaster Emergency Response Agency (2005), «NEMO remembers the great hurricane of 1780», consultado el 1 de agosto de 2018 en <https://web.archive.org/web/20131004223823/http://www.cdera.org/cunews/news/saint_lucia/article_1314.php>.

G. Chakravarty, *The Indian Mutiny and the British Imagination*, Cambridge, 2005.

A. Conan Doyle, *Memories and Adventures* (1924), Oxford, 1989. [Hay trad. cast.: *Memorias y aventuras*, Madrid, Valdemar, 2005].

K. R. Cramp y G. Mackaness, *A History of the United Grand Lodge of Ancient, Free and Accepted Masons of New South Wales*, vol. 1, Sídney, Nueva Gales del Sur, 1938.

G. H. Cumming, *The Foundations of Freemasonry in Australia*, Sídney, 1992.

—, *Freemasonry and the Emancipists in New South Wales*, Sídney, 2015.

S. Deschamps, *Franc-maconnerie et pouvoir colonial dans l'Inde britannique (1730-1921)*, tesis doctoral, Université Bordeaux Montaigne, 2014. Umdat-ul-Umrah Bahadur, pp. 178-181. «Nuestra raza difiere en todos los aspectos esenciales de la de los asiáticos», citado en p. 374.

—, «Freemasonry and the Indian Parsi Community. A Late Meeting on the Level», *Journal for Research into Freemasonry and Fraternalism*, 3, 1 (2012).

—, «Looking to the East. Freemasonry and British Orientalism», *Journal for Research into Freemasonry and Fraternalism*, 5, 2 (2014).

—, «From Britain to India. Freemasonry as a Connective Force of Empire», *E-rea*, 14 de febrero de 2017, consultado online el 12 de julio de 2018.

J. Fingard, «Race and Respectability in Victorian Halifax», *The Journal of Imperial and Commonwealth History*, 20, 2 (1992).

—, J. Guildford y D. Sutherland, *Halifax. The First 250 Years*, Halifax, Nueva Escocia, 1999.

W. K. Firminger, *The Early History of Freemasonry in Bengal and the Punjab*, Calcuta, 1906.

V. J. Fozdar, «Constructing the "Brother". Freemasonry, Empire and Nationalism in India, 1840-1925», tesis doctoral, Universidad de California, Berkeley, 2001. Trabajo importante sobre la masonería en la India, en especial Bombay. «*Jadughar*, o "casa mágica"... *bhutkhana*, o "casa demoniaca"», p. 332. «Un parsi, un delineante musulmán, un sij», p. 285. Entre 1885 y 1907, un 43 por ciento de los presidentes del Congreso eran masones, p. 450.

—, «Imperial brothers, imperial partners. Indian Freemasons, race, kinship, and networking in the British empire and beyond», en D. Ghosh y D. Kennedy (eds.), *Decentring Empire. Britain, India, and the transcolonial world*, Londres, 2006.

—, «"That Grand Primeval and Fundamental Religion". The Transformation of Freemasonry into a British Imperial Cult», *Journal of World History*, 22, 3 (2011).

The Freemasons' Quarterly Review, «Nova Scotia», 31 de marzo de 1854, p. 171.

P. Fussell, Jr., «Irony, Freemasonry, and Humane Ethics in Kipling's "The Man Who Would be King"», *ELH*, 25, 3 (1958).

D. Gilmour, *The Long Recessional. The Imperial Life of Rudyard Kipling*, Londres, 2002. «Los lugares oscuros de la tierra», citado en p. 126. Para los diversos odios de Kipling, véanse p. 212 y *passim*. Kipling sobre los *babu*, p. 64. Para el episodio de Andrew Hearsey, p. 73. Kipling como [poeta] laureado del imperio, pp. 119-124. «Gran Guerra» y «el huno», p. 117.

D. Griffiths, *Fleet Street. Five Hundred Years of the Press*, Londres, 2006. Para la tirada del *Daily Mail*, pp. 132-133.

I. H. Haarburger, *«Charity». A Masonic Analysis. An address delivered in the Lodge Rising Star, no. 1022, at Bloemfontein, by W. Bro ... Ivan H. Haarburger and read in the Lodge «Star of Africa», Jagersfontein, by W. Bro ... Chas. Palmer, on 18th April, 1900*, Jagersfontein, 1900.

—, *A Mourning Lodge Convened by the Rising Star Lodge no. 1.022*, Bloemfontein, 1901.

J. L. Harland-Jacobs, «All in the Family. Freemasonry and the British Empire in the Mid-Nineteenth Century», *Journal of British Studies*, 2, 4 (2003).

—, *Builders of Empire. Freemasons and British Imperialism, 1717-1927*, Chapel Hill (Carolina del Norte), 2007. Un innovador estudio sobre este tema. Mi sección sobre acontecimientos masónicos en Barbados, Sídney, etcétera, pretende sintetizar sus hallazgos y se inspira parcialmente en su obra. «Pasaporte en todos los rincones del mundo», citado en p. 246. «La sociedad de los francmasones crece en número y prosperidad», *Proceedings of United Grand Lodge of England*, 7 de septiembre de 1887, citado en p. 254. «Unen los dominios con la madre patria», citado en p. 11.

J. B. Harrison, «Allahabad. A sanitary history», en K. Ballhatchet y J. Harrison (eds.), *The City in South Asia. Pre-modern and Modern*, Londres, 1980. «Una zanja repugnante con un contenido fétido», informe sanitario de 1879, citado en p. 186. «Si los nativos decidían vivir en un entorno tan insalubre», p. 167.

W. Henley, *History of Lodge Australian Social Mother no. 1, 1820-1920*, Sídney, 1920.

R. Holland, «The British Empire and the Great War, 1914-1918», en J. Brown y W. R. Louis (eds.), *The Oxford History of the British Empire*, vol. IV: *The Twentieth Century*, Oxford, 1999.

T. Hunt, *Ten Cities that Made an Empire*, Londres, 2014. Véase el capítulo sobre Bridgetown para su economía y sociedad coloniales.

B. L. Huskins, *Public Celebrations in Victorian Saint John and Halifax*, tesis doctoral, Universidad de Dalhousie, Halifax, Nueva Escocia, 1991.

A. Jackson, *The British Empire. A Very Short History*, Oxford, 2013. Para las cifras sobre la extensión del Imperio británico, p. 5.

R. Jaffa, *Man and Mason. Rudyard Kipling*, Milton Keynes, 2011.

D. Judd y K. Surridge, *The Boer War. A History*, Londres, 2013.

H. G. Keene, *A hand-book for visitors to Lucknow. With preliminary notes on Allahabad and Cawnpore*, Londres, 1875.

G. Kendall, «Freemasonry during the Anglo-Boer War 1899-2002», *AQC*, 97 (1984). Contiene una engañosa crónica sobre acontecimientos masónicos en Bloemfontein durante la guerra.

R. Kipling [como anónimo], «A Study of the Congress», *The Pioneer*, 1 de enero de 1889. En la colección de documentos de Kipling de la Universidad de Sussex, material impreso, 1. Recortes de prensa, volúmenes encuadernados, 28/4, *Stories, Poems, Articles*, 1887-1891.

—, *Something of Myself. An Autobiography* (1937), Londres, 2007. [Hay trad. cast.: *Algo de mí mismo*, Valencia, Pre-Textos, 2009]. «Robusto, montañoso y boscoso», p. 75. «Allí conocí a musulmanes, hindúes, sijs», p. 38.

—, *The Complete Barrack-Room Ballads of Rudyard Kipling*, C. Carrington (ed.), Londres, 1974.

R. Kumar y D. N. Panigrahi, *Selected Works of Motilal Nehru, vol. 1 (1899-1918)*, Nueva Delhi, 1982.

R. Lethbridge, *The Golden Book of India*, Londres, 1893. Sobre el marajá de Kapurthala, p. 233.

Library y Museum of Freemasonry, Londres, *English Freemasonry and the First World War*, Hersham, 2014. Para el número de logias constitucionales inglesas en 1914, pp. 10-11. Para el aumento del número de miembros después de la guerra y el levantamiento de la prohibición a los discapacitados, pp. 93-94.

Logia Estrella Naciente n.º 1.022, *Minutes of a Mourning Lodge held 31st January 1901 in Memory of her Late Most Gracious Majesty Queen Victoria*, Bloemfontein, 1901.

The London Gazette, 28 de mayo de 1886. Para el traslado de sir John Edge, p. 2572.

R. S. Longley, *A Short History of Freemasonry in Nova Scotia*, Halifax, Nueva Escocia, 1966.

P. Longworth, The *Unending Vigil. A History of the Commonwealth War Graves Commission*, Barnsley, 2010. Unidades canadienses cavando sus propias tumbas, p. 22. «Mantener vivos los ideales por cuya perpetuación y defensa», citado en p. 28.

A. Lycett, *Rudyard Kipling*, Londres, 2015.

P. Mason, *Kipling. The Glass, the Shadow and the Fire*, Londres, 1975. «Rutina purificadora», p. 25. «Pertenecer a un círculo cerrado con contraseñas secretas», p. 84.

The Masonic Illustrated, julio de 1901. «Cautiva el corazón de todos los masones», p. 214.

J. McBratney, «India and Empire», en H.J. Booth (ed.), *The Cambridge Companion to Rudyard Kipling*, Cambridge, 2011.

B. Metcalf y T. Metcalf, *A Concise History of Modern India*, Cambridge, 2002. Para Allahabad en esa época, pp. 108-109.

R. J. Moore, «Imperial India, 1858-1914», en A. Porter (ed.), *The Oxford History of the British Empire*, vol. III: *The Nineteenth Century*, Oxford, 1999.

M. Mukherjee, *India in the Shadows of Empire. A Legal and Political History, 1774-1950*, Nueva Delhi, 2010. Sobre *vakils* y abogados en el Congreso, pp. 105-149.

B. R. Nanda, *The Nehrus. Motilal and Jawaharlal*, Bombay, 1962.

—, *Motilal Nehru*, Nueva Delhi, 1964.

T. Pakenham, *The Boer War*, Londres, 1979.

A. Pershad y P. Suri, *Motilal Nehru. A Short Political Biography*, Delhi, 1961. «Un pueblo que está madurando en una nación», citado en p. 17.

B. Phillips, «Rudyard Kipling's war, Freemasonry and misogyny» en D. Owen y M. C. Pividori (eds.), *Writings of Persuasion and Dissonance in the Great War. That Better Whiles May Follow Worse*, DQR Studies in Literature, 61 (2016).

T. Pinney (ed), *The Letters of Rudyard Kipling*, vol. 2, *1890-99*, Londres, 1990. «Mi afecto por Inglaterra», pp. 155-156. «Por naturaleza, creo que no ha existido un experimento civilizador», p. 235.

T. H. Raddall, *Halifax. Warden of the North*, Toronto, 1948.

J. Ralph, *War's Brighter Side. The story of The Friend newspaper edited by the correspondents with Lord Roberts's Forces, March-April 1900*, Londres, 1901. Fecha en que Kipling abandonó Bloemfontein, p. 258.

J. Ranston, *Masonic Jamaica and the Cayman Islands*, Kingston, Jamaica, 2017. La única objeción posible a la conclusión de que la logia de «En interés de la hermandad» es totalmente blanca es que Kipling menciona que uno de los masones provenía de Jamaica. La investigación de Ranston y una conversación con el autor me llevan a pensar que la imagen que tenía en mente era la de un hermano jamaicano entre los colonos blancos.

M. Roberts, *British Poets and Secret Societies*, Londres, 1986. Sobre Kipling, pp. 102-125.

B. Russell, *Unpopular Essays*, Oxford, 2009 [1950]. «Las religiones más refinadas tratan», p. 105.

R. Sohrabji Sidhwa, *District Grand Lodge of Pakistan (1869-1969)*, Lahore, 1969.

«Solving the mystery of Rudyard Kipling's son», 18 de enero de 2016, <htpps://www.bbc.co.uk/news/magazine-35321716>.

Statistical, Descriptive and Historical Account of the North-Western Provinces of India, vol. VIII, parte II, *Allahabad*, Allahabad, 1884.

J. Summers, *Remembered. The History of the Commonwealth War Graves Commission*, Londres, 2007.

Thacker's Indian Directory, Calcuta, 1890, parte 1. Para los días de la reunión de la logia en Allahabad, p. 227.

United Indian Patriotic Association, *Pamphlets issued by the United Indian Patriotic Association no. 2, Showing the Seditious Character of the Indian National Congress*, Allahabad, 1888. En esp. «The Pioneer on sedition», pp. 79-91.

G. E. Walker, «250 Years of Masonry in India», *AQC*, 92 (1979). «No estaban obligados a presenciar la iniciación de un turco», citado en p. 177.

F. Ware, *The Immortal Heritage. An Account of the Work and Policy of the Imperial*

War Graves Commission during Twenty Years, 1917-1937, Cambridge, 1937.
K. Watson, *The Civilized Island. Barbados – A Social History 1750-1816*, Barbados, 1979.
L. H. Wienand, *The First Eighty-One Years. A Brief History of the Rising Star Lodge from 1864 to 1945*, Bloemfontein, 1955. Reproduce artículos y otros documentos que he consultado para las reuniones de la logia de Bloemfontein. «Son eternas. En nuestro tiempo y generación», p. 50.
C. G. Wyndham Parker, *Thirty-Five Masters. The Story of the Builders of the Silent Cities Lodge*, Londres, 1962.
C. Wynne, *The Colonial Conan Doyle. British Imperialism, Irish Nationalism, and the Gothic*, Londres, 2002.
A. M. Zaidi y S. Zaidi (eds.), *The Encyclopedia of Indian National Congress*, vol. 1: *1885-1890, The Founding Fathers*, Nueva Delhi, 1976. Para el congreso de Allahabad, pp. 233 ss.

Fuentes de archivo del Museum y la Library of Freemasonry, Londres

Carta de John Seed, secretario de la logia de Unión n.° 362 [borrada], Bridgetown, Barbados, 28 de diciembre de 1795, GBR 1991 AR/1273/3. «Trabajar nuevamente con amor fraternal por el futuro bienestar y apoyo».
Copia de las actas de las celebraciones de San Juan en la logia de Unión n.° 362, Bridgetown, Barbados, 28 de diciembre de 1795, GBR 1991 AR/1273/4.
Discurso de fidelidad de varias logias de Bengala, la India, a la reina Victoria, 1887. GBR 1991 LA 1/2/179.
Freemason Membership Registers, 1751-1921, disponible en Ancestry.com. Analizado para varias logias indias, especialmente las de Kipling y Nehru.

11. HAMBURGO. DE PROFUNDIS

F. J. Böttner, *Aus der Geschichte der Grossen Loge von Hamburg 1914-1935. Cäsar Wolf zum Gedächtnis*, Bayreuth, 1988.
N. Cohn, *Warrant for Genocide*, Londres, 1996 [1967].
A. Di Fant, «Stampa cattolica italiana e antisemitismo alla fine dell'Ottocento», en C. Brice y G. Miccoli (eds.), *Le racines chrétiennes de l'antisémitisme politique (fin XIXe-XXe siècle)*, Collection de l'École française de Rome, 306 (2003).

R. Esposito, *Chiesa e Massoneria*, Fiesole, 1999. Repite la historia de la Gran Logia de Hamburgo en la p. 148.

R. Freke Gould, *A Concise History of Freemasonry*, Londres, 1904. Para los orígenes de la masonería alemana, pp. 455 y ss.

B. Hamann, *Hitler's Vienna. A Portrait of the Tyrant as a Young Man*, Londres, 2010. Sobre Hitler como lector de Von List, pp. 206-216.

J. Holtorf, *Die verschwiegene Bruderschaft. Freimaurer-Logen. Legende und Wirklichkeit*, Múnich, 1984.

J. Katz, *Jews and Freemasons in Europe, 1723-1939*, Cambridge (Massachusetts), 1970.

E. Levi, *Mozart and the Nazis. How the Third Reich Abused a Cultural Icon*, New Haven (Connecticut), 2010.

J. MacPherson, «The Magic Flute and Freemasonry», *University of Toronto Quarterly*, 76, 4 (2007).

G. Miccoli, «Santa Sede, questione ebraica e antisemitismo fra Otto e Novecento», en C. Vivanti (ed.), *Gli ebrei in Italia*. vol. II. *Dall'emancipazione a oggi*, Turín, 1997.

G. L. Mosse, *The Crisis of German Ideology. Intellectual Origins of the Third Reich*, Londres, 1964. Sobre Von List, pp. 72-75.

—, *Germans and Jews. The Right, the Left, and the Search for a «Third Force» in Pre-Nazi Germany*, Londres, 1970. Sobre la ideología *völkisch*, pp. 8-26.

J. Rogalla von Bieberstein, «The Story of the Jewish-Masonic Conspiracy, 1776-1945», *Patterns of Prejudice*, 11, 6 (1977).

K. Thomson, «Mozart and Freemasonry», *Music & Letters*, 57, 1 (1976).

F. Venzi, *Massoneria e Fascismo*, Roma, 2008. Contiene una versión de la historia sobre el cierre de la Gran Logia de Hamburgo en la p. 23.

12. ROMA. ASANDO AL POLLO ANDRAJOSO

Avanti!, 28 de abril de 1914. Reproduce el discurso de Mussolini en Ancona.

C. Baldoli, «L'ossimoro cremonese. Storia e memoria di una comunità fra Bissolati e Farinacci», *Italia Contemporanea*, junio de 1997. Sobre Farinacci como francmasón.

R. J. B. Bosworth, *Mussolini's Italy. Life under the Dictatorship, 1915-1945*, Londres, 2005. Para la paliza en los aseos del Parlamento, p. 173.

Camera dei Deputati, *Atti Parlamentari*, XXVII Legislatura del Regno d'Italia, 16 de mayo de 1925. «Camorra», de un discurso de Gioacchino Volpe, p. 3645. «Intoxicación parasitaria», de un discurso de Egilberto Martire, p. 3655. Discurso de Gramsci, pp. 3658-3661.

BIBLIOGRAFÍA CON BREVES NOTAS Y CITAS

F. Conti, «Massoneria e sfera pubblica nell'Italia liberale, 1859-1914», en G. M. Cazzaniga (ed.), *Storia d'Italia. Annali, 21. La Massoneria*, Turín, 2006, en esp. pp. 606-610.

—, *Storia della massoneria italiana. Dal Risorgimento al fascismo*, Bolonia, 2006. Para Lemmi como gran maestro, pp. 115-147. Para una evaluación de la financiación masónica en la marcha hacia Roma, pp. 289-290. Destrucción de la casa de Torrigiani, p. 317.

—, «From Universalism to Nationalism. Italian Freemasonry and the Great War», *Journal of Modern Italian Studies*, 20, 5 (2015).

Corriere della Sera, 17 de mayo 1925; para la descripción de Gramsci como «un pequeño jorobado».

R. De Felice, *Mussolini il rivoluzionario 1883-1920*, Turín, 1965. Para el contexto del discurso de Ancona, véanse pp. 177-195.

M. Di Figlia, *Farinacci. Il radicalismo fascista al potere*, Roma, 2007; para la carrera de Farinacci. Sobre Farinacci como masón, pp. 98-99.

Fascio e compasso. Documental de RAI 3, estrenado en 2018, que cita el telegrama de felicitación de Domizio Torrigiani.

M. A. Finocchiaro, *Beyond Right and Left. Democratic Elitism in Mosca and Gramsci*, New Haven (Connecticut), 1999. Para un análisis del discurso de Gramsci, pp. 179-200.

D. Forgacs, «Gramsci Undisabled», *Modern Italy*, 21, 4 (2016).

A. M. Isastia, «Massoneria e fascismo. La grande repressione», en Z. Ciuffoletti y S. Moravia (eds.), *La Massoneria. La storia, gli uomini, le idee*, 2.ª ed., 2004. Para la violencia *squadrista* contra los masones a partir de 1923, pp. 202-203. Para los episodios en los que los masones leales a una gran logia emplearon la violencia, como tapadera, para vengarse de sus hermanos de una rama rival, véase p. 235.

A. Lyttelton, *The Seizure of Power. Fascism in Italy, 1919-1929*, Londres, 1973. Para la campaña antimasónica como instrumento contra la burocracia, p. 177. Farinacci y masonería, p. 281. Sobre la violencia en Florencia, p. 282.

P. Mattera, *Storia del PSI, 1892-1994*, Roma, 2010. Artículos sobre el discurso de Mussolini en Ancona citados en pp. 565-569.

A. A. Mola, *Storia della Massoneria dall'Unità alla Repubblica*, Milán, 1976. Sobre los masones que se ausentaron de la cámara para que no hubiera *quorum*, pp. 476 y ss. Farinacci, los masones deberían ser «ejecutados en masa», citado en p. 503. Para la reacción contra los masones tras el intento de asesinato de Zaniboni, pp. 509-510. «Pollo andrajoso», citado en p. 513.

C. Palmieri, *Mussolini e la Massoneria*, Milán, 2017.

Rivista Massonica. Los siguientes números documentan los ataques fascistas contra las logias: enero de 1924; septiembre de 1924; diciembre de

1924. El número de septiembre a octubre de 1925 contiene la orden de Torrigiani para que cerraran todas las logias de Florencia.
M. Saija, «Francesco Crispi e la Massoneria», en M. Saija (ed.), *Francesco Crispi*, Soveria Mannelli, 2019.
G. Salvemini, «Il "Non Mollare"», en G. Salvemini, E. Rossi y P. Calamandrei, *Non Mollare* (1925), Florencia, 1955, para una crónica de la violencia en Florencia. «La masonería debe ser destruida», citado en p. 23.
G. Sircana, «Farinacci, Roberto», en *Dizionario Biografico degli Italiani*, Roma, 1995.
La Stampa. El periódico de Turín rememora su cobertura de la masonería, y en particular su «coreografía electoral», en el número del 21 de junio de 1896. Para un artículo sobre el debate de la masonería, que menciona a los fascistas escuchando atentamente a Gramsci y a este apoyándose en un fascista (Italo Balbo) para concluir su discurso, 17 de mayo de 1925.
G. Vannoni, *Massoneria, fascismo e Chiesa Cattolica*, Roma-Bari, 1979. Para Farinacci como parte integrante de un supuesto complot masónico para sustituir a Mussolini, pp. 234-241.

13. Múnich. La estrategia de la cervecería

I. Abrams, «The multinational campaign for Carl von Ossietzky». Estudio presentado en la Conferencia Internacional sobre Movimientos de Paz en las Sociedades Nacionales, 1919-1939, celebrada en Stadtschlaining, Austria, 25-29 de septiembre de 1991, consultado en <http://www.irwinabrams.com/articles/ossietzky.html> el 16 de enero de 2020: «Una criatura temblorosa y pálida».
H. Arendt, *Eichmann in Jerusalem*, Londres, 1963. [Hay trad. cast.: *Eichmann en Jerusalén*, Barcelona, Debolsillo, 2021]. Arendt (pp. 28-29) menciona que Eichmann intentó ingresar en la «logia masónica de Schlaraffia» de Austria a principios de 1932, antes de unirse a las SS. Sin embargo, Schlaraffia no es una organización masónica y tiene objetivos más frívolos.
M. Berenbaum (ed.), *A Mosaic of Victims, Non-Jews Persecuted and Murdered by the Nazis*, Nueva York, 1990.
D. L. Bergen, *War and Genocide. A Concise History of the Holocaust*, Nueva York, 2003.
C. Campbell Thomas, *Compass, Square and Swastika. Freemasonry in the Third Reich*, tesis doctoral, Universidad de Texas, 2011. Sobre los informantes masónicos, p. 76. Sobre los dos mil miembros de la rama masónica de

BIBLIOGRAFÍA CON BREVES NOTAS Y CITAS

Leopold Müffelmann, p. 48. «Emblema de la victimización y la valerosa resistencia masónicas», p. 17.

R. J. Evans, *The Coming of the Third Reich*, Londres, 2003. [Hay trad. cast.: *La llegada del Tercer Reich*, Barcelona, Península, 2017]. La mayoría de los escritos realizados por masones sobre la represión nazi carecen de un mínimo de comprensión sobre el contexto. Me he basado sobre todo en Evans y Kershaw (véase más abajo) para ofrecer ese contexto.

—, *The Third Reich in Power, 1933-1939: How the Nazis Won Over the Hearts and Minds of a Nation*, Londres, 2006. [Hay trad. cast.: *El Tercer Reich en el poder*, Barcelona, Península, 2012]. Sobre Carl von Ossietzky, *passim*.

—, *The Third Reich at War. How the Nazis Led Germany from Conquest to Disaster*, Londres, 2008.

A. Hitler, *Mein Kampf*, trad. por R. Manheim, Londres, 1992 (1943). [Hay trad. cast.: *Mi lucha*, México, S. L. Real del Catorce, 2016]. Sobre la masonería, p. 285.

—, «Rede Hitlers zur Neugründung der NSDAP am 27. Februar 1925 in München», descargado el 31 de enero de 2019, <http://www.kurt-bauer-geschichte.at/lehrveranstaltung_ws_08_09.htm>. «O el enemigo pasará por encima de nuestro cadáver», p. 6. Sobre la importancia de un único enemigo, p. 7.

C. Hodapp, *Freemasons for Dummies*, Hoboken (New Jersey), 2013. La poco probable afirmación de que doscientos mil masones fueron asesinados por los nazis se incluye en la p. 85. Cabe señalar que Hodapp es un escritor masónico convincente y equitativo, y se recomienda esta introducción.

E. Howe, «The Collapse of Freemasonry in Nazi Germany, 1933-5», *AQC*, 95 (1982). Para las ventas del libro de Ludendorff, p. 26. Para los ataques a logias en Düsseldorf y Landsberg an der Warthe, pp. 29 y 32. Suicidio de Walter Plessing, p. 33.

J. Katz, *Jews and Freemasons in Europe, 1723-1939*, Cambridge (Massachusetts), 1970. Sobre *Los protocolos...*, pp. 180-194. Para la proporción de judíos en logias alemanas, pp. 189-190.

I. Kershaw, *Hitler. 1889-1936: Hubris*, Londres, 1998. [Hay trad. cast.: *Hitler: 1889-1936*, Barcelona, Península, 2007]. Para el discurso de Hitler en la Bürgerbräukeller en 1925, pp. 266-267. Hitler acusa a Ludendorff de ser masón, p. 269. Sobre Hjalmar Schacht, p. 356 y *passim*.

—, *Hitler 1936-45. Nemesis*, Londres, 2000. [Hay trad. cast.: *Hitler 1936-1945*, Barcelona, Península, 2000].

R. S. Levy (ed.), *Antisemitism. A Historical Encyclopedia of Prejudice and Persecution*, Santa Barbara (California), 2005, vol. 2. Entrada sobre *Los protocolos de los sabios de Sion*, pp. 567-570.

E. Ludendorff, *Destruction of Freemasonry Through Revelation of Their Secrets* (trad. de J. Elisabeth Koester), Los Ángeles, 1977.

Masonic Encyclopedia, «Österreich 1938-1945: 692 Freimaurer wurden Opfer des Nazi-Terrors», que resume los estudios sobre la represión nazi contra la masonería en Austria. <https://freimaurer-wiki.de/index.php/%C3%96sterreich_1938-1945:_692_Freimaurer_wurden_Opfer_des_Nazi-Terrors>, consultada el 12 de febrero de 2019.

R. Melzer, «In the Eye of a Hurricane. German Freemasonry in the Weimar Republic and the Third Reich», *Totalitarian Movements and Political Religions*, 4, 2 (2003). Para el número de masones y logias en 1925, p. 114.

—, *Between Conflict and Conformity. Freemasonry during the Weimar Republic and Third Reich*, Washington, D. C., 2014. Con diferencia, el estudio más sistemático y definitivo, que he consultado abundantemente para mi marco interpretativo y para muchos detalles. En mayo de 1923, una antigua logia prusiana invitó a Ludendorff, p. 85. La antigua logia prusiana de Ratisbona adoptó la esvástica nazi en su insignia, p. 157. En 1926, dos de las tres grandes logias prusianas se plantearon incluir símbolos «arios», p. 81. Göring desairó al emisario de los masones, pp. 99-100. «Nuestro orden alemán es *völkisch*», citado en pp. 95-96. En la logia de Hamelín aparece un maestro con uniforme de las SS, p. 177. La carta a Hitler que asegura que las logias serían fieles a su «tradición nacional y cristiana» está citada en p. 151. «¡Malditos cerdos, tendría que meteros a vosotros y a esa panda de judíos en una olla!», citado en p. 153. Las logias adoptan la esvástica como símbolo, p. 159. La «Gran Logia Nacional de Francmasones de Alemania» se convierte en la «Orden Cristiana Alemana», p. 154. «Ya no somos masones», citado en p. 156. Logias humanitarias arianizadas, pp. 162-172. Confusión y dudas en la política nazi, pp. 188-191. Sobre Adolf Eichmann, p. 188. La Gran Logia de Hamburgo abierta solo a «hombres alemanes de ascendencia aria», citado en p. 170. Sobre Leopold Müffelmann, pp. 173-175.

S. Naftzger, «"Heil Ludendorff". Erich Ludendorff and Nazism, 1925-1937», tesis doctoral, City University New York, 2002. Sobre Von Kemnitz, pp. 23-30 y *passim*.

R. M. Piazza, «Ludendorff. The Totalitarian and Völkisch Politics of a Military Specialist», tesis doctoral, Universidad del Noroeste, 1969.

L. L. Snyder, *Encyclopedia of the Third Reich*, Londres, 1976. Para las SA y sus cifras, p. 304.

R. Steigmann-Gall, *The Holy Reich. Nazi Conceptions of Christianity, 1919-1945*, Cambridge, 2003. Sobre Ludendorff, pp. 87-91.

C. Thomas, «Defining "Freemason". Compromise, Pragmatism, and German Lodge Members in the NSDAP», *German Studies Review*, 35, 3 (2012).

P. Viereck, *Metapolitics. The Roots of the Nazi Mind*, Nueva York, 1961 [1941]. Sobre Mathilde von Kemnitz, p. 297.

14. SALAMANCA. HIENAS Y CONCUBINAS

G. Álvarez Chillida, *El antisemitismo en España*, Madrid, 2002. «Odio de una raza, transmitido a través de una organización hábilmente manejada», citado en p. 320.

V. M. Arbeloa Muru, «La masonería y la legislación de la II República», *Revista Española de Derecho Canónico*, 37, 108 (1981). Para la participación de los masones en la redacción de la Constitución republicana, p. 369. «No se podrá producir otro fenómeno de revolución política más perfectamente masónico que el español», citado en el Boletín Oficial del Supremo Consejo del Grado 33 para España y sus dependencias, p. 374. «El espectro de las logias», citado en p. 380.

J. Blázquez Miguel, *Introducción a la historia de la Masonería española*, Madrid, 1989. Especialmente para las cifras de miembros y periódicos de finales del siglo XIX, pp. 92-105.

R. Carr, *Spain. 1808-1975*, 2.ª ed., Oxford, 1982. [Hay trad. cast.: *España. 1808-1975*, Barcelona, Ariel, 1998]. Sobre la masonería y los orígenes de la «guerra cultural» en España, pp. 127-128.

J. de la Cueva, «The assault on the city of Levites: Spain», en C. Clark y W. Kaiser (eds.), *Culture Wars. Secular-Catholic Conflict in Nineteenth-Century Europe*, Cambridge, 2004.

J. Domínguez Arribas, *L'ennemi judéo-maçonnique dans la propagande franquiste (1936-1945)*, París, 2016. Para los orígenes de la antimasonería de Franco, pp. 93-118. Véanse las brillantes páginas sobre el APIS, en las cuales se basa mi crónica, pp. 119-145. Sobre Tusquets, pp. 221-273.

J. Dronda Martínez, *Con Cristo o contra Cristo. Religión e movilización antirrepublicana en Navarra (1931-1936)*, Villatuerta, 2013. «Nos gobierna un reducido grupo de masones», citado en p. 285.

J. A. Ferrer Benimeli, *Masonería española contemporánea. Vol. 2. Desde 1868 hasta nuestros días*, Madrid, 1980. El punto de partida crucial para este tema. Para los cálculos del número de víctimas masónicas de la represión nacionalista, pp. 144-150. «El país se está marchitando en la angustia de una trágica agonía», citado en p. 122. Para el líder de la CEDA como ministro de la Guerra actuando para prohibir a los masones en el ejército, pp. 287 y ss. «¡No pasará la masonería!», citado en p. 278. «Castigo ejemplar y rápido es lo que piden los españoles», citado en p. 143. Málaga, octubre de 1937, ochenta prisioneros ejecutados por ser masones, p. 146. Sobre los supuestos intentos de Franco por convertirse en masón, pp. 169-170. Franco prohíbe la masonería en septiembre de 1936, «delito de rebelión», «pudieran juzgarse ofensivos para la Iglesia», pp. 140-141. «¡Qué suerte la de Hitler!», citado en p. 141. El sistema de fichas de Salamanca contiene a ochenta mil presuntos hermanos, cálculo p. 157.

—, *El contubernio judeo-masónico-comunista*, Madrid, 1982. El movimiento juvenil católico declara la guerra a la masonería en su manifiesto, p. 274.

— (ed.), *Masonería, política y sociedad*, vol. II, Zaragoza, 1989. En particular los importantes artículos que siguen: J.-C. Usó i Arnal, «Nuevas aportaciones sobre la represión de la masonería española tras la Guerra Civil»; J. Ortiz Villalba, «La persecución contra la masonería durante la Guerra Civil y la post-guerra»; R. Gil Bracero y M. N. López Martínez, «La represión antimasónica en Granada durante la guerra civil y la postguerra»; F. Espinosa Maestre, «La represión de la masonería en la provincia de Huelva (1936-1941)».

N. Folch-Serra, «Propaganda in Franco's time», *Bulletin of Spanish Studies*, 89, 7-8 (2012). Jueces del Tribunal Especial elegidos por el régimen, p. 235. Uso continuado del archivo de Salamanca a partir de 1964, pp. 234-237.

R. G. Jensen, «José Millán-Astray and the Nationalist "Crusade" in Spain», *Journal of Contemporary History*, 27, 3 (1992).

F. Lannon, «The Church's crusade against the Republic», en P. Preston (ed.), *Revolution and War in Spain 1931-1939*, Londres, 1984. [Hay trad. cast.: *Revolución y guerra en España. 1931-1939*, Madrid, Alianza, 1986].

—, *Privilege, Persecution, and Prophecy. The Catholic Church in Spain, 1875-1975*, Oxford, 1987. Para las cifras de eclesiásticos asesinados en la Guerra Civil española, p. 201.

—, *The Spanish Civil War*, Oxford, 2002.

D. Manuel Palacio, «Early Spanish Television and the Paradoxes of a Dictator General», *Historical Journal of Film, Radio and Television*, 25, 4 (2005); sobre los antecedentes del último discurso de Franco.

P. Preston, «Juan Tusquets. A Catalan contribution to the myth of the Jewish-Bolshevik-Masonic conspiracy», en A. Quiroga y M. Ángel del Arco (eds.), *Right-Wing Spain in the Civil War Era*, Londres, 2012. «Tusquets veía masones por todas partes», citado en p. 183.

—, *The Spanish Holocaust. Inquisition and Extermination in Twentieth-Century Spain*, Londres, 2012. [Hay trad. cast.: *El holocausto español*, Barcelona,

BIBLIOGRAFÍA CON BREVES NOTAS Y CITAS

Debate, 2017]. «Eliminar a elementos izquierdistas», citado en p. 133 de Mohammad Ibn Azzuz Hakim, *La actitud de los moros ante el alzamiento. Marruecos 1936*, Málaga, 1997. Tusquets provoca un incendio para causar distracción, pp. 35-37. Sobre la creación del archivo de Salamanca, pp. 487-490.

—, *Franco. A Biography*, Londres, 1993. [Hay trad. cast.: *Franco: Caudillo de España*, Barcelona, Debolsillo, 2015]. Sobre la antimasonería de Franco, p. 4 y *passim*.

J. Ruiz, «A Spanish Genocide? Reflections on the Francoist Repression after the Spanish Civil War», *Contemporary European History*, 14, 2 (2005). Todos los textos de Ruiz sobre este tema son fundamentales y he recurrido mucho a ellos en este capítulo; por ejemplo, para el funcionamiento del tribunal antimasónico.

—, *Franco's Justice. Repression in Madrid after the Spanish Civil War*, Oxford, 2005. Los que habían participado en la «rebelión roja» eran condenados a ejecución si se sospechaba que eran masones, p. 200. El Rotary Club y la Liga de los Derechos del Hombre como tapaderas masónicas, p. 202.

—, «Fighting the International Conspiracy. The Francoist Persecution of Freemasonry, 1936-1945», *Politics, Religion & Ideology*, 12, 2 (2011). Este artículo contiene también una breve y útil historia de la masonería española. Sobre la presunta conspiración judeomasónica en el programa académico, 1939, p. 181. Un 76 por ciento de quienes fueron llevados ante el Tribunal Especial recibían la sentencia mínima, p. 191. «Fusionar el máximo poder ejecutivo y los poderes masónicos supremos en la presidencia de Estados Unidos», citado en p. 194. «Hija del demonio», citado en p. 195.

H. Thomas, *The Spanish Civil War*, Londres, 2003 (1961). [Hay trad. cast.: *La Guerra Civil española*, Barcelona, Debolsillo, 2018]. Para el discurso de Unamuno, pp. 486-489. Sobre el azotamiento del sacerdote de Torrijos, cerca de Toledo, p. 260.

J. Treglown, *Franco's Crypt. Spanish Culture and Memory since 1936*, Londres, 2013. Sobre el archivo de Salamanca, pp. 57-84.

M. De Unamuno, *Epistolario inédito II (1915-1936)*, Madrid, 1991. «Últimamente [han asesinado] al pastor protestante», pp. 353-355.

La documentación sobre los juicios póstumos a Atilano Coco Martín figura en los archivos del Tribunal Especial para la Represión de la Masonería y el Comunismo en el Ministerio de Educación, Cultura y Deporte - Centro Documental de la Memoria Histórica, Salamanca.

Las imágenes del último discurso de Franco pueden verse en <https://www.youtube.com/watch?v=qCpQ0cHBRFk>, consultada el 11 de marzo de 2019.

El vídeo del museo de Salamanca que explica su contexto puede verse en <http://www.culturaydeporte.gob.es/cultura/areas/archivos/mc/archivos/cdmh/exposiciones-yactividades/audiovisuales.html>, consultada el 16 de mayo de 2019.

15. Nueva York. Un siglo de oro estadounidense toca a su fin

Anónimo, *Freemasonry among Men of Color in New York State*, Nueva York, 1954.

J. L. Belton, «The missing Master Mason», <http://www.themasonictrowel.com/leadership/management/membership_files/the_missing_master_mason_by_belton.htm>, consultada el 30 de mayo de 2019. Un análisis útil sobre el declive de la masonería estadounidense.

B. C. Cooper, «"They are nevertheless our Brethren". The Order of the Eastern Star and the Battle for Women's Leadership, 1874-1926», en P. P. Hinks y S. Kantrowitz (eds.), *All Men Free and Brethren. Essays on the History of African American Freemasonry*, Londres, 2013.

M. A. Clawson, «Masculinity, Consumption and the Transformation of Scottish Rite Freemasonry in the Turn-of-the-century United States», *Gender & History*, 19, 1 (2007).

S. Cordery, «Fraternal orders in the United States. A quest for protection and identity», en M. van der Linden (ed.), *Social Security Mutualism. The Comparative History of Mutual Benefit Societies*, Berna, 1996. En particular sobre la importancia del fraternalismo para los nuevos inmigrantes. Sobre la necesidad de unirse para comprar un cementerio para afroamericanos, pp. 87-88.

V. Danacu, *Partial Study about «the Occult». The Oppression of Freemasonry by the Security of the Communist Regime in Romania*, Bucarest, 2010.

R. V. Denslow, *Freemasonry in the Eastern Hemisphere*, Trenton (Missouri), 1954. Sobre el doble suicidio de masones en Hungría, p. 193. «Centros de reunión para los enemigos de la república comunista», citado en p. 195. Sobre la masonería en la China comunista pp. 312-323.

B. Elkin, «Attempts to Revive Freemasonry in Russia», *The Slavonic and East European Review*, 44, 103 (1966).

The Empire State Mason, septiembre-octubre de 1964, «Reports of our Masonic Center at the World's Fair»; noviembre-diciembre de 1964, «Our Masonic Brotherhood Center»; véase enero-febrero de 1966, «Our Masonic Brotherhood Center: It's gone... But is it?», para un número total de visitantes.

B. Friedan, *The Feminine Mystique*, Nueva York, 1963. [Hay trad. cast.: *La mística de la feminidad*, Madrid, Cátedra, 2009]. Reducción de la edad de matrimonio y educación de las mujeres, p. 16.

Gran Logia de F. & A. M. de Alabama, *Proceedings of the Grand Lodge of F. & A. M. of Alabama at the 147th Annual Communication*, 21-22 de noviembre de 1967, Montgomery, Alabama.

C. Haffner, *The Craft in the East*, Hong Kong, 1977.

W. S. Harwood, «Secret Societies in America», *The North American Review*, 164, 486 (1897).

C. Hodapp, *Solomon's Builders. Freemasons, Founding Fathers, and the Secrets of Washington DC*, Berkeley (California), 2007. Para un estudio digno de admiración por su paciencia a la hora de abordar las distintas teorías de la conspiración que rodean a los símbolos masónicos del Gran Sello, en Washington D. C., etcétera, véase el capítulo 8.

R. L. Huish, «Made of Paper and Stone. The Place of José Martí in Cuban National Identity», tesis de máster, Queen's University, Kingston, Ontario, 2003.

J. Huyghebaert y W. E. Parker, «History of Freemasonry in the Czech Republic», 2010, disponible en <https://u3h.webnode.cz/news/history-of-freemasonry-in-theczech-republic/>, consultada el 29 de mayo de 2019.

R. Khambatta, «The District Grand Lodge of the Punjab», *AQC*, 103 (1990).

L. Koppel, *The Astronaut Wives Club*, Londres, 2013. Gordon «Gordo» Cooper y su mujer, pp. 18-21. *Cape cookies*, pp. 47-49.

J. M. Landau, «Muslim Opposition to Freemasonry», *Die Welt des Islams*, 36, 2 (1996).

Life Magazine, «The US Masons», 8 de octubre de 1956; 4 de febrero de 1957, «Los masones disfrutan de la compañía mutua, y a veces les resulta útil en los negocios», p. 25.

M. Mazzucato, *The Value of Everything. Making and Taking in the Global Economy*, Londres, 2018. Sobre el crecimiento en el sector de la seguridad económica, p. 143.

D. McCullough, *Truman*, Nueva York, 1992. Para su actividad masónica, véase p. 78 y *passim*.

S. B. Morris, «The Public Image of Freemasonry. A Survey of the Literature

Describing American Freemasonry», artículo presentado a The August Scene, 7 de agosto de 1982, Deep Creek Lake, Maryland. Amablemente proporcionado por el autor.

—, «Boom to Bust in the Twentieth Century. Freemasonry and American Fraternities», Anson Jones Lecture, Texas Lodge of Research, 19 de marzo 1988. Un exhaustivo estudio sobre las menguantes cifras de la masonería.

—, «Masonic Membership Myths», *The Scottish Rite Journal*, 97, 11 (1990).

G. Moshinsky, *Behind the Masonic Curtain. The Soviet Attack on Masonry*, Denver, 1986.

W. A. Muraskin, *Middle-Class Blacks in a White Society. Prince Hall Freemasonry in America*, Berkeley (California), 1975. «¿Es un hombre decente, virtuoso, sobrio y trabajador?», citado en p. 44. Hermanos Prince Hall en *Who's Who in Colored America*, p. 56. Para la masonería Prince Hall y los derechos civiles, véanse los capítulos 10 y 11. Premio Medgar Evers, pp. 234-235.

W. H. Murphy, «A History of Freemasonry in Cuba», *Walter F. Meier Lodge of Research no. 281 Masonic Papers*, 4 (1974).

The New Age Magazine, abril de 1964, LXXII, 4, «Masonry only fraternity at 1964 World's Fair»; julio de 1964, LXXIII, 7, «A Masonic image at the New York World's Fair».

M. Novarino, «Dalle "scominiche" dell'Internazionale Comunista alle repressioni in Unione Sovietica e nelle Repubbliche democratiche popolari», en M. Cuzzi *et al.* (eds.), *Massoneria e totalitarismi nell'Europa tra le due guerre*, Milán, 2018.

M. J. O'Brien, *We Shall Not Be Moved. The Jackson Woolworth's Sit-In and the Movement it Inspired*, Jackson (Mississippi), 2013; sobre Medgar Evers. «La libertad nunca ha sido gratis», citado en p. 189. Funeral de Evers, pp. 214-215.

J. T. Patterson, *Grand Expectations. The United States*, 1945-1974, Oxford, 1996. Importante para el contexto de este periodo. Para las cifras de personas originarias de países con una tradición católica antimasónica, p. 15. De la población estadounidense, un 10,6 por ciento (en 1960) es afroamericana, p. 380; un 95 por ciento de los afroamericanos tenían prohibido ejercer su voto en Mississippi, p. 413. Para el informe de las autoridades sanitarias sobre los peligros del tabaco, véase p. 445. «Ciudades de chocolate y extrarradios de vainilla», citado por Patterson de Parliament, «Chocolate City», canción que da título al disco de 1975.

R. S Patterson y R. Dougall, *The Eagle and the Shield. A History of the Great Seal of the United States*, Washington, D. C., 1976. Para el diseño de la

BIBLIOGRAFÍA CON BREVES NOTAS Y CITAS

pirámide del Gran Sello y más adelante del billete de un dólar, véase pp. 402-407 y pp. 529-532.

N. V. Peale, «What Masonry Means to Me», *The Short Talk Bulletin*, febrero de 1973. (Texto de una conferencia pronunciada en 1970). La cita es de la p. 8.

Prince Hall Sentinel, 16, 3 (1963), «Mártir de la libertad», con la fotografía de Evers en la portada.

Gran Logia Prince Hall, jurisdicción del estado de Alabama, 97.º comunicación anual, Mobile, Alabama, 25-27 de julio de 1967. «Permitidme recalcar, hermanos», p. 46.

D. Richter, «Fidel Castro & the Curious Case of Freemasonry in Cuba», <http://www.thebohemianblog.com/2016/12/fidel-castro-the-curious-case-of-freemasonry-incuba.html>, consultada el 30 de mayo de 2019.

J. L. Romeu, «Characteristics and Challenges of Cuban Freemasons in the Twentieth Century. A Demographic Approach», *REHMLAC: Revista de Estudios Históricos de la Masonería Latinoamericana y Caribeña*, 2015.

L. R. Samuel, *The End of the Innocence. The 1964-1965 New York World's Fair*, Nueva York, 2007. «El último aliento de la inocencia estadounidense», p. XVIII. He recurrido a este libro para mi crónica de la Feria Mundial y sus problemas. «Orgía promocional para las empresas estadounidenses», citado en p. 95. Cifras de visitantes de las atracciones más populares, p. 83.

T. Skocpol, A. Liazos, M. Ganz, *What a Mighty Power We Can Be. African American Fraternal Groups and the Struggle for Racial Equality*, Princeton (New Jersey), 2006. «Las órdenes secretas son igual de importantes que la Iglesia negra y afectan igual a la vida social de la gente», citado en p. 8.

A. C. Stevens, *The Cyclopaedia of Fraternities*, Nueva York, 1899. «Pocas personas que estén bien informadas sobre el tema negarán», pp. V-VII, XV.

M. A. Tabbert, *American Freemasons. Three Centuries of Building Communities*, Nueva York, 2005. Uno de los mejores ejemplos de historia masónica escrita por un masón, también reseñable por incluir las tradiciones Prince Hall y mayoritaria. He recurrido a él para mi crónica sobre la «etapa dorada» del fraternalismo y principios del siglo XX. Al igual que Tabber, los historiadores usan en general «etapa dorada del fraternalismo» para referirse a la segunda mitad del siglo XIX, pero yo he ampliado su uso por razones expuestas en mi relato. Entre 1865 y 1900 se fundaron doscientas treinta y cinco hermandades con seis millones de miembros, p. 87. La Orden Independiente de Odd Fellow, pp. 87, 112. Caballeros de Colón, p. 100. *Shriners*, pp. 127-131. Rotary Club, pp.

162-164. Para la escala de nuevos edificios de grandes logias a finales del siglo XIX, incluido el Templo Masónico de Filadelfia, p. 135. Sobre la importancia de la masonería para una población cada vez más móvil, p. 124. Y, para su importancia para la creciente clase empresarial, p. 166. Cifras para la escala de templos masónicos en Saint Louis y Detroit, p. 172.

N. Thompson, *Light this Candle. The Life and Times of Alan Shepard – America's First Spaceman*, Nueva York, 2004. «La aventura más grande de la humanidad», citado en p. 175. Rupturas matrimoniales entre astronautas, p. 370.

Time Magazine, «The World's Fair», 5 de junio 1964, un «aspecto hortera, plástico y efímero», p. 46.

C. D. B. Walker, *A Noble Fight. African American Freemasonry and the Struggle for Democracy in America*, Chicago (Illinois), 2008.

J. Williams, *Eyes on the Prize: America's Civil Rights Years, 1954-1965*, Nueva York, 1987. Para el Oldsmobile de Evers, p. 209.

T. Zarcone, *Le Croissant et le Compas. Islam et franc-maçonnerie de la fascination à la detestation*, París, 2015. Para la renuencia francesa a difundir la masonería en las colonias, p. 64. Jóvenes Otomanos y Jóvenes Turcos, pp. 71-81. El presidente Sukarno prohibió la masonería en 1961, p. 112.

Mis cifras de miembros de la masonería en Estados Unidos han sido extraidas de <https://www.msana.com/msastats.asp>, consultada el 28 de mayo de 2019.

La exposición permanente «The Golden Age of Masonic Architecture» en el George Washington Masonic National Memorial, Alexandria (Virginia), es un recurso muy valioso sobre los grandes templos masónicos de Estados Unidos. Visitada el 14 de abril de 2019.

La documentación de la creación, construcción y gestión del Centro de la Hermandad Masónica, incluido su tríptico, se encuentra en el archivo de la Chancellor Robert R. Livingston Masonic Library, 71, calle Veintitrés Oeste, 14.º piso, Nueva York.

También he consultado mucha documentación acerca del Centro de la Hermandad Masónica en el Museum of Freemasonry de Londres.

Cena de homenaje en Washington, D. C., 1966, para celebrar el nombramiento de Thurgood Marshall como masón Prince Hall de trigésimo tercer grado. Programa de la velada amablemente facilitado al autor por Ken Collins.

La documentación de Rosa Parks en la Estrella de Oriente puede consultarse en la página de la Biblioteca del Congreso: <https://www.loc.gov/resource/mss85943.001520/?sp=1>, visitada el 24 de mayo de 2019. Me gustaría dar las gracias a James R. Morgan III, un familiar de Rosa Parks, por la información sobre su padre, que era masón, en una comunicación personal.

Información sobre el Templo Prince Hall en Jackson: <https://issuu.com/visitjacksonms/docs/2014_civilrightsdrivingtourweb>, consultada el 24 de mayo de 2019.

Para los juicios del asesino de Medgar Evers, <https://caselaw.findlaw.com/ms-supremecourt/1046038.html>, consultada el 20 de agosto de 2019.

16. Arezzo. El hombre que quería ser titiritero

Camera dei Deputati/Senato della Repubblica, VIII Legislatura, *Commissione parlamentare d'inchiesta sul caso Sindona e sulle responsabilità politiche ad amministrative ad esso eventualmente connesse, Relazione conclusiva* (ponente G. Azzaro), 24 de marzo 1982. En esp. pp. 60-75 y 161-178.
Camera dei Deputati/Senato della Repubblica, VIII *Legislatura, Commissione parlamentare d'inchiesta sulla Loggia massonica P2*. La amplia y enrevesada documentación de la investigación del caso P2 en: <http://www.fontitaliarepubblicana.it/DocTrace/>. Consulté en particular los siguientes documentos: *Relazione Anselmi*: <http://www.fontitaliarepubblicana.it/documents/121-000-relazione-anselmi.html>: «[La historia de la logia P2] es singularmente rica en ambivalencias y hechos con doble significado», p. 145. «La amenaza del Partido Comunista, en connivencia con el clericalismo, que está a punto de conquistar el poder», citado en pp. 16-17. La «doble pirámide», p. 154. Sobre el pasado de Gelli y los servicios secretos, pp. 60 y ss. «Podemos formular toda clase de hipótesis abstractas y ninguna conclusión es claramente absurda», p. 76. «Injusticias (de haberlas)» sufridas durante su carrera profesional, citado en p. 53; Piano di Rinascita democratica: 09-leg-doc-xxiii-n-2-4quater-3-tomo-7-bis-ocr.pdf; A. Corona, «Libro bianco sulla Loggia Massonica P2», en Allegati alla relazione, serie II: Documentazione raccolta dalla Commissione, vol. VI Loggia P2 e Massone-

ria, t. XV, Roma, 1987; Audizione Rosseti: <09-leg-docxxiii-n-2-3ter-03-ocr.pdf>; Auduzione Bozzo: <http://www.fontitaliarepubblicana.it/documents/257-09-leg-doc-xxiii-n-2-4quater-3-tomo-3-ocr.html>; Audizione Tassan: <Din 09-leg-doc-xxiii-n-2-3ter-01-ocr.pdf>, p. 294.

G. Colombo, *Il vizio della memoria*, Milán. Crónica de primera mano a cargo de uno de los magistrados que descubrieron la documentación de la logia P2. «Intentaba decirnos algo, pero durante un par de minutos fue incapaz de mediar palabra», p. 58.

A. Comba, «I volti della Massoneria nel secondo dopoguerra», en Z. Ciuffoletti y S. Moravia (eds.), *La Massoneria. La storia, gli uomini, le idee*, 2.ª ed., Milán, 2004.

F. Cordova, «Ricostituzione della massoneria italiana e riconoscimenti internazionali (1943-1948)», en G. M. Cazzaniga (ed.), *Storia d'Italia. Annali, 21. La Massoneria*, Turín, 2006.

Corriere della Sera, 5 de octubre de 1980, «Il fascino discreto del potere nascosto. Parla, per la prima volta, il signor P2». La famosa entrevista de Maurizio Costanzo a Licio Gelli.

Costituzione della Repubblica Italiana, articolo 18; <https://www.mondadorieducation.it/media/contenuti/pagine/campus_economico_giuridico/02_discipl_giuridiche/2_biennio/10_costituzione_commentata/articoli/art18.html>, consultada el 19 de junio de 2019.

M. della Campa, «Da Garibaldi al dopo Gelli», en M. della Campa y G. Galli, *La Massoneria Italiana. Grande Oriente: più luce. Due opinioni a confronto*, Milán, 1998.

N. M. Di Luca, *La Massoneria. Storia, miti e riti*, Roma, 2000.

R. Fabiani, *I Massoni in Italia*, Roma, 1978. Para los detalles de la biografía de Gelli, pp. 8-12.

S. Flamigni, *Trame atlantiche. Storia della Loggia massonica segreta P2*, Milán, 1996.

G. Galli, *La venerabile trama. La vera storia di Licio Gelli e della P2*, Turín, 2007. El más convincente de los muchos estudiosos que dedicaron su atención a la logia P2: mis conclusiones siguen las suyas. Las cantidades de dinero confiscadas a Gelli son de loc. 1791 edición Kindle. «Durante cincuenta años, la gente se labró brillantes carreras políticas y económicas», loc. 1228.

G. Gamberini, *Attualità della Massoneria. Contenti gli operai*, Rávena, 1978. «Una fuerza política, un centro de poder y una escuela ideológica», p. 11. «Falsos hermanos», p. 189. Sobre el «otro camino que recorrer» de las mujeres. Sobre el feminismo pp. 138-139. «Las enseñanzas masónicas van dirigidas exclusivamente al individuo», p. 182. Para la hipócrita afirmación de que la P2 era una logia masónica normal, véase la p. 252.

L. Magnolfi, *Networks di potere e mercati illeciti. Il caso della loggia massonica P2*, Soveria Mannelli, 1996. Esta es una crónica muy interesante sobre la estructura de la logia P2 bajo el liderazgo de Gelli y me he basado en ella. Para un análisis de las *raccomandazioni* de la logia P2, pp. 61-66. «Solo recurriendo a ella, es decir, al señor Gelli, pudo satisfacer las numerosas peticiones de solidaridad», citado en p. 25. Gelli intimida a individuos para que se unan a la logia, p. 54. «[Gelli] me hizo darme cuenta de que podía conseguir información», citado en p. 54. Sobre la logia P2 y el plan de importación de petróleo para evadir impuestos, pp. 110-113. Sobre Anna Bonomi, pp. 92-94. Sobre Rizzoli, pp. 89 y ss.

F. Martelli, «La Massoneria italiana nel periodo repubblicano (1948-2005)», en G. M. Cazzaniga (ed.), *Storia d'Italia. Annali, 21. La Massoneria*, Turín, 2006.

A. A. Mola, *Storia della Massoneria italiana. Dalle origini ai nostri giorni*, Milán, 2001. Para la hipótesis de que Gelli distribuyó documentos comprometedores sobre el gran maestro, pp. 749-751.

—, *Gelli e la P2. Fra cronaca e storia*, Foggia, 2008.

La Repubblica, «Licio Gelli, al centro di innumerevoli casi giudiziari», 16 de diciembre de 2015 (para un resumen de la acciones legales contra Gelli); «La P2 non cospirò contro lo Stato», 28 de marzo de 1996; «Gelli e la P2, capitolo chiuso», 22 de noviembre de 1996.

D. Speroni, *L'intrigo saudita. La strana storia della maxitangente Eni-Petromin*, Roma, 2015.

La Stampa, «Gelli riacciuffato a due passi dalla Croisette», 11 de septiembre de 1998 (sobre su huida y captura disfrazado); «Gelli e la P2. Assoluzione definitiva», 22 de noviembre de 1996 (para los costes legales); «"Diffamò Montanelli" Gelli è condannato», 14 de noviembre de 1992.

G. Turone, *Italia Occulta*, Milán, 2019. Una crónica importante del caso de la logia P2 que se basa en declaraciones de *finanzieri* sobre el registro de las propiedades de Gelli por parte de uno de los magistrados que dirigieron la investigación; loc. 4027 edición Kindle.

«Pots of gold», BBC News online, 14 de septiembre de 1998. <http://news.bbc.co.uk/1/hi/world/europe/170679.stm>, consultada el 8 de agosto de 2019. Sobre el oro descubierto en el jardín de Gelli.

Mis cálculos sobre la riqueza de Gelli en valores actuales han sido extraídos de <https://inflationhistory.com/>, consultada el 15 de agosto de 2019.

17. Legados

G. Baldessarro, «"Affiliazioni irregolari e inquinamento malavitoso". E il Grande Oriente d'Italia sospende la logia», *La Repubblica*, 17 de noviembre de 2013.

C. Blank, «For Freemasons, Is Banning Gays or Being Gay un-Masonic?», NPR, 22 de marzo de 2016, <https://www.npr.org/2016/03/22/471414979/for-freemasons-is-banninggays-or-being-gay-un-masonic?t=1580893580748>, consultada el 14 de agosto de 2019.

D. Brown, *The Lost Symbol*, Nueva York, 2010. [Hay trad. cast.: *El símbolo perdido*, Barcelona, Planeta, 2017]. «Sepa usted, señora, que toda la filosofía masónica», p. 99.

A. Brown-Peroy, «La franc-maçonnerie et la notion de secret dans l'Angleterre du XXe siècle», tesis doctoral, Universidad de Bordeaux Montaigne, 2016; para el caso de la hermandad de caballeros en Reino Unido. El número de expulsiones se disparó de doce, entre 1934 y 1986, a doscientos setenta y siete, entre 1987 y 1996, p. 289.

P. Calderwood, *Freemasonry and the Press in the Twentieth Century. A National Newspaper Study of England and Wales*, Londres, 2013.

M. W. Chapman, «Pope Francis: "Masonic Lobbies... This Is the Most Serious Problem for Me"», CNS News, 2 de agosto de 2013, <https://www.cnsnews.com/news/article/pope-francis-masonic-lobbies-most-serious-problem-me>, consultada el 20 de enero de 2020.

O. Chaumont, *D'un corps à l'autre*, París, 2013.

—, y A. Pink, «A Sister with Fifty Thousand Brothers», *Journal for Research into Freemasonry and Fraternalism*, 4, 1-2, número único (2013).

J. T. Chick, *The Curse of Baphomet*, Dubuque (Iowa), 1990.

Commissione parlamentare d'inchiesta sul fenomeno delle mafie e sulle altre associazioni criminali, anche straniere, «Relazione sulle infiltrazioni di Cosa Nostra e della 'ndrangheta nella Massoneria in Sicilia e Calabria», relatore R. Bindi, 27 de diciembre de 2017.

Congregación para la Doctrina de la Fe (J. A. Ratzinger), «Declaration on Masonic Associations», 26 de noviembre de 1983. Puede consultarse en <http://www.vatican.va/roman_curia/congregations/cfaith/documents/rc_con_cfaith_doc_19831126_declaration-masonic_en.html>.

C. Cordova, *Gotha. Il legame indicibile tra 'ndrangheta, massoneria e servizi deviati*, Roma, 2019. Un valioso resumen de las acusaciones en el gran juicio de Gotha.

Il Dispaccio, «Masso-'ndrangheta, parla l'ex Maestro Di Bernardo. "La situazione in Calabria mi spinse a dimettermi dal GOI"», <http://ildispaccio.

it/reggiocalabria/216683-masso-ndrangheta-parla-l-ex-maestro-di-bernardo-la-situazionein-calabria-mi-spinse-a-dimettermi-dalgoi>, consultada el 12 de septiembre de 2019.
F. Forgione, *Oltre la cupola, massoneria, mafia e politica*, Milán, 1994.
A. Heidle y J. A. M. Snoek (eds.), *Women's Agency and Rituals in Mixed and Female Masonic Orders*, Leiden, 2008.
C. Hodapp, «The Moon, the Masons, and Tranquility Lodge», 16 de julio de 2019, <http://freemasonsfordummies.blogspot.com/2019/07/the-moon-masons-and-tranquilitylodge.html>, consultada el 26 de agosto de 2019.
S. Knight, *The Brotherhood. The Secret World of the Freemasons*, con prólogo de M. Short, Londres, 2007. El prólogo de Short contiene información biográfica sobre Knight.
G. Leazer, *Fundamentalism and Freemasonry. The Southern Baptist Investigation of the Fraternal Order*, Nueva York, 1995.
L. Mahmud, «The Name of Transparency. Gender, Terrorism, and Masonic Conspiracies in Italy», *Anthropological Quarterly*, 85, 4 (2012).
—, «"The world is a forest of symbols". Italian Freemasonry and the Practice of Discretion», *American Ethnologist*, 39, 2 (2012).
M. Maqdsi, «Charter of the Islamic Resistance Movement (Hamas) of Palestine», *Journal of Palestine Studies*, 22, 4 (1993).
R. Mckeown, «Mystery 200-year-old letter revealed World War 3 plans – and final battle against Islam», *Daily Star*, 7 de marzo de 2016.
R. McWilliams, «Resting Places. A History of Australian Indigenous Ancestral Remains at Museum Victoria», descargado de <https://museumsvictoria.com.au/about-us/staff/robert-mcwilliams/>, consultada el 5 de febrero de 2020.
A. A. Mola, *Storia della massoneria in Italia. Dal 1717 al 2018. Tre secoli di un ordine iniziatico*, Milán, 2018. Para un análisis de las posturas recientes de la Iglesia hacia la masonería, pp. 643-650.
L. Musolino, «Calabria, Grande Oriente chiude 3 logge massoniche. "Infiltrate dalla 'ndrangheta"», *Il Fatto Quotidiano*, 18 de marzo de 2015, <https://www.ilfattoquotidiano.it/2015/03/18/musolino-logge-massoniche/1508927/>, consultada el 2 de agosto de 2019.
H. Richardson, «Chilling letter written almost 150 years ago predicted both world wars and a THIRD battle against Islamic leaders», *The Sun*, 7 de marzo de 2016.
R. S. Sidhwa, *District Grand Lodge of Pakistan (1869-1969)*, Lahore, 1969.
M. A. Tabbert, *American Freemasons*, Nueva York, 2005. Sobre el cristianismo fundamentalista y la masonería, pp. 213-214.
Tribunale Ordinario di Roma, Sezione dei giudici per le indagini prelimi-

nari Ufficio 22, Decreto di archiviazione, 3 de julio de 2000. (Investigación de Cordova sobre la francmasonería).

Tribunale di Reggio Calabria, Sezione G. I. P.-G. U. P., Ordinanza su richiesta di applicazione di misure cautelari, De Stefano, Giorgio + 7, 12 de julio de 2016 («Inchiesta Mammasantissima»).

—, Processo Gotha. Rito abbreviato. Motivazioni della sentenza, 1 de marzo de 2018.

Gran Logia Unida de Inglaterra, «Gender reassignment policy», <https://www.ugle.org.uk/gender-reassignment-policy>, consultada el 25 de agosto de 2019.

T. Zarcone, *Le Croissant et le Compas. Islam et franc-maçonnerie de la fascination à la detestation*, París, 2015. Sobre el destino de la masonería y la logia madre de Kipling en Pakistán, p. 113. Sobre Irán, p. 115.

La frase «la mafia de los mediocres» se la debo a la serie *Line of Duty* de la BBC, temporada 4, episodio 4. Curiosamente, el personaje que utiliza la frase (Thandie Newton como la inspectora jefe Roz Huntley) está intentando defenderse de unos cargos de corrupción lanzando acusaciones a su acusadores. Finalmente es culpable. Transcripción disponible en: <https://subsaga.com/bbc/drama/line-of-duty/series-4/episode-4.html>, consultada el 20 de enero de 2020.

Agradecimientos

Una de mis grandes esperanzas para *La orden* es que sus lectores puedan compartir algunas de las alegrías de las que yo disfruté al documentarme. Una de las más importantes fue la posibilidad de seguir a los francmasones hasta tiempos y lugares que, como historiador y escritor, eran desconocidos para mí. Dejar que la curiosidad tome las riendas es a la vez emocionante y arriesgado. Estoy convencido de que *La orden* dejará entrever esos riesgos en sus errores, de los cuales soy el único responsable. Solo puedo pedir a mis lectores que tengan en cuenta los riesgos que corrí cuando señalen los fallos que he cometido. Sin embargo, mucha gente me ha ayudado a reconocer tantas oportunidades y a evitar tantos obstáculos por el camino que el libro no habría sido posible sin su generosidad. A los siguientes masones, compañeros académicos y amigos viejos y nuevos les debo más de lo que puedo devolver mediante el único gesto de gratitud que el espacio me permite aquí: mencionar su nombre. Sin embargo, creo que tengo que destacar a las dos personas que más me han ayudado en mi investigación.

Martin Cherry y Susan Snell, del Museum of Freemasonry de Londres, son la clase de bibliotecarios y archivistas que los estudiosos sueñan con encontrarse. Sus compañeros del Museum of Freemasonry y el personal de la British Library y las otras bibliotecas y archivos en los que he trabajado también merecen un elogio especial.

Oscar Alleyne
Gioia Avvantaggiato
Franco Benigno
Stephen Bennetts
Michael Berkowitz
Stefano Bisi
Thomas K. Byrd
Roger H. Bullard

Andrew Campbell
Alessia Candito
Jim Carroll
Olivia Chaumont
Lloyd «Curly» Christopher
Catherine Clarke
Ken Collins
Claudio Cordova

AGRADECIMIENTOS

Nicholas Cronk
Enrico Dal Lago
Simon Deschamps
Bharat V. Epur
Tehuti Evans
Adrian Fleming
John Foot
Vahid Fozdar
Quincy G. Gant
Emilio Gin
Christian Goeschel
Andrew Hadfield
Rick Halpern
Jessica L. Harland-Jacobs
José Luis Hernández Luis
Peter Hinks
Stephen Hiott
Bob James
Prue James
Andy Jameson
Stephen Katrowitz
Dilwyn Knox
Rupert Lancaster
Deirdre Leask
Carl Levy
Giuseppe Lombardo
Olivia Loperfido
George Lucas
Giuseppe Lumia
Mario Maritan
Giuseppe Maviglia
Danie Mellor

Peter Mellor
Thomas R. Metcalf
Radojka Miljevic
Guillermo Mira
Lucio Mollica
James R. Morgan III
Brent Morris
Stefano Musolino
Florian Mussgnug
Kerry Nicholls
Gaetano Paci
Salvo Palazzolo
Giovanni Pandolfo
Ghanshyam M. Patel
Sarah Penny
Thad Peterson
Clive Priddle
Jackie Ranston
Alton G. Roundtree
Francesco Ruis
Julius Ruiz
Ivan Scott
Gajendra Singh
Simon Southerton
David Stevenson
Mark Tabbert
Doug Taylor
Benedetta Tobagi
Fabio Truzzolillo
James Van Zyl
Fabio Venzi
Gareth Wood

Créditos de las ilustraciones

Icono de la pala utilizado en todo el libro: © British Library Board. Todos los derechos reservados

p. 13: © British Library Board. Todos los derechos reservados
p. 14: © The Trustees of the British Museum
pp. 25, 28, 29, 30, 32: © British Library Board. Todos los derechos reservados
p. 43: © Hulton Archive
p. 51: Wellcome Collection
p. 56: © British Library Board. Todos los derechos reservados
p. 64: © SSPL
p. 72: Christophe Dioux
p. 78: Rosenwald Collection
p. 83: © The Trustees of the British Museum
p. 84: © Heritage Image Partnership Ltd
p. 104: © The Trustees of the British Museum
p. 105: autoría del archivo anónima
p. 117: © INTERFOTO
p. 132 Briot: © Château de Versailles, Dist. RMN-Grand Palais/imagen Château de Versailles
p. 173: © Granger Historical Picture Archive
p. 179: Library of Congress, Prints & Photographs Division/LC-USZ62-3657
p. 185: © The History Collection
p. 186: Library of Congress, Prints & Photographs Division/LC-DIG-cwpbh-05100
p. 195: © Corbis via Getty Images
p. 208: © Oklahoma Historical Society

CRÉDITOS DE LAS ILUSTRACIONES

p. 210: Library of Congress, Prints & Photographs Division/LC-USZ62-49988

p. 218: © The Granger Collection/Age fotostock

p. 222: Bibliothèque nationale de France, département Estampes et photographie, 4-NA-109 (7)

p. 231: © British Library Board. Todos los derechos reservados

p. 257 Kipling: Beinecke Rare Book & Manuscript Library, Yale University

p. 257 Nehru: © The History Collection

p. 261: © World History Archive/Age fotostock

p. 264: Wellcome Collection

p. 267: © Museum of Freemasonry, Londres

p. 286: © ARCHIVIO GBB/Alamy foto de stock

p. 290: © Scherl/Süddeutsche Zeitung Photo/Age fotostock

p. 295: Bundesarchiv, Bild 102-00344A/Heinrich Hoffmann

p. 326: propiedad del autor, de Juan Tusquets Terrats, *Masones y pacifistas* (Burgos, 1939)

p. 335: © Harry S. Truman Library

p. 347: © J. B. Anderson Collection, Kenneth Spencer Research Library, University of Kansas

p. 368: © Keystone-France

p. 372: utilizada con permiso del Grande Oriente d'Italia y el gran maestro Stefano Bisi

CUADERNILLO

p. 2 arriba: Philip Mould Historical Portraits

p. 3 arriba: © National Galleries Of Scotland/Getty Images

p. 3 abajo: Vienna Museum at Karlsplatz

p. 4 arriba, izquierda: National Portrait Gallery

p. 4 abajo: National Portrait Gallery

p. 5 abajo, izquierda: © Museum of Freemasonry, Londres

p. 5 abajo, derecha: © Photo 12/Alamy Stock Photo

p. 6 abajo: © Mary Evans Picture Li/Age fotostock

p. 7: © iStock

p. 8 arriba: Library of Congress, Prints & Photographs Division/LC-DIG-pga-01949

p. 8 abajo: National Portrait Gallery

p. 9 abajo: Biblioteca Nacional de Francia

CRÉDITOS DE LAS ILUSTRACIONES

p. 10 arriba, derecha y abajo: © Museum of Freemasonry, Londres

p. 11 arriba: fotografía propiedad del autor

p. 11 abajo: © Swim Ink 2, LLC/CORBIS/Corbis via Getty Images

p. 12 abajo, izquierda: © Greta Kempton. Harry S. Truman Library

p. 12 abajo, derecha: © Ralph Morse/The LIFE Picture Collection via Getty Images

p. 13 arriba: © Bettmann/Getty images

p. 13 abajo: fotografía propiedad del autor

p. 14 arriba: © Giulio Broglio/AP/Shutterstock

p. 14 abajo: © Anonymous/AP/Shutterstock

p. 15 arriba: fotografía propiedad del autor, utilizada con permiso de Olivia Chaumont

p. 15 abajo: fotografía propiedad del autor, utilizada con permiso de James R. Morgan III

p. 16: © Danie Mellor, *From Rite to Ritual*, 2009, pastel, aguada con pigmento al óleo, acuarela y lápiz sobre papel, 178 x 133,5 cm. Colección: National Gallery of Australia [adquirido en 2009], cortesía del artista y Tolarno Galleries, Melbourne. Fotografía: National Gallery of Australia, 2009. El autor agradece especialmente a Danie Mellor que concediera generosamente su permiso para utilizar esta imagen.

Permisos de los textos

Se han hecho todos los esfuerzos razonables por reconocer la propiedad del material con copyright incluido en este libro. Cualquier error que haya podido producirse es involuntario y será corregido en posteriores ediciones, siempre que se envíe notificación al autor. Al autor le gustaría dar las gracias a las siguientes personas y entidades por conceder su permiso para citar de fuentes publicadas:

Quatuor Coronati Lodge n.º 2076 / QC Correspondence Circle Ltd por su permiso para utilizar varias citas de S. Vatcher, «John Coustos and the Portuguese Inquisition», *AQC*, 81, 1968.

Taylor & Francis por su permiso para citar a J. M. Burke, «Freemasonry, Friendship and Noblewomen. The Role of the Secret Society in Bringing Enlightenment Thought to Pre-revolutionary Women Elites», *History of European Ideas*, 10, 3, pp. 283-293, (p. 289).

The National Trust for Places of Historic Interest or Natural Beauty por su permiso para citar a T. Pinney (ed.), *The Letters of Rudyard Kipling*, vol. 2, 1890-1899, Londres, Cape, 1990.

Most Worshipful Prince Hall Grand Lodge F & AM de Alabama por su permiso para citar a la Gran Logia Prince Hall, jurisdicción del estado de Alabama, 97.º comunicación anual, Mobile, Alabama, 25-27 de julio de 1967.

The Masonic Service Association por su permiso para citar a N. V. Peale, «What Masonry Means to Me», *The Short Talk Bulletin*, febrero de 1973.

Avv. Giorgio Assumma, en calidad de representante legal del doctor Maurizio Costanzo, por su permiso para citar varios pasajes de la entrevista con Licio Gelli en el *Corriere della Sera*, 5 de octubre de 1980.

© Giangiacomo Feltrinelli Editore, Milán, por su permiso para citar a G. Colombo, *Il vizio della memoria*, Milán, Feltrinelli, 1991, 1.ª ed. en Serie Bianca, noviembre de 1996; 1.ª ed. en Universale Economica, octubre de 1998.

Angelo Longo Editore por su permiso para citar a Giordano Gamberini, *Attualità della Massoneria. Contenti gli operai*, Rávena, Longo, 1978.

PERMISOS DE LOS TEXTOS

Información parlamentaria gracias a Licencia Parlamentaria Abierta v3.0 para el discurso de Jeremy Corbyn en el Parlamento en junio de 1988, <https://www.parliament.uk/siteinformation/copyright-parliament/open-parliament-licence/>.

The Koori Mail por su permiso para citar una entrevista con un miembro del Victoria Museum's Indigenous Advisory Committee en el artículo «Remains "are not trophies"», *The Koori Mail*, 13 de noviembre de 2002.

Para el discurso sobre la «integridad racial» pronunciado por el gran orador de la Gran Logia de Alabama en la comunicación anual de 1967, solicité permiso para citar algunas frases textualmente, pero la Gran Logia se negó. El discurso puede encontrarse en las pp. 131-135 de «Proceedings of the Grand Lodge of F. & A. M. of Alabama at the 147th Annual Communication», 21-22 de noviembre de 1967, Montgomery, Alabama.

Índice alfabético

Abif, Hiram, 32, 40, 51
África, 259-265, 339, 350, 387
Alemania,
   antisemitismo, 276, 294, 297, 299, 302, 309
   Gran Guerra, 266, 294
   guerras napoleónicas, 134, 135
   Illuminati, 112-115
   masonería
      antisemitismo, 299
      arianización o cierre, 303-307
      cifras, 298-299
      cismas, 111, 299
      cruzada nazi contra, 300-301, 302-307, 309-310
      disolución bajo dominio nazi, 277, 279, 305-307
      Gran Logia Simbólica, 308
      Illuminati, 111
      informantes nazis, 303
      inicios, 113
      logias humanitarias o prusianas, 300
      miembros judíos, 300
      mito de los caballeros templarios, 100
      nazismo, 300-301
   orden Rosacruz, 50
   Partido Nazi
      antisemitismo, 294, 297, 302, 309
      ascenso de, 300-301
      ataques a enemigos, 301-302
      cruzada antimasónica, 277, 279, 300-301, 302-307, 309
      dictadura, 301
      discurso de la Bürgerbräukeller, 296-297
      logias como propaganda, 324
      postura de la Gran Logia Simbólica contra, 308
      Putsch de Múnich, 294
      República de Weimar, 294
Alleyne, Oscar, 410
Ana de Inglaterra, 60
Anderson, James, 69-70
Anselmi, Tina, 364, 367, *368*, 381, 382
anticlericalismo, 219, 221, 223, 319
Antiguos deberes, 39, 46
antisemitismo
   de la Iglesia católica, 276
   en Alemania y Austria, 276, 278,

294-297, 300, 302, 304, 305, *306*, 309
  en España, 317-318, 319, 325
  en Gran Bretaña, 76
  en Rusia, 293
apretones de manos, 29-31
architectura, De (Vitruvio), 43, 46
Asesinatos masónicos (Taxil), 227
Ashmole, Elias, 50, 51
Association Maçonnique Internationale, 323
Australia, 241, 412-413
Austria, 86, 136, 138, 276, 309
Azaña, Manuel, 318

Bahadur, Umdatul-Umrah, 248
Balsamo, Giuseppe (conde de Cagliostro), 102
banquetes, 78
Barbados, 240
Barruel, abad Augustin de, 90-92, 111, 118-121, 122, 150
Bataille, doctor, 229-231, 235, 237
Becciolini, Giovanni, 291
Beckwith, Byron De La, Jr., 349
Bernard, David, 171
Bonaparte, Caroline, 132
Bonaparte, José, 126, 127, 128
Bonaparte, Napoleón *véase* Napoleón, emperador de Francia
Boswell, James, 110
Bourlard, Tristan, 387-388
Bresciani, Antonio, 220
Briot, Pierre-Joseph, 132
Bröse, Richard, 277, 307
Brown, Dan, 405
Brown, John, 197
Bruce, Eli, 172

Burke, Edmund, 91
Burns, Robert, 17, 75
Byron, George Gordon, barón, 148

caballeros templarios, 100-101, 118, 228
Cagliostro, conde de (Giuseppe Balsamo), 102
calderari (caldereros), 142-143
Calvi, Roberto, 364, 365, *366*, 368, 376, 377
Canadá, 194, 197
Canosa, Antonio, príncipe de, 141-143
carbonari (carbonarios)
  alzamiento contra los Borbones, 147-148
  Briot y Maghella, 132
  Cabeza Blanca, 134, 135
  calderari, lucha contra los, 145
  Constitución, deseo de una, 136, 141, 148
  don Ciro Annicchiarico, 144-145, 146, 147
  en Sicilia, 149
  evolución, 139
  faccionalismo, 148-149
  incapacidad de Fernando para controlar, 141
  legado, 150
  mujeres miembros, 146
  orígenes y crecimiento, 130
  rebelión de Cosenza, 134
  represión gubernamental, 134-135
  revuelta de los Abruzos, 136-138
  uso por parte de Murat, 135-136, 138

ÍNDICE ALFABÉTICO

Carlavilla, Mauricio, 328
Casanova, Giacomo, 97
Castro, Fidel, 342
Chaumont, Olivia, 402-405
Cheseboro, Nicholas, 168
China, 20, 342
Civiltà cattolica, 220, 227, 232, 234, 238
Clemente XII, papa, 18
Clinton, DeWitt, 169
Coco Martín, Atilano, 328
código da Vinci, El (Brown), 405
Compleat and Humorous Account... (Ward), 79
Conan Doyle, Arthur, 245, 262, 263-264
Condition, Elevation, Emigration, and Destiny... (Delany), 194
Confesiones de un exlibrepensador (Taxil), 225
Compañía de las Indias Orientales, 239, 248, 249, 250
constituciones de los francmasones, Las (Anderson), 66-73, 81, 85, 93, 158, 189, 243, 249, 268
Cooper, Gordon, 344, 352
Corbuccia, Gaetano, 229
Corbyn, Jeremy, 391
Corriere della Sera, 356, 360, 361, 364, 376, 377
Coustos, John, 11-15, 16, 18, 26, 34, 80
Crawley, W.J. Chetwode, 124
Crispi, Francesco, 282, 370
cruzados, 94-95, 100
Cuba, 342
cuotas y gastos, 58, 96, 337
Cyclopaedia of Fraternities, The (Stevens), 331

d'Alembert, Jean, 98, 119
Daemonologie (Jacobo VI), 42, *43*
D'Éon, Charles de Beaumont, caballero/a, 103-106, 110, 123
De Attellis, Orazio, 136
De Grasse-Tilly, conde Alexandre, 183
De Naverán, María, 323
De Veil, Thomas, 78
declive moderno de la masonería, 352-354
Delany, Martin, 193-197, 199, 203-204, 205, 213, 214-215
Delany, Toussaint, 193, 199, 205
Desaguliers, John, 62-63, *64*, 66, 69, 73
desfiles, 85, 161, 170, 241
Destrucción de la masonería mediante la revelación de sus secretos (Ludendorff), 298
Di Bernardo, Giuliano, 395
día de San Juan Evangelista, 45
diablo en el siglo XIX, El (Bataille), 229-230, *231*, 235, 275-276
Dickie, Joseph, 268
Dicsone, Alexander, 46
difusión de la masonería, 16, 47, 48, 50, 52, 84-85, 156, 163, 240, 275
Don Ciro Annicchiarico, 144-145, 146, 147
Douglass, Frederick, 193
D'un corps à l'autre (Chaumont), 404
Dutt, Prosonno, 250

Eduardo, príncipe de Gales, 243, 262
Eichmann, Adolf, 305
«El jefe de distrito» (Kipling), 254-255
«En interés de la hermandad» (Kipling), 269-271

Enciclopedia de la masonería (Mackey), 184
Encyclopédie (Diderot y D'Alembert), 98, 99, 119
Epur, Bharat V., 411
Escandinavia, 387
esclavitud, 186-187, 189, 191, 194, 199, 200, 205, 241
esclavos, exclusión de, 67, 190
Escocia
    Gran Logia, 84
    guerra civil, 14, 49
    influencias renacentistas, 42, 45-48
    Jacobo VI, 41-42, 44, 46, 47
    logia de Kilmarnock, 75
    logias de Schaw, 45, 47, 69-70
    mamposteros, Stuart, 43-47
    orígenes de la masonería, 43-47
    Reforma, 41, 44-45, 48
    silencio de las *Constituciones* sobre, 69, 70
    véase también Gran Bretaña
España
    antisemitismo, 318, 319
    asesinatos del clero, 319-320
    CEDA, 319
    dictadura de Primo de Rivera, 317
    Feria Mundial de Nueva York, 339-340, 350
    Guerra Civil, 311, 319-320
    guerra hispanoestadounidense, 316-317
    Inquisición, 316
    laicismo, auge del, 318
    masonería
        crecimiento en el siglo XIX, 316
        cruzada de Franco contra la, 311, 312, 315, 320-329
        cruzada de la Iglesia católica contra la, 315-321
        logia y archivos de Salamanca, 323-327
        república, papel en la, 317-318
    monarquía constitucional, 147
    partido fascista, 311-315, 320-329
    poder de la Iglesia católica, 316
    república, 317-318
    toma de poder de Franco, 311
Estados Unidos
    54.º regimiento de Massachusetts, 198-200, 205, 208, 213
    antisemitismo, 294
    Charleston, *véase* Charleston, Carolina del Sur
    comités de vigilancia, 166
    diversidad religiosa, 158
    esclavitud, 186-187, 189-190, 191, 194, 199, 200
    Feria Mundial de Nueva York (1964-1965), 339-341
    gira nacional de Lafayette, 162-163
    Gran Sello del dólar, 336
    guerra civil, 190, 197-201, 203-204, 206
    guerra de Independencia, 153, 156-157, 191
    Kipling y Doyle en Vermont, 244-245
    Ku Klux Klan (KKK), 209-211, 213, 348
    magia popular, 177
    masonería
        actualidad, 405-410
        apertura, 338, 340-341

Centro de la Hermandad Masónica, 340-341, 343, 349, 351, 352
Charleston, *véase* Charleston, Carolina del Sur
Constituciones... (edición de Franklin), 85
creación de redes de contactos y movilidad social, 163, 170, 332, 334
declives, 175, 334, 351-354
desaparición/asesinato de Morgan, 164-174, 175-177
durante la guerra civil, 198-200, 201
durante la guerra de Independencia, 156-157
elitismo social, 170-171
expansiones, 163, 331-333, 334, 338
inauguración de edificios, 154, 162
logias militares, 156-157, 198, 199, 205
masonería Prince Hall, 190-193, 194-196, 199, 205, 211-212, 214
miedo a, 166-175, 389, 405
monumentos, 405-407
Moral y dogma... (Pike), 206-207
mujeres, exclusión de las, 189, 403
nativos americanos, 187-188
obras benéficas, 351
organización estatal, 409
primera logia, 240
racismo, 186-187, 189-190, 192, 211-212, 344-349, 409-410
religión, 158, 171
rito escocés, 183-185, 207, 211, 216, 333
símbolo del ojo que todo lo ve, 335
símbolo perdido, El (Brown), 405
Washington, George *véase* Washington, George
y mormonismo, 182
mormones, 178-182
movimiento por los derechos civiles, 346-349, 408
movimientos antisistema en los años sesenta, 346-350
NAACP, 345, 346, 408
nativos americanos, 178, 187-188, 206
pánico a los Illuminati, 120
Partido Know-Nothing, 187
racismo, 186-187, 189-190, 192, 201-202, 209-215, 344-349, 409-410
resurgimientos religiosos, 177
sociedades fraternales, 331-333, 344
sociedades fraternales afroamericanas, 341
tecnología posterior a la Segunda Guerra Mundial, 337-338
valores, 158-159
Washington, D. C., construcción de, 154
Washington, George *véase* Washington, George

ÍNDICE ALFABÉTICO

Euclides, 40, 70
Evers, Medgar, 349
exclusividad, 17, 58

Farinacci, Roberto, 289-290
fascismo *véase* Alemania, Partido Nazi; Italia, Partido Fascista; España, partido fascista
Federico, príncipe de Gales, 75
Federico II de Prusia, 111, 119
Fernando, rey de Nápoles, 127, 140-141, 148
fiestas bulliciosas, 85-86
Fleury, cardenal André-Hercule de, 94
Forlani, Arnaldo, 363
Four Times of the Day (Hogarth), 78
Francia
    anticlericalismo, 219
    culto a María en Lourdes, 220
    golpe de Estado de Napoleón, 125
    guillotina, 117-118
    jacobinismo, 91, 116-123
    jerarquía social, 96
    masonería, antes de la revolución
        creación de redes de contactos, 96
        D'Éon, 104-106, 109
        discurso de Ramsay, 94-95
        diversidad, 102-103
        faccionalismo, 96
        grados, 94-97
        Gran Oriente, 96
        Ilustración, 98
        inicios, 92
        jerarquía social, 96, 109
        laicismo, 102
        logia de las Nueve Hermanas, París, 98, 109-110

maniqueísmo, 95
masonería femenina, 104-110, 123
miembros del clero, 103
misticismo, 99-103
rito escocés, 94-97
Willermoz, 99
masonería, después de la revolución, 121-123
masonería napoleónica, 126
masonería, republicana, 223, 225-228, 401-405; *véase también* fraude de Taxil
mesmerismo, 101
Primera república, 219
revolución y terror, 89-92, 115-118, 121-123
Francisco, papa, 388
Franco, Francisco (caudillo), 311, 312, 313, 320-322, 323, 324, 329
Franco, Ramón, 321
Franklin, Benjamin, 85, 98, 175
fraude de Taxil
    discurso en la Geographical Society, 236-238
    «revelaciones» de Bataille, 228-237
    «revelaciones» de Taxil, 223-228
    «revelaciones» de Vaughan, 232-234
Friedan, Betty, 352
From Rite to Ritual (Mellor), 412

Gamberini, Giordano, 371-373, 374, 385
Gant, Quincy G., 410
Gelli, Licio
    caso Sindona, participación en, 361

documentos incautados por la policía, 362-364, 366
entrevista en el *Corriere della Sera*, 356, 360, 377
historial, 355, 381-382
huida, 365, 368
investigaciones sobre, 367-368, 381
P2, uso abusivo de, 355-356, 372-377, 384
«Plan para el renacer democrático», 377-380, 382
sospechas sobre, 355
geometría, 40, 47, 340
Gleaves, Richard, 214
Goebbels, Joseph, 301
Göring, Hermann, 300-301, 303-304
Gramsci, Antonio, 285-287, *286*
Gran Bretaña
    clubes y sociedades, 79-80
    Compañía del Mar del Sur, 66, 69
    enfrentamiento *whigs-tories*, 60
    guerra civil, 14, 49
    Ilustración, 62
    Imperio, 259-265, 272-274, *véase también* India imperial
    impuesto al carbón, 59
    jacobitas, 14, 60, 70, 72-73
    Ley de sociedades ilegales (1799), 120
    libertad, 80
    magistratura, Londres, 63
    mamposteros medievales, 37-40
    masonería
        alcohol, 77-79
        aristocracia, 74, 75
        banquetes, 79
        cismas, 93
        Compañía de mamposteros, 58
        Constituciones, 66-70, 73
        creación de redes de contactos, 63, 74-75
        cuotas, 58
        D'Éon, 103-106
        Desaguliers, 62-64, 66
        desfiles, 85
        después de la Primera Guerra Mundial, 268
        e imperio, 239-300; *véase también* Kipling, Rudyard
        elitismo, 58
        «En interés de la hermandad» (Kipling), 269-271
        Estallido de la burbuja de la Compañía del Mar del Sur, 66, 68-69
        apoyo/control *tory*, 60
        apoyo/control *whig*, 63, 65, 68-70, 76
        formación en política, 80
        monumentos de guerra, 268
        mujeres, exclusión de las, 81-83
        propagación, 16, 48, 49, 50, 52, 85
        Strong, 56, 58
        Wren, 56, 57, 68
    grabado de las *Constituciones*, 70-71, 72
    grado masónico del Arco real, 93
    Gran logia, autoridad de, 85, 250

ÍNDICE ALFABÉTICO

Gran logia, fundación, 61, 69
igualdad social, 74-75, 79
integración social, 74-75
«libertad inglesa», 76
logias imperiales, 243
lugares de reunión, 79
masones aceptados/Aceptación, 49, 51, 57
modernidad, 75
número de logias, 85
obras benéficas, 74-75
orígenes escoceses, 44-47
realeza, vínculos con la, 242-243
reescritura de historia masónica, 68-70
reglamentos, 66-67
reunión en The Goose and Gridiron (1717), 61, 68, 69
rituales, 63
soldados, 268, 269-271
tolerancia religiosa, 76-77
movimiento antimasónico, 390-393
pluralismo religioso, 76
prensa, 80
Primera Guerra Mundial, 265-266, 268-271
Revolución Gloriosa, 59
Royal Society, 62, 65, 80
segunda guerra bóer, 259-260, 264-265
sentimiento anticatólico, 13-14, 60
véase también Escocia
Gran Guerra, 265-266, 268-273, 283, 293
Gray, William, 198, 199, 204

Guillermo III de Inglaterra, 59
Guillotin, Joseph, 98, 117-118, 122

Haarburger, Ivan, 261-262
Hacks, Charles, 235
Hall, Prince, 190-193
Hampton, Wade, III, 215
Hermes Trismegisto, 39, 47
hermetismo, 46-47
herramientas simbólicas, 29-30
hinduismo, 249
Hitler, Adolf, 277, 294-297, 300, 302-303, 305-307, 309, 320
Hobhouse, Emily, 265
Hogarth, Thomas, 77
homosexualidad, 84, 108
Hopkins, Hiram, 164, 172
Hughes, Robert, 350
Hungría, 278, 341-342

Iglesia católica
    Charleston, Carolina del Sur
        esclavitud, 189
        guerra civil, 190, 198, 200-203, 204
    masonería
        De Grasse-Tilly, 183
        desfiles, 85
        diablo en el siglo XIX, El (Bataille), 229
        esclavos, exclusión de los, 189-190
        Mackey, 184-185, 189, 203, 208, 211-212, 230, 410
        masonería Prince Hall, 201, 205, 211, 214, 216

Pike *véase* Pike, Albert
racismo, 189, 190, 209-212, 216
rito escocés, 92-94, *186*, 200, 207, *208*, 211, 216
reconstrucción, 208, 213
trabajo de Delany en 204, 205
cruzada antimasónica
    Civiltà cattolica, 220, 232, 234, 238
    Congreso Internacional Antimasónico, 234, 235
    cruzada antilaicismo, 220-223
    declaración de infalibilidad, 217, 219
    en España, 316-321
    en los tiempos modernos, 388-389
    fraude de Taxil, *véase* Taxil, fraude
    Humanum genus, 222, 223
    Inquisición, 11-13, 19, 20, 34, 316
    Italia unificada, respuesta a, 219
    miedos a la conspiración judeomasónica, 275-276
    prohibición de la masonería, 18
    reacciones masónicas a, 234
    y fascismo, 284, 310, 315-321
    obras benéficas, 34, 240, 351
igualdad, fraternal, 22, 75
Illuminati, 20, 110-116, 120-121, 143, 335, 389

Ilustración, 62, 82, 98, 119
imperialismo, 239-243, 247-248, 251, 256-257, 259, 271
Imperio otomano, 342-343
India, imperial
    babu, 254-256
    Compañía de las Indias Orientales, 239, 248, 249, 250
    comunidad parsi, 249
    Congreso Nacional Indio, 255, 258
    educación inglesa, 249
    «El jefe de distrito» (Kipling), 255
    hinduismo, 249
    islam, 249
    masacre de Amritsar, 274
    masonería
        creación de redes de contactos y movilidad social, 252-253
        diversidad étnica, 252
        diversidad religiosa, 249
        diversidad social, 252
        hinduismo, problemas con el, 249
        imperialismo, 251, 256-257, 259
        integración racial, 254
        masones indios, 248-249, 251
        «Mi logia madre» (Kipling), 245-248, 254, 259
        misticismo, 229, 240
        nacionalismo indio, 258
        parsis, 249
        racismo, 248-249, 250
    motín, 250
    príncipes marioneta, 251

racismo, 248-249, 250, 251, 253-254
reurbanización de Allahabad, 252-253
sijismo, 249
véase también Kipling, Rudyard
India, masonería moderna en, 411
Inquisición, 11-14, 18, 20, 34, 388
Irán, 390
Irlanda, 49
Isabel I de Inglaterra, 42, 47
Italia
    caldereros, 142-143
    cambios en el siglo XX, 283
    carbonari véase carbonari (carbonarios)
    caso de Sidona, 361
    después de la Segunda Guerra Mundial, 357-359
    estrategia de tensión, 359-360, 374, 379, 381-382
    Gran Guerra, 283
    guerra civil en Apulia, 144-145
    identidad nacional, nacimiento de, 129
    juicio de Gotha, 397-400
    mafia, 151
    masonería, 223
        antes de Napoleón, 127-128
        ataques de *squadristi*, 284, 290-292
        cismas, 283
        cruzada fascista contra, 281, 284-287, 288-292
        después de la Segunda Guerra Mundial, 357-358
        Gran Logia, 283, 289, 358
        Gran Oriente, 128, 223, 282, 288, 358, 369, 374, 385, 395
        logia Propaganda 2 (P2) *véase* logia Propaganda 2 (P2), Italia,
        miedo a, 357, 394-400
        miembros fascistas, 288
        Mussolini, esperanzas en, 288
        nacionalismo, 195-196
        napoleónico, 128, 129
        vínculos con la 'ndrangheta, 394-400
        y política, 282
    'ndrangheta, 394-400
    Partido Fascista
        cruzada antimasónica, 281, 284-287, 288-292
        masones en el partido, 288
        masones prohibidos en, 288-289
        revuelta de Florencia, 290-292
    Partido Popular Católico, 288
    Renacimiento, 52
    revuelta contra los Borbones, 148
    sociedades secretas, 129, 143-144, 145, 149, 151; *véase también carbonari* (carbonarios)
    terrorismo, 360, 374
    trinitari, 142
    unificación, 150-151, 217-218
    véase también Nápoles, reino de

Jack the Ripper. The Final Solution (Knight), 390
Jacobo II de Inglaterra, 59-60
Jacobo VI de Escocia y I de Inglaterra, 41-42, 44, 46, 47

ÍNDICE ALFABÉTICO

jerarquías sociales, 96, 254
jesuitas, 220, 221, 224; *véase también* *Civiltà cattolica*
Johnson, Lyndon, 353
Jorge I de Inglaterra, 60, 62
Josefina, emperatriz de Francia, 126
judíos, odio a *véase* antisemitismo

Keith, Alexander, 242
Khan, Meer, 248
King, Martin Luther, Jr., 349, 350, 408
Kipling, Caroline, 244, 266
Kipling, John, 266
Kipling, Rudyard
    Comisión Imperial de Tumbas de Guerra, 272-273
    Congreso Nacional Indio (1888), 25
    «El jefe de distrito», 255
    en Allahabad, 252, 253, 258
    en Bloemfontein, 262, 263
    «En interés de la hermandad», 269-271
    en Lahore, 251
    en Vermont, 244-245
    Gran Guerra y muerte de su hijo, 265-266
    imperialismo, 244, 259, 269, 271
    India, amor por la, 244-245
    luto, 269
    masonería, significados personales en, 244-245, 246-248, 269
    «Mi logia madre», 245-248, 254, 259
    odio a los babu, 255
    Sudáfrica, 259
Kitchener, Herbert, primer conde, 262, 264

Knigge, Adolph, 113-114
Knight, Stephen, 391
Ku Klux Klan (KKK), 209-211, 214, 349

Lafayette, Gilbert du Motier, marqués de, 122, 162
laicismo, 86, 220
Lalande, Jérôme, 98
Lamballe, Marie-Thérèse-Louise, princesa, 123
Las mujeres en la francmasonería (Taxil), 228
Lemmi, Adriano, 282, 370
León XIII, papa, 221, 222, 223, 227
libro de Mormón, El (Smith), 178-182
Light on Masonry (Bernard), 171
Lincoln, Abraham, 199, 203-204, 205
logia Propaganda 2 (P2), Italia
    abusos bajo el mandato de Gelli, 370-377, 384-385
    caso Sidona, 361
    documentos de Gelli, 361-363, 365, 366-367
    entrevista en el *Corriere della Sera*, 356, 360
    Gelli como maestro venerable, 355, 370
    ideas diferentes sobre, 367
    investigaciones a, 364-365, 368, 381-382
    miembros influyentes, 364
    orígenes de la masonería, 369
    perjuicios duraderos a la francmasonería, 385
    Plan para el renacer democrático, 377-383
    privacidad, 369-370

ÍNDICE ALFABÉTICO

logias de Adopción, 106, 115-121, 123, 135, 226, 228, 400, 405
luces emblemáticas, 27
Ludendorff, Erich, 294, 298, 300
Luis XVI de Francia, 116, 121
Luther, Martin, 41

Mackey, Albert, 184-185, *185*, 189-190, 203, 208, 211-212, 230, 410
Maghella, Antonio, 132, 136
mamposteros, Stuart, 43-47
mamposteros medievales, 37-40
Mancuso, Pantaleone, 394, 399
maniqueísmo, 95, 118
María II de Inglaterra, 59
María Antonieta, 123
Marshall, Thurgood, 347, *347*, 408
Martí, José, 342
masonas, 103-110, 122-123, 126, 400-405
masones judíos, 77, 298-300, 309-310, 341
Masones y pacifistas (Tusquets), *326*
Masonry Dissected (Prichard), 15
Massera, Emilio, 364
Mellor, Danie, 412-413
memoria, arte de la, 45-47
Memorias de una expaladista, 233-234, 235
Memorias para servir a la historia del jacobinismo (Barruel), 91-92, 111, 118-121, 141
Mesmer, Franz, y mesmerismo, 101
«Mi logia madre» (Kipling), 245-248, 254, 259
Mi lucha (Hitler), 295, 309
Millán-Astray, José, 314
Miller, David, 165, 166, 170

Mississippi Goddam (Simone), 349
mística de la feminidad, La (Friedan), 353
misticismo, 50, 95, 99-103
mito de la conspiración judeo-masónica, 275-276, 293-294, 296, 307, 317-318, 343, 390
mito del pueblo ario, 276
mitología, 16, 39, 67, 94, 101, 142, 195-196
mobiliario y decoración de la logia, 28
Mola, Emilio, 319
Montagu, John, segundo duque, 66, 71, 73, 74
Montgolfier, hermanos, 98
Montgomery, James, 202
Moral y dogma... (Pike), 186, 206
Morgan, William, 165-174, 175-177
mormonismo, 177-182
Moro, Aldo, 360, 363
Mozart, Wolfgang Amadeus, 17, 86, 278
muerte, 32, 266
Müffelmann, Leopold, 308
mujeres en la francmasonería, Las (Taxil), 228
mujeres, exclusión de las, 67, 81-83
Murat, Joachim [Joaquín], 126, 127-130, 132, 136-138, 139
Mussolini, Benito, 281, 283, 285, 286, 291, 320

nacimiento de una nación, El (Griffith), 333
Napoleón, emperador de Francia, 125-127, 129, 134, 135, 136, 138, 140, 316

ÍNDICE ALFABÉTICO

Nápoles, reino de
   alzamiento contra los Borbones, 148
   calderari, 142-143
   carbonari véase *carbonari* (carbonarios)
   periodo de la Restauración, 139-147
   periodo napoleónico, 127-139
   masonería, 128-129, 131, 133, 135, 136, 141, 142-143
   sentimiento antifrancés, 129, 133; véase también *carbonari* (carbonarios)
   sociedades secretas, 143-144, 145
   trinitari, 142
nativos americanos, 178, 187-188, 206
Nehru, Jawaharlal, 256, *257*, 258
Nehru, Motilal, 17, 256-258, 274, 412
Newton, sir Isaac, 62, 63
Nicholls, sir Douglas, 413
normas, 66-67
número de masones en la actualidad, 17-18

Orleans, Felipe, duque de, 96, 121, 122
Ossietzky, Carl von, 308
Ostrov, Harry, 341

países musulmanes, 20, 342
Pakistán, 389
palabras, 29-31
paladismo, 228, 229-233, 236, 276
Parks, Rosa, 347
Pasqually, Martinès de, 100
Peale, Norman, 338
Pecorelli, Mino, 382
philosophes, 98, 99, 119, 120

Pike, Albert, 185-187, 200, 206-207, 216, 223, 228, 230, 232, 333, 389, 406
Pío VI, papa, 218
Pío VII, papa, 218
Pío IX, papa, 217-219, 220, 221
Plessing, Walter, 305
Plot, Robert, 52
politeísmo, prohibición de, 249
política, prohibición de, 19, 67, 193
Portugal, 11-15, 279
Primo de Rivera, Miguel, 317
principios del derecho masónico, Los (Mackey), 190
protocolos de los sabios de Sion, Los (anónimo), 293-294, 317

racismo, 186, 189-190, 192, 193-194, 201-203, 209-215, 242, 263, 344-349, 350, 409-410, 412
Ramsay, Andrew, 94-95
Ratzinger, cardenal Joseph, 388
Reforma, 41, 48
religiosidad, 18-19, 33, 269
Renacimiento, 42-43, 45-47, 52
rito escocés, 94-97, 183-185, 207, 209, 211, 216, 333, 406
rituales véase rituales de grado masónico
rituales de grado masónico, 16, 25-33, 34, 52
Roberts, Frederick, primer conde, 261, *261*, 263, 266
Robespierre, Maximilien, 118, 121, 122
Robison, John, 120
Roosevelt, Franklin, 336
rosacrucismo, 50-51

ÍNDICE ALFABÉTICO

Rosenberg, Alfred, 307
Rosenkreuz, Christian, 51
Roundtree, Alton, 408
Rusia, 130, 278, 293, 340, 341-342, 357, 378-379

salvaguardas anticorrupción, 383
San Pablo, catedral de, Londres, 55-57, 58-59
Schaw, logias de, 45, 47, 49, 53, 69-70
Schaw, William, 42-45, 46-48, 69, 70
secretismo, 15, 17, 20, 23, 34
segunda guerra bóer, 260, 264-265
sexismo, 81, 401, 403
Shaw, Robert, 200, 202
Sicilia, 127, 134, 141, 149, 361
siervos, exclusión de, 67, 190
signos, 28-29, 30, 31
símbolo perdido, El (Brown), 405
símbolos, 16, 27, 28-30, 37
Sindona, Michele, 361, 365-366
Smith, Joseph, Jr., 178-182
Sophia-Sapho, hermana, 228, 229, 230, 232, 233
Stanley, Frederick, 16.º conde de Derby, 264
Stearns, John, 171
Strong, Edward, padre, 57, 58
Strong, Edward, hijo, 56, 58
Strong, Thomas, 56
Sudáfrica, 259-265, 339, 350
Sudamérica, 387
Sufferings of John Coustos for Free-Masonry (Coustos), 14, 21

Taxil, Léo, *222*, 223-229, 235, 236-238, 275
templo de Salomón, 16, 29, 31, 44, 53, 67, 94, 196

teorías de la conspiración, 20, 92, 115
término «*freemason*», 49
Thayendanegea (alias Joseph Brant), 187
The Brotherhood (Knight), 390
The Free-Masons Surpriz'd, 82
Throop, Enos T., 168
tolerancia religiosa, 18-19, 33, 66, 77, 86-87, 159, 245-247
Tommasi, Donato, 143, 147
toques, 29-31
Torrigiani, Domizio, 288, 291, 292
Truman, Harry, 328, 334, *335*, 406
Tusquets, Juan, 325

Unamuno, Miguel de, 314-315
Unión Soviética, 278, 340, 341-342, 357, 378

valores, 18, 21, 30-31, 33, 86-87, 189, 196, 212
Van Der Lubbe, Marinus, 301
Vaughan, Diana, 232-236, 237, 275
Victoria de Inglaterra, 242, 262, 269
Vitruvio, 43, 46, 50
Vogelsang, Peter, 205
Voltaire (François-Marie Arouet), 98, 110, 119
Von Kemnitz, Mathilde, 298
Von List, Guido, 276

Wallace, Henry, 336
Walpole, sir Robert, 65
Ward, Ned, 79
Ware, Fabian, 272
Washington, George, 17, 153-154, 157, 158, 160, 161, 341, 406
Weishaupt, Adam, 112-115

ÍNDICE ALFABÉTICO

Wharton, Philip, primer duque, 71-73
Wilder, Phileas, 229
Willermoz, Jean-Baptiste, 99-100, 101, 122
Williams, Fannie, 344

Wise, Thomas, 57
Wren, Christopher, hijo., 57
Wren, sir Christopher, 56, 59, 68

Zaniboni, Tito, 292

«Para viajar lejos no hay mejor nave que un libro».
Emily Dickinson

Gracias por tu lectura de este libro.

En **penguinlibros.club** encontrarás las mejores recomendaciones de lectura.

Únete a nuestra comunidad y viaja con nosotros.

penguinlibros.club

Penguin Random House Grupo Editorial

penguinlibros